AF327198

THE TOCQUEVILLE REVIEW

LA REVUE TOCQUEVILLE

Volume 8　1986/87

The Tocqueville Review
La Revue Tocqueville

VOLUME 8   1986/87

Edited by
JESSE R. PITTS
and
HENRI MENDRAS

Published for The Tocqueville Society/La Société Tocqueville
by the University Press of Virginia, Charlottesville

THE UNIVERSITY PRESS OF VIRGINIA
Copyright © 1987 by the Rector and Visitors
of the University of Virginia

First published 1987

ISSN 0730–479x
ISBN 0–8139–1143–5

Contents

Announcements

Articles

LOUIS DIRN et HENRI MENDRAS

De quelques tendances majeures de transformation de la société française

PRESENTATION

Avec la disparition des deux classes dominantes du siècle dernier (bougeoisie rentière et paysannerie) toute une architecture sociale et toute une civilisation se sont écroulées. Nous nous trouvons donc aujourd'hui dans la même situation que Tocqueville essayant de comprendre la société nouvelle qui se créait sous ses yeux sur les deux bords de l'Atlantique. Et nous nous heurtons à la même difficulté que lui : « Le monde qui s'élève est encore à moitié engagé sous les débris du monde qui tombe, et, au milleu de l'immense confusion que présentent les affaires humaines, nul ne saurait dire ce qui restera debout des vieilles institutions et des anciennes moeurs, et ce qui achèvera d'en disparaître(. . .). Le passé n'éclairant plus l'avenir, l'esprit marche dans les ténèbres. Cependant, au milieu de ce tableau si vaste, si nouveau, si confus, j'entrevois déjà quelques traits principaux qui se dessinent, et je les indique »[1]. C'est précisément ce que nous allons tenter ici pour la France à l'aide de la matrice Louis Dirn. Ce qui est dit pour ce pays est-il aussi vrai pour les pays d'Europe occidentale et l'Amérique du Nord ? Et le sera-t-il progressivement pour des pays de plus en plus nombreux ?

De même que Tocqueville cherchait à comprendre cette société nouvelle par référence à l'Ancien Régime, nous utiliserons ici plus ou moins explicitement la bourgeoisie rentière et la paysannerie comme contreépreuve pour comprendre les structures sociales qui sont en train de se mettre en place. Ce parti peut surprendre, on verra qu'il est souvent très éclairant. Au lecteur français et étranger de critiquer les propositions hypothétiques que nous avançons et l'architecture du tableau que nous esquissons. Cette esquisse n'a d'autre ambition que de susciter les comparaisons, les critiques et les suggestions.

L'équipe Louis Dirn[2] s'est attelée depuis quatre ans à construire un schéma d'analyse qui permette de répondre plus méthodiquement à l'ambition annoncée en 1980 dans *La Sagesse et le Désordre*[3]. Non pas réunir des tendances disparates imposées par les statistiques et les données disponibles (comme ce fut le cas des indicateurs sociaux) ; mais à l'inverse, choisir des tendances qui puissent s'harmoniser en un tableau cohérent qui fournisse une figure d'ensemble de la société française.

Pour répondre à cette ambition, l'équipe Louis Dirn a identifié soixante douze tendances qui lui ont paru particulièrement significatives des changements actuels. Ces tendances ont été organisées en une matrice carrée de 5800 cases qui représentent toutes les liaisons causales directes imaginables entre ces tendances ; parmi elles nous en avons retenu quelques 700 qui nous ont paru plausibles et argumentables et à l'aide de ces liaisons nous avons redéfini plus précisément les tendances concernées. En outre des graphes de causalité permettent d'identifier des liaisons indirectes de second et de troisième rangs.

Notre outil d'analyse définit les tendances en fonction des liaisons et fournit un tableau d'ensemble cohérent, systémique, de la société française prise dans sa globalité. Cette matrice ressemble aux modèles économétriques par sa structure mais en diffère radicalement puisque la majorité des tendances ne sont pas quantifiables, ce qui interdit d'écrire des équations. Nous formulons des jugements d'expert qualitatifs, étayés sur des preuves empiriques, le plus souvent partielles et monographiques mais suffisamment concordantes pour emporter la conviction. En effet on dispose aujourd'hui de recherches très nombreuses de nature et d'ambition variées, qui fournissent un stock énorme de savoir sociologique sur la société française. C'est dans ce stock que nous puisons pour formuler nos tendances. Les liaisons sont exprimées sous la forme : la tendance A renforce (ou contrecarre) la tendance B. Les soixante douze tendances retenues sont toutes sociologiques au sens fort du terme, « durkheimiennes » pourrait-on dire. Pour assurer la cohérence de la matrice nous avons exclu les tendances économiques, l'environnement international, les décisions politiques que nous traitons comme des contraintes externes, et comme telles, nous les réintroduisons dans les études particulières. Après de longues hésitations, nous avons exclu aussi les évolutions d'opinions, d'attitudes et de valeurs parce qu'elles sont de nature plus volatiles et surtout parce qu'il est impossible d'établir des liens de causalité entre elles et les tendances que nous avons retenues. Toutefois, comme les contraintes externes, nous les prenons en considération dans les études particulières en essayant de supputer leur rôle dans les mécanismes de changement. Nos tendances sont de divers ordres : institutions (par exemple : mariage), organisations (par exemple : église catholique), pratiques (par exemple : économie informelle), groupes (par exemple : immigrés), catégories (par exemple : jeunesse), situations ritualisées (par exemple : rapport d'autorité), ainsi que des jugements d'ensemble sur des structures globales : conscience de classe ou relocalisation par exemple. On trouvera une présentation plus détaillée de la démarche dans la *Revue Française de Sociologie*[4].

L'équipe Louis Dirn est trop consciente du côté aventuré de son entreprise intellectuelle pour ne pas la regarder comme provisoire et sujette à retouches. Pour ne pas allonger ce texte nous ne donnons pas l'appareil statistique et documentaire qui étaye nos affirmations. Le lecteur doit nous faire confiance, sous bénéfice de vérification.

Parmi nos 72 tendances nous en avons choisi dix qui nous paraissent particulièrement influentes sur l'ensemble du système social et lourdes de conséquences pour l'avenir. Pour chacune nous en précisons la définition et nous analysons les liaisons avec quelques autres tendances. En tout nous utilisons une quarantaine de tendances et l'ensemble conduit à l'analyse de la tendance « moyennisation de la société française ». Notre choix est provisoire et discutable. Il obéit aux préoccupations suivantes : (1) trouver des tendances qui paraissent importantes pour l'ensemble de la société et dont l'ensemble des répercussions a rarement été étudié systématiquement, par exemple le 3ème âge, le travail des femmes, le syndicalisme ; (2) choisir des tendances discrètes pour lesquelles le jugement d'expert est difficile à étayer, exemple le renforcement de la parentèle, l'économie informelle ou les situations d'autorité ; (3) privilégier des tendances « sociologiques », ce qui explique qu'aucune tendance relevant de la production n'ait été retenue. Volontairement, pour ne pas se trouver dans la causalité classique : l'économique entraine le social, mais au contraire montrer que le social entraîne le social et parfois l'économique; (4) aboutir au jugement final : y a t-il moyennisation de la société française ? En effet cette hypothèse forte a été placée au début de notre entreprise puisque c'est la première de nos tendances. En faisant jouer notre matrice nous avons donc réuni ici les tendances majeures qui nous paraissent concourir à cette moyennisation globale.

CHANGEMENTS MAJEURS DEPUIS 1945

Pour les lecteurs étrangers il convient de rappeler les transformations fondamentales que la France a subi au cours des quarante dernières années essentiellement entre 1950, quand les reconstructions de la guerre ont été achevées, et 1970 où débute ce qui est convenu d'appeler : « la crise ».

En 1945 la France comptait 42 millions d'habitants et ce chiffre était à peu près stable depuis cinquante ans. Aujourd'hui la France compte 55 millions d'habitants. Ce formidable accroissement, en une génération, de près d'un tiers de la population, succèdant à une longue période de stagnation, est probablement sans précédent dans un pays industrialisé. Il est dû à la fois au baby boom de l'après guerre dont l'immigration a pris le relais : retour des Français d'Algérie en 1962 puis arrivée de Portugais et de Maghrébins. Toutefois ce n'est pas une nouveauté, la France a toujours été un pays d'immigration. Il y avait le même pourcentage d'étrangers en 1930 qu'aujourd'hui, la différence majeure est qu'il s'agissait toujours d'européens catholiques (Espagnols, Italiens, et Polonais) et que la moitié est aujourd'hui maghrébine et musulmane (2 millions sur 4). Les Portuguais et les Espagnols forment un tiers du total. Les Noirs non citoyens français (par opposition aux Antillais) sont relativement peu nombreux, environ 300.000, ils parlent français et ont été en contact avec la culture française en Afrique. Les autres (Turcs, Yougoslaves et Indochinois) sont peu nombreux.

A ce boom démographique a correspondu un boom économique aussi spectaculaire, le PNB a retrouvé en 1950 son niveau de 1939 qui était plus faible qu'en 1930, légèrement supérieur à 1914. Après trente cinq ans de chutes, de redressements et de rechutes, le PNB a quintuplé en trente cinq ans, de 1945 à 1980. Augmentation fabuleuse par contraste avec la relative stagnation de la période antérieure et surtout avec la misère de la guerre et de l'immédiat après guerre. Le niveau de vie moyen des ménages français a été multiplié par 3 ou 4. Aujourd'hui 90 % des ménages disposent de salles d'eau, d'un lave linge, réfrigérateur, télévision, automobile, etc. Dans le budget moyen du français les dépenses alimentaires sont passées de 35 % à 20 %, tout en augmentant de moitié environ.

En 1946 la France était encore le plus paysan de tous les pays occidentaux avec 25 % de population active employée dans l'agriculture, aujourd'hui les paysans, au sens fort du terme, ont complètement disparu et il reste environ 8 % de population active agricole dont sans doute la moitié d'agriculteurs à temps partiel. Malgré cet exode agricole, près de la moitié de la population (45 %) vit dans des agglomérations de moins de 20.000 habitants. L'urbanisation des années 60 et 70 a coïncidé avec le boom démographique si bien que tout en s'urbanisant, la France est demeurée un pays rural, le plus rural de l'Europe urbanisée. Toutefois, aujourd'hui, les indicateurs de genre de vie ne marquent plus de différence entre villes petites et grandes et la campagne : le retard des ruraux a été comblé dans les années soixante dix. Une seule différence demeure, qui oppose Paris au reste du pays.

La diminution des agriculteurs doublée de celle des commerçants et artisans fait que les indépendants, qui représentaient la moitié de la population en 1946 ne sont plus que 15 % en 1985. D'une nation de petits entrepreneurs, la France est devenue une nation de salariés. Et parmi ceux-ci, s'est constituée la catégorie des « cadres », petits, moyens et supérieurs, particularité française qui réunit tous les cols blancs exerçant une parcelle d'autorité. Ils sont 20 % de la population dont ils forment le centre de gravité.

Les différences régionales étaient encore très fortes avant 1914 puisqu'une bonne partie des paysans avaient leurs dialectes pour langue maternelle et parlaient mal le français. Après la guerre de 14 l'école a enfin imposé le français comme langue maternelle à tous les français. De thème de droite et réactionnaire (anti-républicain), le régionalisme est devenu un thème de gauche depuis 1968. La République, une et indivisible, n'est plus menacée de démembrement. D'ailleurs sa légiti-mité, encore contestée a droite comme à gauche entre les deux guerres, ne l'est plus aujourd'hui par personne. Curieusement la centralisation dont Tocqueville faisait le ressort principal de la société française s'est accentuée sans pour autant tuer les vitalités locales qui se sont même réanimées et ont été renforcées par la loi de décentralisation de 1981.

DEMOGRAPHIE

Jusqu'à une date toute récente, les tendances démographiques parais-saient les plus fiables et les plus « lourdes ». N'évoluant qu'avec une sage lenteur, les indicateurs démographiques se prêtaient à des projec-tions dont les fourchettes n'étaient pas très ouvertes. C'était le type même des données de l'avenir « préconnues » selon le mot de B. de Jouvenel. Or certains de ces indicateurs se sont mis à varier rapidement d'une année sur l'autre et à atteindre des extrêmités jusqu'ici con-sidérées comme inimaginables. Il y a dix ans, qui aurait parlé d'un taux de fécondité de 1.4 aurait paru divaguer. Depuis dix ans les mano-mètres démographiques s'affollent sur le tableau de bord de la société française et européenne. Les taux de natalité et de nuptialité ont connu une chute inouie et donc imprévue qui ne permet plus les extrapolations et donc de prévoir la forme qu'affectera la pyramide des âges dans vingt ans. Les fourchettes sont si écartées qu'elles ne sont plus des « préconnues ».

Pour certains il s'agit d'un effet de génération, le contre coup du baby boom. Les enfants « trop » nombreux des années cinquante se re-fusent à faire à leur tour des enfants aussi nombreux que leurs parents, obéissant en cela à une régulation macro-sociale qui rétablirait l'équili-bre par un recul de même ampleur que l'avancée. Cette hypothèse forte et séduisante fait malheureusement appel à un deus ex machina incompréhensible. L'hypothèse inverse affirme que nous avons atteint un palier bas qui va se poursuivre parce qu'il est le produit et la caractéristique d'une civilisation nouvelle. Il s'en suit que l'Europe oc-cidentale ou bien verra sa population baisser rapidement ou bien devra faire appel à l'immigration.

Il en est de même pour l'accroissement du nombre des divorcés, des mères célibataires et des concubinages. Le nombre des personnes vivant seules a augmenté très rapidement : célibataires, veufs et veuves et divorcés qui ont tendance à ne pas se remarier. Dans les années 50 et 60 la structure de la famille évoluait vers un modèle unique de groupe conjugal : mariage jeune, deux enfants et deux métiers, suivi par le couple seul après le départ des enfants qui se mariaient jeunes à leur tour. Célibataires, enfants uniques et familles nombreuses devenaient de plus en plus rares. Le F4 et l'auto à 4 places étaient adaptés à ce modèle qui facilitait le travail du recenseur et du statisticien puisque le logement et le ménage coïncidaient. Aujourd'hui nous observons une rapide diversification de modèles : célibat prolongé, concubinage stable ou instable, famille « monoparentale », divorcés non remariés, veufs et veuves vivant seuls. « Ménage » et logement ne coïncident plus ; à Paris un ménage sur deux est constitué d'une personne, ce n'est plus à proprement parler un « ménage » puisque chacun peut loger quelque part et vivre ailleurs.

De tendances aussi nouvelles on ne peut dire si elles vont se poursuivre ou se retourner. Les taux continueront-ils à baisser, se stabiliseront-ils ou vont-ils remonter ? De la variation simultanée de tous ces indices peut-on conclure qu'un nouveau régime démographique est an train de se construire dont nous voyons mal quel sera l'équilibre ?

LE TROISIEME AGE

En revanche, il est assuré que dans les vingt ans qui viennent l'espérance moyenne de vie va continuer à s'élever et qu'en conséquence le troisième âge s'affirmera de plus en plus comme une force majeure. Dans notre matrice la tendance « renforcement du troisème âge », est influencée par « n » tendances et en influence « n ». Autrement dit c'est une tendance largement exogène qui a une influence forte sur des secteurs très variés de la société.

En France, la retraite a été fixée à 60 ans et les statistiques montrent que la consommation médicale s'accroît brutalement vers 78 ans, d'ici peu cette inflexion sera à 80 ans. Au troisième âge succède un quatrième âge, de 80 ans jusqu'à la mort où la santé devient le problème primordial, et dont nous ne parlerons pas ici, car il pose des problèmes qui sont visiblement d'une autre nature. Par ailleurs, si l'on va vers une égalisation de l'espérance de vie on peut prévoir que la différence entre hommes et femmes et les différences entre catégories sociales diminueront et que tout le monde mourra entre 85 et 90 ans. L'âge de la mort deviendra prévisible ce qui est une transformation majeure de la condition humaine et de la civilisation chrétienne en particulier. Si la mort ne guette pas l'homme tout au long de sa vie, il n'a plus besoin d'y être préparé en permanence. En cela le cancer, le sida et les accidents de la route seraient-ils les derniers piliers de la vision chrétienne ? Ce problème n'est pas le notre ici.

Prenons en considération l'ensemble de la catégorie d'âge de 60 à 80 ans. Elle représente environ 20 % de la population et cette proportion variera peu dans les vingt ans qui viennent à cause de l'inégale répartition des âges sur la pyramide. La seule incertitude est d'ordre social. L'âge de la retraite dépend d'une décision politique fortement influencée par les contraintes économiques. Cet âge va t-il encore être abaissé ou relevé ou va-t-on vers un régime de retraite à la carte ? Toute prévision est ici discutable. Ces retraités qui bénéficient d'une bonne santé, sont assurés de leurs revenus et disposent du patrimoine. Par comparaison avec la génération précédente, tous ces caractères sont radicalement nouveaux : le troisième âge d'aujourd'hui et de demain ne peut se comprendre par référence aux vieux d'hier.

L'invention de la retraite pour tous a été une innovation capitale des vingt dernières années. Auparavant seuls les fonctionnaires en bénéficiaient, ce qui faisait l'attrait de la fonction publique pour les fils de bourgeois comme pour ceux des paysans. Les bourgeois vivaient de leur patrimoine et les paysans de leurs terres et leurs vieux jours étaient ainsi assurés. De plus leur rôle social était valorisé puisqu'ils incarnaient la tradition et qu'ils détenaient le patrimoine : leur autorité était incontestée. Il en était de même pour la petite bourgeoisie de la boutique et de l'échoppe. Quant aux ouvriers salariés de l'agriculture ou de l'industrie, ils travaillaient jusqu'à leur mort et atteignaient rarement l'âge de la retraite aujourd'hui. L'exode agricole et la ruine de la bourgeoisie rentière, par l'inflation, ont contraint à inventer la retraite pour tous, salariés (85 % de la population active) et aussi agriculteurs (8 %), petits entrepreneurs et professions libérales (7 %). La génération de vieux des années cinquante et soixante a été la plus défavorisée puisque les bourgeois avaient perdu leur patrimoine, les ouvriers de plus en plus nombreux survivaient à leur mise à la retraite. Les petits paysans, commerçants et artisans, dont les enfants étaient devenus salariés, terminaient misérablement leur vie sur leur terre ou dans leur boutique. Ils étaient plus ou moins à la charge de leurs enfants comme l'avait prévu le code civil, ou de la charité publique. Que vieux soit synonyme de misère, de solitude et de dépendance a été vrai pour cette génération, mais ne l'était pas au même degré pour les précédentes et ne l'est plus aujourd'hui.

Les retraités sont dorénavant assurés de leurs revenus puisque leur retraite est assurée, s'il n'y a pas de crise économique majeure, et au moins jusqu'en 2005. Si la pyramide des âges ne se rééquilibre pas entre temps, le financement du système actuel par répartition sera remis en question. Ce système a été conçu à une époque de croissance économique et démographique rapide, et d'inflation permanente. Il correspond à un profil de carrière de plein emploi, à l'ancienneté où la rémunération du salarié augmente à mesure qu'il vieillit, sans doute pour répondre au besoin de main d'oeuvre stable des entreprises à l'époque et par imitation de la fonction publique. Ainsi le montant des retraites est relativement élevé par comparaison avec les salaires de début de carrière. Ce qui explique que les revenus par tête des ménages de retaités soient du même montant moyen que celui des actifs et que l'échelle de répartition soit la même, à peu de choses près.

Bénéficiant d'un revenu assuré et comparable à celui des gens de leur catégorie sociale, les retraités sont plus riches parce qu'ils n'ont plus de prêts à rembourser, et qu'ils sont équipés et qu'ils détiennent un patrimoine pour l'essentiel accumulé au cours de leurs vie mais aussi en partie hérité s'ils sont fils d'agriculteurs ou de bourgeois. En particulier ils sont plus fréquemment propriétaires de leur logement (70 au lieu de 55 %) et ils disposent aussi de revenus de capitaux mobiliers ou immobiliers. Autrement dit la partie de leurs revenus qui n'est pas affectée à des dépenses obligatoires et dont ils ont la libre disposition est nettement plus importante que pour les ménages d'actifs. Au sens propre on peut dire qu'ils ne savent que faire de leur argent, tout au moins pour ceux qui ont un revenu supérieur à la moyenne.

Enfin puisqu'ils n'ont plus d'emploi ils disposent de tout leur temps, leur revenu disponible en fait donc une clientèle très active sur certains marchés notamment l'immobilier, le tourisme et les consommations alimentaires. Mais surtout, libres de leur temps, relativement jeunes et en bonne santé, les retraités représentent un énorme potentiel d'activité qui va devoir s'employer d'une manière ou d'une autre, dans un domaine ou dans un autre. Ils sont particulièrement actifs dans l'économie non comptabilisée puisqu'ils consacrent plus de temps que les actifs à jardiner et à bricoler, pour eux et pour les autres. Ils sont disponibles pour rendre des services non rémunérés à leurs voisins et à leurs parents, notamment enfants et petits enfants. On peut aussi penser qu'ils prendront des responsabilités dans les associations civiques et culturelles qui se sont multipliées très rapidement et dans les institutions politiques et administratives locales. Ils seront les promoteurs actifs de cette redécouverte de la vie locale qui caractérise la France depuis 1968.

Par ailleurs, l'allongement de l'espérance de vie entraîne une extension du réseau de parenté. Les grands-parents restent en vie et les arrières-grands-parents voient leur descendance jusqu'à la troisième génération, ce qui était très rare jusqu'ici. Comme le dit Evelyne Sullerot, on souffle de plus en plus de bougies dans les familles françaises, pour les vieux plus que pour les jeunes. Et tant que l'ancêtre commun est en vie, la parentèle se maintient : frères et soeurs, cousins, oncles et tantes se sentent d'une même famille et se voient. A la mort de l'ancêtre commun, la parentèle se segmente. Les études de l'INED montrent que les grands-parents retraités n'ont pas de plus grand souci que de rendre des services et faire des cadeaux à leurs enfants et petits enfants.

Les gens âgés vont donc créer un mode de vie nouveau de loisirs très occupés qui va sans doute avoir une influence sur les modes de vie des autres catégories d'âges. Dans la mesure où il sera commun à tous dans ses données essentielles il contribuera donc à fixer un modèle pour toutes les classes moyennes. Ce mode de vie évoque inévitablement la bourgeoisie rentière du siècle dernier avec cette différence majeure que tout le monde vivra à sa manière ses loisirs et qu'il ne s'agit pas d'une classe qui se différencie des autres par sa pratique des activités de loisirs mais d'une catégorie d'âge au sein de laquelle les activités de loisirs créeront des différences d'un genre nouveau. Déjà des enquêtes font ressortir un très fort contraste entre ceux qui ont les moyens de jouir de leur retraite et ceux qui l'abordent désarmés. Reste un double problème : comment ce mode de vie va s'inventer et comment en fera-t-on l'apprentissage brusquement au moment de la retraite, à moins qu'on en ait appris les éléments dans sa jeunesse (cf plus bas).

LA PARENTELE

L'allongement de l'espérance de vie a pour conséquence d'allonger la lignée. Une femme a de plus en plus de chances de mourir arrière-grand-mère et par conséquent de connaître ses descendants jusqu'à la troisème génération. Réciproquement un enfant de 10 ans connaît aujourd'hui au moins trois de ses grands-parents et une arrière-grand-mère. C'est un phénomène nouveau par rapport au temps où les orphelins de père ou de mère étaient nombreux et où un adolescent ne connaissait habituellement qu'un ou deux de ses grands-parents. De plus comme les lignées se segmentent à la mort de l'ancêtre commun, les rapports entre collatéraux peuvent se maintenir plus longtemps qu'autrefois il est vrai que la baisse de la natalité entraîne la réduction des fratries et par conséquent le nombre des collatéraux. Enfin si la mort n'entraîne pas de rupture du couple aussi souvent qu'autrefois, le divorce se répand et les couples dissociés sont de plus en plus nombreux. Toutefois, du point de vue de l'enfant, l'effet est inverse puisque si les parents se remarient, il acquiert deux beaux-parents supplémentaires et a des chances d'être adopté par leur lignage.

Nous disposons de très peu d'études sur les rapports de parenté aujourd'hui et aucune comparable sur le passé, il est donc impossible de démontrer que la structure de parenté se renforce mais divers indices indirects rendent cette hypothèse plausible. Autrefois la parentèle avait des fonctions très différentes selon les classes sociales, nettement plus importantes pour les classes supérieures et la paysannerie que pour la petite bourgeoisie et les classes populaires. La tendance serait donc à une homogénéisation des fonctions et à une importance accrue pour la majorité de la population notamment les classes moyennes. Une recherche est en cours sur ce sujet.

Si les jeunes ménages ne sont plus contraints de vivre chez leurs parents, les rares études disponibles montrent qu'ils s'établissent à proximité de leurs parents et que beaucoup de jeunes femmes ont des contacts fréquents, voire quotidiens, avec leurs mères. Ce qu'on pourrait appeler la « parentèle localisée » s'institutionnaliserait et deviendrait un réseau structuré, discret mais fondamental, de la vie sociale. Les études de Louis Roussel ont bien montré que le long du lignage les biens et les services descendent des grands parents vers leurs enfants et petits enfants, tandis que l'affection remonte vers les premiers. Nous venons de voir ci-dessus que les gens âgés disposent de temps pour rendre des services, et de biens (argent, objets, produits de leurs activités) à distribuer pour aider les jeunes. La parentèle apparaît comme un réseau de redistribution des richesses des vieux vers les jeunes qui compense l'effet de l'augmentation des salaires avec l'âge. La réduction de la cellule familiale et l'activité professionnelle des jeunes mères rend le soutien des parents de plus en plus nécessaire. Cas extrême, une mère célibataire peut difficilement élever son jeune enfant si elle ne dispose pas de l'aide de sa propre mère. Réduction de la cellule familiale et renforcement des rapports de parenté sont étroitement liés.

La longueur des vacances dans la société française est une autre occasion de recours à la parentèle : on va en vacances chez les parents et on leur envoie les enfants pendant les congés scolaires qui ne sont pas des congés pour les actifs. Le perfectionnement des transports individuels ou collectifs facilite ces déplacements.

Il est probable enfin que l'éducation des enfants sera de plus en plus à la charge des grands parents et qu'ainsi la transmission des valeurs et des codes de comportement sautera une génération, ou, plus exactement, que les enfants seront exposés simultanément aux valeurs et aux comportements de leurs parents et de leurs grands-parents qui seront différents, ne serait-ce que parce que les uns seront actifs et les autres oisifs. Mais il ne faudrait pas en déduire que les grands parents retrouveront l'autorité qui était la leur autrefois. Tout au contraire ils se trouveront en positon de demandeur et devront séduire et non commander, attirer l'affection par leurs cadeaux, leurs services et leur gentillesse et non s'imposer, puisque enfants et petits enfants seront toujours libres de s'esquiver dans des comportements d'évitement.

LA JEUNESSE

Dans les années cinquante, du haut en bas de la pyramide sociale, les jeunes trouvaient un emploi immédiatement à la sortie de l'école. A quatorze ans les fils d'ouvriers et d'agriculteurs se mettaient au travail ; entre seize et dix neuf (BEPC et BAC) les jeunes employés entraient au bureau, ceux qui poursuivaient des études universitaires plus ou moins longues prenaient leurs fonctions sitôt le diplôme reçu. Par ailleurs la tendance était à se marier de plus en plus jeune et le service militaire conservait pour les garçons sa valeur initiatique. A vingt deux ans presque tout le monde avait quitté sa famille d'origine, était « établi », embauché et marié.

Depuis 1970 environ, ce calendrier est complètement perturbé. Les « manuels » vont à l'école jusqu'à 16 ans, ceux qui passent le BAC l'obtiennent en moyenne à 18 ans, les étudiants font fréquemment durer leurs études jusqu'à 25, délai extrême du sursis pour le service militaire. Et depuis 1975, la majorité des jeunes ne trouvent pas d'emploi stable à la sortie des études ou du service, sauf les élèves des grandes écoles dont le calendrier n'a pas bougé. Pendant une période plus ou moins longue ils sont en chômage ou vivent de petits boulots instables. Par ailleurs, l'âge du mariage s'élève et une période de concubinage s'est répandue dans toutes les catégories sociales, à quelques différences près. Les jeunes quittent le domicile des parents et s'installent en couple très jeunes ; seuls les jeunes chômeurs de bas niveau social sont obligés, faute d'argent, de rester plus longtemps « à la maison ». C'est seulement vers 28 ans que chacun trouve un emploi stable, fait un enfant et se marie, encore que récemment le mariage ne suive plus toujours la naissance. Enfin ils participent peu à la vie politique et institutionnelle, beaucoup ne sont pas inscrits sur les listes électorales et parmi ceux qui le sont le taux d'abstentions est élevé. En revanche ils animent des groupes, des associations de réseaux et des formes neuves de convivialité.

Autrement dit, entre 18 et 28 ans, s'est créée une période d'entrée dans la vie où les jeunes peuvent vivre dans la précarité grâce à la sécurité sociale et à l'aide des parents. Cette situation commune à tous les jeunes est vécue très différemment selon les milieux sociaux. Les jeunes ouvriers des banlieues continuent à habiter chez leurs parents et font « la galère » ; ils se lèvent en fin de matinée et sortent l'après midi retrouver les copains, rentrent pour dîner avec les parents et ressortent jusqu'à l'aube, « galèrant » d'un lieu à l'autre, vivant d'aubaines et de petites rapines, parfois de grosses qui les conduisent en prison. Les parents supportent cette vie en l'imputant au chômage et au malheur des temps. Les jeunes des classes moyennes font des études, ont une

« piaule », font des petits jobs, vivent en concubinage, voyagent. Ils « profitent de leur jeunesse » avant de se soumettre au joug de la vie adulte active. Ainsi se créent des institutions et des modes de vie particuliers à chaque catégorie de jeunes mais qui ont en commun l'instabilité et la focalisation sur l'oisiveté active du loisir.

Ce « temps de la jeunesse » rappelle curieusement les catégories d'âge des société paysannes où les jeunes du village s'organisaient entre eux (élisaient un roi), et avaient collectivement en charge l'organisation de la vie festive. Et aussi les jeunes bourgeois qui « faisaient leur droit » et « jetaient leur gourme » avant de se marier et de reprendre l'étude, le domaine ou l'usine paternelle.

Reste à savoir si c'est un phénomène transitoire correspondant à la génération du baby boom, où les jeunes sont en surnombre, et coïncidant avec la période de chômage dûe à la « crise », ou si au contraire c'est une structure neuve et pérenne de la société qui, n'ayant plus de travail pour tout le monde, impose à toute sa jeunesse, de manière différente selon les classes sociales, une période d'entrée dans la vie où l'on n'est pas soumis aux contraintes du métier et de la famille et où l'on peut « vivre autrement », qu'on le souhaite ou non. Divers signes inclinent à penser que la seconde hypothèse ne doit pas être écartée d'emblée. Le chômage ne paraît pas destiné à baisser si l'on ne trouve pas une manière différente de distribuer l'emploi disponible. Dans les dix dernières années, malgré le chômage, l'emploi féminin a continué à croître et le nombre des chômeurs (surtout jeunes) encore plus. Tout s'est donc passé comme si une volonté macro-sociologique invisible avait « décidé » le chômage des jeunes et l'embauche des femmes, alors que les femmes auraient pu rester à la maison ou y retourner. Une autre solution aurait pu être d'abaisser encore l'âge de la retraite, mais cela aurait coûté plus cher et aurait peut-être entrainé des troubles sociaux. Sans doute était-ce une « décision » sage car les jeunes pouvaient vivre leur jeunesse sans travail stable sans se rebeller.

Cette période d'incertitude si elle doit s'institutionnaliser assure une plus grande flexibilité de la société. En effet elle facilite la mobilité sociale, assure une diversité des modes de vie et une remise en question des rôles masculin et féminin. Les jeunes se construisent leur identité personnelle de façon plus autonome à l'égard de leur famille et de leur emploi, mais en même temps, dans leur indépendance, ils sont plus longtemps dépendants de leur parentèle. Ils inventent un mode de vie fait de loisirs, culture, voyages, sports divers selon les classes sociales mais commun pour l'essentiel à toutes, en particulier les classes moyennes. En outre c'est en quelque sorte une préfiguration des modèles de vie qu'ils reprendront après leur période active au moment de la retraite.

TRAVAIL FEMININ

Autrefois seules les femmes du peuple travaillaient ; se dégager de l'atelier était le signe d'une ascension sociale. Aujourd'hui le modèle bourgeois de la femme au foyer est en conflit avec celui de la femme qui a un emploi qui lui assure identité, indépendance et revenu.

En 1965 le pourcentage des femmes qui avaient un emploi était au plus bas (36 %) et en 1985 il a retrouvé un niveau (46 %) correspondant à la moyenne antérieure à la guerre. Cette évolution correspond pour l'essentiel d'abord à l'exode agricole féminin et ensuite à l'entrée sur le marché du travail des jeunes ouvrières et des femmes cadres moyens et supérieurs. Jusqu'en 1936 un peu plus de la moitié des femmes avaient un emploi et le conservaient jusqu'à la retraite. Dans l'après guerre beaucoup d'entre elles s'arrêtent de travailler entre 25 et 40 ans et reprennent un emploi une fois les enfants élevés. En 1982 on retrouve la situation antérieure, à ceci près que les trois quarts des femmes jeunes ont un emploi et ce pourcentage décroît de façon continue jusqu'à 55 % pour s'accélérer ensuite du fait de la retraite ; jusqu'à une date récente cette courbe avait deux maximums : les femmes prenaient un emploi avant de se marier, puis elles en reprenaient un une fois les enfants élevés.

L'emploi féminin a de très nombreux effets sur presque tous les domaines de la société. Le fonctionnement interne des entreprises et des administrations doit s'adapter aux besoins et aux exigences féminines, notamment les contraintes de la vie familiale. De nouveaux champs de négociation s'ouvrent qui impliquent d'autres stratégies, d'autres alliances. Les syndicats ont le plus grand mal à prendre en compte les problèmes féminins et à faire une place aux femmes dans leur fonctionnement. Le chômage de l'homme est moins néfaste si la femme a un emploi et réciproquement. Le chômage n'est dramatique que s'il touche les deux conjoints.

Le travail permet aux femmes de vivre seules et par conséquent de rester célibataires, de demander le divorce et de ne pas se remarier après le divorce. Cas extrême, dans la population parisienne féminine âgée de 30 à 40 ans, il y avait 37 % de célibataires en 1982. De même le concubinage est lié au travail de la femme puisqu'il est fondé sur une égalité entre homme et femme et même souvent à une prééminence féminine.

L'emploi féminin est facilité par la réduction du nombre des enfants et réciproquement celle-ci est accentuée par l'emploi féminin. Dans les revenus des ménages, le salaire de la mère se substitue aux salaires qu'apportaient autrefois les enfants actifs vivant à la maison. Dans les classes inférieures, les femmes travaillent par nécessité économique. En revanche, dans les classes supérieures il s'agit le plus souvent d'un choix de mode de vie, car le supplément de revenu est compensé par des dépenses supplémentaires (impôts, service domestique, etc.) ; autrement dit une monétarisation plus grande de l'économie domestique (et par là de l'économie en général), une vie quotidienne plus tendue et une éducation plus autonome des enfants. Il s'en suit une transformation des rapports d'éducation et sans doute une baisse de l'autorité. Le recours à la parentèle pour s'occuper des enfants aide à concilier horaires et calendriers de travail et scolaires. En effet la contrainte de temps modifie les activités quotidiennes : accélération des tâches ménagères et des repas, réduction du sommeil et des loisirs actifs. En revanche les femmes actives passent plus de temps en conversation et en sociabilité, liées au travail. Les époux de femmes actives participent plus activement aux tâches ménagères : achats, vaisselle et soins aux enfants. Les rôles masculin et féminin sont moins contrastés dans la famille, au travail et en société.

Les valeurs exprimées par les femmes actives sont plus libérales et plus proches de celles exprimées par les hommes. Les femmes au foyer sont plus traditionnelles dans leurs opinions et leurs croyances : elles sont plus nombreuses à voter à droite et à pratiquer leur religion.

Enfin l'emploi des femmes « brouille la structure sociale » et renforce l'importance des classes moyennes. La profession du père n'est plus seule à déterminer le statut social de la famille, des enfants. Celle de la mère intervient pour diversifier les situations : un fils d'institutrice peut avoir un père agriculteur, ouvrier, employé, instituteur ou cadre moyen ou supérieur.

Etant liée à l'ensemble des diverses structures de la société, il est probable que cette entrée récente des femmes sur le marché du travail est irréversible et elle n'a pas encore produit tous ses effets : la société n'a pas payé le prix qu'il suppose et qui est aujoud'hui supporté par les femmes.

L'ECONOMIE NON-COMPTABILISEE

Les aspects économiques de la société qui ne sont pas pris en compte par les économistes et les statisticiens ont attiré de plus en plus l'attention depuis dix ans. Par définition toute évaluation en est incertaine puisque ces aspects échappent au recensement statistique et qu'ils se dérobent à toute observation par leur côté discret et parfois illicite. Les évaluations vont de 10 % du PIB, si l'on ne tient compte que du travail illicite au noir, à 100 % si l'on tient compte des activités domestiques. Il faut soigneusement en distinguer les formes différentes. (1) Le travail au noir au sens strict c'est-à-dire un employeur qui fait travailler un ouvrier sans le déclarer. (2) Le travail au noir « sans facture » : un artisan, un bricoleur, etc., qui accomplit un travail, ou rend un service contre rémunération sans déclaration fiscale ou de Sécurité Sociale. (3) L'échange de services peut être illicite comme le médecin qui soigne un patient et ce dernier en retour lui rendra quelques services. Il peut être aussi de la simple entraide : je t'aide à repeindre ton logement et tu me rendras la pareille. (4) Les services qui se rendent dans un système d'échange généralisé où la réciprocité n'est pas immédiate : la grand-mère qui garde les enfants. (5) Tous les travaux domestiques : cuisine, ménage, lavage, etc., qui pourraient être confiés à une personne ou à une entreprise rémunérée. (6) De même pour les travaux de bricolage d'entretien de la maison qui vont jusqu'à la finition de meubles achetés « en Kit ». (7) Le jardinage et l'auto-consommation sous toutes ses formes.

Cette liste n'est pas exhaustive mais donne une idée de l'ampleur et de la diversité du phénomène, faute de mesure, on ne peut dire si ces activités sont en forte augmentation où si l'attention qu'on leur porte depuis dix ans donne ce sentiment d'augmentation. Nous admettrons ici qu'il y a augmentation, l'hypothèse est fondée sur quelques indices qui, par exemple pour le logement, sont convaincants. Les Français n'ont pas les moyens de financer les constructions neuves et les améliorations de logement. Par ailleurs l'augmentation spectaculaire des ventes de bétonneuses individuelles montrent bien que beaucoup de travaux de bâtiment sont réalisés en dehors du marché. Dans un autre domaine, le jardinage paraît en progression et le congélateur facilite toutes les formes d'autoconsommation.

Les études disponibles montrent que ces activités supposent des réseaux sociaux nombreux et forts, soit des réseaux de parenté soit des réseaux de voisinage, éventuellement des réseaux militants. Par contre coup, ces activités renforcent ces réseaux.

Par ailleurs la transformation du système productif incite les producteurs et les commerçants à transférer des tâches manuelles de leurs salariés vers les acheteurs : un meuble en Kit, vendu sur un hyper-marché, économise de la main-d'oeuvre au producteur et au vendeur et « donne du travail de bricolage » à l'acheteur. Il en résulte une augmentation du chômage.

En sens inverse la diminution du temps de travail des hommes (durée hebdomadaire et annuelle, âge de la retraite) est évidemment un facteur qui pousse aux activités de bricolage. En revanche l'augmentation de l'emploi féminin hors du foyer limite le temps disponible pour les tâches ménagères, d'autant plus que la distinction entre tâches masculines et féminines a été fort peu modifiée sauf au moment de la retraite.

Certains ont soutenu que ce renouveau du troc et des activités domestiques étaient le fait de la crise économique. Les études disponibles montrent en effet que les chômeurs de grandes villes, dont toute la sociabilité est centrée sur l'entreprise qui est le support de ces activités, perdent les occasions et les moyens de faire des petits boulots. En revanche bricoler son logement ou sa résidence secondaire, entretenir son jardin . . . échanger des biens et des services avec les voisins des amis ou des parents, tout cela suppose une vie sociale active, des moyens financiers pour acheter les outils et les matériaux. On construit un meuble en Kit, on le polit et on le vernit parce qu'on a le temps de le faire et les moyens de l'acheter. Tous ces indices conduisent plutôt à argumenter que ces activités sont des manifestations d'opulence plus que des effets de la crise.

Enfin la redistribution des tâches et des ressources que suscite l'économie informelle permet aux ménages de vivre mieux que leurs revenus ne le permettraient, ce qui entraîne une centration des modes de vie vers la moyenne.

LA RELOCALISATION

Au début des années soixante-dix, « Small is beautiful » a marqué un retournement remarquable dans l'idéologie des sociétés occidentales et dans l'attitude des occidentaux. Pendant vingt ans la croissance économique prodigieuse s'était faite essentiellement par augmentation des dimensions des organistions et des appareils qui, selon les économistes, entraînaient des « économies d'échelle », alpha et oméga de la productivité. Après cette crise croissante, au sens d'un adolescent qui grandit trop vite, comme on dit, nous sommes passés à une époque ou le développement économique et social (par oppositon à la croissance) se fait par des perfectionnements en complexité, en raffinement et diversification. Cette réorientation des forces sociales vers le petit, le local, le complexe s'observe dans des recherches localisées qualitatives, quasi ethnographiques et se saisissent très difficilement dans les enquêtes nationales quantitatives. Il en résulte qu'il est très difficile de prendre la véritable dimension du phénomène et d'en juger les répercussions. Toutefois quelques faits massifs permettent d'étayer l'argument pour la France.

D'abord l'échec des regroupements de communes. La France a la plus petite structure politico-administrative locale : 36.000 communes, alors que l'Italie est divisée en 3.600 municipalités, le nombre de nos cantons. Dans les années soixante des responsables soucieux de bonne gestion proposèrent de regrouper les communes en municipalité de canton, à l'image de l'Angleterre qui venait de décider de regrouper ses « parishes » en « counties » par une décision du pouvoir central. En France il n'a jamais été question d'imposer ce regroupement par décision législative : le Parlement ne s'est pas senti assez fort pour briser la légitimité historique des communes. Une loi poussant à ce regroupement votée en 1973 est restée lettre morte.

Si l'on prend la limite de 30.000 habitants reconnue par le code électoral, 34.000 communes qui représentent environ la moitié de la population élisent 500.000 conseillers municipaux sur 550.000. Et toutes les études dont nous disposons montrent le regain de vitalité de ces micro-structures politico-administratives locales. En revanche, en ville, surtout dans les métropoles qui se sont construites depuis vingt ans, les municipalités sont des entités administratives trop vastes pour être directement engrenées sur la vie des citoyens. Ceux-ci ne s'y trompent pas : dans les enquêtes, ils se déclarent aux trois quarts satisfaits du fonctionnement des services administratifs dans les communes de moins de 12.000 habitants et aux trois quarts insatisfaits dans les communes de plus de 30.000 habitants. La France a conservé des structures locales vivantes et adaptées dans les communes rurales et les petites villes et n'a pas su en créer dans les grandes villes. Sans doute est-ce pour cela que dans les banlieues pavillonnaires les lotissements s'appellent « hameaux » et les quartiers centraux se veulent des « villages ».

La surprenante multiplication des associations volontaires depuis vingt ans est le signe le plus visible de ce souci de défendre et de prendre en charge des intérêts locaux : défense d'usagers contre les pouvoirs, gestion des activités sportives et culturelles, réaction à des événements (cataclysmes, école libre, Pologne, etc.). Les dernières statistiques montrent que les créations d'associations sont moins nombreuses, comme si les activités militantes locales étaient toutes assurées. En contraste la désaffection à l'égard des institutions nationales s'aggrave sans cesse : syndicats, partis politiques, Eglise, perdent continuellement des adhérents, des militants et des fidèles et perdent en même temps la confiance du public comme en témoignent les sondages d'opinion, année après année.

La défense de l'école libre a suscité les seules grandes manifestations publiques depuis 1968. Sur ce thème les militants catholiques se sont mobilisés pour défendre leurs écoles et ont su rassembler autour d'eux un vaste mouvement d'opinion de défense d'une liberté, pourtant virtuelle pour la grande majorité des Français qui envoient leurs enfants à l'école publique, et qui ont été choqués qu'elle puisse être remise en question, même s'ils n'ont pas l'intention d'en user.

Cet événement majeur a révélé aussi l'importance qu'ont pris les réseaux locaux de relations, face discrète des associations. Toute une trame de relations sociales structurées en réseaux avec leurs noeuds, leurs branchements, leurs recoupements s'est tissée au cours des vingt dernières années, et cela en dehors des grandes institutions. Le premier exemple en a été la Jeunesse Agricole Chrétienne qui a proliféré dans les années cinquante par petites unités de base et qui s'est tardivement révélée à elle-même et au public comme une puissante force nationale, à son premier congrès national à Paris en 1957. L'importance des réseaux de parenté mentionnés plus haut participent à cette restructuration discrète du tissu social qui est renforcée, nous l'avons vu, par toutes les activités de troc, d'entraide et d'économie sans facture.

Toutes les études de localité dont nous disposons, notamment celles de villes petites et moyennes et de régions rurales mais aussi de quartiers de grandes villes et de banlieues insistent sur le rôle primordial qu'y jouent les classes moyennes anciennes et nouvelles, indépendantes et salariées. Dans les quartiers ouvriers des banlieues, les fonctions de gestion municipale et d'animation culturelle et sportive sont remplies par des ouvriers très qualifiés, des techniciens ou des cadres inférieurs qui se considèrent comme membres de classes moyennes et se différencient des ouvriers en prenant ces responsabilités locales. Dans les quartiers urbains et dans les petites villes les commerçants jouent un rôle essentiel d'animation et de remodelage de ces quartiers en fonction de leurs intérêts commerciaux. Il y a un urbanisme des commerçants dont les rues piétonnières sont un exemple caractéristique. Les classes moyennes salariées notamment les enseignants et les « encadreurs sociaux » prolongent leurs activités professionnelles par des responsabilités municipales. Dans les villes petites et moyennes, la municipalité et les organismes médicaux, sociaux et culturels qui en dépendent sont souvent les principales entreprises et le principal employeur, et employeur de salariés du tertiaire qui ont un genre de vie et se veulent de la classe moyenne. Eux aussi ont une vision urbanistique et différente de celle des commerçants et donc en compétition entre elles. De tout ce jeu social les couches dirigeantes sont en grande partie exclues comme les couches ouvrières.

Cette restructuration de la société locale autour de réseaux et d'institutions animés par les classes moyennes a été favorisée par l'interventionnisme croissant de l'administration. Pierre Grémion[5] a bien montré qu'une administration centralisée ne peut jouer efficacement son rôle qu'en adaptant la règle nationale aux situations particulières ; ce qui exige pour elle d'avoir des interlocuteurs, représentants légitimes des intérêts locaux, élus politiques et professionnels, dirigeants d'associations, notables de tous poils nés de cette foison d'associations et de réseaux locaux. La loi de décentralisation de 1981 a renforcé ce système politico-administratif périphérique.

La multiplication de micro-conflits locaux est sans doute l'indicateur le plus révélateur de cette relocalisation. Aucun grand conflit ouvrier national suscité par les centrales syndicales n'a connu de succès depuis 1979. En revanche les micro-conflits d'atelier ou de petites entreprises sont nombreux, durs et longs. De même les communes ou les quartiers où il ne se passait rien out été le théâtre de conflits de plus en plus nombreux, parfois « Clochemerlesques » mais qui toujours ont redonné une vie, une identité à la localité en définissant des enjeux et en opposant des camps adverses souvent constitués à cette occasion.

INSTITUTIONNALISATION DES SYNDICATS

« La crise du syndicalisme » est reconnue par tout le monde et chacun en trouve des causes dont les principales sont assez évidentes. Mais cette crise masque un phénomène plus profond et de plus lourdes conséquences : depuis dix ans les syndicats ont acquis une légitimité dans la société et pris des responsabilités dans de nombreuses institutions qui en font aujourd'hui des puissances plus influentes qu'hier.

Que les syndicats voient diminuer le nombre de leurs militants et de leurs adhérents s'explique aisément. D'abord les périodes de chômage n'ont jamais été favorables à la combativité ouvrière. Ensuite la restructuration de l'appareil productif réduit des secteurs fortement syndicalisés de l'industrie lourde et développe des entreprises où les techniciens cadres et ingénieurs sont plus nombreux que les OS et les OP. Après une période de croissance des grandes entreprises où les syndicats sont bien établis, les petites entreprises se multiplient et les militants ont du mal à s'y introduire.

Tous ces mouvements font que les grandes occasions de grèves nationales deviennent rares et que les conflits sont limités et localisés. Or les organisations syndicales françaises se sont développées et se sont organisées en vue de conflits et de négociations nationaux. Elles se trouvent donc affrontées à une situation neuve pour elles qui réclame une reconversion de leur doctrine, de leur organisation, et de leurs militants, ce qui est particulièrement difficile quand le recrutement se raréfie, que les dirigeants en place sont issus de secteurs en déclin et qu'il leur est difficile de pénétrer les secteurs en expansion et les populations nouvelles, que ce soient les femmes, les jeunes, les immigrés, les chômeurs, ou les cadres qualifiés. Ils étaient à l'aise dans la culture ouvrière traditionnelle qu'ils contribuaient à vivifier, il ne le sont pas autant dans la culture des nouvelles classes moyennes qui est en bonne partie d'inspiration « bourgeoise ». Le militantisme syndical recrutait naturellement parmi les ouvriers traditionnels les plus énergiques qui, n'ayant aucune perspective de carrière professionnelle, voyaient dans le syndicalisme une voie pour se réaliser et se développer. Dans les entreprises modernes où un « plan » de carrière est offert à chacun, les meilleurs ont tendance à chercher la réussite professionnelle plutôt que l'activité syndicale.

Cette analyse conduit beaucoup d'observateurs à pronostiquer le déclin et même la mort des syndicats et l'opinion publique marque en effet une nette désaffection à leur égard. D'où la question : « comment faire sans les syndicats ? » que posent avec une complaisance mêlée d'inquiétude, beaucoup de dirigeants patronaux et politiques. Et pourtant il suffit de regarder la télévision pour y voir le reflet d'une légitimité incontestée, acquise très récemment par les syndicats et leurs dirigeants. Légitimité qui, à certains égards, transcende celle des hommes politiques parce que les syndicalistes sont censés exprimer les intérêts des travailleurs, de tous les travailleurs, et non des positions partisanes.

Cette légitimité neuve est solidement fondée sur les élections sociales qui se sont multipliées depuis quelques années (Sécurité Sociale) ou qui ont pris un relief qu'elles n'avaient pas, par exemple les comités d'entreprise. La très forte participation électorale contraste avec la diminution des adhérents : les salariés sont des militants tièdes mais des électeurs présents. Depuis dix ans tout un système de démocratie sociale gestionnaire et élective s'est mis en place dans la Sécurité Sociale et dans les entreprises, petit à petit, sans qu'on y prenne vraiment garde, ainsi que dans d'innombrables institutions sociales paramédicales et culturelles. En l'absence de tout acteur et de toute institution prêts à jouer ce jeu démocratique neuf, les syndicats ont pris toute la place et parfois même en ont obtenu l'exclusivité.

Par ailleurs, dans toutes ces institutions nouvelles, les militants syndicaux sont appelés comme experts car ils sont les seuls à savoir comment poser les problèmes nouveaux et comment les traiter. Le cas est particulièrement net dans les municipalités : comment animer un service social ou une maison des jeunes si vous n'avez pas d'expérience syndicale. De même dans les petites entreprises non syndicalisées, si un conflit éclate, patron et salariés ont besoin d'un militant syndical chevronné qui sache négocier : le patron a besoin d'un interlocuteur et les salariés d'un porte parole, et c'est un métier qui s'apprend. Tout cela conduit à changer complètement le personnage du militant syndical qui perd son visage d'agitateur de base, ouvrier parmi les ouvriers, toujours à la pointe de l'action, pour prendre l'allure d'un expert, d'un bureaucrate qui participe à des commissions et des négociations. En s'insérant dans la gestion des institutions les syndicalistes deviennent des cadres.

En conclusion il y a crise du syndicalisme mais non pas déclin, bien au contraire crise de croissance et d'institutionnalisation. Ce n'est pas ici notre propos de préciser ce que seront les syndicats de demain comment ils construiront leur « machine » pour recruter des militants et surtout pour mobiliser des votes aux élections qui fonderont leur légitimité. En un sens leurs problèmes vont ressembler à ceux des partis politiques.

SITUATIONS RITUALISEES ET RAPPORTS SOCIAUX

Les observateurs, surtout américains, de la culture française dans les années cinquante nous ont donné de notre culture une image qui nous a plu et qui est aujourd'hui complètement anachronique. Les schémas proposés par Michel Crozier et en partie vulgarisés par Alain Peyrefitte conservent une certaine valeur explicative mais ne rendent plus compte ni de l'éthos ni de l'habitus des Français. Reprenons quelques thèmes.

« Nous » et « ils » n'est plus une structure de représentation de la société ni une norme de comportement à l'égard de l'autorité. Sa version croziérienne « la peur du face à face » et « l'incapacité de coopérer » ont été remplacés par la multiplicité des associations : lorsqu'il y a vingt présidents d'associations dans un bourg de cinq mille habitants, le rôle du maire n'est plus le même. Lorsque des militants organisent des réseaux pour « vivre autrement » dans une ville nouvelle de grande banlieue, l'autorité de l'administration n'est plus napoléonienne. De même lorsque les dirigeants agricoles s'asseyent à la même table que le ministre dans une conférence annuelle pour discuter des problèmes de l'agriculture, etc. Dans tous ces cas l'autorité se fait moins distante et moins incompréhensible et par conséquent le citoyen n'est plus réduit en face d'elle à l'alternative soit de s'en protéger (pour vivre heureux, vivons caché) soit de se révolter de manière anarchique. Si les Français sont devenus des démocrates raisonnables, comme le dit René Rémond, il ne feront plus de révolution ; et Mai 1968 aura été la dernière.

L'explication se trouve sans doute en partie dans le développement de l'école maternelle qui a été l'innovation la plus importante et la moins remarquée du système d'enseignement français. Les enfants sont scolarisés plus jeunes et plus massivement en France qu'ailleurs et la pédagogie des maternelles est en contradiction complète avec celle du primaire et du secondaire. Face à un maître distant les élèves étaient enfermés dans l'alternative, soit du « fayotage » individualiste, soit de la « communauté délinquante » où tous sont fondus dans un unanimisme de résistance passive ou de chahut, bien décrit par Jesse Pitts.

Dans l'usine de type traditonnel, l'unanimisme des ouvriers non qualifiés qui ne peuvent s'exprimer que dans une action, où chacun se sent fondu dans la masse en mouvement était la version populaire du même rapport ritualisé entre masse dépourvue de stratégie et d'autorité imprévisible. Renaud Sainsaulieu a bien montré que ce type de rapports sociaux appartient au passé et que par contraste l'univers des cadres et des techniciens qui se répand et paraît caractéristique des classes moyennes se caractérise par les termes stratégie, conflit et négociation. Dans un autre contexte social le « pouvoir périphérique » de Pierre Grémion est fait de marchandages entre notables et fonctionnaires. Les hommes politiques français ne s'enferment plus dans l'alternative de « l'ornière ou l'aventure » qui selon Nathan Leites les réduisaient à l'impotence ; ils ont appris à prendre des risques, à les calculer, à faire la balance des coûts et des bénéfices et à l'expliquer à leurs électeurs. Si bien qu'en fin de compte « la crise » (la révolution) n'est plus le seul mécanisme de changement. La France s'est transformée de fond en comble par le jeu de ces mécanismes nouveaux.

La France et en même temps les Français. Si le rapport à l'autorité est la matrice où se construit l'identité de chacun, les petits Français se définissaient contre cette autorité et par conséquent cherchaient à être plus qu'à devenir. Par ailleurs les fortes différences sociales leur montraient leurs différences et ils en tiraient un moyen d'identification. Aujourd'hui que l'autorité réclame la compétition à l'école comme dans la vie publique et que les différences sociales sont moins affirmées, l'identité se construit moins contre autrui qu'en compétition avec autrui en fonction d'un devenir et d'une stratégie. Et toute la vie adulte devient une stratégie qui commande un devenir aussi bien dans la vie professionnelle, que dans la résidence ou dans les activités de loisir bricolage ou participation aux associations.

Jean Daniel Reynaud[6] donne une analyse complèmentaire de cet ensemble de phénomènes en insistant sur les effets de l'enrichissement général qui a entraîné un desserrement général des contraintes qui bridaient toute liberté d'action dans les classes moyennes, ouvrières et paysannes. La crainte du lendemain, la dépendance à l'égard de l'autorité, l'économie parcimonieuse de toutes choses interdisaient toute prise de risque, toute indépendance de mouvement : sortir de l'ornière était vraiment se lancer dans l'aventure. L'appauvrissement de l'entre deux guerres avait aggravé ces rigidités et les avait étendues à la bourgeoisie rentière ruinée. Aujourd'hui, au contraire, la sécurité élémentaire et la sécurité de la santé assurées à tous donne à tous la possibilité de dire non aussi bien au petit chef dans l'atelier ou l'administration, qu'au notable qui veut vous imposer votre vote, qu'au prêtre qui vous dit le vrai, le bien et le mal, et à l'ancien qui invoque son âge et son expérience pour se faire obéir, etc. Il faut souligner que, dans quelques régions, jamais l'autorité du prêtre n'était prise pour ce qu'elle se disait être : on s'y soumettait parce qu'on ne pouvait faire autrement mais sans reconnaître pour autant sa prétention à la légitimité divine. De même pour le roi, le notable, le gendarme, le juge, l'officier, etc. La nouveauté n'est donc pas la contestation de l'autorité mais le fait qu'elle puisse s'exprimer sans risque extrême. L'autorité nue a perdu son tranchant, elle doit obtenir le consentement pour s'exercer, et le consentement se marchande. Par conséquent, selon le mot de Jean Daniel Reynaud, le pouvoir s'est répandu dans toutes les sphères de la société ; il y a partout un trop plein de pouvoir, ce qu'il appelle joliment la pleïstocratie.

Nous l'avons dit au sujet des gens âgés, les grands-parents n'incarnent plus l'autorité, le patriarche ne peut plus être autoritaire, il doit séduire, conquérir l'affection de ses enfants et de ses petits enfants qui peuvent toujours la leur consentir ou les en priver. Le pouvoir de dire non, par sa valeur symbolique, a mis à bas le rituel de l'autorité à la française, une pratique de la négociation s'est mise en place, qui n'est pas encore ritualisée mais qui est en passe de devenir la situation essentielle au fonctionnement de la société et qui estompe peu à peu le refus du face à face. Ce qui ne veut évidemment pas dire que l'autorité ait pour autant disparu dans la société française, c'est son mode d'exercice qui a radicalement changé. Cette réduction de la distance entre rôles d'autorité et rôles de subordination et cette nouvelle attitude généralisée est une caractéristique des classes moyennes, notamment celles des cadres et des techniciens qui vivent dans un univers de conflit et de stratégie selon R. Sainsaulieu.[7]

UN CONSENSUS FONDAMENTAL ?

Que ce mot ait pris récemment une valeur politique très forte n'exclut pas de l'utiliser de manière plus neutre pour essayer d'analyser ce qui va de soi pour presque tous les Français. Notons au passage qu'aujourd'hui ceux qui soulignent le consensus politique sont plutôt à droite et ceux qui le contestent plutôt à gauche : le consensus sur le consensus n'est donc pas aisé à délimiter. Essayons cependant en soulignant qu'il s'agit ici d'un consensus global et non simplement politique.

Selon François Bourricaud le consensus de base, c'est le rapport entre un ensemble d'institutions reconnues comme allant de soi et une idéologie acceptée par une partie plus ou moins large de l'opinion : « Une société peut avoir un consensus de base relativement solide avec des clivages idéologiques et politiques très marqués à condition que certaines "institutions primaires" y soient bien acceptées (. . .). Le consensus ne porte pas simplement sur les valeurs communes ou des principes très généraux (ce que l'on peut appeler l'idéologie), mais aussi sur les institutions dans lesquelles s'incarnent les valeurs. Le consensus définit une zone de conflits et tout conflit ne se conçoit pas sans un accord sur ses enjeux et sur ses règles »[8]. Analysant le conflit sur l'Ecole pendant la IIIème République, Bourricaud montre qu'il se fondait sur un consensus complet entre hommes de gauche et hommes de droite sur la notion de culture générale, qui avait le même sens pour Jaurès, pour Herriot et pour Maurras. Sans doute aujourd'hui encore les Français s'accordent-ils sur l'importance de la langue et du bien dire.

Les grandes institutions nationales qui étaient l'objet d'une contestation radicale, il y a seulement vingt ans, sont aujourd'hui acceptées par tous les Français. Plus personne ne met en question la légitimité des institutions républicaines qui étaient contestées à droite (la gueuse, le refus du suffrage universel) comme à gauche (le parlementarisme, instrument de la domination bourgeoise). Pour les deux tiers des Français la République n'est ni une valeur de droite ni une valeur de gauche, mais une valeur commune aux deux (SOFRES 86). La défense de la République ne peut plus aujourd'hui mobiliser les militants car elle n'est attaquée par personne. Depuis 1981, l'alternance a montré que non seulement la République en général mais sa forme actuelle, la Vème, la constitution de 1958, n'était plus remise en question, notamment l'élection du Président de la République au suffrage universel. Le débat récent sur la cohabitation a bien montré l'importance que les Français accordent à la légitimité du Président de la République qui incarne l'Etat. Les contrastes entre régions de droite et régions de gauche sont en train de s'estomper : le conflit droite gauche tend à s'uniformiser à travers le pays, ce qui est un signe supplémentaire des progrès de ce consensus sur la légitimité des institutions politiques.

L'institution municipale est sans doute celle dont la légitimité est la plus forte aux yeux des Français (cf. supra : localisation). Les hommes politiques font valoir sans cesse qu'ils sont maires de leur commune et un échec aux élections municipales peut amener un ministre à démissionner du gouvernement. Quand il a été question de fusionner les communes rurales, personne n'a envisagé de le faire, comme en Angleterre, par une décision nationale du Parlement. La démocratie directe communale serait-elle plus légitime que la démocratie représentative nationale ? Cette continuité de la légitimité communale et cette renaissance de l'identité locale surprendraient Tocqueville qui en déplorait la disparition il y a un siècle. La décentralisation politico-administrative n'était pas envisageable tant que cette « nationalisation » du débat politique n'était pas réalisée et tant que les collectivités locales n'avaient pas repris une conscience plus vive de leur légitimité et de leur identité. Que des politiciens de droite se trouvent chargés de mettre en place des organes régionaux et départementaux institués par la gauche est un signe ultime du consensus réalisé sur les institutions politico-administratives du haut en bas de la pyramide.

Pas plus que la République, le sabre et le goupillon ne sont aujourd'hui des symboles qui partagent les Français comme hier. L'armée n'est plus en butte à l'antimilitarisme virulent d'avant la guerre : ni le service militaire ni le budget de la défense ne sont contestés. De même l'Eglise Catholique ne soulève plus d'anticléricalisme militant depuis qu'elle a renoncé à son ambition de soumettre tous les Français à son magistère. Elle peut même bénéficier d'une approbation générale lorsqu'elle défend une liberté, comme ce fut le cas lors du mouvement pour l'école libre en 1984. Ce qui ne veut pas dire que ces deux institutions ne soient pas l'objet de discussions et de conflits, mais ces conflits et les discussions ne remettent pas en question leur légitimité : ils sont entrés dans le domaine de ce qui peut être évalué et discuté.

Il est de même des syndicats : les Français sont de moins en moins nombreux à faire confiance aux syndicats (50 % en 1979 et 31 % en 1985) mais ils considèrent qu'il serait très grave de remettre en question leur existence. Il est vrai que les gens de gauche sont à 85 % de cet avis, les gens de droite ne le sont qu'à 60 %, et les petits commerçants à 46 % (SOFRES 1984). En revanche leur arme principale, le droit de grève, fait l'objet d'opinions très contrastées : une minorité des Français pensent que ce serait grave de le supprimer (43 % en 1976 et 49 % en 1983). Le double mouvement qui donne une légitimité accrue aux syndicats au moment où leur base militante devient plus fragile confirme ce point de vue. Les syndicats ne sont plus un objet d'affrontement idéologique, même les patrons reconnaissent leur utilité pour négocier les conflits du travail. Or ceux-ci précisément deviennent de plus en plus négociables dans la mesure où les deux parties se reconnaissent mutuellement leur légitimité. Qut les conflits aient tendance à rester plus localisés et à ne pas remonter au niveau fédéral ou national entraine une décentralisation des négociations inconcevable sans ce consensus fondamental nouveau.

Au sujet des « institutions primaires » selon la définition de Bourricaud toutes les enquêtes montrent que pour tous les Français (92 %) la famille est une institution primordiale juste avant le travail (84 %). La patrie est déjà une institution et une valeur moins commune (67 %). Mais il est vrai qu'elle est en progression : à la question « les symboles nationaux (Marseillaise, 14 juillet, drapeau) gardent-ils la même valeur qu'autrefois ? », les oui passent de 64 % en 1976 à 70 % en 1983. L'écart entre droite et gauche est faible, par contre il est fort entre jeunes et vieux (ce qui différencie la France des autres pays). Aux deux dates, 87 % des Français pensent qu'il « est important d'être un bon citoyen ».

Par ailleurs le droit de propriété n'est mis en question par personne. Les réformateurs qui ont voulu y porter atteinte si peu que ce soit au sujet de la terre ont dû y renoncer : le CNJA en 1962 comme les socialistes en 1981. La famille et la propriété se conjuguent dans l'héritage auquel les Français sont également unanimement attachés.

Dans le domaine idéologique les Français donnent une place fondamentale à l'égalité : ils refusent (90 %) d'envisager que les immigrés n'aient pas droit comme tout le monde aux allocations familiales et 82 % ne veulent pas que l'impôt sur les grandes fortunes soit supprimé. La liberté et les libertés sont encore plus valorisées. Ces deux valeurs sont communes à tous, cependant il faut noter que les gens de gauche ont tendance à faire passer l'Egalité avant la Liberté et les gens de droite l'invcrse.

Enfin, il est en train de se développer un consensus sur le genre de vie. Chacun a droit à bien vivre, c'est-à-dire à prétendre à un ensemble de biens, de services et de sécurités sans lesquels il ne se reconnaîtrait pas et ne serait pas reconnu comme un membre à part entière de la collectivité nationale. C'est en ce sens que les « pauvres » ont été qualifiés d'« exclus ». Bien vivre est devenu un idéal commun et les modèles du bien vivre sont très diversifiés mais ne sont pas contradictoires : ils dérivent tous d'un patron commun qui est illustré dans les magazines, notamment les magazines féminins. L'un des éléments de ce bien-être, la sécurité sociale, est plébiscité par les Français : 97 % pensent que ce serait grave de la supprimer en 1986 comme en 1976.

Ce consensus sur le genre de vie est sans doute étroitement lié avec les immenses progrès que les Français ont faits dans la compréhension et la perception des mécanismes économiques. Preuve en est que les Français perçoivent directement l'augmentation des prix et du chômage aussi vite que les statisticiens et que leur perception se répercute immédiatement sur leur jugement politique. Jusqu'à l'après guerre le débat politique s'alimentait du conflit de valeurs morales ; aujourd'hui il est essentiellement nourri de considérations de politique économique. Le bien et le mal ne sont plus des impératifs moraux mais des impératifs économiques. Tous les Français voient la France comme une grande entreprise qui doit vendre et acheter et dont les comptes doivent être en excédant pour qu'ils puissent « bien vivre ». C'est une novation fondamentale puique le langage économique se trouve tout à coup commun à tous les citoyens et utilisé de la même manière par ceux qui proposent des politiques économiques différentes.

Le progrès remarquable du consensus entre Français et surtout sa focalisation sur des institutions nationales aussi bien que primaires et sur des valeurs quotidiennes va de pair aujourd'hui avec une atonie idéologique qui n'en est pas la conséquence nécessaire et qui peut ne pas être de longue durée. Le conflit idéologique peut parfaitement renaître sans entraver le consensus fondamental présenté ici : le conflit politique droite-gauche et le mouvement pour l'école libre montrent bien quels rapports entretiennent consensus et disensus dans ce domaine.

Si cette analyse est juste il en résulte qu'un fonds de valeurs et de représentations est commun à l'ensemble des Français, ce qui est une transformation complète par rapport à l'époque où la France se divisait en classes sociales en lutte entre elles, ayant chacune son univers culturel propre et où parmi les paysans, qui représentaient la montée de la population, plusieurs civilisations régionales distinctes s'opposaient. On conçoit que si ces contrastes se sont estompés et ces luttes se sont calmées, les grandes institutions nationales, qui avaient pour fonction de fédérer des groupes disparates et rivaux, n'aient plus à remplir cette fonction et par conséquent ont perdu leur valeur sacrée et ne sont plus l'objet de passions idéologiques contradictoires. Le développement d'une culture moyenne plus ou moins commune à tous joue le même rôle.

DIVERSIFICATION DES MODELES

Il y a quarante ans la société Française était divisée en grandes classes sociales dont chacune avait son modèle de vie, répondant à une échelle commune de valeurs et à un savoir-vivre précisément codifié. Au mode de vie et à la culture bourgeoise s'opposaient un mode de vie et une culture populaire dont les fondements et les moyens étaient radicalement différents. La petite bourgeoisie différait de la grande par des moyens inférieurs qui ne lui permettaient pas d'incarner aussi complètement l'idéal du bien vivre bourgeois qu'elle cherchait à réaliser dans la mesure de ses moyens. Les paysans partageaient une condition et des valeurs en grande partie communes mais avec de très fortes différences régionales. La France se partageait en civilisations paysannes très contrastées et au sein de chaque région, à la hiérarchie des conditions, correspondait une hiérarchie des modes de vie. L'aristocratie paysanne et l'aristocratie ouvrière s'efforçaient chacune à sa manière de se rapprocher du modèle bourgeois qui s'imposait à l'ensemble de la société. Ce modèle était précisé dans les moindres détails de ses impératifs et de son rituel dans des manuels de morale et des manuels de savoir-vivre, codifié dans ses principes dans le code civil. Les bonnes moeurs, les règles de politesse, le rituel de la table et des cérémonies familiales autorisaient des écarts minimes de détails qui alimentaient sans fin des discussions inépuisables et toujours renouvelées dans les salons pour les bourgeoises et au lavoir pour les paysannes ou les ouvrières.

Entre les deux guerres l'appauvrissement général de la France a entraîné une sclérose de l'ensemble du système de régulation dans toutes les classes sociales, chaque famille s'ingéniant à cacher sa misère derrière une apparence conservée et s'agrippant aux signes symboliques de sa position et de sa différence.

L'après guerre a vu la disparition des domestiques dans les maisons bourgeoises grandes et petites et dans les grandes fermes. Puis, petit à petit, l'équipement ménager s'est répandu dans tous les foyers et dans toutes les classes sociales, les activités ménagères sont devenues les mêmes, à des variantes près en fonction des origines familiales. Enfin l'emploi salarié, s'étendant à toutes les femmes du haut en bas de l'échelle sociale, a entraîné une contrainte commune à tous les ménages mais vécue de façon très différenciée en fonction des revenus des deux conjoints. Un signe de cette homogénéisation de mode de vie des

Français peut être trouvé dans la disparition de la salle-à-manger : un ménage bourgeois ne prenait jamais un seul repas à la cuisine, domaine des domestiques, un gros paysan avait une salle-à-manger qu'il n'utilisait que les jours de fête, les jours ordinaires il s'attablait dans la salle de ferme, et les ouvriers mangeaient à la cuisine. Aujourd'hui la salle à manger a disparu, fondue soit avec la cuisine soit avec le salon pour constituer un « living ».

Mais cette disparition des contrastes de classe et cette homogénéisation subséquente des modes de vie s'est accompagnée d'une nouvelle diversification en fonction des ressources en revenus et en patrimoine et des systèmes de valeurs. Dans la mesure où les modèles ne sont plus imposés par la position de classe chacun peut s'inventer un modèle et de véritables stratégies de mode de vie peuvent être développées par les ménages en fonction de leurs ressources et de leurs modèles idéaux. La diversification des modèles donne une liberté jusque là exemplaire. Autrefois à la cuisine bourgeoise s'opposaient la grande cuisine, les cuisines paysannes régionales et la cuisine populaire. Chacun mangeait comme sa condition sociale le lui prescrivait. Les cuisines exotiques ont pénétré l'une après l'autre : méditerranéenne, espagnole et italienne, puis pied-noir (le méchoui) ensuite grecque et ottomane et enfin chinoise et vietnamienne, en attendant le fast-food à l'américaine. Et chacun peut trouver des livres de recettes régionales et exotiques et des produits correspondants sur les étagères des super-marchés qui permettent un dépaysement culinaire inimaginable il y a trente ans.

Ce qui est vrai de la cuisine ne l'est pas moins du mobilier et des objets de décoration et des vêtements, malgré l'apparente uniformisation du « jean ».

De même pendant une période la structure des ménages a tendu vers un modèle unique de groupe domestique, les parents et deux enfants, comme il a été dit plus haut, modèle aussi éloigné des grandes maisonnées bourgeoises et paysannes que de la promiscuité populaire ou de l'instabilité des pauvres, en ville comme à la campagne. Aujourd'hui une diversité nouvelle s'instaure avec l'augmentation du célibat et du concubinage, les familles monoparentales, les divorcés, veufs et veuves qui vivent seuls, etc. Mais en même temps les rapports de parenté se retissent dans la localité ou à distance si bien que la notion même de ménage perd de sa valeur descriptive. Chacun aujourd'hui peut choisir ou non de se marier, d'avoir des enfants ou non, de vivre seul ou en ménage, de fréquenter assidûment ses parents ou de les éviter, etc. Cette liberté est évidemment conditionnée par des ressources et des contraintes et gouvernée par des valeurs, elle n'en est pas moins radicalement neuve par rapport aux modèles anciens et au modèle unique d'il y a vingt ans.

Au sein même du couple, la définition des rôles conjugaux et domestiques a perdu son caractère impératif, plus il est vrai dans les valeurs que dans les comportements. Les concubins post-soixante-huitards ont les premiers refusé complètement la division sexuelle des tâches et cette indétermination les a forcés à un marchandage permanent de qui ferait quoi. Les sondages d'opinion montrent qu'une bonne partie des Français pensent que la plupart des tâches peuvent être accomplies par l'homme ou par la femme indifféremment, toutefois pas moins que les soins aux bébés sont toujours jugés comme une tâche féminine par la majorité des Français. En revanche les tâches éducatives sont, semble-t-il, de plus en plus assurées par les pères et la complémentarité s'estompe entre la mère affectueuse, toujours prête à pardonner et à consoler, et le père autoritaire et inflexible. Si toutes les activités domestiques peuvent être et doivent être partagées, il n'en demeure pas moins qu'elles ne le sont pas dans la pratique, en particulier le repassage n'est encore jamais assuré par l'homme. Il semble que l'indifférenciation des rôles soit nettement plus pratiquée dans les classes moyennes que dans les classes supérieures et dans les classes populaires.

Ce qui est vrai des rôles conjugaux et parentaux l'est encore plus nettement des rôles masculin et féminin. En général toutes les professions se sont ouvertes aux femmes, même les pompiers, les derniers en date. Certaines professions sont devenues majoritairement féminines, tels l'enseignement et surtout les professions para-médicales et le secrétariat, quelques sports restent uniquement masculins comme le foot et le rugby. Dans la vie quotidienne les rites distinctifs dans les rapports entre hommes et femmes sont de moins en moins respectés.

Dans tous les domaines les codes de comportement se diversifient et s'assouplissent, si bien que plus personne ne se croit obligé de se soumettre à des conventions puisqu'il les a choisies alors qu'elles lui étaient autrefois imposées par la contrainte sociale du groupe dont il était membre. Cette diversification et cet assouplissement des codes est particulièrement observable dans les classes moyennes dans lesquelles autrefois ils étaient plus impératifs car on ne s'y sentait pas de prendre des libertés avec les « convenances » et le « comme il faut », autant que dans les classes supérieures et les classes populaires.

Y A-T-IL MOYENNISATION DE LA SOCIETE FRANÇAISE ?

En conclusion de cette analyse, résumé de quelques tendances de la matrice Louis Dirn, nous voudrions essayer de répondre à cette question et à celle, annexe, de savoir quelle est aujourd'hui la classe la plus porteuse d'avenir.

Toutes les analyses précédentes ont mis en relief que chacune des tendances étudiées induisait des transformations majeures de la structure sociale. Que toutes les femmes travaillent, pose à la société un problème qui, loin d'être résolu, n'a pas encore été envisagé dans toutes ses conséquences. Que des retraités nombreux, assurés de leurs ressources et en bonne santé, aient besoin de se trouver des activités, représente un potentiel social dont on n'a pas encore pris la mesure. Que les jeunes se créent un mode de vie particulier, que les syndicats et les localités soient aux mains des classes moyennes, et surtout que la régulation sociale se fasse plus souple et plus diversifiée, toutes ces tendances différentes recoupent la plupart des autres structures et par là même « brouillent » toute la stratification sociale et contribuent à la recentrer sur les classes et la culture moyenne.

Il est manifeste que les classes moyennes salariées, les « cadres » au sens large, ont augmenté rapidement en nombre et plus que proportionnellement en poids dans la société parce qu'elles ont développé une culture relativement neuve qui devient centrale dans la société et parce que certaines d'entre-elles ont fait preuve d'un dynamisme et d'un esprit d'invention sociale qui a fortement marqué les années soixante-dix. Par ailleurs, de plus en plus de Français se rangent d'eux-mêmes dans les classes moyennes.

Il est arbitraire de fixer des limites à ces classes moyennes. Vers le haut, les très hauts cadres, dirigeants d'entreprise et hauts fonctionnaires n'y sont pas inclus, pas plus que les gros entrepreneurs indépendants (industriels, commerçants) et les professions libérales « bourgeoises » (notaires, grands avocats et grands médecins). Ici la frontière est sans doute marquée par le patrimoine économique et culturel qui permet à cette élite dirigeante de s'auto-recruter et de protéger leurs enfants contre le risque de la descente sociale. La combinaison de ces critères très grossiers isole sans doute moins de 5 % en haut de la pyramide sociale. Vers le bas, immigrés, manoeuvres et ouvriers même professionnels sont évidemment exclus. La question devient plus délicate pour les techniciens très qualifiés et les employés. Par ailleurs la longue controverse au sujet de la « nouvelle classe ouvrière » est restée sans conclusion si bien que la lisière est incertaine. Les études de patrimoine, de niveau culturel et de mobilité sociale suggèrent qu'une barrière demeure entre ces catégories et les « cadres ». Cette barrière isole environ la moitié de la population et fait obstacle à la mobilité des individus mais non à la diffusion de la culture moyenne dans l'ensemble de la population, ainsi que les travaux de Bourdieu et de Verret le montrent. Restent les petits entrepreneurs indépendants : 15 % dont 8 % d'agriculteurs. Ce sont les « anciennes » classes moyennes qui en tous points sont comparables aux « nouvelles », sauf qu'elles ne sont pas salariées : elles ont beaucoup baissé en nombre dans le passé (surtout les agriculteurs) mais paraissent stabilisées sinon en léger redressement.

Nous traitons donc ici d'environ 30 % de la population qui se définit par sa position médiane et par un certain nombre de traits communs : possession du logement (et souvent disposition d'une résidence secondaire), revenu salarié des deux époux, niveau d'instruction dépassant le niveau du baccalauréat qui définit un univers culturel commun.

Les études de Thélot ont clairement montré que la mobilité sociale avait considérablement augmenté depuis 1950. Une partie de cette mobilité était évidemment produite par la transformation d'ensemble de la société française qui demandait plus de techniciens, de cadres et de dirigeants à mesure qu'elle se développait. Thélot a montré aussi que l'augmentation de la mobilité avait été nettement supérieure à ce que cette transformation sociétale réclamait : la mobilité nette s'est accrue, la société française s'est assouplie très visiblement dans les quarante dernières années. Toutefois depuis dix ans il semble que la classe dirigeante, qui avait attiré à elle beaucoup d'enfants des classes moyennes, tend à se refermer sur elle-même parce qu'elle ne s'étend plus et qu'elle s'efforce de retenir ses enfants sur les chemins de la mobilité descendante. Par ailleurs l'ascension sociale des enfants d'ouvriers et d'employés est restée très minime si bien que la mobilité sociale se restreint aux classes moyennes où elle est d'autant plus marquée et dont elle est une caractéristique essentielle.

Grâce à la démocratisation de l'enseignement, le nombre des bacheliers et diplômés de l'Université a fortement augmenté mais la dévalorisation des diplômes qui s'en est suivie n'a pas donné à ces diplômes des positions sociales supérieures. La possession d'un diplôme et de la culture qu'il sanctionne s'est répandue dans des couches moyennes inférieures au point de devenir la culture commune de toutes les classes moyennes. Et cette « culture moyenne » devient centrale dans la société française dans la mesure où elle est diffusée et donc entretenue par les médias : l'émission de Bernard Pivot en est sans doute l'expression la plus exemplaire.

Moyens de vivre et patrimoine culturel se caractérisent par des ressources, mais ne définissent pas un mode de vie et encore moins un modèle de vie. Bien au contraire ils donnent la liberté de se construire une façon de vivre « à soi » et autorisent ainsi une diversité sans cesse croissante à mesure que les ressources augmentent et que les systèmes de valeurs se diversifient. Moyennisation ne veut pas dire homogénéisation mais bien plutôt diversification comme il a été montré plus haut.

Cette diversité des modes de vie sur un fond commun de culture rend la mobilité sociale d'autant plus aisée au sein de ces classes moyennes puisque chaque individu et chaque ménage peut aménager sa façon de vivre selon ses goûts en fonction de ses moyens, goûts et moyens qui sont divers sans pour autant être fondamentalement différents. Cette diversité entraîne par ailleurs la tolérance pour les manières d'être d'autrui tout en donnant des sujets de discussion et de discrimination. Comme autrefois au village ou dans la bourgeoisie, les moindres nuances de comportement et d'opinion alimentent les conversations mais à cette différence près qu'il ne s'ensuit pas de verdict à l'égard de celui qui s'écarte de la règle et du rite mais au contraire de l'estime à l'égard de celui qui innove et invente, si peu que ce soit. La respectabilité, le mépris et l'envie ne sont plus de mise, en revanche on fait l'effort pour comprendre et tolérer ce qui diverge de votre façon de voir et de faire.

Le développement de l'emploi féminin contribue beaucoup à cette multiplicité des menues différences. En effet comme il a été dit plus haut, que le mari et la femme aient chacun un métier contribue à une moyennisation du couple et l'infinie variété des appariements possibles rend tout classement hiérarchique difficile sinon impossible. L'augmentation du nombre des divorces, du concubinage et du célibat permet des redistributions plus fréquentes et plus aléatoires. Les différences sont innombrables mais ne s'ordonnent plus aussi bien qu'autrefois en une hiérarchie reconnue et acceptée de tous. Il est vrai que le mécanisme peut jouer en sens inverse et créer des isolats professionnels quand les deux conjoints exercent le même métier, qui était en outre celui de leurs parents comme il arrive chez les médecins, dans l'Armée et dans l'enseignement. De même l'institutionnalisation des classes d'âge, jeunesse et retraite, crée des différences transversales dans l'échelle des classes sociales. Le troisième âge et les genres de vie de loisirs actifs qu'il entraîne joue en faveur de la moyennisation puisque les différences qui tiennent à la profession sont estompées, que les activités et loisirs peuvent être partagés par des retraités d'origines professionnelles différentes, et que seules demeurent des différences de ressources financières et culturelles. La définition d'une classe d'âge, si elle se confirme en créant une condition commune d'entrée dans la vie pour tous les jeunes, crée une nouvelle différence majeure entre jeunes et adultes et des différences multiples dans la façon dont les jeunes de chaque classe vivent cette période.

Au sein de cet ensemble à la fois homogène et divers, deux groupes prennent un relief très net. Les cadres moyens et supérieurs des entreprises qui se définissent par un diplôme élevé, une compétence professionnelle précise et par une « culture » commune qui est celle de *l'Express*, du *Point* et de *l'Expansion*. Par contraste, les « encadreurs moraux et sociaux » rassemblent les pédagogues, animateurs sociaux, les militants culturels et syndicaux, les assistantes sociales et carrières para-médicales (psychologues, kinésithérapeutes, orthophonistes, etc.) dont beaucoup sont fonctionnaires (notamment de l'Education Nationale) ou salariés de collectivités locales, d'institutions para-étatiques et d'associations subventionnées. Ils sont, soit en ascension sociale ayant acquis des diplômes supérieurs à ceux de leurs parents, soit en descente sociale, et dans les deux cas déçus de leur position dans la société. Ils se perçoivent comme des redresseurs de la société et de ses maux, lisent *Libération* et *le Nouvel Observateur* et d'ailleurs la transformation de ces deux périodiques montre le changement qu'ils viennent de subir. En effet ce groupe a été l'inventeur et le diffuseur du style de vie post-soixante huitard dont le concubinage pré-marital a été l'innovation la plus spectaculaire. Jamais inversement des valeurs et de comportements essentiels n'avait été aussi complet et ne s'était diffusé aussi rapidement à partir d'un groupe moyen vers le haut et vers le bas de l'échelle sociale. Ils ont fait preuve d'une conscience de génération qui ressemblait à une conscience de classe et qui a contribué, par contraste, à renforcer l'affadissement des consciences de classe prolétarienne et bourgeoise. Aujourd'hui la plupart se sont « laissés récupérer » mais sans pour autant renoncer à leur utopie. Les meilleurs d'entre-eux en « entrant dans le système » l'ont transformé. Les écologistes en sont sans doute le meilleur exemple surtout si on compare leur devenir à celui des « Verts » en Allemagne. De mouvement contestataire à l'audience nationale, ils sont devenus incapables de mobiliser 1 % des votes. Mais beaucoup de leurs militants sont entrés dans l'administration et animent des associations où ils poursuivent leurs idéaux et leurs objectifs et ils ont obtenu qu'un ministère soit crée pour prendre en charge leurs problèmes. Aujourd'hui leur rôle dynamique paraît donc s'être dissous bien qu'il se prolonge. Il s'agissait donc d'une génération, celle du baby-boom qui avait été précédée par les jeunes agriculteurs et qui se prolonge dans des mouvements de moins en moins significatifs.

La spectaculaire transformation de l'esprit public a coïncidé avec le retournement politique de 1983 qui apparaît rétrospectivement aussi important que celui de 1968. L'effondrement de l'idéologie marxiste, commencé chez les intellectuels il y a dix ans, a gagné toutes les couches de la population, y compris les électeurs communistes : aujourd'hui 95 % des français rejettent le marxisme avec une unanimité et une force inattendues. Nous avons analysé plus haut une perte de confiance dans les grandes institutions militantes (partis et syndicats). La soudaine valorisation de l'entreprise, des entrepreneurs et même du profit, par ceux-là mêmes qui les anathémisaient il y a seulement cinq ans, est un mouvement aussi spectaculaire que le précédent. Ce retournement n'est évidemment pas un retour en arrière, il correspond sans doute à la transformation lente du rapport d'autorité et à la pénétration de la vision économiste de la société qui ont été analysées ci-dessus.

Deux tâches vont s'imposer dans la décennie qui vient : inventer le mode de vie de la nouvelle classe de loisirs que représente le troisième âge et réinventer le mode de vie des femmes qui ont un emploi. Or les classes d'âges et la définition des rôles masculin et féminin sont les deux structures les plus discrètes et les plus profondes de toute société. Après la longue période de fabuleux progrès technique et économique que notre société occidentale vient de vivre, il lui reste à achever la mutation sociale qu'elle a entreprise et qu'elle poursuit, sans en prendre une conscience suffisamment claire.

Dans ce nouveau contexte on voit plusieurs classes en compétition pour le leadership national. La classe dirigeante après avoir absorbé de nouveaux venus paraît se refermer sur elle-même et se trouve contrainte à préserver son autonomie pour conserver son rôle dirigeant. Les jeunes d'après 1968 qui n'ont pu, à cause de la dévalorisation des diplômes, s'intégrer dans les grandes entreprises et administrations à un niveau de cadre correspondant à leurs ambitions, se sont placés dans des professions de service (experts-comptables), des institutions tertiaires marginales, ou deviennent des « créateurs d'entreprise » et se retrouvent dans les clubs professionnels et politiques des villes moyennes pour y chercher une meilleure reconnaissance sociale. Enfin les techniciens supérieurs sont en mobilité sociale ascendante ou descendante comme l'étaient avant eux les encadreurs sociaux. On peut donc avancer la prédiction que ces deux groupes voulant se faire reconnaître sauront inventer des fonctions sociales, des modes de vie et des idéologies nouvelles, et joueront un rôle décisif dans la dynamique de la société française de demain.

CONCLUSION

Par ailleurs l'analyse de quelques tendances de la matrice a mis en relief des transformations à la fois profondes et discrètes qui sont rarement présentées comme déterminantes pour l'avenir de la société française. En effet les principaux décrypteurs sociaux qui permettaient d'analyser des sociétés dans les dernières décennies ont perdu une grande partie de leur pouvoir discriminant. La vision hiérarchique de la société ne correspond plus aussi bien à une société diversifiée. Les stratégies des acteurs dans différents champs sociaux deviennent décisives et pour les analyser il faut en comprendre les ressources, les contraintes et les objectifs : et en même temps identifier les champs d'action, et ies institutions ainsi que les groupes sociaux qui y développent leurs stratégies. Ce sont tous ces éléments qui ont été retenus pour construire la matrice de Louis Dirn.

Si l'on persévère à se limiter à une analyse descriptive statistique, en catégories statistiques univoques, avec des seuils conventionnels, la société deviendra de plus en plus illisible et incompréhensible. Les économistes, beaucoup mieux fournis en données statistiques que les sociologues, commencent à faire la même observation, et cherchent à construire de nouveaux modèles analytiques pour rendre compte des nouvelles formes prises par le système productif qui n'entrent pas dans les catégories développées il y a un demi siècle.

L'ambition du groupe Louis Dirn est bien de développer un système analytique nouveau qui mette à l'oeuvre les progrès récents de la recherche sociologique et permette d'utiliser les innombrables données réunies par les enquêtes menées sur la société française depuis vingt ans. L'ébauche qui a été proposée ici l'a été dans l'espoir de susciter des critiques, des suggestions et des collaborations tant en France qu'à l'étranger.

Seule une comparaison internationale permettra de se dégager des particularités ethnographiques de la société française et de donner à l'instrument une valeur analytique générale. Ni la liste des tendances telle qu'elle a été élaborée à propos de la France ni le système de relations entre tendances ne sauraient être définitifs en leur état actuel. Une comparaison systématique avec les pays de structure socio-économique voisine permettra d'enrichir et de préciser la liste des tendances et des relations. Une réflexion commune avec des sociologues d'orientations méthodologique et théorique différentes et bons connaisseurs de la société de leur pays, permettra de formuler plus nettement les éléments de théories implicites dans nos systèmes causaux et de leur donner une valeur plus générale, contribuant ainsi à un progrès du savoir par les sociétés modernes et par là de les rendre plus lisibles pour les contemporains.

Notes

1. Alexis de Tocqueville, « *Démocratie en Amérique* », *Oeuvres Complètes*, vol. 2, 4ème partie (Paris : Gallimard, 1961), chap. 5.

2. Sous ce pseudonyme se masque un groupe de chercheurs qui se réunissent le *lundi soir* à l'Observatoire Français des Conjonctures Economiques (FNSP) : M. Forsé, J. P. Jaslin, Y. Lemel, H. Mendras, J. L. Parodi, D. Stoclet, et L. Duboys Fresney.

3. H. Mendras (dir.), « Introduction : Une figure de la France », *La Sagesse et le désordre, France 1980* (Paris : Gallimard, 1980); traduction anglaise, *Tocqueville Review* 1 (1979).

4. Louis Dirn, « Pour un tableau tendanciel de la société française : un parti de recherche », *Revue Française de Sociologie* (juillet-septembre 1985).

5. Pierre Gremion, *Le pouvoir périphérique : bureaucrates et notables dans le système politique français* (Paris : Seuil, 1976).

6. J.-D. Reynaud « Tout le pouvoir au peuple, ou de la polyarchie à la pleïstocratie », *Une nouvelle civilisation ? Hommage à Georges Friedmann* (Paris : Gallimard, 1973), p. 92.

7. R. Sainsaulieu, *L'identité au travail* (Paris : Presses de la Fondation nationale des sciences politiques, 1977).

8. François Bourricaud, *Le bricolage idéologique* (Paris : PUF, 1980).

DAVID S. CARRELL

Whither the Revolution?
An Assessment of Vulnerability
to Revolution
in Advanced Industrial States

I. INTRODUCTION

In her seminal book, *States and Social Revolutions*, Theda Skocpol advances a structural theory of revolution based on a comparative analysis of the French, Russian, and Chinese revolutions. She identifies state-class, state-economy, and state-state relations as the three key structural variables determining a state's vulnerability to "revolution from below."[1] The importance of the structural perspective to the study of revolution is convincingly established by Skocpol. In the closing pages of her book Skocpol turns her attention briefly to advanced industrial states of the late twentieth century. She speculates that these states are no longer vulnerable to revolutionary crises of the sort that occurred in France in 1789, Russia in 1917, and China in 1911. In support of this view she suggests that the "administrative-coercive" capacities of the modern state have increased to such an extent that revolts from below are now virtually impossible. Even the most self–consciously revolutionary working class movement, she suggests, could not prevail against the massive repressive might of this modern leviathan.[2]

As a general prediction, Skocpol's speculation regarding advanced states is intuitively appealing. However, the reasoning she offers in support of this prediction is unsatisfying. Its greatest weakness is its rather peculiar focus on state repressive power as the key determinate of invulnerability. Given Skocpol's conclusions regarding the causal primacy of state-economy, state-class, and state-state relations, one would have expected her discussion of the advanced state to be cast in similar terms, that is, in terms of the structural characteristics that distinguish advanced states from the revolution-prone agrarian-imperial states of the past. Unfortunately, these factors are almost entirely ignored.[3] Furthermore, repressive capacity per se has historically had little to do with the development of revolutionary crises. As Skocpol herself observes, the prerevolutionary imperial states in France, Russia, and China were "well-established" and enjoyed "proven capacities to protect their own hegemony and that of the dominant classes against revolts from below."[4] These states became vulnerable to internal crises only as a result of being "caught in the cross-pressures" of international military–economic competition and domestic constraints on state reforms—the conjunction of which undermined administrative and military power.[5] Furthermore, as Ted R. Gurr has argued, the stability of any regime that is ultimately dependent upon repressive might is highly questionable. In the long run repression is not only exceedingly costly, it is in many cases counterproductive.[6] The apparent invulnerability of advanced states to revolutionary crises must thus have some other explanation.

In pursuit of a more satisfying treatment of this question, this essay presents a structurally oriented analysis of the advanced state designed specifically to assess its vulnerability to revolutionary crises. Because of this structural orientation the role of individual actors such as revolutionary leaders or key figures within the state is not given first billing. While the contribution of such individuals to the development of revolutionary crises is often not negligible, it is, as Skocpol has argued, subordinate to the part played by structural factors.[7] In order to illuminate the distinguishing structural features of advanced industrial societies this assessment will conduct a longitudinal comparison of a single state at two distinct stages of development: the prerevolutionary agrarian–imperial French state of the eighteenth century and its advanced industrial descendent of the second half of the twentieth century.

The French case has been selected for two theoretically significant reasons. First, the occurrence of extreme domestic crises during each of these periods—the former culminating in the Great Revolution of 1789 and the latter producing the Events of May-June 1968—provides a unique opportunity to compare the performance of these structurally different state apparatuses in the face of potentially destabilizing crises. Though the confrontation of 1968 cannot be equated with the society-transforming conflagration that occurred in 1789, the two events can still be compared in a meaningful way. It has been argued, for example, that France came perilously close to civil war during the May-June crisis.[8] The consequences of an internal war for the Gaullist regime would certainly have been devastating, and there were numerous voices calling for fundamental changes in both state and social structures.[9]

Secondly, because of the cultural and political characteristics of postwar French society and the grave economic conditions immediately preceding the crisis of 1968, our analysis of the French case can serve as a test of the general hypothesis that all advanced states are invulnerable to revolutionary crises. The justification for this inference follows the logic of the "crucial case study" method of analysis.[10] The logic is as follows. *Relatively speaking*, France circa 1968 represents the most extreme instance of a potentially revolutionary crisis ever to occur in an advanced industrial state. Among other things, the existence of an institutionally legitimized and historically popular communist contingent on the political landscape, a deeply ingrained and uniquely French culture of protest,[11] and the perception of severe economic hardship among the working class during this period combined to create the largest general strike in modern history.[12] After twenty years of steady economic expansion the French economy stagnated in 1967. Gaullist economic policies designed to strengthen the franc (tightening credit, checking consumer spending, and reducing social security subsidies) resulted in higher unemployment and slower growth. By early 1968 the ranks of the unemployed had increased fourfold compared to 1964, and fully half of the jobless were under twenty-five years of age.[13] As Tocqueville has noted, the threat of revolution is greatest not during periods of extended stagnation, but when an era of economic prosperity is interrupted by sudden depression. Such was the situation in France in 1967–68. As the extreme, most likely case of a potentially revolutionary crisis ever to occur in an advanced state, France circa 1968 *must* exhibit a significant degree of vulnerability to revolution if *any* advanced state can be expected to do so. If the French case does not exhibit such vulnerability, and if this immunity is attributable to characteristics common to advanced states in general, then we can reasonably conclude that similarly constituted states (each of which is by definition less vulnerable) enjoy a like immunity.[14]

Employing the analytical frame of reference advanced by Skocpol, as well as relevant insights of collective action theory, this analysis of the theoretically crucial French case provides a more complete and satisfying explanation of the probable immunity of advanced states to revolutionary crises. The principal determinants of this immunity are not state coercive powers, but the autonomy of the state's administrative institutions, its extensive involvement in the advanced industrial economy, the wide array of policy instruments available to the state, and its relative freedom from the threat of "revolt from below," the latter being a function of the structural impediments to large–scale collective action in advanced societies. Together, these structural features endow the postwar French state with an unprecedented capacity to address and overcome the domestic and international challenges that have been associated with fatally destabilizing internal crises in the past.

II. THE STATE AND STATE-ECONOMY RELATIONS

As Skocpol has shown, a state's ability to pursue reform policies free from institutional and societal constraints—that is, its capacity for autonomous action—is a critical factor affecting its vulnerability to revolutionary crises. A comparison of the administrative institutions and functions of the French state in the eighteenth- and late-twentieth centuries highlights two fundamental developments that have profoundly enhanced state autonomy: the extension of state administrative autonomy and the extensive intervention of the state in domestic and international economic activities. In sharp contrast to the administratively dependent and economically disengaged state of 1789, the centralized, interventionist state of today can shape internal development and respond to economic problems through a variety of means. In addition, a high level of cooperation between the state and private sector provides an unprecedented opportunity to detect and respond to economic problems before they reach crisis proportions. These developments have had a profoundly positive impact on the state's ability to avoid and overcome destabilizing situations. A comparison of the French state during the eighteenth- and late-twentieth centuries illustrates this change.

Absolute monarchy was the dominant form of rule in France from the reign of Louis XIV (1643–1717) until the Revolution in 1789. During this period the activities of the monarchal state were limited primarily to maintaining internal order and contending with external enemies. Even within this restricted domain, however, the administrative autonomy of this protobureaucratic state was extremely limited. Most administrative functions were carried out by appointed *intendants* (many of whom had divided loyalties) in each of more than thirty provinces. These agents collected taxes, administered justice, maintained order, and enforced economic regulations. This extensive reliance on extrinsic policy means is one important measure of the limited autonomy of the monarchal state.[15]

A debilitating lack of cohesiveness within the state's governing apparatus is another key indicator of its limited autonomy. The strategically powerful position of the landed upper class within parliamentary and judicial bodies and its privileged access to state offices enabled it to obstruct policies that ran counter to its interests. Because the state and landed gentry were engaged in a zero-sum competition over extractable agrarian surpluses, the opportunity for conflict between them was endemic. Despite Louis's administrative revolution and the persistent attempts of Colbert and his successors to establish control over the provinces, regional heterogeneity and divisiveness persisted.[16]

The extremely limited involvement of the state in the commercial agrarian economy further restricted its potential for autonomous action. When a prolonged period of low productivity and declining tax revenues during the 1770s prompted the state to pursue economic reforms,[17] its attempts were met with insurmountable resistance. Because the monarchal state had neither the capacity to implement policy on its own, nor the economic leverage to induce the gentry to accept needed reforms, its attempts to redistribute wealth in a manner conducive to innovative capitalist development were unsuccessful. Ultimately, the inability of the state to reform the agrarian economy prevented it from meeting its growing revenue needs. This, as Skocpol notes, was one of the key conjunctural factors that destabilized the state, leaving it vulnerable to revolts from below.[18]

In contrast to the autocratic state that fell in 1789, the French state of today enjoys the benefits of a highly differentiated yet cohesive administrative apparatus that has at its disposal a diverse array of policy tools.[19] In addition, the divergence of interests between the state and dominant economic actors that militated against crisis–avoidance reforms in the eighteenth century has to a considerable extent given way to a cooperative symbiosis.

The cornerstone of the French administrative apparatus is a well-established system of elite formation and recruitment. The *grandes écoles* and the *grands corps*, a complementary network of educational institutions and elite associations, recruits and nurtures a well-bounded coterie of "state-created elites" whose members are virtually omnipresent in upper-level administrative posts.[20] The circulation of elites between the public and private sectors provides a network of communication and indirect influence that further enhances the administrative power of the state.[21]

A series of bureaucratic reforms beginning during the Fourth Republic further enhanced state autonomy by insulating the executive and bureaucracy from electoral politics. Largely because the pushing and hauling of legislative politics is inimical to the logic of coherent economic planning, there has been an extensive transfer of administrative functions from elected officials to bureaucratic agencies.[22] Accompanying this decline in the power of the legislature, a trend toward a neo-corporatist system of interest group representation has augmented the autonomy of the state by enabling it to negotiate agreements with narrowly defined constituencies on particular issues.[23] The positive effects of this form of interest mediation in terms of centralized planning and policy coherence have been significant. Much of the success of France's rapid postwar reconstruction is attributable to the state's freedom from broad political scrutiny that centralization and institutional reform have made possible.[24] In addition, institutional insulary has enabled the state to cope with potentially threatening social and economic crises. Illustrations of this include the government's accommodation of demands for economic and educational reforms following the Crisis of 1968, and its coordination of a successful response to the oil crisis of the mid-seventies.[25]

The growth of French administrative institutions has been closely related to the evolution of the domestic and world economies. The dynamics of competition, product development, and trade in this globally-integrated economy have led the state to acquire a vastly expanded role in economic development and regulation.[26] At the beginning of this century France's national budget made up less than one-tenth of GNP and was devoted primarily to the provision of services of general interest. Since World War II, both the size and nature of the budget have changed dramatically. By 1956 the national budget had grown to one-third of GNP, with more than half of these expenditures going to economic and social ends.[27]

The most visible symbol of the new relationship between state and economy in the postwar period is the national plan. Initially developed to facilitate reconstruction and modernization, this instrument has been used to reorganize basic industries, guide public and private investment, provide economic and technical information, and coordinate domestic and international policies through national and European institutions.[28] As Carré notes, the first national plan (the Monnet Plan 1946–50) gave birth to "a mixed economic system in which markets play a great role and competition is maintained or reestablished among national producers both at home and overseas, but in which also a system of indicative national planning fosters awareness of the requirements and characteristics of growth, while the government takes on certain direct responsibilities in economic management."[29]

As regulator of credit markets and director of public enterprise policy, the French state exerts a direct and unparalleled influence on domestic economic activity. State subsidization of domestic capital investment, which made up five percent of the national budget in 1938, peaked at forty percent in 1949 and has stabilized in the twenty percent range since 1960. Currently nearly one-half of all private investment is made by government loan or subsidy, and all international borrowing requires government approval. "Guided by the principle that scientific progress must be subordinated to the needs of the state and society," the state has used investment subsidies to selectively promote research and development.[30] In addition, direct loans to French trading partners, which are often crucially important in export deals, averaged two and one-half billion francs annually in the late 1970s.[31]

More directly, the French government can shape economic development through an extensive network of nationalized and governmentally coordinated enterprises, most notably in energy, telecommunications, and transportation.[32] By the close of the 1960s these corporations employed one-third of all investment capital and thirteen percent of the labor force.[33] Because they can be used to pilot new industries and technologies, these enterprises provide "an essential tool in state planning and . . . an important testing ground for social and economic reforms."[34] Most recently, they have served an important function in industrial decentralization and regional development programs. Complementing these activities the state has assumed a leading role as initiator in matters of product development, particularly in the electronics, aviation, and aerospace industries. As Caron notes, the design of these policies reflects a keen awareness of France's domestic needs as well as her position in the international economy.[35] The state has also served as an intermediary between national industries and international markets. As Zysman notes, "French bureaucrats have regularly engaged in all the activities required to assemble a trade package. They have prospected markets, often claiming a role in settling the deals themselves. Financing that subsidizes exports has been arranged, thus providing a selective devaluation. Finally, by a selective use of export credits, the government has the power to decide which companies will bid for which contracts."[36] The negotiation of crude oil contracts on a state-to-state basis is a prime example of this practice. The government has often used linkage to other interstate dealings in order to secure more favorable contracts.

Together these developments, both in terms of the state's administrative autonomy and its role in the domestic economy, have substantially reduced the vulnerability of the state to destabilizing economic crises. The extension of administrative autonomy means, quite simply, that the state is much less likely to encounter insurmountable resistance to essential reform policies. Relying for the most part on intrinsic policy means, the state can implement policy relatively free from the paralyzing veto of unsympathetic agents or groups with competing economic interests. Furthermore, this broadening of the state's role in domestic economic activity has fostered new state-economy relationships that have also enhanced autonomy. By virtue of its direct participation in economic affairs, the state has at its disposal an extraordinary array of policy tools with which to address economic problems and chart the course of development. In addition, as guardian of the economy the state is in a position to perceive and respond to economic problems before they reach crisis proportions. As Carré notes, "[p]lanning is . . . an instrument by which awareness of weaknesses in the economy and flaws in its structure develops faster, by which the means to overcome difficulties brought to light are considered more fully, and by which the working out of decisions is on a broadened scale."[37] Finally, the penetration of the state into virtually all aspects of economic activity signifies the emergence of a fundamental interdependence between the state and private sector. Though some degree of resistance to state-directed economic policies will always exist, the zero-sum competitiveness between the state and dominant economic interests that crippled the monarchy in 1789 is clearly a thing of the past.

The permanence of these changes stems from the fact that they are, to a large extent, structurally determined. The relative decline of parliamentary power vis-à-vis the executive and bureaucracy is a phenomenon common to advanced states generally.[38] The immense complexity and competitiveness of domestic and international economic exchange and the uncertainties that surround them have induced state and private actors, both in France and elsewhere, to establish institutions and practices that encourage cooperation and strengthen mutual dependence. As Lindblom notes, political and economic organizations everywhere have gone through or are now going through "one of the world's greatest social revolutions—the organization of almost every form of social cooperation through formal organization, especially bureaucratic organizations."[39] The fact that state intervention in the open-trade era of the Fourth and Fifth Republics has surpassed that of the more protectionist era of the Third Republic bears witness to this structural revolution.

III. THE SOCIETY AND THE POTENTIAL FOR REVOLT

The structural relationships discussed above affect a state's vulnerability to revolution by determining its capacity to prevent or mitigate destabilizing economic crises. In the event that such a crisis should occur the likelihood of a revolutionary outcome is then determined primarily by the society's capacity to exert pressures for fundamental change upon the state, that is, the society's capacity for large-scale collective action.[40] The following comparison of French society in its peasant-agrarian and advanced-industrial forms reveals a dramatic, structurally determined reduction in the capacity for revolt from below. This decline is traced ultimately to secular changes in social and economic structures, not the repressive power of the state as Skocpol's preliminary speculations intimate.

The great social revolutions of the past have all occurred in peasant-agrarian societies. Because peasants were persistently exploited by landlords and tax collectors, their subsistence level often dipped below the margin of survival. Shortfalls in supplies, either because of natural calamities or heightened exploitation, thus provided sufficient grounds for revolt. For these peasants, the assured costs of doing nothing (continued deprivation and eventual starvation) outweighed the costs of taking direct action—the risk of injury or death. Though involving certain dangers, engaging in revolt also promised substantial benefits. Landlord grain reserves, for instance, could be seized in order to prevent starvation. There existed as well the possibility of acquiring a more favorable contract regarding the division of agricultural products.

Though a necessary condition for revolt, the suffering brought on by exploitation was itself not sufficient to produce concerted peasant action. As Taylor's analysis of collective action in peasant communities shows, the existence of mechanisms for overcoming free riding and encouraging participation were also needed.[41] Rebellions, Taylor notes, are not spontaneous events; participation in such actions is conditioned upon the assurance that others will participate as well. Within the peasant village this assurance was provided by the influence of strong communal values, an extremely tight economic interdependence, and the availability of social sanctions to reinforce cooperation. All of these mechanisms, it is important to note, ultimately derive from underlying socioeconomic structures. The village community in eighteenth-century France entailed communal ownership of agricultural resources, and collective control over pastoral activities, public facilities, and private properties considered essential to community well-being. Local self-government and shared religious affiliations also strengthened community solidarity.[42] These "direct and many-sided" relations, to use Taylor's language, provided the common knowledge, traditions, values, and sanctions needed to encourage cooperation in collective pursuits.[43] The relatively common occurrence of rebellions in eighteenth-century France was thus a function of the precariousness of the peasant's existence,[44] which provided the motive for rebellion, and the structures of the local agrarian economy and village society, which made such actions strategically possible.[45]

Whereas revolutionary collective action was often a compelling option in the eighteenth century, the likelihood of such an event occurring in contemporary France is virtually nonexistent, despite the persistence of a culture of protest and the experience, from time to time, of economic hardship. Neither the motivations for such actions nor the mechanisms required to ensure their success are sufficiently strong. Two lines of reasoning, both based on collective action theory, support this conclusion. The first of these is a simple extension of the logic discussed by Taylor. Given the strategic importance of direct and many–sided relations in large-scale collective endeavors, it is highly unlikely that anything remotely approximating a social revolution could be carried through in a society where community-like relations do not exist. In contemporary France, as in other advanced societies, the individualism, fragmentation, and anonymity of urban life have virtually eliminated the connective social tissue that provides the mechanisms for generating and reinforcing large-scale, potentially costly collective action.[46] While certain surrogate structures exist (religious institutions, unions, associations of various sorts), they are only partially connective and they lack the centrality and leverage in the life of the individual required to enforce compliance with exacting collective goals.

A second line of reasoning, advanced by Adam Przeworski, suggests that within advanced societies the expected benefits to workers of revolution will always fall short of the level required to make revolt an attractive course of action. Based on an analysis of the motivations of workers and their leaders in a variety of social democratic movements, Przeworski argues that workers in advanced capitalist societies are unlikely ever to find themselves in a position where the expected economic benefits of revolution outweigh the expected costs. This argument, it is important to note, is based solely on an assessment of probable economic costs and benefits to individuals, not the effects of state repressive actions. The fulcrum of Przeworski's argument is his concept of the "valley of transition."[47] Beginning with the assumptions that workers are utility maximizers, that they discount future values, and that the transition period from a capitalist to a socialist society would take at least one generation, Przeworski argues that the net loss in benefits to workers during the transition phase renders the choice to pursue revolutionary change economically irrational. Because workers can achieve a relatively comfortable standard of living within the capitalist economy they will not undertake the costly effort to transform it *even if* they expect the long-term benefits of a socialized economy to be far superior. The relatively high short-term costs incurred in the valley of transition (disruptions in income, decreased productivity during reorganization, participation costs, etc.) outweigh the expected long-term benefits for each *individual*. Because this calculus is made by each worker irrespective of the longer-term interests of society as a whole, the valley constitutes an uncrossable barrier to collective action, even in capitalist societies where the working class constitutes a strong majority and shares a common belief in the superiority of a socialist system.[48]

While it is difficult to determine conclusively the effects of the strategic and structural constraints discussed above on a society's capacity for collective action, these arguments provide, at a minimum, a reason to conclude that the absence of a revolutionary movement in May 1968 was not simply a matter of chance. The enormous individual and collective barriers to such actions are inherent features of these societies. An examination of the postwar labor movement and the analysis of public opinion data collected during the crisis of 1968 indicate that French workers have behaved in a manner very consistent with the predictions suggested by Taylor and Przeworski.

Following the eviction of Communist Ministers from the government in 1947 the *Parti Communiste Français* (PCF) became heavily reliant upon its major affiliated trade union, the *Confédération Générale du Travail* (CGT), for mass political support.[49] It soon became apparent, however, that the confluence of interests between optimistic leaders in both organizations and the rank and file was far from perfect. When in the autumn of 1947 a miners' strike in northern France and a city-wide strike in Marseilles broke out simultaneously, PCF and CGT leaders optimistically perceived an opportunity to generalize the strike as a display of no confidence in the newly established Third Force government. Once politicized, however, the strikes rapidly lost momentum. Though willing to strike in order to improve their working and living conditions, French workers showed little interest in the politically motivated industrial confrontations desired by the PCF.

This overestimation of working class combativeness persisted throughout the early 1950s. Again in 1948 the leadership's attempt to politicize another miners' strike resulted in a resounding failure.[50] During the late-forties and early-fifties the Party's attempts to use the CGT as a propaganda instrument in the communist-led Peace Movement were similarly unsuccessful.[51] As Ross notes, "[w]orkers were willing to strike to improve their material situations. However, when their strikes quickly became warfare between the PCF and the government, the workers backed down. . . . [T]hey were not eager to be cannon fodder in a fight to the finish between the Communists and the Third Force."[52]

The accumulation of failed programs and policies forced the CGT, by the mid-1950s, to reassess its raison d'être.[53] Union leaders concluded that further attempts to subordinate union activity to party politics could be made only at the risk of organizational suicide. Accordingly it was decided that the CGT must assume a posture of relative autonomy vis-à-vis the PCF, restricting its activities to bread-and-butter concerns and leaving political matters to the party.[54] Through the late-fifties and into the sixties, a stagnant period for the left in general, the CGT maintained this posture.[55] When in 1966 the CGT attempted to rekindle union activity by pursuing an accord with the leaders of France's second largest union, the *Confédération Française Démocratique du Travail* (CFDT), the difficulty of generating working-class support for political aims was reconfirmed. While the CGT was ultimately interested in unity-in-action as a tool for building mass opposition to Gaullism, the CFDT had no interest in social goals outside the labor market. The final accord was limited to a narrow range of traditional bread-and-butter objectives.[56]

The history of the postwar labor movement yields one conclusive lesson: the range of goals for which broad-based support could be generated was limited to the classical grievances of long standing: wages, working conditions, and consumer prices. While workers have displayed a continuing interest in these limited goals, they have shown an equally consistent disinterest in pursuing actions designed to bring about sweeping political changes, even at the behest of their own union and party leaders. We can only conclude from this that such endeavors are considered by the vast majority of workers to be of relatively little value. Consistent with the logic advanced by Przeworski, the potential for revolt in postwar France appears to be very low. In keeping with this assessment it is important to recognize that the reticence of PCF and CGT leaders to pursue regime-crashing strategies at the height of the unrest did not manifest a lack of resolve or a failure to "seize the moment" as many of their critics have suggested.[57] Rather, it reflected a keen sensitivity to the limits of working-class combativeness. The relatively conservative posture of the PCF and CGT was a reasonable and legitimate response informed by a series of hard-learned lessons dating from the late-1940s. There was, in short, no real opportunity for a dramatic redirection in French politics or society in 1968.[58]

This conclusion challenges a recent interpretation of the events offered by Mattei Dogan, who claims that France was on the brink of civil war at the end of May 1968. Based on his interpretation of public opinion data and the memoirs of top-level government officials directly involved in the events, Dogan concludes that the peaceful electoral resolution of the crisis was a "miraculous solution by which the agitating minorities were subdued and civil war avoided."[59] The exact meaning of this assessment is not entirely clear. The agitating minorities referred to are those who, according to Dogan's opinion data, would have supported a revolutionary movement in 1968. However, in his discussion of the actual threat posed by this minority Dogan is much more equivocal.[60] A more measured assessment, drawing both upon available survey data as well as the theoretical arguments considered above, leads to a very different and hopefully more accurate conclusion regarding revolutionary potential.

According to Dogan a significant minority (eleven percent) of the population was in favor of a revolutionary movement in May 1968. [61] These data differ substantially from those reported elsewhere. According to a *Sondages* poll conducted in Paris only two percent considered revolution a desirable result. An only slightly higher five percent viewed the downfall of the Gaullist government in this manner. There are several reasons to believe these smaller figures are the more accurate. First, the *Sondages* data were collected on May 17, when the resolution of the crisis was still very much in doubt, and at a time when most Parisians were compelled to contemplate very seriously a variety of possible outcomes. The immense PCF-CGT-orchestrated demonstration in which more than 500,000 students and workers filled the streets of Paris had occurred only four days before (May 13). The move to resolve the crisis by electoral means did not occur until May 30. Dogan's data, on the other hand, were collected retrospectively, after the crisis was safely resolved, thus adding an additional element of uncertainty to the interpretation of his data. Were Dogan's respondents more likely to profess support nostalgically for a revolution whose opportunity had already passed? This potential confounding factor detracts from the credibility of his data. Secondly, whereas the *Sondages* survey was designed for general purposes and covered the entire population, Dogan's study was designed to focus on the political behavior of "agitating minorities." It thus considered only male opinions since "relatively few women were involved in violent actions or occupation of factories."[62] Despite this gender bias, Dogan extrapolates from his sample to the entire population without adjustment, thus inflating the apparent degree of radical proclivities.[63] The segment of the French population supportive of antiregime actions would thus appear to be extremely small, and certainly smaller than Dogan has suggested.

If the exact size of the prorevolutionary faction is in doubt, there can be no question regarding the presence of broad-based support for a peaceful resolution of the May-June crisis. While most of the French, and especially the Parisians, sympathized with the student protesters, a majority of them did not want the confrontation to spread to the working class.[64] In a *Sondages* survey conducted on May 27, Parisians placed revolution, civil war, and general disorder (*l'anarchie*) at the top of their list of outcomes considered the most *negative*.[65] Dogan's data confirm this finding. As he notes, the portion of the population willing to "fight against" a revolutionary movement outnumbered revolutionary hopefuls two to one.[66] After the crisis was over, the revolutionary left, widely considered the most divisive force in society,[67] was singled out by fifty-two percent of respondents as the least-liked political tendency in France. Thirty percent singled out the extreme right, with the remaining eighteen percent indicating various other tendencies.[68]

When these empirical findings are considered in light of the theories of collective action advanced by Taylor and others (discussed above), the nonrevolutionary conclusion of the crisis can hardly be considered enigmatic. On May 30 de Gaulle dissolved the parliament, according to the provisions of the constitution, and announced that new legislative elections would be held in late June. Shortly thereafter the leaders of the PCF declared their support for an electoral solution. With a mass sigh of relief hundreds of thousands of Parisians left the city on vacation, creating the largest traffic jams in the nation's history. In the legislative elections three weeks later, the French voted overwhelmingly for the Gaullists, delivering the greatest show of support for a single party in the history of the republic.[69]

When the social, historical, and economic contexts of the crisis are taken into account, the real mystery in this social drama appears to be the emergence of such an explosive and encompassing confrontation in the first place. Indeed, as the arguments advanced by Taylor and Przeworski would lead us to predict, concerted and sustained collective actions of this magnitude are extremely unlikely in advanced societies; the social and institutional mechanisms required to sustain them are notoriously weak. How, then, could such an event occur? Part of the answer lies in the limitations of the rational actor model. While it goes a long way toward explaining collective phenomena, it cannot account for everything. A more important piece to this puzzle, however, appears to be the role of historical chance. As Ross argues, the breadth and intensity of the confrontation is attributable largely to a serendipitous "dialectic": the coincidence of divergent and uncoordinated labor union strategies that had unintended but complementary effects. The seemingly incompatible strategies of the CGT and the CFDT worked dialectically, Ross explains, behind the backs of union leadership to provide the key impetus to the explosion of May 1968.[70]

In response to a high degree of general dissatisfaction with the manner and effects of Gaullist economic policies during 1967-68,[71] the major labor organizations followed strategies that best served their particular interests. The CGT, with an eye toward unity-in-action, pursued high-level union demands that were acceptable to large numbers of workers, but which also entailed the sort of anti-Gaullist overtones favored by the PCF. The CFDT, on the other hand, having little interest in issues outside the work place, seized every available opportunity to promote locality—specific, hyper-militant conflicts within the factories. Though the CGT initially feared CFDT militancy would endanger its ultimate political goal of discrediting the Gaullists, the two divergent union strategies turned out to be very complementary. The simultaneous mobilization of large numbers of workers in opposition to the government's economic policies, and the eruption of disparate and hyper–militant local conflicts gave the *appearance* of a concerted, widespread, and violence-prone movement. In reality no such concert existed. Political divisions within the working class, the opinion data discussed above, and the readiness of workers to accept a peaceful resolution are all consistent with this assessment.[72]

IV. CONCLUSION OF THE CASE STUDY

Whether or not a social revolution could occur in an advanced state is ultimately a question that no amount of evidence or analysis can answer conclusively. It is possible, nevertheless, to make an informed prediction based on the best available theoretical and historical evidence. With the aid of Skocpol's structural theory of revolution and the theories of collective action advanced by Taylor and Przeworski, the preceding analysis presents a theoretically crucial case study. France circa 1968 is examined as the most extreme historical case in which an advanced industrial democracy has been vulnerable to revolt from below. Based on what we know about the causes of revolution and the structural characteristics of the French state, economy, and society in the postwar era, we are led to conclude that revolution was not possible in 1968; the institutions and relationships within and between the state and domestic economy, it would appear, have provided a structural immunity to such crises. Based on this analysis we are led to conclude that Skocpol's initial speculations regarding the prospect of revolution in advanced states were essentially correct, but for the wrong reasons. Structurally based mechanisms for preventing or overcoming potentially revolutionary crises, not state coercive powers as Skocpol suggests, provide the keys to explaining the invulnerability of advanced states to revolutionary crises. In addition, we have argued that Dogan's assessment of the possibility of revolution in 1968, which does not take into account the relevant structural factors affecting revolutionary potential, is excessive.

To the extent that the French case constitutes the most extreme case of vulnerability to revolution, and to the extent that postwar France is structurally similar to other advanced societies, we can infer from this case study that all advanced states enjoy an immunity to revolutionary crises. The fact that the French state is one of the strongest and domestically most active of advanced industrial states does not significantly complicate the inference.[73] What is important is that the French state is *structurally comparable* to other advanced states, and that its relationship to its domestic economy is *functionally similar* to state-economy relations found in advanced states generally. In these respects the French case is indeed representative. Furthermore, it should be noted that even the weakest advanced state is exceedingly more autonomous, administratively self-sufficient, and policy resourceful than any of the agrarian-imperial states that have succumbed to revolution in the past.

A more difficult problem affecting the inference derived in this study involves the extent to which the French case constitutes *the* crucial case for purposes of testing our hypothesis. While it is clearly the most extreme *historical* case of an advanced state at risk, it falls short of the *hypothetically ideal* case of vulnerability to revolution from below. For instance, given the importance Skocpol and others have ascribed to external military pressures in the chain of events preceding revolutionary crises,[74] an ideal test case would have to entail a situation in which a relatively weak advanced industrial state was buffeted simultaneously by vexing domestic problems *and* severe military pressures from abroad.[75] Since such a case has never existed, we can only speculate about its probable outcome. What might have happened, for example, if a domestic crisis similar in magnitude to that of May 1968 had occurred simultaneously with the Algerian crisis of 1958? Would the state have been able to survive a two-front crisis of this nature? The outcome of such a crisis would hinge on two factors: (1) the extent of domestic pressure from below for fundamental social and political change, and (2) the availability to the state of the material resources and policy instruments needed to address both foreign and domestic challenges without experiencing institutional paralysis.

With regard to the first factor the French case is instructive. The history of the postwar labor movement and the public opinion data from May 1968 indicate that pressures for fundamental social and political change, even during periods of relatively extreme domestic discontent, have been modest. In addition, there appears to be an inherent tendency toward consensus in the political cultures of advanced societies that reduces the threat of destabilizing political confrontations. Such a consensus has emerged in France since 1968.[76] Data on other Western societies suggest that low protest potential is a characteristic of advanced societies generally.[77] By all indications the structural barriers to large-scale revolutionary collective action, discussed by Taylor and others, will continue to make such actions highly unlikely. To the extent that the potential for domestic pressure upon the state has permanently declined, the possibility of a fatal conjunction of domestic and foreign crises is also reduced.

Still, the possibility of a two-front crisis can not be dismissed entirely. In such a case the problem-solving capacities of the state would be put to the ultimate test. Whether or not the advanced state could remain intact would depend both on the variety and efficacy of internal policy mechanisms as well as the extent of private-sector cooperation. As noted above, the advanced state is uniquely advantaged in both respects. Considering the confluence of state and private sector interests in economic vitality, it is unlikely that state-initiated corrective measures would be met with much resistance. On a much more speculative note, we might also consider the possibility that developments external to advanced states, specifically changes within the international environment, have indirectly reduced their vulnerability to revolution. It can be argued, for example, that economic interdependence among industrialized states and the emergence of strategic bipolarity between the superpowers have rendered the state system inherently less hostile, at least in terms of direct military confrontation.[78] As these

pressures are reduced, the likelihood of fatally destabilizing conjunc-
tues of domestic and external crises would also be reduced.

V. POSTSCRIPT

Social revolutions have always been rare and unpredictable events.
Any attempt to speculate about their probable future occurrence is
therefore an unavoidably risky endeavor. The theoretically oriented
case study presented in this essay synthesizes historical and theoretical
materials in an effort to understand more fully the dynamics of social
change in advanced states. It is in no sense, however, a definitive
answer to the question of vulnerability to revolution in these societies.
For this reason it is important to continue to consider additional historical materials in search of further clues regarding the causes and
dynamics of these momentous, society–transforming events. Such is
the purpose of this postscript.

A recent case of revolutionary change that is potentially very relevant to the argument presented here is the Iranian revolution of 1979.
Though not a fully developed industrial state, Iran was, by 1979,
among the more advanced of the developing countries and was certainly more developed than France in 1789, Russia in 1917, or China
in 1949.[79] Furthermore, it has been suggested that the Iranian case re-
sembles more closely the pattern of a full-scale social revolution than
it does a political revolution.[80] In any event, the Iranian revolution
included the largest mass demonstrations in modern history, bringing
together on several occasions more than two million protesters. In addition, it constitutes the first case in history in which a state backed by
a powerful coercive apparatus succumbed to mass-based opposition
during a period when it was not encumbered by foreign military engagements. The case thus merits close inspection.

While it is true that Iran was *relatively* more advanced than the
societies in which the great social revolutions occurred, Iranian industrial development remained at a preadvanced level at the time of
the revolution. Despite a well-funded state-led development effort during the 1960s and 1970s, only seventeen percent of the labor force
worked in enterprises with ten or more employees in 1976,[81] and a
disproportionate amount of industrial growth occurred in traditional
labor-intensive artisanal sectors as opposed to "new industrial" capital-
intensive sectors.[82] According to the 1976 census over half the population still lived in the countryside and sixty-two percent of Iranians
were illiterate. By the mid-1970s deficiencies in education and industrial training produced a severe shortage of skilled labor. The state's
1973–78 development plan projected a need for 2.1 million skilled
workers, one-third of which would have to be brought in from abroad.[83]

The most telling indicator of Iran's industrial underdevelopment is its low ratio of manufactured to total exports. In 1972 non–oil exports accounted for only twenty percent of the total. The ratio dropped to as low as five percent during the middecade oil boom.[84] In terms of these indicators the level of industrial development in Iran was well below that of other developing countries.[85] In addition, lagging agricultural output, resulting in part from poor technologies and even poorer planning, forced the state to divert revenues that could otherwise be used for development to meet rising demands for food imports.[86]

Considering Iran's developmental context, the occurrence of revolution in this state does not challenge, per se, the proposition regarding advanced state immunity defended in this essay. A theoretically more relevant consideration, however, is whether the political and economic problems that precipitated the revolution are attributable in particular to *preadvanced* features of the Iranian state and political economy. To the extent that they are, the Iranian case would lend support, albeit indirectly, to our argument regarding the connection between advanced state and political economic structures and the avoidance of revolutionary crises. Furthermore, to the extent that it can be argued that the presence of these advanced forms could have substantially reduced the threat of revolution in Iran, additional support for this proposition would be provided. Our primary question of interest regarding the Iranian case can be framed in the following terms: If, throughout the 1970s, the Iranian state would have had at its disposal the sorts of problem-avoidance and problem-solving mechanisms available to advanced industrial states, and if it could have marshaled the support and cooperation of a significant portion of the business community in its efforts to ameliorate its economic problems, could it have avoided or overcome the crises that precipitated the revolution?[87] In order to address this question the structural features of the prerevolutionary Iranian state and political economy must be examined.

Prior to the revolution the Iranian state consisted of a modern monarchy exercising autocratic control over an expanding administrative bureaucracy and a semi-industrialized capitalist economy. Though the origins of Iran's modern administrative apparatus extend back to the beginning of the Pahlavi Monarchy (1925), it was not until the early 1960s that the second Pahlavi monarch, Shah Reza Mohammed (1953–79), firmly reestablished a monopoly of power in the hands of the state.[88] In an effort to strengthen and rationalize the state's administrative apparatus the Shah initiated bureaucratic reforms during the late 1960s. These were designed to reduce the influence of traditional elites and expand the role of "technical experts." The positive effects of these measures were, however, seriously confounded by the Shah's desire to preserve strict personal control over the bureaucracies.

"To get things done," the Shah declared in 1973, "one needs power, and to hold onto power one mustn't ask anyone's permission or advice. One mustn't discuss decisions with anyone."[89] To augment his power the Shah frequently resorted to a strategy of divide and rule, playing off bureaucrats and military officials against one another and co–opting dissident civil servants through a series of bribes and sanctioned corruption.[90] Such finagling achieved consensus and control, but only at the expense of administrative coherence and, ultimately, political and economic development. As Zonis notes,

> An inability to predict with surety the behavior of others; a disbelief in the sincerity and integrity of others (and, in a real sense, of oneself); an absence of cooperation and mutual interdependence; a flight from responsibility and decision making; and the pursuit of personalized, systematically nonsubstantive goals characterize the elite and their political system. The bureaucracy, principally charged with the task of implementing measures designed to move Iran closer to modernity and the more developed West, does not and cannot function in ways that will contribute in an appreciable degree to these goals.[91]

The Shah similarly resisted the establishment of symbiotic relations with the domestic business community. As a result, even though Iranian industrialists supported the policies of the economic "White Revolution" advanced by the Shah during the 1960s, they were greatly indisposed by his often arbitrary system of rule, a system that excluded the business community from the centers of decision making.[92]

Though it had many of the trappings of a modern administrative apparatus, the Iranian state was thus structurally enfeebled. It lacked stable channels of administrative authority, was weakened by the absence of state-private sector cooperation, and suffered the consequences of an inert and obsequious political elite for whom the politics of personal survival eclipsed the production of competent policy.[93]

The weaknesses of Iran's political structures were compounded by the fragility of its petroleum-oriented "rentier" political economy.[94] Munificent and easily extractable oil revenues have given the state an unusual opportunity to industrialize. However, oil-funded development has introduced certain liabilities of its own. These stem from the fact that the petroleum industry itself has almost no direct developmental effects.[95] Economic growth is therefore heavily dependent on the efficacy and appropriateness of state policy. Considering the administrative weaknesses of the Iranian state this is not a propitious situation. The outlook becomes even more dismal when we consider the fact that the rentier state is in a race against time—the state must use its oil revenues to industrialize as rapidly as possible and become independent of oil before the wells run dry. In addition to the usual problems attending accelerated development, the injection of large sums of capital into the economy creates new obstacles for the state: inflation, uncompetitive industry, and income inequality.[96] Solving these problems requires the diversion of resources from investment to nonproductive consumption subsidies.[97] The task of coordinating development under such circumstances would be a challenge for any state.

Further compounding these problems is the propensity of rentier economies to retard the development of the sorts of institutional links between the state and private sector that facilitate cooperative problem solving. The relative ease with which the Shah's government was able to obtain revenues without resorting to heavy taxation was one of the major factors that permitted his regime to remain politically and administratively aloof from society. Indeed, the prerevolutionary Iranian state pursued its policies without establishing an alliance with any independent social class.[98] Since economic policies were restricted primarily to the expenditure side (military and development expenditures, consumption subsidies, etc.), opportunities to coordinate and guide development directly, unilaterally or in conjunction with the private sector, were limited.[99] This detachment, while advantageous in certain respects, translates into vulnerability when oil revenues are interrupted or when economic problems requiring concerted corrective action arise. As Mahdavy notes:

> A government that can expand its services without resorting to heavy taxation acquires an independence from the people seldom found in other countries. *However, not having developed an effective administrative machinery for the purposes of taxation, the governments of Rentier States may suffer from inefficiency in any field of activity that requires extensive organizational inputs.* In political terms, the power of the government to bribe pressure groups or to coerce dissidents may be greater than otherwise. By the same token, this power is highly vulnerable since the stoppage of external rents can seriously damage the government finances.[100]

Considering the structural attributes of the Iranian state and political economy, it is not surprising that the Shah's regime was unable to overcome the destabilizing economic crises that began to emerge in 1977 when the demand for Iranian oil plummeted.[101] As Looney notes, even after the problems were identified by the government, they were responded to through a series of poorly planned stopgap measures that served only to exacerbate the regime's difficulties. Government corruption, an inefficient bureaucracy, poor channels of communication, implementation problems, and conflicts of interests between the state, industrialists and agricultural groups resulted ultimately in mass alienation.[102]

Unlike the cooperative symbiosis between state and industry that has emerged in the advanced industrial context, the Iranian political economy in 1979 was characterized by a relatively detached and autocratic state whose primary economic activities were limited to the provision of extensive developmental and consumption subsidies. Under the harsh conditions of accelerated development, a combination of autocratic politics and rentier economics rendered the state vulnerable to economically induced social crises. What is important to note is that this vulnerability was largely a function of the *structural* constitution of the Iranian state and economy. Whether a more policy resourceful and administratively coherent state could have weathered the storms of 1977–79 must remain a matter of conjecture. It is reasonably clear, however, that Iran's economic problems were not insurmountable,[103] and that the structural defects noted above contributed to (and hindered the solution of) the crises that precipitated the revolution.[104] In this respect the Iranian case lends support to the propositions advanced in this essay.

Notes

I am gratefully indebted to John Keeler for his inspiration and guidance in pursuing this research. The responsibility for any flaws in this paper is, however, my own.

1. Skocpol defines social revolution as "a rapid, basic transformation of a society's state and class structures, accompanied and in part carried through by class–based revolts from below" (*States and Social Revolutions* [Cambridge: Cambridge University Press, 1979], p. 287). See also pp. 4–5, 33. This definition distinguishes these events from less encompassing forms of change such as military coups and revolts. This essay focuses on the same type of event examined by Skocpol.

2. Ibid., pp. 292–93.

3. Skocpol does acknowledge that revolutionary collective action in the advanced state would be "something very different and more difficult to achieve than the local–level class organization that lay behind peasant revolts" (ibid., p. 292), but the structural determinants of this change are not explored.

4. Ibid., p. 285.

5. Ibid. As Skocpol concludes, "When [the revolutionary crises occurred] in France 1789, Russia 1917, and China 1911, it was *not* because of deliberate activities to that end, either on the part of avowed revolutionaries or on the part of politically powerful groups within the Old Regimes. Rather revolutionary political crises, culminating in administrative and military breakdowns, emerged because the imperial states became caught

in cross-pressures between intensified military competition or intrusions from abroad and constraints imposed on monarchical responses by the existing agrarian class structures and political institutions. The old-regime states were prone to such revolutionary crises because their existing structures made it impossible for them to meet the particular international military exigencies they each had to face in the modern era" (ibid., p. 285).

6. *Why Men Rebel* (Princeton: Princeton University Press, 1970), and "The Revolution-Social Change Nexus," *Comparative Politics* 5 (April 1973): 359–72.

7. See Skocpol, *States*, pp. 14–18.

8. Mattei Dogan, "How Civil War Was Avoided in France," *International Political Science Review* 5 (1984), 245. Dogan's thesis is discussed in detail below.

9. See Daniel Singer, *Prelude to Revolution: France in 1968* (New York: Hill and Wang, 1970).

10. This method is elaborated by Harry Eckstein in "Case Study and Theory in Political Science," in *Handbook of Political Science*, vol. 7, ed. Fred I. Greenstein and Nelson W. Polsby (Reading, Mass.: Addison and Wesley, 1975), pp. 79–137.

11. See Stanley Hoffmann, *Decline or Renewal: France Since the 1930s* (New York: Viking Press, 1974), chap. 5.

12. Dissatisfaction over both the manner and effects of Gaullist economic policies during 1967–68 was widespread. The most disfavored policies included wage and social security cutbacks, an educational credentialing scheme that raised (without being able to satisfy) the expectations of those seeking better jobs, the absence within the Fifth Plan of an institutionalized mechanism for collective bargaining (even though wage control was the plan's critical component), and general governmental intransigence. There is evidence that France had the most uneven distribution of wealth of all western European societies. See Malcolm Sawyer, "Income Distribution in OECD Countries" *OECD Economic Outlook Occasional Studies* (July 1976), esp. 26–27.

13. See P. Bénéton and J. Touchard, "Les interprétations de la crise de mai-juin 1968," *Revue Française de science politique* 20 (1970): 531–32.

14. An important link in this chain of inference is, of course, the comparability of the French case to other advanced states. This issue will be addressed at relevant points throughout the essay.

15. Reliance on intrinsic policy means is one of the positive correlates of state autonomy identified by Eric A. Nordlinger, "Theorizing State Autonomy: The State as an Independent Actor and an Independent Variable" (Paper presented at the Jackson School of International Relations, University of Washington, Seattle, October 19, 1984), 24–42. See also Nordlinger, *On the Autonomy of the Democratic State* (Cambridge: Harvard University Press, 1981). Other correlates include the degree of cohesiveness among state agents, the boundedness of the civil service recruitment system, and the extent of administrative differentiation. The influence of Nordlinger's terminology and schema for measuring autonomy (or potential autonomy) can be found throughout this section.

16. As Treasure notes, "The provincialism of France reflected the manner of her growth over the centuries, by conquest and inheritance. Provinces differed in their weights and measures, their law, their taxation system; they might be divided by internal tolls and customs. Independent enclaves of territory persisted, such as Avignon and Orange. There were private jurisdictions, even private armies. The Clermontais, with its 40,000 inhabitants, still belonged to the prince de Condé, who collected and kept its taxes. The Boulonnais produced and officered their own army. Towns such as Marseilles and Bordeaux were virtually autonomous. Bonaparte, with the Revolution behind him, and greater power to reform than any minister of the *ancien régime* had dreamed of, had been astonished to find 'this chequered France, lacking unity of laws and administration, more like twenty kingdoms assembled than a single state.' " (G. R. R. Treasure, *Seventeenth-Century France* [New York: Barnes and Noble, Inc., 1966], p. 296. See also chaps. 20, 21.

17. There was ample room for economic growth at this time. The French economy was relatively underdeveloped and generated a low level of per capita wealth compared to its major competitors. Whereas in other countries, such as Prussia, the landed upper class pursued agrarian reform on its own initiative, this was not possible in France. The majority of France's agricultural land was individually owned or controlled by millions of peasants. The French gentry was thus not in a position to redirect the development of the agrarian economy (despite the fact that it was well-situated to extract surpluses). Consequently, it could not lead a reform effort without surrendering economic hegemony and self-destructing as a class. As Skocpol notes, the landed gentry would rise or fall with France as a commercial, but not a capitalist, agrarian-imperial power (Skocpol, *States*, pp. 59–60). The Prussian modernization of 1807–14 illustrates the importance of direct control (by the gentry, in this case) over the economy. In this case, the majority of agricultural production was conducted on large, commercially oriented estates directly owned and run by the gentry or its agents. This direct involvement in the production process enabled Prussian lords to abolish serfdom and pursue innovative reforms without losing economic hegemony (ibid., pp. 104–9).

18. The state's extraction problems at this time were worsened by the need to mobilize the revenues required to sustain protracted wars against economically and militarily powerful enemies, especially England. The role of the "international variable" in the onset of revolution will be discussed below.

19. See Ezra N. Suleiman, *Politics, Power and Bureaucracy in France: The Administrative Elite* (Princeton, New Jersey: Princeton University Press, 1974), *Elites in French Society: The Politics of Survival,* (Princeton: Princeton University Press, 1984); Daniel Derivry, "The Managers of Public Enterprise in France," in *The Mandarins of Western Europe,* ed. Mattei Dogan (Beverly Hills: Sage Publications, 1975), pp. 210–25; and Joel Aberbach, Robert D. Putnam, and Bert A. Rockman, *Bureaucrats and Politicians in Western Democracies,* (Cambridge: Harvard University Press, 1981).

20. Boundedness, according to Nordlinger (*On Autonomy*), is one quality of an autonomous state. A state is well–bounded to the extent that access to upper-level administrative posts is systematically regulated so as to ensure the acceptance of a set of norms conducive to effective administration. The French system of recruitment does this particularly well. As Suzanne Berger notes, only those who demonstrate the highest levels of intellectual competence and attachment to the cultural norms of the Parisian upper middle class can expect to gain membership in elite society ("The French Political System," in Samuel H. Beer et al., *Patterns of Government: The Major Political Systems of Europe* [New York: Random House, 1973], pp. 424–26).

21. Suleiman, *Politics, Power, and Bureaucracy*, pp. 223–50.

22. *The Mandarins of Western Europe*, ed. Mattei Dogan (Beverly Hills: Sage Publications, 1975), pp. 7–9, and Berger, "The French Political System," pp. 425–26. The rigidity of law and the politics of legislative bargaining, Dogan notes, contrast with the flexibility and technical expertise required to develop and coordinate coherent economic policy. See also the contributions to the same volume by Christoph, Ruffieux, and Damgaard. The relative decline of parliamentary power vis-à-vis the executive and bureaucracy has occurred in other advanced states as well. See Richard F. Kuisel, *Capitalism and the State in Modern France: Renovation and Economic Management in the Twentieth Century* (Cambridge: Cambridge University Press, 1981), chap. 9.

23. See John T. S. Keeler, "Situating France on the Pluralism-Corporatism Continuum: A Critique and Alternative to the Wilson Perspective," *Comparative Politics* 17 (January 1985): 229–49; Kuisel, *Capitalism*, pp. 248–49; and Philippe C. Schmitter, "Interest Intermediation and Regime Governability in Contemporary Western Europe and North America" in *Organizing Interests in Western Europe*, ed. Suzanne Berger, (Cambridge: Cambridge University Press, 1981), pp. 195–232.

24. John Zysman, "The French State in the International Economy," in *Between Power and Plenty*, ed. Peter T. Katzenstein (Madison: University of Wisconsin Press, 1978), pp. 265–71. See also Zysman, *Political Strategies for Industrial Order: State, Market and Industry in France* (Berkeley: University of California Press, 1977), and *Governments, Markets, and Growth: Financial Systems and the Politics of Industrial Change* (Ithaca, New York: Cornell University Press, 1983).

25. On the response of the French and other advanced states to the oil shocks of the 1970s see G. John Ikenberry, "The Irony of State Strength: Comparative Responses to the Oil Shocks in the 1970s," *International Organization* 40 (Winter 1976): 105–37.

26. While the state first became an instrument of industrialization during the protectionist period of the Third and Fourth Republics, the interventionist state did not reach maturity until the postwar period. See Richard F. Kuisel, "Technocrats and Public Economic Policy: From the Third to the Fourth Republic," *The Journal of European Economic History* 2 (1973): 53–99.

27. See François Caron, *An Economic History of Modern France*, trans.

Barbara Bray (New York: Columbia University Press, 1979), pp. 345–50. Despite the often declared intention of moving toward disengagement during the mid-1960s, the level of state expenditures has remained relatively constant. While the granting of certain direct subsidies decreased during the sixties and early seventies, other forms of aid increased. As Caron notes, "while there was an overall 'disengagement,' it was accompanied by the growth of more evenly distributed indirect aid, which means that the state came to exercise real influence over more and more sectors and firms" (p. 350).

28. The provision of economic forecasts and other information has been the key practical instrument in the French system of national planning. It is a system based on persuasion and stimulation rather than coercion and regulation. With the exception of the first national plan, the projections have always had the character of forecasts rather than objectives. The positive effect of public information networks during the period of reconstruction and modernization is well documented. They served primarily to reduce uncertainty and foster an expansionary business climate. See J. J. Carré et al., *French Economic Growth*, trans. John P. Hatfield (Stanford: Stanford University Press, 1975), chap. 10–14, and esp. pp. 459, 482, 489–506. See also Caron, *Economic History*, pp. 323–25, and Stephen Cohen, *Modern Capitalist Planning: The French Model* (Cambridge: Harvard University Press, 1969).

29. *French Economic Growth*, p. 504.

30. Caron, *Economic History*, p. 340. Throughout the sixties and early seventies, public financing for research and development accounted for two-thirds of all such expenditures.

31. See Zysman, "The French State," p. 290; see also pp. 287–91, and Caron, *Economic History*, pp. 296ff.

32. Zysman, "The French State."

33. Derivry, "Managers," pp. 210–11. Because these statistics do not include subsidiaries of public sector enterprises, they underestimate, as Derivry notes, the full extent of the public sector's role in the domestic economy. Although gross production from public enterprises declined from 13.4 percent in 1959 to 11.8 percent in 1969, the number of subsidiaries increased from 256 (in 1957) to 527 (in 1972). None of these figures can adequately reflect the strategic importance of public enterprises in the industrial process.

34. Derivry, "Managers," p. 211. See pp. 211–13 for examples of piloting.

35. *Economic History*, pp. 340–41.

36. "The French State," p. 289.

37. *Economic History*, p. 485. The extent of collaboration involved in preparing the national plans is symbolic of the new relationship between the state and the private sector. The preparation of the first economic plan involved the participation of six separate commissions; by the sixth plan, there were 100 commissions including more than 4,000 consultants, many of whom were from the private sector. In an effort to become more efficient, the seventh plan entailed only four commissions. It was also less

ambitious politically, and more "empiricist" in its approach. Its effect, however, remains the same (ibid., pp. 460, 489–94, and Caron, *Economic History*, p. 323).

38. See Kuisel, *Capitalism and the State*, chap. 9. See also Dogan, *Mandarins*, pp. 7–9; and Berger, "The French Political System," pp. 425–26.

39. Charles Lindblom, "The Market as Prison," *The Journal of Politics* 44 (May 1982): 331.

40. A high capacity for large-scale collective action was a characteristic feature of the societies Skocpol examined. Her analysis thus begins with an assumption that the potential for revolt from below was constant. Skocpol, *States*, p. 115. While this may be a valid assumption in the case of agrarian imperial societies (the issue continues to be debated), such an assumption is inappropriate in the case of the advanced industrial state.

41. For discussions of the free-rider problem, see Mancur Olson, *The Logic of Collective Action* (Cambridge: Harvard University Press, 1965); Russell Hardin, *Collective Action* (Baltimore: Johns Hopkins University Press, 1982); and Michael Taylor, *Community, Anarchy and Liberty* (Cambridge: Cambridge University Press, 1982).

42. For insightful descriptions of peasant village communities in Europe see Albert Soboul "The French Rural Community in the Eighteenth and Nineteenth Centuries," *Past and Present* 10 (1956): 78–95: and Jerome Blum "The European Village as Community: Origins and Functions," *Agricultural History* 45 (1971): 157–78, and "The Internal Structure and Polity of the European Village Community From the Fifteenth to the Eighteenth Century," *Journal of Modern History* 43 (1971): 541–76.

43. "Rationality and Revolution" (Paper presented at the Department of Political Science, University of Washington, Seattle, November 2, 1985), 9–12. See also Taylor, *Community*, and Hardin, *Collective Action*.

44. See Léon Bernard, "French Society and Popular Uprisings Under Louis XIV," *French Historical Studies* 3 (Fall 1964): 454–94; and Roland Mousnier, *Peasant Uprising in Seventeenth-Century France, Russia, and China*, trans. Brian Pearce (New York: Harper and Row, 1970).

45. The fact that tax revolts, refusal to pay seigneurial dues, seizure of grain reserves, bread riots, and the like were as limited as they were is primarily attributable, as Skocpol and others have observed, to the superior repressive capacities of the state.

46. The qualification "potentially costly" is important. Obviously, large-scale collective actions such as strikes and demonstrations can and do occur, as French university students confirmed again in November 1986. These actions do not, however, entail the potentially costly personal commitment associated with revolt or revolution. As we shall see below, while certain attributes of the May-June crisis seemed to indicate a widespread commitment to concerted and violent attacks on "the system," this was much more an appearance than a reality.

47. *Capitalism and Social Democracy: Studies in Marxism and Social Theory* (Cambridge: Cambridge University Press, 1985), chap. 5, esp. pp. 177–78.

48. While Przeworski's argument is made at a high level of abstraction, it is important to note that it was to a certain extent inductively inspired (i.e., it was a result of his study of social democratic movements). Though the validity of some of his assumptions are debatable (e.g., he may be guilty of imputing an excessive degree of narrow economic rationality to the average worker), the argument still exhibits a certain robustness. Extreme assumptions on one side are offset by equally extreme assumptions on the other. For example, the argument assumes that living standards for workers would be better and improve faster under socialism, and that this would be universally recognized by workers. Furthermore, the conclusion Przeworski reaches does not rely upon the effect of the classic collective action problem (i.e., that *free-riding* prevents the achievement of a collective good despite the fact that everyone in the group considers the good to be superior). The argument is thus made as though the strategic barriers Taylor discusses do not exist.

49. George Ross, *Workers and Communists in France: From Popular Front to Eurocommunism* (Berkeley: University of California Press, 1982), p. 54. During this period the CGT was viewed by the PCF leadership primarily as a transmission belt for the Party's political goals. As such, the union was to play an important but always subordinate part in the political strategy of the left.

50. The 1948 strike was called originally to protest a governmentally decreed ten per cent reduction in state-sector employment. Again, PCF-CGT estimations of worker discontent and militancy were vastly inflated. Even in the Parisian metals industries, a traditional CGT stronghold, rank-and-file support was lacking. The strike was eventually called off with no substantial government concessions. See ibid., pp. 55–58.

51. The Peace Movement was designed to generate widespread opposition to the Cold War and the American effort to establish a militarily powerful European Alliance. In this effort the CGT was to be used as a propaganda instrument through which the support of workers and others could be won. This strategy failed miserably. Unable to discern any meaningful connection between the profoundly political issues of German rearmament, the NATO alliance, and the East–West conflicts in Indochina and Korea, union members simply did not perform. Those Peace Movement activities that were carried through were the nearly exclusive result of cadre efforts. See ibid., p. 62.

52. Ibid., p. 58.

53. The immediate event that provoked the reevaluation was a massive public sector strike in August 1953. Much to the CGT's surprise, the strike was initiated entirely by workers themselves without the hierarchy's involvement. Shocked, and somewhat embarrassed, the union's leadership was suddenly forced to confront its neglect of rank-and-file concerns. During and immediately after this strike a process of reorientation toward more traditional labor activities began.

54. This autonomy was relative in that the union would distance itself from but not completely ignore the political aims of the party. When presented with two otherwise equal courses of action, the CGT would pursue

the one that best served the interests of the party as well (see ibid., pp. 71, 85). An example of this change in PCF-CGT relations came in 1956 when the PCF supported the Soviet intervention in Hungary. The CGT feared that official support for the PCF position (that the Budapest uprising was a reactionary movement led by counterrevolutionaries) would alienate the union from much of the labor force. Consequently, the union refused to take an official stand on the matter, preserving its relative autonomy (see ibid., pp. 94–96).

55. While it lent occasional sectarian support to the PCF during the 1958 Algerian crisis, the CGT did not cease to be first and foremost a trade union during this period. Its low profile is attributable in part to efforts to stem the erosion of support among the working class. The rise to power of de Gaulle during the Algerian crisis did not bode well for the Communists. Both the PCF and the CGT were officially opposed to de Gaulle, whom they characterized as a fascist and a general threat to democracy and the working class. The workers themselves, however, embraced the General with great enthusiasm. De Gaulle's constitution was approved by an overwhelming majority of voters, including one-fifth of the PCF's reliables. In the November 1958 legislative elections the PCF polled only 3.8 million votes, 20 per cent of the total cast, down from 5.5 million (26 per cent) in 1956. The number of PCF parliamentary seats dropped from 150 in 1956 to 10 in 1958 (though this drop is also partly the result of revised electoral laws).

56. Ibid., pp. 145–51.

57. See Singer's chapter entitled "How Not to Seize Power" (*Prelude*, pp. 186–205). As Singer puts it, the Communist leadership opted for the safety of "parliamentary battles between frogs and mice" and "chose the road of electoral defeat" (p. 205).

58. Even the account given by Rochet, then General Secretary of the Communist party, implicitly acknowledges the near impossibility of such an event. While Rochet attributes the failure of the left in 1968 to the absence of a well-planned political strategy and the lack of unified support for a common program in opposition to Gaullism, he also notes that a *fear* of civil war existed among the people, and that this fear could be exploited to the *advantage* of the government. See Waldeck Rochet, *Les enseignements de mai-juin 1968* (Paris: Editions Sociales, 1968), p. 74.

59. *Civil War*, p. 245ff. Civil war is defined by Dogan as a conflict between civilian groups that eventually involves the intervention of the military on the side of one of the groups (pp. 270–71). Presumably, the combatants in this case would be those who support and defend the existing sociopolitical order and those who aim to overthrow it.

60. Dogan notes, for instance, that "at least 10 per cent of Frenchmen were in favor of a revolutionary movement—more than enough according to some ideologists" (ibid.). This observation is immediately qualified, however, by the observation that this radical minority was an isolated faction in a hostile environment; the majority of the French had little or no sympathy for the would–be revolutionaries. Still, Dogan leaves open the question of revolutionary potential. Commenting on the Communist Party's decision not to push for antiregime activities, Dogan observes that Com-

munist leaders "gave more weight—*rightly or wrongly*—to the hostile environment than to the revolutionary minority. But within the party this minority was the majority" (ibid., emphasis added). There would appear to be a discrepancy between Dogan's discussion of the data and his conclusions.

61. Ibid.

62. Ibid., p. 264.

63. For a discussion of this extrapolation, see ibid., p. 271.

64. *Sondages* 1968:2, p. 78. The data were collected on May 17, 1968.

65. Ibid., p. 80.

66. *Civil War*, p. 265, table 1.

67. *Sondages*, p. 19. Asked who they considered the most divisive force in society during the period of the confrontation, forty percent indicated "l'opposition de la gauche," eighteen percent indicated "la majorité qui soutient le gouvernement," and forty-two percent did not respond.

68. Dogan, *Civil War*, p. 271.

69. The Gaullists won 353 of the 486 legislative seats. The Communists retained only 34, and the democratic left 57.

70. *Workers*, pp. 149–67.

71. These policies included wage and social security cutbacks, an educational credentialing scheme that raised (without being able to satisfy) the expectations of those seeking better jobs, the absence within the Fifth Plan of an institutionalized mechanism for collective bargaining (even though wage control was the plan's critical component), and general governmental intransigence.

72. Among Frenchmen who would have supported an attempt to overthrow the existing social order, only about half would also have approved of a CGT-led insurrectional general strike. Since the latter action is relatively much less extreme, one would have expected this option to attract *more* support than the former. This rather peculiar distribution of attitudes is another indicator of the lack of political unity within the working class. See Dogan, *Civil War*, p. 265, table 1.

73. See Nordlinger, *On Autonomy*, pp. 103–05.

74. Skocpol's conclusion regarding the effects of external pressure is consistent with that reached by Gabriel Almond and Robert Mundt, whose work precedes Skocpol's. On the basis of their analysis of several cases of dramatic social and political change throughout the nineteenth and twentieth centuries, Almond and Mundt conclude that war and the threat thereof is the "most important political system stabilizer or destabilizer" ("Crisis, Choice, and Change: Some Tentative Conclusions," in *Crisis, Choice, and Change: Historical Studies of Political Development*, ed. Gabriel Almond, Scott Flanagan, and Robert Mundt [Boston: Little Brown and Co., 1973], p. 628).

75. The absence of external military pressures in France 1968 means, of course, that the state's efforts to address and resolve its internal problems were not impeded by the need to undertake a demanding and expensive military mobilization effort. Any account of the resolution of the May–June crisis should recognize this important nonfactor.

76. See Alain Duhamel, "Le consensus français" in SOFRES, *L'opinion française en 1977* (Paris: Presses de la Fondation nationale des sciences politiques), pp. 87–115.

77. See, for example, Samuel H. Barnes and Max Kaasa, *Political Action: Mass Participation in Five Western Democracies* (Beverly Hills: Sage Publications, 1979). Though some contributors to this literature have discerned a slight shift toward "unconventional" or "rebellious" political behavior, a careful reading of the data and analyses indicates a consistently low potential for such behaviors across states.

78. For a presentation of the interdependence argument, see Robert O. Keohane and Joseph S. Nye, *Power and Interdependence: World Politics in Transition* (Boston: Little Brown, 1977); *Between Power and Plenty: Foreign Economic Policies of Advanced Industrial States*, ed. Peter J. Katzenstein (Madison, Wis.: University of Wisconsin Press, 1978); and Robert O. Keohane, *After Hegemony: Cooperation and Discord in the World Political Economy* (Princeton, N.J.: Princeton University Press, 1984). For a discussion of the hostility-reducing effects of bipolarity, see Kenneth N. Waltz, *Theory of International Politics* (Reading, Mass.: Addison and Wesley, 1979), pp. 161–63, 170–76. As Waltz argues, in a bipolar system "Each [superpower] can lose heavily only in war with the other; in power and in wealth, *both gain more by the peaceful development of internal resources* than by wooing and winning—or by fighting and subduing—other states in the world. . . . Tension in the system is high because each can do so much for and to the other. But because no appeal can be made to third parties, *pressure to moderate behavior is heavy*" (pp. 172, 174; emphasis added).

79. By 1979 more than half of the population lived and worked in cities and towns, and the working class amounted to more than three million. Still, Iran had only recently begun its industrialization. After World War II more than half of the population still lived in the countryside where precapitalist relations prevailed. While GNP per capita had grown to about $2,800 by 1978, it was less than $200 in 1963 and remained below $500 as late as 1971. See Fred Halliday, *Iran: Dictatorship and Development* (Harmondsworth, England: Penguin Books, 1979), pp. 31–32, 105.

80. Skocpol has assessed the Iranian revolution in these terms. See Theda Skocpol, "Rentier State and Shi'a Islam in the Iranian Revolution," *Theory and Society* 11 (1982): 265–83. She stops short, however, of classifying it as a genuine social revolution. Halliday, who also views the event as more than a political revolution, argues that it was clearly not a social revolution. As he notes, the event brought about neither a change in ownership of the means of production nor a change in the social composition of political elites (*Iran*, p. 314).

81. Halliday, *Iran*, pp. 159, 182.

82. Ibid., p. 159.

83. Ibid., pp. 164, 197.

84. Ibid., pp. 160–61. These figures are even more alarming when one considers the fact that the majority of non–oil exports came from the traditional sector where growth potential is very low.

85. In 1975 manufactured goods accounted for fully half of India's exports, a third of Mexico's, and over sixty percent of Singapore's (ibid., pp. 160–62). These figures underscore the importance of considering indicators other than growth *rates* in assessing economic progress. During this same period Iran boasted one of the highest sustained growth rates of any developing country. Despite this fact her economy remained very fragile. As the Hudson Institute reported, "the oil countries, Iran included, are actually fragile economies in the very earliest stages of national development. With their high new oil incomes they have the *opportunity* to make great strides forward. . . . But even if they capitalize on this opportunity . . . they are condemned to remain members of what the United Nations politely describes as the 'less developed countries' for many years to come" *Iran, Oil Money and the Ambitions of a Nation* [Paris, 1974], cited in Halliday, *Iran*, pp. 168–69.

86. Halliday, *Iran*, pp. 126–28. Despite its large rural population, Iran became a net importer of agricultural products in the 1970s. See Robert E. Looney, *Economic Origins of the Iranian Revolution* (New York: Pergamon Press, 1982), pp. 40, 41–58.

87. Counterhistorical speculation of this sort should be approached with great delicacy, and the temptation to arrive at "explanations" with the aid of perfect hindsight must be resisted. Our assessment of the Iranian case is thus primarily heuristic—it does not *prove* anything.

88. Halliday, *Iran*, p. 44. It is interesting to note that three times during the present century foreign military invasions disrupted Iran's attempts to pursue an independent path of national development: 1908, 1941, and 1943. By thus interrupting national consolidation, foreign military pressures have contributed, albeit very indirectly, to the vulnerability of the state. See ibid., pp. 171–72.

89. Shah Mohammed Reza in an interview with Oriana Fallaci, "An Oriana Fallaci Interview: The Shah of Iran," *The New Republic*, December 1, 1983, 16.

90. See Marvin Zonis, *The Political Elite of Iran* (Princeton, N.J.: Princeton University Press, 1971), pp. 330–31.

91. Ibid., p. 337. See also pp. 328–29.

92. Halliday, *Iran*, p. 43.

93. See Zonis, *Political Elite*, p. 332, and chaps. 9, 10; and Skocpol, "Rentier," 270.

94. The rentier political economy, of which Iran's is a classic example, is defined by Hossein Mahdavy as one which is sustained by substantial amounts of external rents. External rents are "rentals" paid by foreign individuals or governments to individuals or governments of a given country for the purchase of commodities such as oil ("Patterns and Problems of Economic Development in Rentier States: The Case of Iran," in *Studies in the Economic History of the Middle East*, ed. M. A. Cook [London, 1970], p. 428).

95. The petroleum industry employs only a small fraction of the working population in Iran and plays only a very minor roll in the production matrix of the domestic economy (Halliday, *Iran*, pp. 139–40, and the

sources cited in chap. 6, n. 1. See also the sources cited in Mahdavy, "Patterns," p. 429, n. 2.

96. Although there is no *reason* the rentier state should not be able to cope with some of these problems through the exercise of fiscal restraint, the temptation to spend whatever is received is universally very difficult to resist. See Mahdavy, "Patterns," p. 453.

97. Halliday, *Iran*, p. 140.

98. Mahdavy, "Patterns," pp. 432, 466–67. Skocpol aptly describes the prerevolutionary Iranian state as one that was "suspended above its own people" ("Rentier," 269).

99. Mahdavy, "Patterns," pp. 432, 435. In the late 1960s and early 1970s the state began to experiment with more direct forms of influence, including comprehensive development plans. As Mahdavy argues, however, overcoming the inherent deficiencies of the Iranian political economy would have required (and will continue to require) a great deal more direct intervention (see pp. 436–37).

100. Ibid., pp. 466–67 (emphasis added).

101. This is not to say that the crises should or even could have been fully anticipated, though the ability to do so is one of the advantages of advanced structures. The point being made here is simply that once problems began to mount, the state was fundamentally incapable of addressing them in a coherent and effective manner.

102. Looney, *Economic Origins*, esp. chap. 14.

103. See ibid. chaps. 10–12 for an overview of economic policy shortcomings and a discussion of available alternative strategies.

104. See Leonard Binder's assessment of the economic origins of the Iranian Revolution in Leonard Binder, "Iran" in Joint Economic Committee, Congress of the United States, *The Political Economy of the Middle East: 1973–78* (Washington: U.S. Congress, 1980), pp. 163–64. Binder concludes that poor economic planning was largely responsible for the spread of mass opposition to the Shah's government.

DAVID L. SCHALK

Péché organisé par mon pays: Catholic Antiwar Engagement in France, 1954-62

Striking similarities between France's undeclared war in Algeria (1954–62) and the period of active American military involvement in Vietnam (1964–73) were noted as early as December 1964, four months after the Tonkin Gulf Resolution which signalled the escalation of the conflict in Vietnam.[1] The parallels drawn range widely—from a global perspective of viewing both bitter and drawn out wars as episodes in a larger historical process of decolonization to a specific focus on political and military matters. Briefly, the political approach emphasizes the changes of regimes after four years of war in both countries, with more conservative governments ultimately making peace. Military comparisons include the size of the expeditionary forces, the use of draftees, the blind and persistent optimism of the commanding officers (in the French case the stock phrase was "le dernier quart d'heure," in the American, "the light at the end of the tunnel"), similar techniques of "pacification," including relocation of vast civilian populations, and the debate over torture and war crimes. Indeed, the surface parallels are so dramatic that somewhat less attention has been paid to certain obvious differences.[2]

Were there similarities in antiwar action, and did the Americans learn from the French experience? Here the questions are more complicated and have never been systematically studied. American antiwar activists definitely thought that there were parallels and drew inspiration from what they perceived to be the French example,[3] even when they got their history completely wrong, as did Paul Goodman when he wrote in 1967 that the students who burned their draft cards were "presumably . . . using as a model the similar extreme action of French youth which did begin the withdrawal from Algeria."[4] No contemporary observer or participant on French soil nor any scholar who has examined the Algerian war and the opposition it generated has ever made such a claim. The standard work in English, *Intellectuals and Decolonization in France*, published in 1977, simply notes in the preface the author's "personal dislike of ethnocentrism, colonization and warfare—sharpened by America's ordeal in Vietnam."[5] No further reference to Vietnam is made. Hamon and Rotman's definitive study of the militant resistance to the Algerian War, *Les Porteurs de valises* (1979), does not mention America and Vietnam.

I shall offer as a working hypothesis that roughly similar patterns of antiwar engagement occurred in the two countries.[6] The first step involved calm, rational, often scholarly presentations in an attempt to persuade the governments in question of the errors of their ways. This pattern shaded into moral outrage, distress, and shame, a sense of confusion and impasse and uncertainty as to what form engagement should take. The third stage involved the increasing willingness to invoke the precedents believed to be established by the Nuremberg Trials, and an acceptance of illegal methods to end what came in both countries to be viewed as genocidal conflicts. This paper will present a preliminary discussion of this hypothesis, first by arguing that the adoption of Albert Camus as the model for American antiwar engagement was historically inaccurate, even if morally and inspirationally effective, and secondly by suggesting a little known but far more appropriate parallel.

"The writer's function is not without arduous duties. By definition, he cannot serve today those who make history; he must serve those who are subject to it. . . . Whatever our personal frailties may be, the nobility of our calling will always be rooted in two commitments difficult to observe: refusal to lie about what we know and resistance to oppression."[7] These stirring words preface a "Call to the American Conscience," printed in the 17 February 1966 issue of the *New York Review of Books*, the periodical which Tom Wicker of the *New York Times* termed "The Bible of Vietnamese Dissent."[8] The list of those sponsoring this call reads like a who's who of notable American authors—Eric Bentley, Joseph Heller, Robert Lowell, Norman Mailer, Muriel Rukeyser, William Styron, and Robert Penn Warren to name a few. They and other distinguished writers and actors had organized a "Read-In for Peace in Vietnam."

The passage cited, somewhat garbled by the deletion of a long paragraph, was taken from Albert Camus's Nobel Prize acceptance speech. In the original it concludes as follows: "La noblesse de notre métier s'enracinera toujours dans *deux engagements* difficiles à maintenir: le refus to mentir sur ce que l'on sait et la résistance à l'oppression."[9]

There is a bitter poignancy in this reliance on Albert Camus. When confronted with the war in Algeria, and the agonizing decisions it entailed for him as a *pied noir*, an ethnic European born and raised there, Camus simply could not live up to his own definition of the intellectual's responsibility. This is not to condemn Camus out of hand, or deny his importance as a novelist and moralist eminently deserving of the Nobel Prize.

Camus has been the subject of numerous biographies, and his many glories and occasional failures as a writer and citizen are well known. That Camus was unable to sustain his twin commitments with regard to Algeria has been irrefutably documented elsewhere.[10] However, certain painful and paradoximal details, which set French antiwar engagement in particularly sharp focus, have not been uncovered. For example, Camus's statement, "I believe in justice, but I shall defend my mother above justice," made during a 13 December 1957 interview with students in Stockholm, raised much controversy and was widely commented upon by authors as diverse as Simone de Beauvoir and François Mauriac.[11] Less attention has been paid to an earlier remark by Camus, from the same interview, which affirms that despite regrettable press censorship in Algeria, there was a "total and consoling liberty of the mainland press."[12]

Four months later, in April 1958, the mainland French authorities seized *La Question*, Henri Alleg's famous autobiographical account of his arrest in June 1957 and subsequent torture by the French paratroopers involved in the "pacification" of Algiers. Alleg had three links with Camus; he was a Frenchman, he was a member of the Parti Communiste Algérien, as Camus had been between 1935 and 1937, and he served as editor of *Alger Républicain* from 1950 until 1955 when the paper was banned by authorities of the Fourth Republic. Camus had been the principal reporter for *Alger Républicain* from its founding in 1938 until January 1940, when it was shut down by the censors of the Third Republic.[13] Nonetheless, Camus refused to make the minimal engagement of joining four of France's most eminent living writers, who came from diverse political and ideological backgrounds, two of whom were Nobel laureates, in signing a petition to the President of the Republic. The signatories were François Mauriac, Jean-Paul Sartre, André Malraux, and Roger Martin du Gard (a personal friend of Camus, who had won the Nobel Prize exactly twenty years earlier. Camus had written the preface to his complete works in 1955.). Camus was invited by Jérome Lindon, founder of Les Editions de Minuit and publisher of *La Question*, to add his name to this remarkable list. But he declined by letter.[14]

The statement Camus was asked to sign was not overtly political, but merely protested against the seizure of *La Question*, asked for an impartial public investigation of the claims reported by Alleg, and called upon the government, "in the name of the Declaration of the Rights of Man and of the Citizen, to condemn unequivocally the use of torture, which brings shame to the cause that it supposedly serves."[15]

By 7 December 1957, when Camus left Paris to receive his Nobel

Award, the Battle of Algiers had been temporarily won by French paratroopers under General Jacques Massu, and sickening revelations of torture and murder carried out by the French armed forces in Algeria were coming to the attention of the public. In his Nobel Address, delivered 10 December, there is only one brief reference to Algeria, and it is not mentioned by name; Camus asks rhetorically whether he can receive this honor at a moment when "his native land was experiencing an incessant suffering."[16]

Just eight days before Camus spoke in Stockholm the extraordinary defense in absentia of Maurice Audin's doctoral thesis took place at the Sorbonne. Audin, a young mathematician at the Faculty of Sciences of the University of Algiers, and also a member of the Algerian Communist Party, had been arrested by paratroopers on 11 June 1957, and disappeared forever. (It is now known that after enduring severe torture he was accidentally murdered by an enraged officer. A false escape was staged, his body was secretly buried, and it has never been recovered.)[17] Although the thesis defense was officially discouraged (*déconseillée*) by M. Billières, the Minister of National Education, more than a thousand people crowded into and outside an ampitheatre which could seat one-third that number. By all accounts the ceremony was a moving tribute to Audin, to the highest values of the French university system, and to the very goals outlined in Camus's Nobel Prize address. There was nothing to prevent Camus, who was still in Paris, from attending. However, the only Nobel Prize winner whom journalists observed in the audience was the Catholic François Mauriac.[18]

Why this silence and why this absence? Briefly, in January 1956 Camus had made a courageous effort to bring about a "Civilian Truce" (i.e., a pledge on both sides to halt the killing of civilians), in what he viewed as a fratricidal struggle. This venture, "a frail bark of tolerance adrift on a sea of fury,"[19] which involved a trip to Algiers and considerable personal risk, was a complete failure. In outlining his proposal, Camus was aware that a "blind coalition of forces" might be leading to the death of the Algeria he had hoped for—a democratic bicultural quasi-independent territory closely linked to Metropolitan France. He would then be obliged, "when confronted with our impotence, to proceed to a *total revision of our engagements and of our doctrines*, since history for us would have completely changed its meaning."[20] After the demise of the Civilian Truce movement, Camus lapsed into an anguished and isolated public silence concerning the Algerian conflict. Only rarely did he break his self-imposed rule, and that was when he was abroad, as in Stockholm. The collapse of the Fourth Republic in May 1958, and de Gaulle's return to power as President of the Fifth, did not alter Camus's position.

To Camus's credit, there is unquestioned evidence from a wide variety of sources, including those hostile to him, that in the last three years of his life, he was *privately* active in pleading for clemency for Algerian prisoners, obtaining the commutation of the death sentence in a number of cases.[21] Camus was telling the truth when he replied to the young Algerian student who was attacking him during his news conference in Stockholm, "I can assure you that you have comrades who are alive today thanks to actions of which you are ignorant."[22]

Were it not for his tragic death at age forty-six in an automobile accident in January 1960, Camus might have decided to make the "total revision" of the engagements of which he had spoken. His biographer Patrick McCarthy makes a convincing case that he would have broken his silence by March 1962, when the war officially ended: "although one cannot imagine what he would have said, one cannot imagine that he would have looked on as French Algeria and his own past were destroyed."[23]

In 1966 Camus had been dead only six years and was very well known and greatly admired in this country. Given the relatively cerebral nature of his writings, the sales of his works are amazing. By 1975, the American edition of *The Stranger* had sold 2,130,000 copies![24] His anticommunism and his particular brand of humanism, which might be termed "Mediterranean secular," found many resonances in American intellectual life of the 1950s and 1960s. Hence it was logical for the sponsors of the "Read-In for Peace in Vietnam" to turn to Camus, as he was popularly understood, to sustain their own antiwar engagement.

More perplexing is the case of Father Daniel Berrigan, without a doubt the most famous and effective Catholic antiwar activist during the Vietnam era. Berrigan had studied in France in the 1950s, knew a great deal about French Catholic radicalism, and especially admired the worker-priest movement.[25] Yet he, too, on several occasions viewed Camus as worthy of emulation.[26] Indeed, in the summer of 1968, while awaiting trial for the burning of draft records in Catonsville, Maryland with homemade napalm, Daniel Berrigan posted this quotation from Camus in large letters on the wall of his office at Cornell University: "I wish I could love my country as much as I love justice."[27]

It is one of the paradoxes of our secular age that a far more relevant model—not only for Father Berrigan but for almost the entire spectrum of the American antiwar movement—would have been provided by the French Catholic intelligentsia, especially but not uniquely those left-leaning intellectuals loosely grouped around the monthly *Esprit*.[28]

Esprit, which even in France never reached beyond a minority of the educated elite, and whose circulation stood at 14,000 in 1984, reflects and documents an intense involvement in what its editors already described in November 1955 as "this war without a name."[29] Between December 1954 and October 1962, 211 articles, many of them substantial, dealing with aspects of the Algerian War were published in *Esprit*.[30] In themselves the 42 articles written by Jean-Marie Domenach, Co-Director of *Esprit* after June 1956, and Director following the death of Albert Béguin a year later, would fill a sizeable volume. (Though the cease-fire was signed on 18 March, October 1962 was chosen as the cutoff date, since savage combats continued until late in the summer when the vast majority of the European population was evacuated.)

The materials in *Esprit* which treat the Algerian War can be roughly grouped into four categories. First, there is a concrete and often perceptive history of the war itself, carefully researched and documented. Many columns were devoted to on-the-scene accounts by native Algerians, French officers and enlisted men, colonial administrators, and *Esprit*'s own reporters sent out periodically to review the situation and cover major developments in the war. A great effort was made to be accurate, to verify for example any allegations that French troops and police were employing torture. The editors believed that it would be dishonorable to take even minor liberties with allegations of this order, and were proud that no libel suits were brought against them during the war years. Their anguish over their inability to affect events, to reduce the documented incidences of tortures, did not drive them to a looseness of vocabulary. Unlike some antiwar intellectuals, they refused to toss out the accusation of "genocide."[31]

Another exemplary element in this running history of the Algerian war is its balance and fairness. *Esprit* opened its pages to a wide variety of commentators on the war, including a number of non-Catholics. Never was a single "line" followed, with documentation selected to suit that line. The *Esprit* group was to be sure unanimous in its opposition to the war, *engagé*, but they never adopted the tunnel vision of the *embrigadé* militant, (I do not think it possible to translate *embrigadé* successfully into English, but the meaning of the word [Regimented. Ed. note] should be clear, given its military root.)[32] On many occasions the *Esprit* editors denounced the brutality of the Algerian independence movement (F. L. N.) forces.[33] The *Esprit* group announced that its members would protest strongly if the detested Jacques Soustelle, the militant supporter of *Algérie française* and Governor-General in 1955–56, were placed in a concentration camp.[34] At the end of the war they went as far as to publish evidence of the use of torture by the French police against members of the Secret Army Organization (the O. A. S., feared for its brutality, infamous for its use of plastic explosive against civilians).[35]

The second broad area of *Esprit*'s concern with Algeria is a careful and frequently astute study of French internal political life between 1954 and 1962, as it reflected and was often dominated by the conflict across the Mediterranean. Close scrutiny is of course paid to the change of regimes which occurred in May 1958, triggered by a military plot in Algiers.

Thirdly, one finds a fascinating history of antiwar engagement, focusing on but by no means limited to Catholic activities. Attention is given to Protestant involvement, for example,[36] and there is a sensitive and open-minded evaluation of the actions of Colette and Francis Jeanson, who early in the war wrote for *Esprit* but became *embrigadé* to the point of actually helping the F. L. N.[37] The issues relating to conscientious objection were addressed with great sensitivity and balance. Americans involved in the counselling of conscientious objectors during the Vietnam War, as was this writer, will find that these articles provide a haunting sense of déjà vu. The thorny question of selective conscientious objection is examined, as is the issue of civilian alternate service.[38] There are accounts of sit-down techniques, very similar to those employed by draft resisters during Vietnam, and a reportage of an incident when fourteen persons were arrested, all claiming to be the same draft evader (another common Vietnam era method). Like the crippled Vietnam veteran in the famous film *Coming Home*, they had chained themselves to metal grillwork, in this case surrounding the Jardin de Cluny.[39] There are reports of trials of conscientious objectors that could, with a few names and places changed, have been set in American courtrooms exactly a decade later.[40]

Finally, there is in *Esprit* between 1954 and 1962 a serious and ongoing meditation on the Catholic intellectual's responsibility to contemporary society, and what forms his or her engagement should take. This meditation, more systematic than that found in, for example, *The New York Review of Books* during the Vietnam War years, though many of the same issues are periodically examined there, is easily generalizable to all members of the intellectual class. It follows the evolution of the war in Algeria closely, drawing from it what might be termed a "negative inspiration," and one is not surprised to find it in *Esprit*. In this journal, immediately upon its founding by Emmanuel Mounier in 1932, the very conception of "engagement," in its modern sense of political involvement of intellectuals, was articulated and popularized.[41] The following analysis will concentrate on *Esprit*'s discussion of *engagement*, though inevitably some reference will be made to the three other categories noted above.

Fittingly enough, the first of the more than two hundred *Esprit* articles on the Algerian War was drafted by Jean-Marie Domenach, and appeared in the December 1954 issue. Given the time delays involved in the publication of a monthly, it must have been written shortly after the rebellion began on 1 November 1954. (It is truly perplexing that *Les Temps Modernes*, the monthly edited by Jean-Paul Sartre, which any student of French intellectual life in the post-1945 period would expect to have been more *engagé*, more alert, and more radically anti-colonialist, does not even refer to the Algerian War until May 1955! There is no thorough discussion of the conflict until October 1955, when it had been raging for almost a year. This apparently paradoxical fact seems to have been overlooked by specialists on Sartre and on the Catholic Left.)[42]

In this almost eerily prescient first article, suggestively entitled "Is it War in North Africa?," Domenach makes no call for formal engagement, but implies that at this juncture the role of the intellectual should be limited to intelligent reporting and the offering of warnings and advice to those in authority. Already Domenach is unsure whether France will have an easy victory over what at the time appeared to be a minimal outbreak of violence in the countryside, and he wonders if his nation will face a bitter war similar to the one just ended in Indochina. He finds it striking that his compatriots have not wished to see that in the previous twenty years Algeria has become a nation, and that when one prevents people from voting, speaking, and writing as they wish, they end in armed rebellion. Domenach demands strict disciplinary measures against the police who in some Algerian cities have "had recourse to torture." Domenach concludes by calling for a wide spectrum of economic and social reforms to bring justice and an equitable standard of living to the Arab population. If these measures are not quickly carried out, "it will be necessary to bring in the paratroops, the C. R. S. [*Compagnies Républicaines de Sécurité*, elite special police], the police, and the full complement of draftees, to sustain an interminable war."[43] All his predictions proved perfectly accurate. (Draftees had not been used in France's Indochina war, 1946–54.)

The same basic position—informational, reformist—continues for almost a year, with a growing tone of anguish and frustration, indignation and embarrassment at the crimes being committed in the name of France. By July 1955 *Esprit* could print an article by Colette Jeanson, who had just returned from a trip to Algeria. Jeanson claims that a full-scale war is now under way there, with all its accoutrements of internment camps and displaced persons. She hints at the form of engagement she and her husband will eventually adopt when she writes that "the 'outlaws' are not those whom one would think."[44]

The entire November 1955 issue was dedicated to the Algerian question, entitled "Let Us Stop the War in Algeria." At this point the editors draw the parallel between the Algerian rebellion and the French Resistance during the Nazi occupation fifteen years earlier. They are definitely taking a step toward a new variety of engagement, though there is still uncertainty as to what that engagement should be. The tone of the language is stronger, speaking of a "falsely French Algeria." While they still express some hope of friendship and contact with Algerians beyond the "abominations of this war without a name," the *Esprit* group believes that if radical reforms are not soon undertaken, the French government will find itself involved in a war which the French populace cannot recognize as its own. What remains of national cohesion will probably disappear, but the editors of *Esprit* insist that they "will never become accomplices to a violence against which we were in the past totally engaged."[45] (The reference is to the impeccable antifascist and Resistance credentials which the *Esprit* group, as a key component in France's Catholic Left, have always claimed for themselves, and which have only recently been questioned.)[46]

The position which *Esprit* has evolved by 1955 is thus a kind of distancing from the government and its policies, but one that is still private and primarily intellectual. Like Simone de Beauvoir, the writers in *Esprit* suffered a painful and growing sense of shame at their French nationality.[47] The strong focus on the Catholic ingredient in their engagement remained. Domenach was proud of the way his church's attitude had changed from its longstanding conservatism. The French church had ignored the 1945 massacres in Kabylia and those of 1947 in Madagascar, but now both on the mainland and in Algeria it had taken a stand in a "firmly spiritual style." For example, the bishops of Algeria were calling in 1955 for an end to reprisals and for reforms to improve the miserable standard of living of the Moslem Algerians. The powerful segment of French Catholic opinion which had always been on the side of the "maintenance of order" could no longer "claim to be the sole representative of the Church."[48]

As the undeclared war dragged on and the level of violence escalated during 1956, *Esprit*'s profound concern with the issues raised by the conflict never wavered. In *Esprit*'s many pages on Algeria we continue to find a combination of astute political analysis, careful reportage, and pleas for a peaceful settlement before it is too late for any French presence to remain in Algeria.[49] The appeal to Christian conscience is reiterated by Domenach in February 1956, when he reminds his readers that while it is not necessary for a Christian to opt for a particular political formula, such as federation or integration, sitting passively by as accounts of torture flow in, claiming that one can do nothing to help the Algerian people or to end the war with justice, is in fact taking a temporal position. This attitude is "the abdication of the spirit when confronted with the supremacy of force."[50]

On the military and political fronts, one of the contributors to *Esprit*, Jean Sénac, already predicted an Algerian victory in March 1956,[51] and in April of that year Alain Berger warned that the Fourth Republic was in danger of a rightist coup.[52] Some of *Esprit*'s attention at this time shifted away from an attack on the war in Algeria to a defense of the republic at home.

As it was for many communist intellectuals who resigned from the party in protest, and as it was for Jean-Paul Sartre whose ideological trajectory veered dramatically,[53] the brutal suppression of the Hungarian Revolution by Moscow in November 1956 was a severe setback for *Esprit*. The December issue was devoted to "The Flames of Budapest." However, for Domenach, in a piece entitled "Our Fault," the crimes of Stalin and his successors did not mean that the ethical dilemmas raised by the Algerian War would disappear. The war continued to rage and the French army and police were employing the same methods. Independent Catholic and other leftist intellectuals would simply have to correct "the form and the method of our engagement."[54] Collaboration with the French communists would be impossible until they disassociated themselves from the counterrevolutionary terror in Hungary.

In January 1957 the historian Jacques Julliard joined with Domenach in drafting an important programmatic article calling for decolonization, economic modernization, and popular education. It was no longer adequate for a writer to be a specialist in "moral protest," since even virtuous indignation is unhealthy "when it does not include any engagement." Domenach and Julliard were still convinced that the form of their engagement must remain in a strict sense intellectual—that is relying upon the printed page. Yet this had come to mean facing arrest, fines, and costly seizures of issues of *Esprit* by the government, since it had become a political crime to point out mistakes in vocabulary.[55] There was no rhetorical exaggeration in this statement. In the endpages of *Esprit* throughout these years there is a leitmotif of reports of seizures of the journal, arrests, usually for the purposes of harrassment of members of the *Esprit* group, and pleas for extra funds from their loyal readership to cover their financial losses. The headquarters of *Esprit* was also bombed twice with plastic explosive by the O. A. S., and many records were destroyed.

Early in 1957 the editors of *Esprit* refrained from publishing documented accounts of torture in Algeria, under the assumption that this would help peace negotiations. But by May of that year Domenach returned to the theme of moving beyond indignation. Moral indignation does not really challenge the system which makes such crimes possible. At this point one finds the first reference in *Esprit* to the Nuremberg parallels, parallels which were frequently drawn by American antiwar intellectuals during Vietnam. Domenach notes that at the Nuremberg Trials German soldiers did not stand among the accused, but rather the leaders who ordered the common soldiers to make war. In the dock at Nuremberg in 1946, and again in the Fourth Republic of 1957, the guilty ones were and are the high-ranking officers along with the politicians who hide the existence of war crimes and try to habituate the populace to them. Confronted with this uncomfortable reality, concerned French intellectuals must have as their goal more than salving consciences, their aim must be to bring about peace.[56]

Much uncertainty remained regarding a specific course of action which would help to reach this end. One approach was indicated by Francis Jeanson, who in May 1957 makes his last contribution to *Esprit* for the duration of the Algerian War. As an existentialist and close associate of Sartre Jeanson takes the position that we are all responsible for what is happening in Algeria, since even in denouncing it we have not been able to place any obstacles in its path. Until there is evidence to the contrary, "these horrors are imputable to us." If, Jeanson argues, it appears definitely impossible to obtain from our government a more just policy, those of us who continue to believe in the values which we are taught by our national culture to observe will be more and more compelled to take against this criminalized France "the side of its victims." Will, Jeanson muses, official France condemn French citizens, for the second time in fifteen years, "to treason"?[57]

Soon after completing this article Jeanson answered his own question in the affirmative, going into hiding and eluding the best efforts of France's secret police for the duration of the conflict. He organized the remarkably effective "Jeanson network," which smuggled millions of francs into Switzerland for the F. L. N. war chest.[58]

Esprit, however, while later expressing profound sympathy for its former collaborator, was still searching for a proper path, trying to find a just and justifiable and not totally useless and frivolous form of engagement. That quest continued through September 1957, when Yves Goussault, a new contributor, drafted the first report on a group demonstration for peace in Algeria to be published in *Esprit*. The protest in question took place in Paris in the garden of the Tuileries, with only several hundred present, and was not bothered by the police. Goussault viewed this as a new form of protest, "inspired by the Anglo-Saxons." Goussault does not indicate which Anglo-Saxons he had in mind. Nineteen fifty-seven is really too early for significant Ban-the-Bomb activity in England, and in America the civil rights movement was just getting under way. In any case Goussault's intriguing observation indicates the complex nature of the cross-fertilization involved in contemporary intellectual engagement. This demonstration was, according to Goussault, a bearing of witness (*témoignage*) by both atheists and believers. Both Jean-Paul Sartre and François Mauriac joined in the march, and while Sartre's presence was not surprising, Mauriac was seventy-two years old at the time, and a member of the staid *Académie française* besides being a Nobel laureate. "Mauriac in the street! That is not insignificant." Still, Goussault was uncertain of the validity of this demonstration when the situation was so desperate: never have we Catholics sensed so profoundly both the absurdity of this war and our own impotence, and we must be looking for "new forms of action."[59]

The nature of the new forms of action was delineated in March 1958 in a brilliant article by the eminent philosopher Paul Ricoeur, an occasional contributor to *Esprit*. Ricoeur now advocates a third distinct level of engagement, namely the betrayal of official legality. He uses as the pretext for his discussion the case of the Protestant pastor Etienne Mathiot. Mathiot had been arrested in Besançon for sheltering an F. L. N. leader and guiding him across the Swiss frontier. Mathiot defended his action by stating that his guest was a political official and not an assassin, and that he wanted to spare the man being tortured.

Ricoeur takes this opportunity to present a classic validation of engagement which involves the concept of the "ethic of distress." When a nation sinks to the level of illegal violence the *nonviolent* gesture of a citizen like Mathiot, even if illegal in a narrow sense, is acceptable.[60] Ricoeur also plays upon the distinction between the nation and the state so eloquently raised in the conclusion of Robert Paxton's *Vichy France*. Paxton observes that "there come cruel times when to save a nation's deepest values one must disobey the state."[61] For Ricoeur such disobedience is the product of the demoralization of the Nation by the State. He goes on to draw the religious parallel by referring to the temptation of Pontius Pilate, which Pastor Mathiot wished to exorcise by his deed. Whether the act is sterile or not, it has its validity as an affirmation of Christian ethics, and in the future may have the positive effect of reminding Islamic Algerians that friendship with France is still possible.[62]

Thus, under the pressure of events, as the Fourth Republic is about to collapse as the result of violent illegal activity centered in army units based in Algeria, *Esprit* comes to the conclusion that the nonviolent breaking of the law of the land is a justifiable form of engagement. Its members would not then and never did in the remaining four years of the Algerian War endorse violent action; they could not agree with Jeanson's suitcase brigade, "les porteurs de valises." This position is very similar to that adopted by Daniel Berrigan, the "holy outlaw." While Berrigan was almost as embarrassing to the American police as Jeanson, who was never caught, to the French, he strongly denounced the violence of the Weathermen, even as he sympathized with their anger and alienation.[63]

In discussing the related issues of conscientious objection and draft resistance, none of the contributors of *Esprit* ever advocated actual desertion.[64] They would support young men who had refused induction or gone AWOL already, and would offer them refuge. But to encourage such disobedience, Domenach wrote in December 1959, on the part of intellectuals who faced minimal penalties, at the most a fine, would be irresponsible, even "vile."[65] Intellectuals should work for peace in Algeria rather than attempt to persuade soldiers on active duty to risk imprisonment or the firing squad by deserting. This attitude was almost exactly replicated by the core of the draft counselling movement in America during the Vietnam War. In general, draft counselors advocated and practiced what was called "informational" rather than "political" counselling. Counselors, most of whom were intellectuals, would present all the available options to their clients, including facing trial with its probable result of imprisonment and evasion to Canada, rather than attempt to pressure them to refuse induction or desert if they were already in the army.[66]

One further important clarification of *Esprit*'s position on antiwar engagement occurred in April 1960, after the dramatic arrests in March of more than twenty metropolitan Frenchmen accused of forming a support network for the F. L. N. (Among those indicted were actors, students, and a priest.) The charges were divided into three categories: (1) aiding draftees who refused to serve in Algeria to escape across the French border; (2) sheltering Algerians sought by the police; (3) diffusing F. L. N. propaganda and performing other services for the F. L. N. Domenach believed that the first two categories of actions could derive from Ricoeur's "ethic of distress," an ethic which permits recourse to nonviolence to "remedy unjustifiable violences," and gives one the right and perhaps the duty to resist the repression of the government, even if one goes against written law. In this specific case one's actions might indirectly help the F. L. N. However, direct assistance to the F. L. N. was of a different nature, and *Esprit* could not approve it, despite their apparently unshaken respect for former collaborators like Francis Jeanson. Their reasoning remained unchanged; they were convinced that France in 1960 was simply not at a moment in her history when disaffected intellectuals should break totally from their country, disavow their government, and combat its (their own) army. In the immediate past such moments had existed, and Domenach admitted that there were certain parallels with the France of Vichy, such as the Gestapo methods employed by the forces of order in Algeria. Nevertheless, the situation had not gone far enough for the intellectual to forego all allegiance to France. After all, the Fourth Republic had decolonized in Tunisia and Morocco, and the Fifth in Black Africa. The intellectuals' goal should still be to struggle for a negotiated peace, not for the victory of the opposing camp.[67]

Domenach would not allow himself to be pushed into clandestinity.

De Gaulle was no more of a tyrant in the spring of 1960 than he had been a year earlier, and the Fifth Republic was decidedly a "soft tyranny."[68] How could de Gaulle be blamed for taking over the state in May 1958, when "it was given to him?" (Obviously de Gaulle encouraged the donation, but the statement is hard to challenge.)[69] Domenach believed that the responsibility of intellectuals was to demonstrate that "between the frivolous word and the recourse to arms there exists a path."[70] The path should be out of nonviolent resistance, civil disobedience, peaceful protests. Teachers should work to educate their students, breaking regulations by reading antiwar texts to their students, for example. Before asking people to risk their lives, Domenach suggested, we might advise them to risk their jobs. We must awaken the dormant consciences of those who had decided to leave the settlement of the Algerian crisis to *mon général*, their paternalistic, arrogant, sphinxlike, but certainly not fascist President.

The path Domenach advocated in May 1960 thus involved a variety of engagements, both individual and group. He also called for a truly mass demonstration to pressure the French government into a peace settlement. (A gigantic peace march finally did take place in February 1962, when a crowd estimated at a million joined a demonstration in Paris, a month before the Evian Agreements were signed. This massive protest probably hastened the peace process, though tragically it would occur only after eight ethnic French demonstrators had been accidentally killed a week earlier at the Charonne Métro station, during a much smaller peace march. [In a stampede resulting in a crushing accumulation of bodies against the gates of the Charonne subway station which had been closed. Ed. note]) In making this range of proposals Domenach's aim was to tear the Left from its paralyzing sentiment of impotence, to act for all those who believe there are better things to do than "cultivate a despair which is the secret weapon of tyranny."[71]

Despite nearly giving way to despair after the failure of the Melun negotiations in the fall of 1960, which they totally blamed on the French side, and which led Domenach to waver momentarily in his nonviolent stance,[72] the editors and contributors to *Esprit* remained faithful to the positions outlines above. While none of the current editorial staff signed the inflammatory "Declaration on the Right of Insubordination in the Algerian War," they asserted that they would go to prison with Jean-Paul Sartre and the 120 other original signers if the government took legal action against them.[73] This declaration, which circulated in October 1960, was the most famous and influential antiwar document drafted during the Algerian War, serving as the model for a number of similar American manifestoes during our Vietnam War.[74]

One final modification of *Esprit*'s position on intellectual engagement was made in November 1961, after the savage repression of the first demonstration on French soil by ethnic Algerians. On October 17, approximately 70,000 had marched peacefully and unarmed through the streets of Paris, and police brutality was extreme. Twelve thousand were arrested and held for several days in special camps which were barred to journalists and priests; 1,000 were deported to Algeria and no one knows how many were secretly liquidated. This exportation to the mainland of police methods which had been used more or less openly in Algeria since 1954 struck a raw nerve, and *Esprit* responded by offering its first collective instruction (*consigne*). Previously the usual approach had been to portray situations demanding ethical action and leave it to the individual to decide whether he or she wished to become involved. Now *Esprit* openly asks its readers to demonstrate in groups, to oppose racism, alert the civil and spiritual authorities, form associations, multiply protests, and incessantly call for peace in Algeria.[75]

This remained *Esprit*'s stance with regard to engagement and the responsibility of intellectuals until the peace negotiations finally came to fruition five months later. *Esprit* published a number of sensitive and thoughtful retrospective articles, which are notable for their lack of recrimination.[76] The most astringent is entitled *"Paris-Match* at the Hour of the Cease-Fire," and in it Philippe Ivernel offers a subtle and witty analysis of this mass-circulation weekly. Through a whole series of photographs and captions *Paris-Match* almost tried to pretend that the war never took place. The F. L. N. militants and the soldiers in the regular army (the A. L. N.) are now shown marching in order in neat uniforms. It is all sanitized; the brutality, the horror, the 600,000 deaths[77] are ignored; and in *Paris-Match* we see General Salan and the other arrested O. A. S. officers happily playing volleyball in their prison courtyard. The war, according to the media presentation, was mere smoke, a bad dream, and will leave behind hardly more than a memory.[78]

Ivernel concludes by referring to an exchange of correspondence published in *Le Monde* just after the cease-fire, in which important political personalities excused themselves and each other. What happened was a sort of mass-produced redemption (*"une redemption en chaîne"*), and French officialdom blamed itself "not for vile criminality, but for insufficient grandeur of soul." Nevertheless, argues Ivernel, we still need to understand, since the Algerians have agreed not to call us before the bar at Nuremberg, how our country, "full of noble sentiments and decorated with such a good conscience, was able to give birth to a monster, the war in Algeria."[79] Surely there is neither exaggerated bitterness nor cynicism in Ivernel's portrayal. Anyone who lived in France during and after the Algerian War would agree with the final words of John Talbott's excellent history of that conflict: "on the subject of Algeria a great silence fell over the land."[80] Returning once more in October 1962 to the subject which had obsessed him since 1954, Jean-Marie Domenach observed in "After the War," that memories were fading already: "The modern world possesses a formidable capacity for forgetfulness."[81]

Domenach's words are echoed a decade later by I. F. Stone, who, as the war in Vietnam was winding down, wrote in *The New York Review of Books* of the "happy amnesia" which afflicted American leaders. A crucial role for the engaged intellectual, "if we are ever to disentangle ourselves from Indochina, is to force the painful record back into public consciousness. The facts are well-known, but constantly forgotten."[82]

One quality which all historians would ascribe to themselves, no matter what their ideological formation, is a congenital distaste for forgetfulness. From this perspective we owe a debt of gratitude to Jean-Marie Domenach and his associates at *Esprit*—primarily Catholics, but also Protestants, Jews, and unbelievers. And from the narrower perspective of that branch of intellectual history which may be called the study of engagement, the examination of patterns of political involvement of the intellectual class, the *Esprit* group also commands our admiration. It was no small triumph, especially in a moment of national crisis, to remain faithful to Albert Camus's twin *engagements*.[83]

Notes

This essay is dedicated to Louis Gardel. An earlier version was read in April 1983 at the Twenty-ninth Annual Meeting of the Society for French Historical Studies at the University of Iowa. The phrase in the title is taken from "Fragments de vie," a poem by André Thisse, a former draftee who had just returned to mainland France after serving in Algeria. Thisse pays homage to Algerians he had known, including one who had died under torture and another who was deported to a concentration camp. The poem was published in *Esprit*, May 1959, 753.

   1. D. A. N. Jones, "The Monstrous Thing," *New York Review of Books*, 17 December 1964, 8–9.

   2. For an early example of scepticism regarding perceived similarities between Algeria and Vietnam see Christopher Lasch, "New Curriculum for Teach-Ins," *The Nation*, 18 October 1965, 240. While noting many parallels, both specific and general, between the two wars, John Talbott does point out a number of significant differences, including the not unimportant fact that since television did not become a fixture in French households until the 1960s, Algeria was not the " 'living room war' that Vietnam later became" (*The War Without a Name* [New York: Knopf, 1980], p. 94).

   3. Sandy Vogelgesang, *The Long Dark Night of the Soul: The American Intellectual Left and the Vietnam War* (New York: Harper and Row,

1974), pp. 35, 64, 130. Also, Bernard B. Fall, *Last Reflections on a War* (New York: Doubleday, 1967), p. 236.

4. "Appeal," *New York Review of Books*, 6 April 1967, 38.

5. Paul Clay Sorum, *Intellectuals and Decolonization in France* (Chapel Hill: University of North Carolina Press, 1977), xiii.

6. This essay is the first segment of a long-range study comparing the political involvement of French and American intellectuals during the Algerian and Vietnam Wars.

7. Except for this passage, all translations are my own.

8. "The Malaise Beyond Dissent," *New York Times*, 12 March 1967, E-13.

9. Albert Camus, "Discours à l'Académie suédoise," in *Les Prix Nobel en 1957* (Stockholm: Imprimerie Royale P. A. Norstedt & Söner, 1958), p. 48 (italics mine). In the omitted section Camus expatiates upon the difficulty of the writer's vocation, but adds, perhaps wistfully given his growing alienation from his native land, that a writer can recover a sense of a living community which will justify him. To do so he must accept the two duties which mark the nobility of his profession, "the service of truth and of liberty." Camus then reformulated this idea, but in a negative sense, in the passage that caught the attention of the sponsors of the "Read-In."

10. The principal source for Camus and Algeria is his *Actuelles III, Chronique algérienne 1939–1958* (Paris: Gallimard, 1958). The most perceptive study in English of Camus's tormented relationship with his native land remains Conor Cruise O'Brien, *Albert Camus of Europe and Africa* (New York: Viking Press, 1970). Cruise O'Brien, himself involved in the process of African decolonization as a United Nations administrator, sharply differed ideologically from Camus. Yet he does confront the issue, unlike Emmett Parker, who tends to be overly elegiac, and discusses the Nobel Prize speech in a paragraph; see Parker's *Albert Camus: The Artist in the Arena* (Madison: University of Wisconsin Press, 1964), pp. 150–67. Parker was either unaware of or ignored Camus's 13 December 1957 interview in Stockholm and the controversy it generated. For full documentation see Herbert Lottman's massive *Albert Camus* (Garden City: Doubleday, 1979), esp. pp. 540–618.

11. Dominique Birmann, "Albert Camus a exposé aux étudiants suédois son attitude devant le problème algérien," *Le Monde*, 14 December 1957, 4. In a letter of 17 December 1957 to the Director of *Le Monde*, Camus admitted that Birmann had quoted him correctly (reprinted in Albert Camus, *Essais*, ed. R. Quilliot [Paris: Gallimard, Bibliothèque de la Pléiade, 1965], 2:1882).

12. Birmann, "Camus," 4.

13. For a detailed account in English see Patrick McCarthy, *Camus* (New York: Random House, 1982), chap. 4, "The Adventure of *Alger-Républicain*."

14. From an interview with Jérôme Lindon, in Hervé Hamon and Patrick Rotman, *Les Porteurs de valises: La Résistance française à la guerre d'Algérie* (Paris: Albin Michel, 1979), p. 92.

15. For an English translation of the complete document see David L. Schalk, *Roger Martin du Gard: The Novelist and History* (Ithaca: Cornell University Press, 1967), pp. 211–12.

16. "Discours à l'Académie suédoise," p. 47.

17. For an excellent study in English of the Audin case, which like the Dreyfus Affair dragged on for many years, see John Talbott, "The Strange Death of Maurice Audin," *Virginia Quarterly Review* 52 (1976): 224–42. The case was finally settled in 1969, but again like Dreyfus not to the satisfaction of those who wanted full disclosure and who were committed to absolute rather than political justice.

18. "Après une soutenance symbolique à la Sorbonne, M. Maurice Audin obtint le doctorat ès sciences," *Le Monde*, 3 December 1957, 2; Michel Winock, *La République se meurt: Chronique 1956–1958* (Paris: Editions du Seuil, 1978), pp. 164–66; Jean Conilh, "Thèse," *Esprit*, January 1958, 108.

19. McCarthy, *Camus*, p. 284.

20. *Chronique algérienne*, p. 166 (italics mine).

21. See McCarthy, *Camus*, pp. 296–97, and esp. Lottman, *Albert Camus*, pp. 592, 595–98, 612, 638–39. Lottman reviews the documentation with great care, citing the lawyer Yves Deschezelles who defended F. L. N. prisoners, and many others.

22. Birmann, "Camus," 4.

23. McCarthy, *Camus*, p. 325.

24. Taken from Alice Payne Hackett, *80 Years of Best Sellers, 1895–1975* (New York: R. R. Bowker, 1977).

25. Anne Klejment, *The Berrigans* (New York: Garland, 1979), xx; Francine du Plessix Gray, "Address to the Democratic Town Committee of Newtown, Conn.," *New York Review of Books*, 8 May 1971, 18; Daniel Berrigan, *Consequences, Truth, And . . .* (New York: Macmillan, 1971), pp. 19, 108, 118–19.

26. See, for example, the great admiration for Camus in Berrigan's "Dialogue Underground," *New York Review of Books*, 25 March 1971, 28.

27. Francine du Plessix Gray, *Divine Disobedience: Profiles in Catholic Radicalism* (New York: Vintage Books, 1971), p. 134.

28. There was a good deal of interjournal cooperation, and antiwar Catholic authors often placed articles in a variety of journals. *La Nef*, which published articles on Algeria by François Mitterand, was definitely more prudent in its opposition to the war, whereas *Témoignage Chrétien* was perhaps slightly more militant.

29. John Talbott entitled his valuable study of the Algerian conflict *The War Without a Name*, and cites as an epigraph a 1961 statement by Paul Mus, "Le Pays descend un degré de plus, les yeux fermés, dans une guerre qui ne dit pas son nom." While it is no particular honor, precedence does go to *Esprit*, which employed this terminology six years earlier; see below, note 45. The circulation figure is from *Ulrich's International Periodicals Directory*, 23d. edition (1984), vol. 1.

30. This count does not include brief notes or the retrospective article published in December 1962.

31. Jean-Marie Domenach, "Génocide?," *Esprit*, April 1961.

32. For a discussion of *embrigadement* see David L. Schalk, *The Spectrum of Political Engagement: Mounier, Benda, Nizan, Brasillach, Sartre* (Princeton: Princeton University Press, 1979), pp. 22–24, 75–77.

33. See, for example, Jean-Marie Domenach, "Les Enchères de la terreur," *Esprit*, July 1957, 104–06; "Une Mauvaise philosophie," *Esprit*, February 1958, 247–59.

34. Louis Casamayor, "Pleins pouvoirs, faux pouvoirs," *Esprit*, March 1960, 541.

35. Pierre Vidal-Naquet, "L'O. A. S. et la torture," *Esprit*, May 1962, 450–52.

36. See esp., Paul Ricoeur, "Le 'cas' Etienne Mathiot," *Esprit*, March 1958, 450–52.

37. Paul Ricoeur, "L'Insoumission," *Esprit*, October 1960, 1600–04; Jean Conilh, "La voix de la France," *Esprit*, November 1960, 1965–67. For a superb account of this truly dramatic episode in intellectual adventuring, see Hamon and Rotman's *Les Porteurs de valises*. Jeanson and other "suitcase carriers" collaborated closely with the authors and supplied them with unpublished materials.

38. Among the many articles see esp., Paul Thibaud, "Question de conscience," *Esprit*, March 1959, 476–77, and the unsigned article, the longest of any printed during the Algerian War, "Histoire d'un acte responsable, le cas Jean Le Meur," *Esprit*, December 1959, 675–707. Le Meur was a young second lieutenant who had been in combat and refused to serve after he heard the commanding officer repeat, "I do not want any prisoners." On alternative service see Henri Bartoli et al., "Leur acte nous engage," *Esprit*, December 1960, 2064–66.

39. Jacques Tinel, "X2: Se disant Jack Muir," *Esprit*, March 1961, 464–67.

40. See e.g., Max Milner, "Une Conscience en correctionelle," *Esprit*, September 1961, 266–70. Milner reports on the trial in Dijon of a draft resister named Michel Halliez. The defense lawyer was Robert Badinter, who was Minister of Justice in the socialist government from 1981 to 1986.

41. For a discussion of Mounier's role in the formulation and diffusion of the concept of engagement, see Schalk, *Spectrum*, pp. 17–25.

42. To find a convincing explanation would go beyond the scope of this paper, and would demand even closer study of the political involvement of the French existentialists than that undertaken by Michel-Antoine Burnier in *Les Existentialistes et la politique* (Paris: Gallimard, 1966) [trans. as *Choice of Action* (New York: Random House, 1969)].

43. "Qu'est-ce que la guerre d'Afrique du Nord?," *Esprit*, December 1954, 768, 770.

44. "L'Algérie à la 'une'," *Esprit*, July 1955, 1248.

45. "Une Affaire intérieure," *Esprit*, November 1955, 1642, 1646, 1645.

46. The case of Emmanuel Mounier, who wavered briefly early in the Occupation, but was soon firmly and courageously in the Resistance camp, is thoughtfully evaluated by John W. Hellman, in "Emmanuel Mounier: A Catholic Revolutionary at Vichy," *Journal of Contemporary History* 8

(1973): 3–23. Hellman has also examined the scandal which erupted in 1981, when the "New Philosopher" Bernard-Henri Lévy published *L'Idéologie française*. Lévy charged that several prominent Catholic intellectuals normally placed at the left of the political spectrum and associated with the Resistance were in truth fascists of a certain variety, implicated in a "fascism with French colors" (John W. Hellman, "French Catholic Intellectuals— The Fascist Temptation (1930–45)" [Paper delivered at the Twenty-seventh Annual Meeting of the Society for French Historical Studies, Bloomington, Ind., 1981).

47. See Georges-E. Lavau, "Au-delà de la violence et de la honte," *Esprit*, November 1955, 1697. Some of the most moving passages of Simone de Beauvoir's memoirs for these years recount her sense of shame at her ineradicable Frenchness, as she observes the racism of her compatriots and their near-unanimous support of the war in its early stages (*La Force des choses* [Paris: Gallimard, 1963], 2: 145–48, 239, 396, 453).

48. Jean-Marie Domenach, "Une Nouvelle Opinion catholique," *Esprit*, November 1955, 1768, 1770.

49. See, for example, Jean-Marie Domenach, "This war cannot be won. They can only prevent its being lost" ("Négocier en Algérie," *Esprit*, March 1956, 322).

50. Jean-Marie Domenach, "Lettres d'Algérie," *Esprit*, February 1956, 250.

51. "Lettre à un jeune Français d'Algérie," *Esprit*, March 1956, 336.

52. More than two years before it actually took place; see Alain Berger, "La République en danger," *Esprit*, April 1956, 577.

53. See Burnier, *Les Existentialistes*, pp. 114–18; also, David Cauté, *Communism and the French Intellectuals, 1914–1960* (New York: Macmillan, 1964), pp. 255–57.

54. Jean-Marie Domenach, "Notre faute," *Esprit*, December 1956, 895.

55. Jean-Marie Domenach and Jacques Julliard, "Réveiller la France," *Esprit*, January 1957, 78, 79.

56. Jean-Marie Domenach, "Algérie, propositions raisonnables," *Esprit*, May 1957, 778–79. Cf. Telford Taylor, *Nuremberg and Vietnam: An American Tragedy* (Chicago: Quadrangle Books, 1970).

57. "Para-Pacification," *Esprit*, May 1957, 816, 817.

58. For a discussion in English of the "New Resistance" epitomized by Jeanson, see Sorum, *Intellectuals*, chap. 6.

59. "Manifestations silencieuses," *Esprit*, September 1957, 250–51.

60. "Le 'cas' Etienne Mathiot," *Esprit*, March 1958, 451.

61. *Vichy France: Old Guard and New Order, 1940–1944* (New York: Knopf, 1972), p. 383.

62. Ricoeur, "Le 'cas' Etienne Mathiot," 452.

63. Daniel Berrigan and Robert Coles, "A Dialogue Underground," *New York Review of Books*, 11 March 1971, 19; Daniel Berrigan, *Absurd Convictions, Modest Hopes* (New York: Vintage Books, 1973), pp. 91, 203–05, 222–27.

64. In addition to the articles cited in nn. 38–40 above, see Jean-Marie

Domenach, "Le Procès des non-violents," *Esprit*, January 1962, 100–03.

65. Introduction to "Histoire d'un acte responsable, le cas Jean Le Meur," *Esprit*, December 1959, 676.

66. Private files of the author, who was head of the Dutchess County Draft Counselling and Information Service from 1968 to 1970. In an article entitled "Insoumission" (Insubordination), first published in *Cité nouvelle* and reprinted in *Esprit*, October 1960, 1600–04, Paul Ricoeur very clearly draws the distinction between informational and political draft counselling. He explains that he will not counsel insubordination but refuses to condemn it, and if ordered he will state his reasons before a military tribunal.

67. Jean-Marie Domenach, "Sauve-qui-peut?," *Esprit*, April 1960, 707, 708.

68. "Résistances," *Esprit*, May 1960, 804.

69. *Ibid.*, 805. Among the many studies of the fall of the Fourth Republic, see esp., Charles D. Maier and Dan S. White, *The Thirteenth of May: The Advent of de Gaulle's Republic* (New York: Oxford University Press, 1968).

70. "Résistances," 807. Here and elsewhere in analyses of and appeals for engagement written during the Algerian War, one finds the metaphor of the "obstructed path," employed so tellingly by H. Stuart Hughes in the book by the same title (New York: Harper & Row, 1968). Hughes in fact includes a brief and thoughtful discussion of Jean-Paul Sartre's antiwar engagement, arguing that at the time of the Manifesto of the 121, "Sartre came closest to political greatness as he voiced the shame and anger of professors and writers, or pastors and priests, revolted by the tortures and barbarities that France's war of repression had entailed" (p. 240).

71. "Résistances," 808.

72. See his bitter article, "La Nature des choses," *Esprit*, October 1960, 1599. Here Domenach argues that the recent trial of the members of the Jeanson network whom the police had managed to catch, desertion and insubordination within the army, were representative of only a small minority. Yet they were a symptom of a "moral fissure, the beginning of a secession which will increase with the continued pursuit of the war. In the months ahead, those who consider themselves still to be citizens are going to be obliged to assume their responsibilities, and the government will not for long escape its own."

73. Jean Conilh, "La Voix de la France," *Esprit*, November 1960, 1965–66.

74. The manifesto is conveniently reprinted, with a list of 172 of the 220 eventual signers, in Hamon and Rotman, *Les Porteurs de valises*, pp. 391–94.

75. Le Comité directeur d'*Esprit*, "Contre la barbarie," *Esprit*, November 1961, 669–70. See also Philippe Ivernel's powerful appeal, "Vaincre la ségrégation," *Esprit*, December 1961, 907. Ivernel reminds the readers of *Esprit* that the whereabouts of the thousands of Algerians arrested for peacefully demonstrating on the streets of Paris—away from their "ghetto"—was widely known. They were locked up in two sports arenas, where

they were brutally treated: "And where was the Communist Party, one for all, all for one? Where was [Pierre Mendès–France's] Unified Socialist Party, the party of peace? . . . Where were the few of us from *Esprit*?"

76. See, for example, "Réussir la paix," *Esprit*, 30, April 1962, 700–704 (a position paper representing the views of the entire editorial committee).

77. Probably 500,000 Algerians, at the most, were killed in operations. (The Algerian Government claims a million and a half, the French military claim only 141,000.) Demographic analysis concludes that 300,000 to 400,000 is a likely number, which is still equivalent in percentage to the 1,300,000 that the French lost in the first World War. Probably 30,000 Moslem civilian "collaborators" were executed by the F.L.N. About 200,000 Algerians fought with the French forces. These are the *Harkis*, of which only 60,000 took refuge in France after the signing of the Evian agreements. A percentage of the difference (150,000) was massacred by the F.L.N. after the cease-fire. Estimates vary from 30,000 to 150,000. French military losses amounted to about 25,000. About 3,500 Europeans were the victims of terrorist action. After the cease fire some 2,000 Europeans were murdered or simply disappeared. All in all the Algerians killed more of their own nationals than they killed French soldiers or civilians (Guy Pervillé, "Bilan de la guerre d'Algérie," in *Etudes sur la France de 1939 à nos jours* (Paris: Seuil, 1985), pp. 297–301. (ed. note)

78. Philippe Ivernel, "*Paris-Match* à l'heure du cessez-le-feu," *Esprit*, June 1962, 980.

79. Ibid., 981.

80. *The War Without a Name*, p. 249.

81. "L'Après-guerre," *Esprit*, October 1962, 353.

82. "The Hidden Traps in Nixon's Peace Plan," *New York Review of Books*, 9 March 1972, 16.

83. Cf. Noam Chomsky's famous essay on "The Responsibility of Intellectuals," written as the war in Vietnam reached its peak. For Chomsky, "[i]t is the responsibility of intellectuals to speak the truth and to expose lies" (*American Power and the New Mandarins* [New York: Vintage Books, 1969], p. 325). Chomsky's essay first received wide public attention when it was published in the *New York Review of Books*, 23 February 1967. His focus is on the first of Camus's engagements, though Chomsky's admirers at least would argue that by his actions he sustained both engagements as did few other American intellectuals during the Vietnam War.

JEAN-MARIE DOMENACH

Commentaires sur l'article de David L. Schalk

Cher Monsieur Schalk,

Je suis heureux de pouvoir vous remercier pour ce travail dont le sérieux et la pertinence témoignent de cette passion de chercher et de comprendre que j'admire chez les universitaires américains. Au surplus, je ne vois rien à vous reprocher, et, pour une fois, je vous avouerai que je me sens heureux que les mérites d'*Esprit* soient ainsi publiquement reconnus. Oui, je crois que nous avons eu raison, dans l'ensemble, même si, aujourd'hui, l'Algérie est devenue un régime autoritaire et bureaucratique dont la mesquinerie m'attriste. Pour mettre à votre récit un point final d'humour noir, je vous dirai que, en 1980, j'ai été déclaré « indésirable » en Algérie parce que *Esprit* s'était montré favorable à la culture kabyle que le « socialisme » algérien cherchait à étouffer.

Cependant, autant qu'à la justesse de nos positions, je tiens à leur efficacité. Si l'Algérie issue de la guerre ne correspond certes pas à ce que nous souhaitions, nous avons du moins contribué, pendant la guerre, à éviter le pire : la réussite d'un coup d'Etat militaire qui aurait porté au pouvoir une junte « franquiste » et aurait durci et prolongé la guerre. Le « putsch des généraux » a été arrêté grâce à la résistance passive des appelés, encadrés par de jeunes officiers (aspirants et sous-lieutenants) dont beaucoup avaient été directement ou indirectement influencés par *Esprit*. Les occasions qu'ont les intellectuels de mordre sur l'histoire sont assez rares pour qu'on signale celle-ci.

C'est pourquoi je regrette que vous n'ayez pas évoqué le travail énorme qui a été accompli par l'équipe d'*Esprit*, bien plus coûteux en temps et en énergie que notre activité éditoriale. Vous parlez, certes, de quelques manifestations. Mais il y eut aussi de très nombreux *meetings* et conférences. Il y a eu surtout l'édition de tracts, brochures et journaux semi-clandestins, en particulier *Vérité-Liberté*, dont le rédacteur en chef, **P.** Thibaud, était aussi rédacteur en chef d'*Esprit*. Cela nous a valu bien des ennuis : outre les bombes dont vous parlez, des arrestations, des inculpations et la saisie d'un de nos numéros. Cela n'était pas bien grave pour des gens comme moi, qui avais connu la Résistance armée. Pourtant cette période fut pour moi beaucoup plus difficile. Nous ne nous battions pas contre un ennemi, mais contre notre gouvernement. C'était notre armée que nous dénoncions. Pendant un an, dans le maquis, j'avais rêvé de porter cet uniforme que, maintenant, je voyais sali par la torture.

C'est ce qui vous explique que j'aie retenu un moment la publication de témoignages sur la torture. Comme je le raconte dans un de mes livres[1], je suis allé voir un officier au Ministère de la Guerre pour lui montrer ces documents et lui dire que je les publierai s'il ne promettait pas que ces atrocités cesseraient. Il me traita de « boy scout », et je publiai.

Ce qui est vrai, c'est que, à partir de Mai 1958, nous avons vécu dans une certaine ambiguïté. D'un côté nous dénoncions cette guerre ; d'un autre, nous ne voulions rien faire qui empêchât la négociation dont je savais que de Gaulle était partisan. Sur ce point, nous nous séparions, non seulement du « Réseau Jeanson », mais de presque toute la gauche française (à l'exception de l'*Observateur*) qui croyait, avec Sartre, que de Gaulle était un otage des militaires et qu'il voulait la victoire en Algérie. Je crois qu'à l'époque il fallait plus de courage pour être modéré qu'activiste.

Je ne dis pas cela pour diminuer les risques pris par F. Jeanson et ses camarades. Mais ils suivaient une ligne politique aberrante et dangereuse. Au cours d'une conversation que j'ai eue avec Jeanson dans la « clandestinité », il m'a annoncé que l'« insurrection » était sur le point d'éclater avec le soutien des militants FLN en France, qui allaient « couper les poteaux électriques ». J'ai témoigné devant les cours de justice militaire en faveur des membres du « Réseau Jeanson » qui étaient arrêtés. Mais si leur inspiration était généreuse, leur analyse était puérile, directement inspirée de la vision sartrienne. On cherchait un *ersatz* au prolétariat ; ce devait être, selon F. Fanon, les colonisés en révolte . . . Cette idéologie tiers-mondiste, dégradée, continue d'empoisonner une partie de l'intelligentsia française, surtout parmi les croyants, comme on le voit dans *Témoignage chrétien*.

Cette divergence avait des racines profondes. Malgré l'amitié et l'estime que je portais à Jeanson, je lui avais refusé d'éditer dans la collection *Esprit* le manuscrit d'un livre qui faisait une histoire unilatérale de la colonisation : tout le mal du côté des Français, tout le bien du côté des Algériens. Les sartriens ont été les ultimes représentants d'un manichéisme politique qu'*Esprit* refusait. Nous voulions bien nous battre, mais nous ne pensions plus, comme entre 40 et 44, qu'il n'y avait qu'un ennemi, et que cet ennemi incarnait le Mal. En ce sens, nous étions assez proches d'A. Camus, bien que ses positions, à l'époque, nous aient paru floues et déconcertantes, ainsi que vous le notez. Son dilemme entre la justice et sa mère est faible. Il aurait été plus fort si Camus avait dit ce qu'il entendait par « Justice ». En effet, ce mot est de plus en plus employé par les persécuteurs et les assassins, comme on le voit chez les « terroristes » contemporains.

Lorsque je songe à ces sept années de guerre, il m'arrive de regretter le temps perdu. Car c'est à ce moment-là que l'intelligentsia française s'est laissé distancer, s'est enfermée dans son problème national, jusqu'au délire de Mai 1968. Votre article m'a consolé : en vous lisant, je me suis dit que nous avions fait notre devoir. C'était moins excitant que sous l'Occupation, mais il fallait le faire. Cependant, pour compléter votre mise au point, je tiens à rappeler ce que nous devons à Emmanuel Mounier. C'est lui qui, dès 1947, avait lancé dans *Esprit* une série d'articles intitulés « Prévenir la Guerre d'Afrique du Nord », dont l'un d'A. Mandouze s'intitule « Impossibilités algériennes »[2]. Hélas ! si nous sommes parvenus à arrêter la guerre au Maroc et en Tunisie, nous avons échoué en Algérie. De cet échec, la population française qui vivait là-bas a été l'une des victimes. Pourtant, nous n'avions cessé de penser à elle. L'une des leçons d'E. Mounier était que « l'homme spirituel ne se sépare pas ». Tout au long de ces sept années, le souci de ces « pieds-noirs » ne nous a pas quittés, même lorsque, fous de peur et de colère, ils appelaient le coup d'Etat. Le souci de notre propre communauté non plus. Cet engagement responsable était dans la ligne du fondateur d'*Esprit*. Il faut lui reconnaître ce don de la lucidité et cette efficacité, qui n'ont pas toujours été les qualités des intellectuels français.

Notes

1. Jean-Marie Domenach, *Ce que je crois* (Paris: Grasset, 1978), p. 130.
2. *Esprit* (juillet 1947).

JEAN-MARIE GUEHENNO

Le mécénat en France et
en Amérique

La mode « libérale » veut que le mécénat culturel qui est pratiqué aux Etats-Unis soit ces temps-ci fréquemment cité comme un modèle. Au lieu du guichet unique de l'Etat et de l'irresponsabilité anonyme des commissions administratives, le pluralisme de l'initiative privée et l'engagement personnel des « mécènes ». Fouquet remplace Colbert.

Pour être libres et créatifs, il nous suffirait donc désormais d'être américains. Les choses hélas ne sont pas si simples. Une première illusion doit dès le départ être écartée : le mécénat culturel n'est jamais une priorité pour le grand public. Aux Etats-Unis, où tous les dons à des organisations à but non lucratifs sont sur le même plan, quel que soit leur secteur d'activité, on s'aperçoit que les donateurs, et particulièrement les donateurs individuels, mettent la culture en dernière place, très loin derrière la religion, la santé, l'éducation et la recherche. Les français ne mettraient sans doute pas la religion au premier rang, mais tout donne à penser que la santé — qui recueille déjà des fonds dans le public — l'emporterait largement ; la culture serait, en France comme ailleurs, le parent pauvre du mécénat, sauf à la privilégier artificiellement par des dispositions législatives, bien peu « libérales » et vite impolitiques : une politique fiscale qui prétendrait favoriser la création artistique plutôt que la santé ou l'éducation se heurterait à l'hostilité de l'opinion dès lors que les mesures prises seraient suffisamment importantes pour toucher un large public. C'est une chose de mettre en place quelques mesures limitées qui ne touchent qu'une minorité (comme les dations en paiement de droits de succession) et sont ignorées du plus grand nombre ; c'en serait une autre de vouloir créer une incitation fiscale aussi forte que celle de la détaxation des petits investissements boursiers (Loi Monory), mais réservée au domaine culturel. L'idée — entendue en France — qu'on va démocratiser le financement de l'art par quelques encouragements fiscaux de la même manière qu'on veut démocratiser la bourse est donc totalement irréaliste, si on en juge par l'expérience américaine.

Et puis, les américains eux-mêmes, peut-être parce qu'ils sont en matière de liberté assez en avance sur nous, reconnaissent tout le chemin qu'ils doivent encore parcourir : ils savent que tous les problèmes ne sont pas résolus par un transfert de responsabilités de l'Etat au privé ; si quatre années passées aux Etats-Unis me convainquent aisément que nous avons tout intérêt à nous inspirer de leur modèle, les quelques siècles d'expérience que l'Europe a acquises dans la chose artistique devraient nous persuader d'avoir assez d'ambition pour faire mieux que copier, et tenter d'innover, en identifiant dès maintenant les difficultés qui nous attendent, et que le mécénat à l'américaine ne résoudra pas.

Les artistes américains font un grand reproche à leur système de mécénat : le manque d'imagination et d'audace, l'engouement pour les projets à forte visibilité (« Blockbuster Exhibitions » du genre « Trésors des châteaux d'Angleterre ») et l'absence de soutien durable aux institutions culturelles. Qu'on ait besoin d'argent pour financer une exposition Renoir, un orchestre symphonique, ou des ballets classiques, le mécénat apporte sans trop se faire prier les fonds requis. Et, conséquence logique des habitudes de gestion des bailleurs de fonds, ces subventions seront accordées avec à la fois moins de mesquinerie et plus de rigueur que si elles étaient demandées à une administration publique.

Les difficultés commencent quand on sort de la sphère de l'art consacré et qu'on entre dans l'aventure du contemporain ou de l'inhabituel. Ni le Centre Pompidou, ni l'Ircam de Boulez, ni le musée d'Orsay n'auraient pu être créés aux Etats-Unis, affirment beaucoup d'américains qui admirent la part prise par l'Etat français à ces différents projets. Et ils ajoutent que quelques-unes des personnalités les plus respectées de la danse contemporaine américaine ont passé en France une partie importante de leur carrière : elles y trouvaient un appui qui leur a longtemps été refusé de l'autre côté de l'Atlantique. L'explication d'une telle situation est pour eux simple: un Etat peut se permettre des audaces qu'une entreprise soumise aux contraintes de « marketing » ou une fondation emprisonnée dans la collégialité d'un conseil d'administration n'oseront pas. Bref, il ne faudrait pas pousser beaucoup ces admirateurs américains de la tradition étatique de la politique culturelle française, pour qu'ils admettent que cette politique est d'autant plus efficace qu'elle est moins « démocratique » : la tradition qu'on admire chez nous, c'est celle du despotisme éclairé, qui impose ses vastes projets sans souci des opinions de la multitude.

Cette admiration pour notre système fait douter que le mécénat privé n'ait que des avantages, mais elle ne suffit pas à rassurer sur la valeur de notre mécénat d'Etat : d'abord, elle implique un immense pari sur la valeur de quelques hommes. Ce qu'on admire en effet dans le système étatique, ce n'est pas la présence éventuelle d'une collégialité — sous forme de commissions administratives, comme dans les aides au cinéma — qui le rapprocherait de certaines formes privées d'aide, mais au contraire la liberté totale laissée à quelques individualités. Pourquoi un président de la République ferait-il de meilleurs choix que le dirigeant d'une grande entreprise ? Ni l'un ni l'autre ne seront jugés sur leurs choix artistiques, et ils sont donc aussi « libres » l'un que l'autre, c'est-à-dire l'un et l'autre enfermés dans leurs opinions et celles de leurs collaborateurs. Et pourquoi les collaborateurs de l'un seraient-ils meilleurs que ceux de l'autre ? La seule différence véritable est celle de leurs objectifs, qui eux-mêmes dépendent des attentes du public. A en juger par l'expérience des trente dernières années, il semble bien qu'en France la politique culturelle soit un moyen privilégié de manifester la grandeur de l'Etat ; et cette grandeur est toute faite de distinction : autrement dit, si les présidents de la République successifs agissent, en ces matières, en despotes éclairés, c'est moins pour satisfaire un besoin personnel de pouvoir que pour répondre aux attentes d'une opinion publique encore mal habituée à la démocratie, et qui respecte d'autant plus l'Etat qu'elle ne s'y reconnaît pas. Le badaud peste un moment contre les colonnes de M. Buren, mais en prend son parti, respectueusement convaincu de son incompétence, et secrètement admiratif du mystérieux savoir de ses maîtres. Un chef d'entreprise mécène a de tout autres objectifs : il ne recherche pas le respect mais la sympathie, et n'a pas affaire à des citoyens-sujets, mais à des clients ; il veut vendre et non impressionner. Il doit donc plaire au plus grand nombre. Ce qui revient à dire qu'en France les lois de la politique sont moins « démocratiques » que les contraintes économiques du marché...

On en revient donc au même problème-clef : une politique culturelle serait d'autant meilleure qu'elle serait plus aristocratique, sinon oligarchique. Et l'étatisme permet, mieux que d'autres systèmes, de donner le pouvoir artistique à une oligarchie. L'apologie du mécénat d'Etat passe donc aujourd'hui par un constat de divorce définitif entre l'imagination créatrice et les goûts du plus grand nombre. Ce divorce, ni les princes éclairés de la Renaissance, ni l'Eglise ne l'avaient accepté dans les grandes époques de création artistique. Et il y a un paradoxe à le prononcer sans autre forme de procès dans une période démocratique. Quelles que soient les réserves qu'on peut avoir sur le reproche d'élitisme qui est fait, de façon assez démagogique, à l'action de l'Etat en matière culturelle — l'attitude « aristocratique » lui a le plus souvent réussi — il faut bien convenir que la politique culturelle est la conscience malheureuse des systèmes démocratiques, et qu'un système qui fait de « l'irresponsabilité » des décideurs culturels le principe de sa réussite mérite d'être mis en question. Ainsi, malgré l'admiration que beaucoup d'artistes américains vouent à notre despotisme éclairé « à la française », malgré ses réussites incontestables, le mécénat privé « à l'américaine » apporte sans doute des solutions, dès lors qu'on rêve de réconcilier la culture et le public.

Qui sont, en Amérique, les bienfaiteurs de la vie culturelle, ceux qui apportent à la culture près de quatre milliards de dollars (alors que l'Etat fédéral y contribue pour moins de deux-cents millions) ?

Des individus certes, mais pour une faible part ; et des individus riches ou très riches, qui font des dons importants, plutôt qu'une masse de petits donateurs. Les spécialistes du « fund-raising » — l'art de taper ses semblables — savent qu'il vaut mieux cultiver quelques gros donateurs plutôt que de disperser ses efforts ; dix dons de cent-mille dollars représentent moins de travail que dix-mille dons de cent dollars. On est donc loin de la démocratie fiscale dans laquelle, à en croire certains idéologues, les contribuables voteraient avec leur bourse : en matière de mécénat culturel, il y a fort à parier que le gros du corps électoral fiscal serait abstentionniste.

La minorité d'individus qui fait du mécénat le fait pour une multitude de raisons, parmi lesquelles l'avantage fiscal est un élément nécessaire — les menaces que l'administration Reagan a un moment fait peser sur les déductions fiscales ont aussitôt provoqué une levée de boucliers — mais non suffisant.

Le motif le plus simple, et dans un bon nombre de cas déterminant, est la vanité. Avoir son nom au fronton d'un musée ou dans le programme d'un concert, appartenir à un conseil d'administration, bénéficier de privilèges directement liés au montant de ses dons : les organisations américaines à but non lucratif ont su mettre au point une échelle de flatteries savamment graduées dont les français pourraient utilement s'inspirer ; toutefois, une difficulté ne manquera pas de surgir : la richesse est en Amérique légitime, et son utilisation ostentatoire ne choque pas ; la France est plus hypocrite.

Et puis, la vanité n'explique pas tout, elle n'explique assurément pas les dons anonymes, ni certains dons posthumes. Dans une tradition américaine de la richesse — dont la famille Astor, qui a donné des dizaines de millions de dollars à la bibliothèque publique de New-York, est peut-être le plus spectaculaire exemple — celui qui a connu la réussite matérielle doit manifester sa reconnaissance à la société : il n'y a dans une telle attitude nul sentiment de culpabilité, mais un témoignage de gratitude à l'égard de l'Amérique; la réussite y est réputée fondée sur le mérite personnel, mais c'est la société qui vous donne vos chances, et le mécénat est d'une certaine manière le prix payé pour les chances que la vie vous a données. Que le millionnaire soit un immigré parti de rien, et il aura souvent le sentiment que l'Amérique a été particulièrement généreuse avec lui, et à son tour, il sera généreux, sans vanité.

Le traitement favorable que le régime fiscal américain réserve aux contributions charitables est donc en fait l'expression autant que la cause d'une certaine attitude de la société vis-à-vis de la richesse et de la réussite matérielle. Plaquez un système fiscal de type américain sur une société où le succès individuel reste suspect s'il n'est pas légitimé par des diplômes, où la richesse souvent se cache, et il y a de fortes chances pour que ses effets incitatifs sur les individus soient nettement plus faibles. La fiscalité reflète les moeurs plus qu'elle ne les gouverne.

La deuxième catégorie de donateurs est constituée par les fondations. Les unes ne font que gérer les activités de mécénat de grandes entreprises (American Express par exemple) et l'analyse de leurs activités relève de la description du mécénat d'entreprise. Mais d'autres, richement dotées par des individus ou des entreprises, ont une vie propre : c'est le cas de la fondation Getty, de la fondation Ford, de la fondation Rockefeller, pour ne citer que les plus célèbres. Disposant d'un capital considérable — quelquefois plus d'un milliard de dollars — elles sont contraintes par la loi à en dépenser chaque année un pourcentage minimum, qui correspond à une partie de leurs revenus. Dans le cas des fondations les plus importantes, la ressemblance avec une administration classique est frappante, qu'elles gèrent directement certaines activités ou attribuent des subventions. Certes, la comptabilité est sans doute plus souple qu'une comptabilité publique, et le budget n'est pas tributaire d'un vote parlementaire, mais de la bonne gestion de la dotation ; le pouvoir suprême réside dans un conseil d'administration coopté qui décide des grandes orientations et nomme les dirigeants. Mais les projets sont présentés dans le cadre de procédures préétablies destinées à assurer une répartition équitable des fonds disponibles ; ils sont soumis à des instances généralement collégiales, dont la compétence est souvent liée par les règles qu'elles se sont imposées à elles-mêmes. Dans la pratique, c'est à ces fondations indépendantes qu'on doit les politiques les plus novatrices en matière de mécénat. Et il est intéressant de noter que, comme dans le cas d'administrations publiques, les réussites sont le plus souvent dues à quelques individus que la sagesse d'un conseil d'administration, mais aussi la chance, a placés à des points stratégiques. Il est toutefois difficile de voir dans ces succès isolés la démonstration des mérites d'un système : les américains ne cessent de se plaindre de la paperasserie engendrée par les grandes fondations, du caractère sclérosant des décisions collégiales, et des dangers d'une instruction administrative, qui privilégie parfois le talent à faire de beaux dossiers, plutôt que le talent tout court.

Au demeurant, la plus importante catégorie de donateurs est constituée par les entreprises privées, et les possibilités d'adaptation du modèle américain au contexte français paraissent ici plus prometteuses, dès lors que les français ne confondront plus relations publiques et publicité. Le mécénat d'entreprise ne relève en effet pas de la publicité mais des relations publiques. Cette proposition s'appuie sur un double constat : (1) Une campagne de publicité a pour objectif l'accroissement à court terme des ventes d'une entreprise. Le mécénat américain ne poursuit pas un tel objectif : si un mécène se manifestait par ses produits et pas seulement par son *logo*, montré discrètement, s'il concevait lui-même un message sur l'entreprise (publicité institutionnelle), le fisc américain qualifierait la dépense de publicitaire, et rejetterait la qualification mécénat. *Cocoricoboy* financé par « Orangina » serait considéré en Amérique comme de la publicité pure et simple. La catégorie inter-médiaire du *sponsor* qu'on prétend trouver en France utilise le franglais pour camoufler des dépenses publicitaires. (2) Le mécénat d'une entre-prise cotée en bourse est cependant toujours « intéressé » : il vise à améliorer la position de l'entreprise, pour permettre l'accroissement des profits. S'il avait d'autres objectifs que la prospérité de l'entreprise, les actionnaires seraient en droit de poursuivre la direction pour abus de biens sociaux.

Cette double contrainte est la porte étroite par laquelle doit passer une politique de mécénat d'entreprise. Contrairement à ce qu'imaginent encore beaucoup de chefs d'entreprise français, le mécénat n'est donc ni de la publicité clandestine, ni l'argent de poche avec lequel la direc-tion pourrait « se faire plaisir ». Mais comment améliore-t-on la position d'une entreprise autrement que par la publicité ? Une entreprise vit dans un environnement politique et social qu'elle ne contrôle pas, mais qui peut être très important pour elle : sympathie ou hostilité de ses clients, attitude de l'autorité administrative, déterminent directement ou indirectement les règlementations qui affecteront son activité, et la réception plus ou moins favorable réservée à ses produits. Très natu-rellement l'entreprise cherchera à influencer cet environnement. Evo-quons trois situations types pour décrire la politique de relations publiques d'une entreprise américaine : (1) L'activité de l'entreprise dépend d'un petit nombre de décideurs bien identifiés : c'est le cas de l'industrie d'armement, dont les interlocuteurs sont au Pentagone et dans les deux commissions des forces armées du Congrès ; l'opinion publique compte peu, elle ne s'intéresse en effet qu'au volume global des dépenses militaires, mais guère au choix des matériels. L'effort de relations publiques doit se concentrer sur la maîtrise d'un réseau réduit d'interlocuteurs de poids. Il s'agit d'une part de convaincre ces ache-teurs potentiels, d'autre part de bien connaître l'évolution de leurs demandes pour orienter utilement l'activité de l'entreprise. Le moyen le plus simple d'atteindre ces objectifs est de recruter d'anciens militaires ou membres de la communauté de défense qui apportent avec eux leur réseau de contacts personnels dans l'administration qu'ils ont quittée. La seule activité de mécénat qui puisse être utilement envisagée est le soutien à des instituts de recherche : les séminaires qui y sont organisés facilitent des rencontres dans un cadre neutre, et contribuent ainsi à l'entretien du réseau. (2) L'activité de l'entreprise touche le grand public, et est tributaire de décisions règlementaires de la puissance publique : c'est le cas de l'industrie du pétrole ou de celle du tabac. La politique de relations publiques de l'entreprise devient beaucoup plus complexe ; il est toujours important d'identifier le réseau des interlocuteurs-clés, mais la stratégie d'influence doit être en partie une stratégie indirecte. Les décideurs subissent en effet aussi l'influence de l'opinion publique, et il serait donc imprudent de négliger celle-ci. C'est une des raisons qui conduit une société comme Philip Morris à mener une politique active de mécénat artistique : l'appui donné à une grande exposition (exemple : les trésors du Vatican) permet d'une part d'inviter le réseau des interlocuteurs influents à l'inauguration (stratégie directe), d'autre part de créer dans l'opinion un courant de sympathie pour une société que son association avec le tabac devrait normalement priver des faveurs du public (stratégie indirecte). Cela n'empêchera pas le Congrès de voter des dispositions défavorables au tabac, mais l'entreprise peut espérer présenter ses arguments avec de meilleures chances de succès. (3) L'activité de l'entreprise touche le grand public et n'est pas tributaire de décisions règlementaires : c'est le cas d'entreprises comme IBM. La politique de relations publiques et de mécénat se justifie encore, mais ses effets seront difficiles à mesurer. Elle ne vante pas les mérites de l'entreprise après avoir vanté les mérites des produits — ce serait de la publicité — mais vise à établir la place de l'entreprise dans la société. Comme dans le cas de la stratégie indirecte décrite à propos de l'industrie du tabac, mais sans arrière-pensée d'influence sur une éventuelle autorité administrative — encore que, dans le cas d'IBM, la position dominante de la firme laisse toujours peser la menace d'actions antitrust—il s'agit de créer un sentiment positif chez les clients, qui achèteront plus volontiers les produits d'une société dont ils apprécient la contribution au bien collectif, et qu'ils associent à des événements de qualité. Dans ses objectifs, le mécénat d'entreprise est donc proche de la publicité institutionnelle, mais il s'en distingue radicalement dans ses méthodes : il ne s'agit pas en effet de concevoir et diffuser un message, mais de financer un événement ; l'événement — ou plus précisément l'association de l'entreprise à l'événement — est le message.

Enfin, la politique de mécénat d'une entreprise peut aussi concerner ses propres salariés : l'entreprise attirera plus facilement des cadres dans une ville moyenne si les activités culturelles y sont développées ; elle fera travailler son personnel avec plus d'énergie si celui-ci est fier de s'identifier à elle.

Le tableau qui vient d'être dressé donne la mesure de la distance qui sépare les Etats-Unis de la France : nous sommes encore loin d'une telle diversification des stratégies de mécénat d'entreprise ; en fait de relations publiques, le seul modèle qui se retrouve effectivement dans la vie des entreprises françaises est celui que nous avons décrit à propos de l'industrie de défense américaine, la consolidation de contacts personnels avec le réseau restreint des décideurs ; il exclut pour l'essentiel le mécénat d'entreprise, et notamment les stratégies indirectes d'influence.

Cette situation est le reflet d'une société qui ne connaît qu'un centre de pouvoir en dehors de l'entreprise : l'Administration. Dans un pays où le pouvoir exécutif n'est pas contrôlé par un Parlement fort, il est en effet généralement inutile de rechercher l'appui de l'opinion publique sur des affaires ponctuelles ; même si cette opinion est relayée par la presse, l'exécutif a le plus souvent les moyens d'y résister, ne serait-ce qu'en laissant passer le temps : la pression publique ne peut s'exercer durablement sans le secours du judiciaire ou du législatif. En France, il est le plus souvent beaucoup plus efficace pour une grande entreprise de bien connaître, au ministère des Finances et dans le ministère technique dont sa branche d'activité dépend, les quelques fonctionnaires qui traitent habituellement les dossiers, que d'essayer d'utiliser, de façon aléatoire, le secours de l'opinion publique pour les influencer. Les stratégies indirectes d'influence ont besoin d'une société multipolaire pour s'épanouir.

Reste le mécénat d'entreprise qui ne cherche pas à influencer, même indirectement, les décideurs, mais seulement à présenter sous un jour favorable l'entreprise, pour que celle-ci, quand elle recourt à la publicité, trouve des clients mieux disposés ; c'est le modèle IBM. Comment se développera-t-il en France ?

Sa réussite est directement liée à ce que le public attend des entreprises. En ce sens, même si les décisions de mécénat sont prises par des professionnels, le mécénat d'entreprise est le plus tributaire de l'opinion qui soit. Sa logique promotionnelle veut qu'il se place délibérément sous le regard du public, et qu'il cherche à lui plaire. Financé par les profits de l'entreprise, il suppose que ces profits existent, et que le public et les salariés en approuvent le principe. Il suppose aussi que le public, même s'il ne visite pas une exposition, ou n'assiste pas à un concert, approuve le financement de telles manifestations par le mécénat d'entreprise plutôt que par ses impôts. La lenteur des progrès du mécénat en France s'explique sans doute pour une bonne part par les réticences du public : les entreprises ne peuvent pas aller contre les attentes de leur clientèle.

Le succès du mécénat d'entreprise est en effet en partie fondé sur l'impression qui est donnée au client d'être lui-même un peu mécène : par le mécénat et en un seul et même geste, l'entreprise dépasse sa fonction de producteur et le client sa fonction de consommateur. L'antagonisme entre le vendeur et l'acheteur, la passivité de l'acte de consommation disparaissent ; dépenser son argent acquiert un sens social, et extrait l'individu de sa solitude de consommateur. Les organisations qui font appel à la charité publique connaissent bien la force de ce sentiment d'identification sociale. La télévision publique américaine l'utilise à son profit quand elle lance auprès des téléspectateurs des campagnes de « fund-raising » qui ont moins pour objet de rapporter de l'argent (les fonds ainsi réunis sont sans commune mesure avec les besoins financiers de la télévision), que de mobiliser les téléspectateurs, de créer une attente dans le public : les grandes entreprises, qui sont les seuls vrais donateurs, donneront alors plus facilement à la télévision publique, car le public appréciera leur geste, et, ayant lui-même un peu (très peu) donné, s'identifiera plus facilement à ce geste.

L'analyse du mécénat d'entreprise américain nous donne une leçon : la crainte que les français ont souvent de voir le mécénat d'entreprise déboucher sur la commercialisation de la culture est vaine. La crédibilité et l'efficacité du mécénat d'entreprise reposent au contraire sur son caractère non-commercial, sur la possibilité qu'il offre à l'entreprise d'établir avec ses clients des relations qui ne soient pas de fournisseur à consommateur. Les grandes entreprises américaines estiment que leur mécénat est d'autant plus efficace qu'il se présente comme « désintéressé », c'est-à-dire respectueux de l'indépendance intellectuelle et artistique des projets qu'il finance, dans la mesure même où il espère bénéficier, par association, de leur prestige, prestige qui dépend directement de leur indépendance. On a donc tort de craindre une immixtion des entreprises mécènes dans la vie artistique, car de telles pratiques, encore courantes en France, où elles traduisent une certaine inexpérience des nouveaux donateurs, ont pratiquement disparu aux Etats-Unis, où les mécènes savent mieux quel est leur véritable intérêt.

L'introduction en France des méthodes américaines de mécénat et l'évolution vers un partage entre l'Etat et le secteur privé du financement de la culture peuvent donc apporter d'incontestables progrès : le grand avantage sur le système étatique actuel sera d'éviter le guichet unique et de permettre la diversité, de multiplier les chances. Ces possibilités justifient qu'on réfléchisse aux moyens d'encourager le mécénat en France, même s'il est naïf de penser le développer par la seule force des lois : le mécénat exprime la société et ses attentes ; l'acceptation d'un nouveau partage des responsabilités entre les individus, les entreprises et l'Etat, la tolérance inédite pour le pluralisme qu'un tel partage encourage exigeront bien plus que des lois nouvelles, une transformation de notre société. Cette transformation nous aidera-t-elle, comme les plus optimistes l'espèrent, à régler le problème difficile — et laissé jusqu'à présent sans réponse — des rapports de notre société avec sa culture ? Et suffit-il d'adopter les méthodes américaines de financement pour réconcilier la création française avec la modernité ? La question mérite une analyse, et je prendrai comme exemple les arts plastiques.

La culture est un bien collectif qui a toujours vécu de la passion de quelques individus. Elle porte donc en elle une tension permanente ; elle ne peut vivre sans un public, mais elle ne se renouvelle que si elle le dépasse, et ouvre des voies inconnues. Cette tension était surmontée dans nos sociétés, où l'artiste, longtemps artisan, avait sa place naturelle : jusqu'à la cassure de l'impressionnisme, la société se reconnaissait dans l'art qu'elle créait, et l'opposition entre art officiel et création originale était, le plus souvent, sans signification. Les individus qui finançaient l'art, que ce soit pour sauver leur âme, manifester leur pouvoir, ou simplement se divertir, n'imaginaient aucun conflit entre leur bon plaisir et la sociéte qui les entourait. Depuis la fin du XIXème siècle, la plupart des artistes qui se sont finalement imposés n'ont dû leur première réussite qu'à l'obstination de quelques amateurs. Il n'y aurait là rien de très nouveau — les amateurs d'art ont toujours été minoritaires — si ces amateurs n'étaient souvent allé à l'encontre du goût dominant : le défi propre à notre temps est de trouver les moyens d'encourager le financement d'une culture dans laquelle notre société ne se reconnaît pas toujours, sans pour autant se satisfaire d'un divorce définitif entre la création et le public.

D'un côté donc aujourd'hui, des musées américains regorgeant d'oeuvres contemporaines, de l'autre des musées français qui pendant des années, ont presque totalement ignoré des pans entiers du XXème siècle, et réparent maintenant, difficilement et à grands frais, leur abstention passée. La vitalité du marché de l'art de New-York est mise en parallèle avec le déclin de Paris, et on en conclut que le financement privé de l'art en Amérique a permis l'épanouissement de la création contemporaine, tandis que l'Etatisme français provoquait son asphyxie. Aux collectionneurs et conservateurs américains, vivant en symbiose et tirant intelligemment parti de la richesse de leur pays, on oppose des conservateurs français fonctionnaires prudents plutôt qu'amateurs passionnés. La plus grande réussite américaine, le Musée d'Art Moderne de New-York est l'oeuvre d'un homme passionné, Alfred Barr, qui a trouvé le champ libre, et obtenu du mécénat privé des moyens et une liberté dont aucun conservateur français ne jouissait à l'époque. Depuis lors, la France s'est dans une certaine mesure rattrappée, et l'Etat a su parfois faire confiance à des personnalités de premier ordre. Il n'empêche, la conviction demeure que le mécénat privé est plus capable d'imagination et d'audace qu'un système étatique. Mais dans quelle mesure le système qui a contribué au dynamisme américain ne débouche-t-il pas aujourd'hui sur une réalité nouvelle, qui n'est pas plus enviable que la sclérose longtemps reprochée à l'Etatisme français ? Alfred Barr est-il concevable aujourd'hui ?

Le marché de l'art américain de 1987 ressemble peu au monde dans lequel travaillait Alfred Barr il y a cinquante ans : les enjeux financiers étaient beaucoup plus modestes qu'ils ne le sont aujourd'hui, et la carrière d'un artiste se développait sur des dizaines d'années. Les achats d'oeuvres par des entreprises étaient pratiquement inconnus ; en dehors du cercle des amateurs, seul l'Etat fédéral, dans le cadre des programmes liés à la dépression, achetait ou commanditait des oeuvres. Enfin, le personnage, si typique des années 80, de l' « art consultant » (conseil en achat d'objets d'art) était presque introuvable dans l'art contemporain. Bref, le monde de l'art était beaucoup moins une affaire de professionnels, et beaucoup plus une affaire d'individus.

Le monde artistique de 1987 est avant tout un monde de professionnels, c'est-à dire un monde où la majorité des choix sont faits par des gens qui ne risquent pas leur propre argent. Les avantages fiscaux offerts au mécénat, après avoir profité à des individus, écartent aujourd'hui les individus du marché. Les entreprises, les fondations achètent, pour elles-mêmes ou pour donner à des musées ; elles y sont encouragées par les marchands qui savent que, dans l'incertitude présente, l'accrochage d'une oeuvre à la cimaise d'un grand musée fait monter le prix. Les marchands donnent pour cette même raison. La hausse incroyablement rapide des prix d'une poignée d'artistes est encouragée par les moyens financiers des entreprises, sans commune mesure avec ceux d'un particulier, et aussi par l'intérêt des investisseurs : aidez un musée prestigieux à acquérir pour 100.000 $ une oeuvre d'un artiste dont vous possédez par ailleurs deux tableaux dont le coût moyen d'acquisition a été de 75.000 $. Votre généreux don de 100.000 $ (50.000 $ en revenu après impôt de 50 %) valorise votre stock de 50.000 $ (2 x 100.000 $ au lieu de 2 x 75.000 $) ; après impôt, l'opération est pour vous blanche, et la cote de l'artiste a monté de 25 %. Dans ce jeu, la plupart des particuliers sont écartés, car même dans un pays qui compte des millionnaires, peu de gens ont des fortunes qui leur permettent d'accompagner la carrière d'un artiste qui passe en quelques années de l'anonymat de 2.000 $, à une première exposition dans une galerie connue qui ne peut vendre une toile à moins de 15.000 $, et bondit ensuite à 50.000 $ (ou beaucoup plus). Et les quelques privilégiés qui peuvent suivre auront souvent recours à un spécialiste dont ils rémunéreront les conseils.

Il y a donc bien symbiose entre les artistes — quelques-uns — les galeries, les entreprises, les fondations et les musées, mais cette symbiose se réalise aux dépens de la catégorie des amateurs. Et la supériorité écrasante du marché de l'art américain sur le maigre marché parisien s'explique largement par la masse de moyens financiers que le dispositif fiscal américain y attire. Mais en matière culturelle, le volume de la demande ne suffit pas à établir la qualité de la demande. Avec l'accroissement des moyens, qui dans un premier temps a permis la réussite d'un Alfred Barr, est aussi venue la professionnalisation du marché et l'expulsion progressive des amateurs. Les « professionnels » qui dominent actuellement la vie artistique américaine, et qui forment une communauté restreinte et admirablement intégrée — une sorte de complexe museo–commercial — n'ont rien qui les distingue fondamentalement des conservateurs français auxquels on reproche d'avoir été des fonctionnaires conventionnels. Comme eux, ils ne doivent pas choisir ce qu'ils aiment, mais ce qui deviendra « important » ; comme eux, ils doivent craindre de se tromper. Leurs réflexes sont les mêmes, seuls leurs moyens sont différents. La réconciliation de la création artistique française avec la modernité échappe décidément à toute formule, et le mécénat n'apporte pas la réponse.

Le recours au mécénat privé n'arrête pas la bureaucratisation de la culture. Il ne prend pas le pouvoir à l'administration pour le remettre aux individus. Il ne libère pas la vie culturelle du contrôle des grandes organisations. Mais il lui donne davantage de moyens mieux gérés, et la possibilité de davantage de diversité. C'est beaucoup, surtout dans un pays comme la France, qui a besoin de moyens énormes pour entretenir son patrimoine. Ce n'est pas assez pour redonner, dans tous les domaines, du souffle à la création française. Pas plus qu'en Amérique, les projets les plus aventureux n'auront la faveur des mécènes, surtout s'il s'agit d'entreprises. Et comme en Amérique, tout continuera de reposer sur des individus ; il arrivera que des fondations, de façon aussi inattendue que l'Etat aujourd'hui, fassent appel à des individus de talent qui laisseront leur marque. Mais le vrai mécénat individuel, le plus imaginatif et le plus démuni, restera marginal ; dans un domaine comme les arts plastiques, où il était traditionnellement actif, il reculera même peut-être, ne pouvant faire face à la concurrence nouvelle des entreprises et des fondations.

Le plus grand bénéfice des changements à venir sera le développement d'un monde nouveau des organisations à but non lucratif, avec ses « professionnels », mais aussi avec son éthique et sa discipline, qui sont différentes de la tradition française du service public. La nécessité de se battre pour obtenir des fonds introduira entre les organisations culturelles une concurrence plus vive en même temps qu'un sentiment de responsabilité vis-à-vis des bailleurs de fonds et de la société elle-même ; elle obligera à des contacts entre le monde des affaires et le monde de la culture ; ces contacts seront féconds s'ils conduisent ces deux mondes, en France antagonistes, à reconnaître leurs légitimités respectives, et si est enfin admise la coexistence du profit et de l'intérêt général, deux impératifs qui sont en Amérique moins rivaux que complémentaires, et se rejoignent dans la même reconnaissance des mérites de la concurrence.

THEODORE CAPLOW

St. Pierre and the
Project of Perpetual Peace

One thinks of him as a voluble, untidy little priest, his pockets stuffed with papers and his mind with projects. But the portrait in the *mairie* of his home town, St. Pierre-Eglise in Normandy, shows a face full of serenity and power. He bears a distinct resemblance to William Penn, another well-connected social inventor, who published his own plan for perpetual peace twenty years before St. Pierre.

Charles Irenée Castel de St. Pierre (1658–1743) was the first European to make social invention a lifetime career. Perpetual peace was only one of his projects. He devised ingenious plans for improving public assistance, the care of homeless children, elementary education, and criminal justice; and schemes for progressive taxation, the regulation of highway traffic, and the efficient use of public lands, together with a whole sheaf of proposals for the better administration of courts, councils, and government bureaus. He was one of the principal figures of the Enlightenment who paved the way for the American and French revolutions.

His life was passed in the corridors of power, although he exercised none. As chaplain to a royal princess, he lived at Versailles as a courtier. A term of service as secretary to an ambassador familiarized him with the actual practice of international affairs. For half a century, he kept a brilliant and skeptical journal of the political events around him, and eventually extended it back to the year of his birth so that it covered the entire period from 1658 to 1739.

In a time of extraordinary scientific and philosophical productivity, St. Pierre lived at the very center of the intellectual world. His friends included Fontenelle, Fénelon, Vauban, d'Alembert, Huygens, d'Argenson, Montesquieu, Bolingbroke, Horace Walpole, and Leibnitz. Voltaire was with him when he died. Jean-Jacques Rousseau accepted the task of editing his papers.

Elected at an early age to the French Academy, he was expelled in 1718 for refusing to retract his criticism of Louis XIV, whose long reign had just ended. He then joined an influential group called the Club de l'Entresol, where social issues were discussed with revolutionary fervor until the government closed its doors.

These acts of defiance did not entail much personal risk. St. Pierre's family was impeccably noble, rich, and well-connected, and had innumerable friends in high places. In the last years of his long life, he held forth in the salons of ladies who were honored by the presence of the "Good Abbé." He continued to write—on military and naval matters, on French history, on how to be a perfect archbishop. He invented an exercise machine for his daily workout!

Above all, he promoted his Project, urging it on the King of Sweden, on the ministers of Louis XV, and on Frederick the Great, who wrote to Voltaire in April 1742: "The Abbé de St. Pierre has sent me a fine book about how to restore peace in Europe and preserve it forever. All that it would take to make it work would be the consent of Europe and some other such trifles."[1]

It was then thirty-one years after the first publication of the Project, in sketchy form, in a small volume issued for private circulation at Paris in 1711 and published at Cologne in 1712. This was followed by a two-volume edition published at Utrecht in 1713—*Projet pour rendre la paix perpétuelle en Europe*. An English version appeared the very next year under a more interesting title—*A Project for Settling an Everlasting Peace in Europe, First Proposed by Henry IV of France, and Approved by Queen Elizabeth, and Most of the Then Princes of Europe, and Now Discussed at Large, and Made Practicable*. We will come back to these alleged sponsors.

A third volume, in which the author attempted to raise and answer all possible objections to the plan, appeared in 1717, followed by further editions in several languages, and then in 1729 by an abridgement intended for "people of superior enlightenment."

The years of St. Pierre's youth were marked by a series of destructive wars begun by Louis XIV for personal or dynastic aggrandizement and continued by his adversaries in the same spirit: the War of Devolution, the Dutch Wars, the War of the League of Augsburg, the nearly inextinguishable War of the Spanish Succession. These wars provided no durable benefits; they entailed heavy casualties, the devastation of many cities and provinces, and incalculable misery for the inhabitants. St. Pierre was appalled by the needless suffering but his judgments were more political than humanitarian. The wars of the Sun King had undermined his own security. None of the wars of the preceding two centuries had delivered benefits commensurate with their costs.

These futile wars were not isolated episodes; they were part of a European system, in which the balance of power provoked frequent wars even in the absence of serious issues. So St. Pierre proposed to reform the system. He did not underestimate the difficulty of putting a reform proposal into practice, but he thought that the existing arrangements were so dangerous and unprofitable, that European rulers might be persuaded to try a rational alternative if it were fully explained. Hence the attempt to anticipate and answer every possible objection, and the presentation of the project, in its final form, as a draft treaty ready to be signed.

The merit of the project lay not in its good intentions but in its sociological insights. St. Pierre was by no means the first to suggest an international federation as a means of preventing war. The idea had been around for centuries. He *was* the first to develop what appears to be a practicable constitution for a peacekeeping federation. Modern thought on this topic has not advanced much beyond him.

St. Pierre's project envisages a permanent federation of Christian governments (the Italian city republics, the pope, kings of France, Spain, England, Austria, Holland, Sweden, and Poland). The federation is to be formed voluntarily, joined; the remainder are to be coerced, if necessary, into joining. The federation is to be permanent and indissoluble. It is to be heavily armed, with approximately equal military contingents from all of its states. Members are to be taxed in proportion to their resources. The council of the federation has the power to levy taxes, pass binding laws, regulate commerce, and punish recalcitrants individually as well as collectively. The federation maintains ambassadors at the court of each member, and installs a resident of its own in every sizeable province to detect warlike preparations and other breaches of the peace. Commercial disputes are adjudicated by federal tribunals in the larger towns. The federation guarantees the boundaries and the form of government of each member state, and will help to put down a rebellion.

Exchanges of territory or changes in the succession or the form of government of a member state may not occur without the approval of a three-fourths majority of the federation.

The key points are: (1) the territorial and constitutional integrity of member states is guaranteed; (2) the federation exercises authority over individuals as well as over governments; (3) armed force sustains the federation both internally and in its relations to external powers; (4) member states are not constrained to have uniform laws or constitutions; (5) disputes between member states are settled by arbitration, and the settlement is imposed, if necessary, by force.

Like most sociological writings, the Project was not entirely original or entirely new. The idea of a peacekeeping federation had been in the air at least since 1306, when another Norman, Pierre Dubois, wrote a long pamphlet "of the recovery of the Holy Land."

Dubois's call for a new crusade followed upon the collapse of the eighth crusade and the loss of the last Christian strongholds in the Eastern Mediterranean. The Frankish kingdom of Jerusalem had endured fitfully for two centuries, but the political purpose of the Crusades—to reunite the western and eastern halves of the Christian world—had been abandoned in 1204 when the French and the Venetians sacked Constantinople, and had been almost forgotten in the internecine conflict of the Peter crusades. It is not surprising that Dubois's appeal for another try fell on deaf ears.

All the same, he had something important to say, and he said it so well that other Europeans have been echoing him ever since. Objections to war on humanitarian grounds were part of an already ancient Christian tradition. But Dubois objected to the wars of his time because they served the political purposes of the warmakers badly, wasted their wealth, and weakened their security. So he proposed to Philip the Fair that France take the lead in forming a council of Christian Kings to oversee the settlement of international disputes by arbitration.

A better known fourteenth-century writer saw the same problem but opted for another solution. Dante Alighieri's *De Monarchia*, written about the same time as Dubois's pamphlet, argued for the suppression of war by a universal emperor who would revive the *pax romana* along with the preeminence of the Roman people.

So there they stood on the threshold of the modern world, without much machinery, America still undiscovered, gunpowder a Chinese curiosity, and saw quite clearly what was wrong with Western civilization and how it might be fixed.

Dubois, by the way, did not propose universal peace. The idea behind his project was to suppress war among Christian princes so that they could unite effectively to fight the infidels. Since the squabblings of the crusaders had wrecked Christian Byzantium, assured the military triumph of Islam in the Middle East, and brought the Muslims into eastern Europe, the argument was plausible. There was no way he could have known that the image of Jerusalem the Golden was about to disappear from the European horizon or that the nations of the West would be able to conduct the next round of religious wars without leaving home.

The next notable work in this tradition, the universal peace plan of King George of Bohemia, was initiated in 1461 by a roving French entrepreneur named Antonius Marini who had found his way to the court of the elected Hussite king in Prague after making a fortune in German coal mines. His main idea was much the same as that of Dubois—a permanent league of Christian princes to maintain peace among themselves and a common front against the Turks. By 1464, the kings of Poland and Hungary had agreed, with some reservations, to a very detailed treaty that would serve as the constitution of the proposed league and in the spring of that year, an embassy in which the ubiquitous Marini represented Poland and Hungary set out to visit Louis XI of France and invite his adherence. They found him hunting in Normandy and were given a full hearing—Marini was also an official of the French court—but Louis balked at the exclusion of the Pope and the Emperor from the proposed league and the project foundered on that point. King George continued to quarrel with the Pope. He was excommunicated two years later but reigned happily, as far as the record shows, until his death in 1471. Marini went home to Grenoble.

The draft treaty, long unavailable, was published in Latin, English, Russian, French, and Spanish, in Prague in 1964 on its five-hundredth anniversary. It is amazingly precise about organizational details, which include a council of princes, an assembly of permanent delegates who move to a different capital every five years, a court of justice, and something what appears to be a secretariat. Voting in the assembly is by regional groups. Membership is open to Christian rulers not included in the original number. The assembly is charged to establish a new body of international law—"new laws drawn from the heart of nature must be introduced and new evils must be opposed by new remedies." The revenue for the ordinary support of the organization is a specified percentage of the taxes collected by each ruler, with specified increases in time of war. The army is centrally administered and paid in a common coinage. Disputes between a member and an outside power are settled by mediation "even if the attacked companion does not so request."

Next comes a much better known author than Antonius Marini, with a similar message. Sir (or Saint) Thomas More, the Man for All Seasons, wrote *Utopia* about 1509. In that imaginary and ideal kingdom, war is treated as a degrading but necessary function of the state. The Utopians do everything possible to avoid direct participation, hiring assassins to kill enemy leaders, fomenting rebellions, and hiring mercenaries. They despise military glory, concede no special honor to warriors, but Utopian citizens are all trained to fight, and accustomed to win. They are ruthless towards conquered adversaries, but careful not to injure noncombatants.

To return to the idea of a league of Christian princes to prevent war, it remained in the air throughout the quarrelsome sixteenth century. In 1513, the principal European monarchs were actually invited to a congress in Burgundy for the purpose of founding such a league, but the meeting never took place. A few years later, Erasmus of Rotterdam tried to revive the idea at the end of *The Complaint of Peace*, perhaps the most eloquent of all sermons against war. The appeal did not go unheeded. More's predecessor as chancellor to Henry VIII, Cardinal Wolsey, actually obtained the ratification by England, France, Spain, and the papacy, in 1518, of a league of Christian princes to guarantee peace among themselves and the usual common front against the Turks.[2] It was a much weaker league than King George's, with no central organization and no coercive powers, and it fell apart almost at once.

The idea resurfaced at the end of the century, as the Grand Design of Henri IV.

The only record we have of the Grand Design comes from the memoirs of Henri's chief minister, Sully, who credited Queen Elizabeth with initiating the project, and claimed to have met with her at Dover in 1601 to discuss the details. Modern scholarship leans to the opinion that Sully invented the whole episode long after the two principals were dead, but like everything else about the Grand Design, that remains debatable.

The not very secret motive for the project, aside from peace, was to cut the Hapsburgs down to size by depriving them of all their European possessions except Spain. After this and other redistributions, Europe would consist of fifteen powers: the hereditary monarchies of France, Spain, England, Denmark, Sweden, and Lombardy; the emperor and the pope; the elected kings of Poland, Hungary, and Bohemia; and the republics of Venice, Italy, Switzerland, and Flanders. A key feature of the scheme was to reduce religious conflict by encouraging the Protestant subjects of a Catholic monarch, or the Catholic citizens of a Calvinist republic, to emigrate.

Nonchristian princes like the sultan of Turkey were to be forced out of Europe, but the duke of Muscovy would be invited to join, and deprived of his European territories if he refused. There would be a supreme general council and a number of regional councils, directing a common army of more than 300,000 men.

Those who credit Sully with the authorship of the Grand Design suspect that he may have borrowed some of its details from the *New Cineas* of Emeric Crucé, about whom we know nothing at all except that he published this one book at Paris in 1623.

Crucé was a true crackpot, sure that he had answers to all the ills of the world if the people in power would only listen. "I had no intention of addressing this treatise to the common man," he begins; "It is you, the great men, who will, I hope receive this little book favorably; it is in your hands, High, Powerful, and Invincible Monarchs, that I place it."[3]

Crucé has lots of ideas, all mixed up together—a canal from the Caspian Sea to the Mediterranean, bribing the Barbary pirates to take up agriculture, doing away with the study of theology (too difficult) and jurisprudence (cases should be settled by common sense).

He makes short work of the problem of establishing a European league: "To come to an agreement, one needs only a good idea that will touch the hearts of rulers."[4] A council of ambassadors would sit permanently in Venice and settle any differences that happened to arise. The only real problem, according to the *New Cineas*, was how to determine the precedence of the ambassadors and more attention is given to this question than to all the other features of the league. The final order puts the Pope first and the Turkish emperor—of all people—second, followed by the German emperor, the kings of France and Spain, the king of Persia, the procope of Tartary, the king of China, the duke of Muscovy, and then, apparently tied for tenth place, the kings of Great Britain, Poland, Denmark, Sweden, Japan, Morocco, and the Great Mogul.

It tells us something important about the problem of imagining peace that this foolish little book is regarded as a classic of the literature. The overriding question about peace plans is whether they are to be taken seriously. Is the inventor of a peace plan a crazy dreamer or a pious fraud or an enemy agent, or does he announce the beginning of a feasible project?

St. Pierre was too shrewd and well-informed to be called crazy, but the final verdict of his contemporaries pegged him as an impractical dreamer with regard to perpetual peace, although realistic enough on matters like taxation and judicial reform.

Much the same judgment was made about William Penn who in 1693 circulated "An Essay Towards the Present and Future Peace of Europe by the Establishment of an European Diet, Parliament or Estates." There is not much new in Penn's project but it wears an air of solid reasonableness. The problem of precedence that bothered Crucé so much is neatly resolved by having the delegates to the European Diet meet in a round room with many doors. They would not have an army of their own but could use the armed forces of their members against a recalcitrant state. Penn lists seven "real benefits that flow from this proposal": it prevents the spilling of so much human and Christian blood; the reputation of Christianity will in some degree be recovered in the sight of infidels; it saves money; the towns, cities, and countries that might be laid waste by the ravages of war are preserved; the ease and security of travel and traffic; the security it will be against the inroads of the Turk; the increase of personal friendship among princes and states. An eighth advantage is presented as an afterthought. The project will allow princes to marry for love instead of for reasons of foreign policy, to the general improvement of their happiness and morality.

Penn, like St. Pierre, ascribes his whole project to Henry IV: "So that to conclude, I have very little to answer for in all this affair; because if it succeed I have so little to deserve. For the great King's example [Henry IV] tells us it is fit to be done, and Sir William Temple's history [of the United Provinces] shows by a surpassing instance that it may be done; and Europe, by her incomparable miseries, makes it now necessary to be done."[5]

One other element in Penn's tract that we meet again in the larger work of St. Pierre is the analogy drawn between the social compact whereby individuals yield their unchecked autonomy to government in return for protection and the proposed compact whereby princes would do the same.

Which brings us back to St. Pierre who published the first version of his Project eighteen years later. Although his work stems from the tradition we have been describing, and includes themes that go all the way back to Pierre Dubois, it differs in three significant ways from all of the previous proposals for a peacekeeping league of European powers.

St. Pierre was the first of the peace writers to understand that international war is inextricably connected with civil war and revolution. Governments maintain armed forces not only against foreign enemies, but also—and often principally—to uphold the sovereign's authority over his own subjects. The earlier projects proposed to abolish international war without adequate provision for the internal security of the federating states. St. Pierre saw quite clearly that no plan for reducing the warmaking power of sovereign states would ever be acceptable to them unless it also guaranteed their political and territorial integrity. This essential point is not generally understood even in our own time, although we have much more experience of civil war and armed revolution.

Most peace projects, before and after St. Pierre's, were overtly designed to obtain political advantages for some of the parties. Indeed, it would not be unfair to describe some peace planning as the continuation of war by other means. Dubois sought the aggrandizement of France; King George of Bohemia envisaged an alliance against the pope; the Grand Design of Henri IV was a plot to reduce the power of the Hapsburgs, just as the 1919 League of Nations, from one perspective, was a scheme for the containment of Germany.

St. Pierre understood that a league of sovereigns must be founded on consent, and must not be structured to favor some members at the expense of others.

The third, and perhaps most important, difference between St. Pierre's peace project and most others, was that he saw the absolute necessity for the authority of the federation to reach past the sovereign members to their individual citizens and subjects.

In St. Pierre's project, after five hundred years of intellectual fumbling, the idea of a peacekeeping federation of European powers became a feasible project, in the sense that if such a federation were actually founded, it might well hang together and keep peace among its members. In another sense, it was not feasible at all.

That perception haunted the next important writer in this tradition—Jean-Jacques Rousseau.

Rousseau met St. Pierre in 1741 at the house of Madame Dupin, the hostess of an important salon frequented by Buffon, Voltaire, and other luminaries. Jean-Jacques was twenty-nine, the Abbé was eighty-three. They seem to have impressed each other favorably, and in 1754 Rousseau applied to the St. Pierre family for the job of editing the late Abbé's papers. He spent most of two years on the project completing an abstract and a critique of *Perpetual Peace* and of another project called the *Polysynody*.

The St. Pierre family did not get their money's worth, if indeed any money was paid. The bulk of the Abbé's manuscripts remained unedited, and except for the appearance of a few pages in the popular press, Rousseau's four pieces on St. Pierre were not published until many years later, in 1782.

St. Pierre was, to put it kindly, a mediocre writer. Rousseau was one of the best. Under his hand, the three thick volumes of the project were distilled into twenty-three eloquent pages,[6] including an historical introduction that covers the history of war and peacemaking efforts in the ancient world, the role of Christianity in the emergence of modern Europe, the features that make Europe a single society, and those that assure perpetual discord within it.

To St. Pierre's substantive proposals, Rousseau adds very little and he passes by the important point that the authority of the federation must apply directly to individual citizens. But otherwise, the whole three-volume argument of the project is faithfully presented. Rousseau's summary of the situation of the European powers in 1756 applies quite as well to the situation of the world's powers in the twentieth century. It runs as follows: (1) no assured right but that of the strongest; (2) continual and unavoidable changes in international relations; (3) no real security as long as one's neighbors have not been subjugated or destroyed; (4) the general impossibility of destroying them, seeing that in subjugating some opponents, one arouses others; (5) immense preparations and expenditures for defense; (6) inadequate means to sustain the rights of minorities, or to put down revolts; (7) the unreliability of mutual engagements; (8) no way of obtaining justice from other powers without enormous costs; (9) the inevitable risk of territories and life, in the pursuit of one's rights; (10) the necessity of taking part in the quarrels of neighbors and of engaging in unwanted wars; (11) the interruption of commerce and public services when they are most needed; (12) the threat of a powerful neighbor, if one is weak; and of a hostile bloc, if one is strong; (13) finally, the uselessness of wise policy where luck determines all; the misery of the people; the weakening of the State both by success and by failure; the impossibility of ever establishing a good government or of assuring the general welfare.

Rousseau was as much a social scientist as any twentieth–century professor of political science or sociology, and St. Pierre's project troubled him in just the same way that it troubles us. At one and the same time, it seemed to make perfect sense and to be utterly impractical.

In the critique he wrote to accompany the abstract, Rousseau wrestled with this contradiction. He opens with a graceful appreciation of St. Pierre's persistence in promoting perpetual peace, the worthiest possible occupation for a man of good will.

The advantages of the project, for princes, their subjects, for Europe as a whole, are incontestable. If the proposed European Republic could somehow be established for one day, it would probably last forever. But can that happen? The same princes who would defend it with all their might if it existed, will fight desperately to prevent it from being founded. Why?

Because, says Rousseau, the occupation of kings and of the officials to whom they delegate their functions, has only two purposes: to increase their influence outside the country, and their power within it. All their other objectives are reducible to these two, or else serve only as pretexts (the public good, the happiness of citizens, national glory) to cover unpopular actions.

But the project proposes to limit the power of princes in their own countries and their freedom of action abroad. One cannot, remarks Rousseau, guarantee princes against the revolts of their subjects, as the project proposes to do, without at the same time protecting subjects against the tyranny of their princes. The one guarantee would be unworkable without the other.

The true interest of princes is the success of their political, military, and economic projects, and not the happiness and prosperity of their subjects, except as those may contribute to their own aggrandizement.

And if a prince is likely to reject perpetual peace when he considers his own preferences, his ministers will be certain to do so, seeing that their interests are opposed to those of the people, and to those of the prince as well. Statesmen need war to satisfy their ambitions, promote their favorites, increase their fortunes, and enjoy the insiders' game of intrigue and counterintrigue.

The only impossible thing about St. Pierre's project is for it to be adopted. St. Pierre, according to Rousseau, was very good at visualizing new social arrangements, but reasoned like a child when it came to the means of installing them. In a loose note found in Rousseau's papers, he goes a little further and summarizes in a single sentence the sociological theory that Vilfredo Pareto would develop in a two–thousand page book early in the twentieth century. St. Pierre, writes Rousseau, "seems not to know that princes, like all other men, are led to action only by their passions, and that they use reason only to justify the stupidities their passions make them perform."[7]

Then Rousseau finishes with an enigmatic warning: projects of this scope can be carried out only by force and violence. The revolution that finally establishes the European league may do more immediate harm than the future harm it prevents—a lame conclusion that the author might have revised had the work been published in his lifetime.

When it finally appeared, after Rousseau's death, it did not bring St. Pierre new readers, but instead took the place of the original. In this new form, it was widely read and provoked a score of imitations, including those of Bentham and Saint-Simon, most of them remarkably inferior to the original Project.

Of these imitative works, one stands out above all the rest because of its wide circulation and the masterly way it confused the issues. This was Immanuel Kant's *Zum Ewigen Frieden*. The first edition appeared in 1795 and was followed by numerous editions in many languages, and by an entire critical literature. In the 1920s, Kant was hailed as the intellectual ancestor of the League of Nations, and perhaps deserved that dubious honor.

Like King George of Bohemia, and St. Pierre himself, Kant put his ideas in the form of a draft treaty, interspersed with comments.

The first section contains six preliminary articles: (1) no treaty of peace shall be regarded as valid, if made with the secret reservation of material for a future war; (2) no state having an independent existence—whether it be great or small—shall be acquired by another through inheritance, exchange, purchase or donation; (3) standing armies shall be abolished in the course of time; (4) no national debts shall be contracted in connection with the external affairs of the state; (5) no state shall violently interfere with the constitution and administration of another; (6) no state at war with another shall countenance such modes of hostility as would make mutual confidence impossible in a subsequent state of peace.

There follow three definitive articles: (1) the civil constitution of each state shall be republican; (2) the law of nations shall be founded on a federation of free states; (3) the rights of men, as citizens of the world, shall be limited to the conditions of universal hospitality.

Each clause in this hodgepodge is derived from one or more ethical or moral assertions which are advanced as self–evident. A treaty of peace should not be made with mental reservations because "it is beneath the dignity of a ruler." No state shall be acquired by another because "a state is not property." Standing armies are not nice because they seem to threaten war, and also because "the practice of hiring men to kill or to be killed seems to imply a use of them as mere machines." No national debts should be contracted for external affairs, because it is too convenient a way of financing a war. No state should interfere with the internal affairs of another because "the erring state can serve as a warning by exemplifying the great evils which a nation draws down on itself through its own lawlessness." Clauses 1, 5, and 6—we are told—are strictly valid without regard to circumstances; numbers 2, 3, and 4 allow some flexibility to suit particular circumstances.

This lawgiving in a vacuum is a far cry from the preoccupation of Rousseau with the possible and the impossible, and from St. Pierre's design of an organizational mechanism made of carefully fitted parts.

Before we leave the peace projects of the eighteenth century there is one other analyst of federation structures who demands our attention, that incomparable social scientist named Alexander Hamilton.

Hamilton was only thirty (or possibly thirty-two) in 1787, when, alternating with Madison and Jay, he wrote the newspaper columns in support of the new Constitution that came to be known as the Federalist papers. In his brief span of years, he had been a social outcast in the West Indies and made a brilliant marriage in New York, served as a store clerk in St. Croix and as Washington's secretary, commanded a battalion, practiced law with great success, and earned reputations in journalism and in politics. Along the way—it is not clear how—he acquired a wide familiarity with ancient and modern history.

In numbers 15, 16 and 17 of the Federalist papers, Hamilton pursues the theme that an effective federation must exercise power directly over its individual citizens as well as over its member states. The theme is introduced in capital letters—the only such usage in the paper: "The great and radical vice in the construction of the existing Confederation is in the principle of LEGISLATION for STATES or GOVERNMENTS, in their CORPORATE or COLLECTIVE CAPACITIES, and as contradistinguished from the INDIVIDUALS of which they consist."[8]

He goes on to say that there is nothing absurd or impractical about leagues which lack this essential attribute ("In the early part of the present century, there was an epidemical rage in Europe for this species of compacts."), but that no important benefits can be expected from them since they inevitably dissolve under pressure. A page later, he spells out the underlying theory in a persuasive passage:

> Government implies the power of making laws. It is essential to the idea of a law, that it be attended with a sanction; or, in other words, a penalty or punishment for disobedience. If there be no

penalty annexed to disobedience, the resolutions or commands which pretend to be laws will, in fact, amount to nothing more than advice or recommendation. This penalty, whatever it may be, can only be inflicted in two ways: by the agency of the courts and ministers of justice, or by military force; by the coercion of justice, or by military force, by the coercion of the magistracy or by the coercion of arms. The first kind can evidently apply only to men; the last kind must of necessity be employed against bodies politic, or communities, or States. It is evident that there is no process of a court by which the observance of the laws can in the last resort, be enforced. Sentences may be denounced against them for violations of their duty; but these sentences can only be carried into execution by the sword. In an association where the general authority is confined to the collective bodies of the communities that compose it, every breach of the laws must involve a state of war; and military execution must become the only instrument of civil obedience. Such a state of things can certainly not deserve the name of government, nor would any prudent man choose to commit his happiness to it.[9]

And with this, we leave the eighteenth century. We have lingered there not out of antiquarian interest, but because the theoretical analysis of the problem of abolishing war has not advanced beyond the point to which it was then brought. The peacekeeping efforts of our own century, embodied in such hopeless organizations as the League of Nations and the United Nations, have been continually frustrated by the willful disregard of the principles that St. Pierre explained so clearly, and so long ago.

Notes

1. Simone Goyard-Fabre, "L'Abbé de St. Pierre: Artisan de la Paix" (Paper presented at the inaugural meeting of the Society of the Friends of the Abbé de St. Pierre, St. Pierre-Eglise, 13 July 1985), 22.

2. Sylvester John Hembleben, *Plans for World Peace Through Six Centuries* (Chicago: University of Chicago Press, 1943), p. 21.

3. *Le Nouveau Cynée* (*The New Cineas*), trans. C. F. and E. R. Farrell (1623; reprint, New York and London: Garland Publishing, 1972), p. 1.

4. Ibid., p. 43.

5. *An Essay Toward the Present and Future Peace of Europe* (1693; reprint, Washington, D. C.: American Peace Society, 1912), p. 585.

6. *Jugement sur la paix perpétuelle* (1756; reprint, New York: John Wiley, 1962).

7. Ibid., 392 n. 2.

8. *The Federalist 1787*, in *American State Papers* (Chicago: William Benton, 1952), p. 64.

9. Ibid., p. 65.

Tocquevillean Studies

REIJI MATSUMOTO

Tocqueville on the Family

I

In the second volume of *Democracy in America*, Alexis de Tocqueville discussed the influences of democracy upon the family. In this sociological reflection, he praised highly the American family and the American woman. The principal characteristics which Tocqueville found in the family life of Jacksonian America were good morals, marriages always based on love (mercenary or forced marriages were rarely seen as in Europe), the absence of obstacles to intermarriage between classes, children's independence, young girls' self–determination, wives' voluntary subordination to their husbands, and so on. He summed up his comments on the American woman: "For my part, I have no hesitation in saying that although the American woman never leaves her domestic sphere and is in some respects very dependent within it, nowhere does she enjoy a higher station. And now that I come near the end of this book in which I have recorded so many considerable achievements of the Americans, if anyone asks me what I think the chief cause of the extraordinary prosperity and growing power of this nation, I should answer that it is due to the superiority of their women."[1]

To readers in the late twentieth century, these observations might sound to some extent dated and archaic. Richard Reeves, following Tocqueville's itinerary 150 years later, found in the family life and the social position of women one of the most striking changes the American society had undergone.[2] Indeed no one would deny, after the revolt of the youth in the 1960s and the women's liberation movement in the following decades, that family relations in America have completely changed and are still changing.

It is not only that time has dated Tocqueville's description. Even to his contemporaries, some of his remarks were questionable. In the books on America written by other European travelers, one can find many testimonies against Tocqueville. Harriet Martineau's severe judgment on the American woman and Frances Trollope's critical comments on the domestic manners of the Americans were in sharp contrast with Tocqueville's evaluation.[3] Auguste Carlier leveled a systematic criticism at Tocqueville in his *Mariage aux Etats-Unis*.[4] Of course Tocqueville was not always wrong. Some of his observations were supported by others. Miss Martineau was fascinated by American children and Michel Chevalier's description of the Lowell girls matched Tocqueville's image of the American girl.[5] But others were highly controversial.

I am not concerned here with the problem of assessing Tocqueville's discourses as right or wrong. I would rather take them as a whole and clarify the conceptual framework through which he observed the American family and the American woman. For this purpose, I think it necessary to consider his discussion not only in terms of the American family, but also as an effort to explain an important historical change which occurred in the social life of the modern Western world. Only in this wider perspective can one fully understand the meaning of his evaluation of the American family and woman, and consequently, appreciate as well as criticize his view of the family in the historical context of modern social thought.

If we put aside those particular facts which Tocqueville observed about the American family and consider instead his perspective as a whole, we find that he used three different kinds of cognitive reference. The first was of course a comparison between America and Europe. The second was his historical insight into the inevitable transition of European society to democracy, which was presenting its most dramatic and most violent scene in his own country. These two points of view were not only found in some particular parts of *Democracy* but were also relevant throughout the book, while the third was especially explicit in the discussion about the family. Tocqueville did not find in the American family only the future of the French. He also used the example of America to criticize some vices which he thought were intrinsic to French society. Repeatedly he insisted on the importance of intermarriage between classes as a decisive criterion of democracy. This remarkable feature of American society, he thought, was the very opposite of the bitter antagonism between classes which was so deep-rooted in French social life that it survived the Revolution and continued to agonize his compatriots. The abhorrence of conjugal union with inferior classes was a sentiment too deeply steeped into the mind of the French nobility to be easily replaced by democratic intermarriage, whereas the other symptoms of democratic family could be expected to appear sooner or later in the French family with the progress of equality. So Tocqueville's insistence on intermarriage was not only based on his American experiences, but it also betrayed his despair of and his protest against certain historical vices of French society, in particular, the detestable prejudices of his own class. Tocqueville's critical attitude in this respect, it seems to me, was somehow connected with his own family experiences, or, I dare say, with some "existential decision" of this aristocrat who married an English woman without fortune or remarkable background.

II

As in other social relations in America, Tocqueville regarded the equality of conditions as a basis on which family relations were formed. He attributed to it such various features of the American family as the weakness of paternal power, children's freedom and independence, equal and intimate relationships among family members, the high morality of women and so on. It would be an exaggeration to say that he explained everything from the equality of conditions. He did refer to several secondary reasons which accounted for some aspects of the American family. Puritan ethics and the natural conditions of the United States were two of these.[6] However, it is evident that the main stress was on the equality of conditions. He himself was very aware of the nature and the limit of his method, when he said, "I have not undertaken to account for all our inclinations and all our ideas, but only wish to demonstrate how equality has modified them."[7] Nevertheless it is also true that he was so preoccupied with the equality of conditions that he missed some other important factors which determined to some extent family life in Jacksonian America.

First of all, it should be noted that Tocqueville never took notice of certain demographic factors decisive to the American family relations in the nineteenth century. In his classic study on the American family, A. W. Calhoun stressed the scarcity of women and the importance of their domestic labor as determining factors of the family life in the first half of the century and proposed that these conditions favored women's position in the family and promoted a certain kind of equality between the sexes.[8] Women had no difficulty in marrying and remarrying, even with children, whereas for men one of the most serious problems in life was to find a spouse. The general shortage of labor also induced children's independence from their parents; in such a huge country with abundant resources, children could easily leave home for the frontier when they grew up. Although recent historical studies have modified, with the use of statistics, Calhoun's stress on the scarcity of women,[9] and pointed out the limited relevance of this thesis, it could hardly be denied that these demographic factors had an impact on family relations. Indeed some aspects of American family life which Tocqueville observed and attributed to the equality of conditions would be better explained by them.

Another point he neglected or disregarded involved some legal aspects of family life. Of course he was far from blind to the importance of legal phenomena in general in modern society. For instance, he had a particular and durable concern for the law of inheritance and blamed the *Code Civil*, which was so different from the Anglo-Saxon principle of respect for the wishes of the parent.[10] Although he found in the abolition of primogeniture a historical milestone in the progress of democracy,[11] he also feared that the French system of equal inheritance would divide property infinitely so as to bring equality to its extreme; by contrast, the American people had in their law of succession a preventive check upon excessive egalitarianism.[12] In family relations, however, there are other aspects which are more directly influenced by law. Evidently, the laws governing marriage, divorce, and the marriage contract concerning property and dowry have immediate effects on family relations. It is strange that Tocqueville should not have payed any attention to these aspects.

According to Harriet Martineau, the American woman owed her freedom and her respectable position in society to the fact that she could not only marry easily but could also obtain a divorce with relative ease because the law did not require such rigid conditions for it as in Europe.[13] To this we can oppose the judgment of a French jurist, Auguste Carlier. After traveling in the United States in the 1850s, he accused the American people of easy marriage and easy divorce which appeared to him a noticeable symptom of moral degeneration dangerous to the family bond. In France where divorce had been legally prohibited since 1816, the couple, he said, could appeal to the court to give an authorization for separate living (*la séparation de corps*). But to his satisfaction, the real number of couples living apart was very small in France as compared with the regrettably high rate of divorce in the United States.[14] Carlier found a serious moral problem with American civilization in what Miss Martineau considered to be a positive condition for the emancipation of women. The latter took the relative ease of divorce in America as a favorable condition for the equality of the sexes, for she expected it to decrease the risks in marriage which bear upon women. To the former, on the contrary, it was a grave mistake to loosen the legal requirements for the authorization of divorce. In any case, the relatively high rate of divorce was already in the early nineteenth century a remarkable characteristic of the American family.[15]

Carlier also collected many curious examples which showed how simply and arbitrarily the American people were applying marriage regulations. He was quite astonished and frightened by the easiness with which they treated this solemn event in human life. Neither in France nor in England could people marry without following a detailed and complicated procedure, either civil or ecclesiastical. This was, in his opinion, of great benefit to society, for formalities made people aware of their moral responsibility in life.[16] In nineteenth century America, however, there were several geographical or demographic factors which made it inevitable to neglect or at least to follow loosely the legal procedure concerning marriage. In such a large sparsely settled country, it was not easy to find a pastor or some civil servant authorized to bind a marriage. So Carlier's moralistic denunciation should be as qualified as Tocqueville's positive evaluation. It is, however, undeniable that the simplified legal procedure of marriage in America had something to do with those distinctive characteristics of the American family and marriage which attracted or troubled every European traveler in the nineteenth century. We would be all the more justified in criticizing Tocqueville's failure to consider the legal aspects of family life because he suggested, in another context, that the disregard of form was a natural tendency of the democratic way of thinking.[17]

The third possible criticism one could level at Tocqueville would be with regard to his own ideal of family life and to his understanding of the equality of sexes. He accepted most tendencies observed in the American family life as positive consequences of democracy. But it should also be noted that he praised the American family because he found in it a certain limit to equalization. Indeed the equality of sexes was an inevitable and desirable result of democracy. But, in his opinion, man and woman would never be "similar (*semblable*)." They could only be equal. And it was noteworthy that in America where equality reached its extreme, no one doubted that both sexes had different roles in family and society: "In America, more than anywhere else in the world, care has been taken constantly to trace clearly distinct spheres of action for the two sexes, and both are required to keep in step, but along paths that are never the same."[18]

Tocqueville was encouraged by his discovery that Americans were not so extreme in their interpretation of democracy as to maintain the complete equality of sexes. Indeed he found a refutation against feminist theories current in Europe at that time in the fact that American women devoted themselves to domestic life, regarding their roles as different from those of men.[19] And what mattered to Tocqueville was that this understanding of the equality of sexes was closely connected with the American interpretation of the political principles of democracy.

> Nor have the Americans ever suggested that democratic principles should undermine the husbands' authority and make it doubtful who is in charge of the family. In their view, every association, to be effective, must have a head, and the natural head of the conjugal association is the husband. They therefore never deny him the right to direct his spouse. They think that in the little society composed of man and wife, just as in the great society of politics, the aim of democracy is to regulate and legitimate necessary powers and not to destroy all power.[20]

We can find in this separation of democracy from feminism a similar logic with which Tocqueville defended, in the critical years of the Second Republic, what he thought were the true principles of democracy against the socialist interpretation of it. In 1848, he recognized once again the virtue of American democracy, this time in its very innocence of socialism.[21] His understanding of socialism is of course open to criticism as well as his understanding of feminism and here we touch on one of the most problematic aspects of his theory of democracy. I will later treat his attitude to feminism in terms of the European social thought. Here I would rather confine my consideration to those aspects of the American family and woman which encouraged him to take an attitude critical of feminist ideas.

Whatever problematic aspects it might have, Tocqueville's view of the family did reflect certain social realities of Jacksonian America. It is true that the American people had a freer choice in marriage than the Europeans, wherever the reason might be found. On the other hand, women's activities in society were very limited in America at that time.[22] The scarcity of women, which was a condition conducive to the equality of sexes within the family, discouraged at least middle-class women from working outside the home, although, in working classes, necessity always forced them to work hard. The appeals of English feminists such as Frances Wright had not drawn a large audience in the United States.[23] It is well known that the women's social movement in America began with their participation in the abolitionist campaign. However, one of the important reasons why the antislavery propaganda drew the serious attention of women, especially the married ones, was that they found in slavery a great danger to the moral integrity of the family. Female abolitionists demanded neither political rights for women nor the social equality of sexes, at least at the first stage of the movement. As to female suffrage, which theoretically had not been denied in colonial times, it was explicitly nullified by states' legislation after independence, first in New York in 1778, and then state by state to New Jersey in 1844.[24] In this respect, Jacksonian democracy was not a progress but a regression.

Tocqueville's observation about the domestication of American women and about their dependence on men was to some extent supported by the similar remarks of Harriet Martineau, although their judgments on them were quite different. In her opinion, neither the "chivalrous" treatment nor the free choice of marriage which the American woman enjoyed promised her a respectable position in society, still less the equality of sexes. Once a woman left the sphere of domestic life and expressed her own opinion, she would inevitably face the strong and unfavorable reaction of society. What was worse, most American women, due to a sort of false consciousness, took the indulgence shown to them as the equivalent of justice. So Martineau's view of the American woman, whom she thought had no idea of the society outside her family and church, was strikingly severe. "The Americans have, in the treatment of women, fallen below, not only their own democratic principles, but the practices of some parts of the Old World."[25]

It seems that Tocqueville and Martineau did not differ from one another so greatly in observation as they did in judgment. The difference of opinion between the French aristocrat and the English feminist had its basis in their interpretation of the equality of sexes rather than in their experiences in America. The former considered the separation of male and female roles as natural and the latter found a fundamental cause of the intellectual degeneration of women in "the prevalent persuasion that there are virtues which are peculiarly masculine and others which are peculiarly feminine."[26] It is easy to explain this opposition by their difference in sex, birth, and education. However, it would be insufficient to treat it only as a problem of individual preference, for each argument had its relevant intellectual background in the social thought of that time.

Moreover, there is another reason why Tocqueville's view of the family deserves a more sophisticated consideration. It concerns a peculiarity of the discussions on the family in the whole text of *Democracy*, for nowhere else in the entire book, it seems to me, was the author so sympathetic to the influences of democracy. As a result of reflections on his American experiences, he found his role in the age of democracy as an "aristocrat by instinct,"[27] but at the same time as a "friend of democracy"[28] to give warning as to its dangerous tendencies. Especially in the second volume, a critical view of democracy was dominant. It is all the more remarkable that Tocqueville praised in it so highly the American or the democratic family.

In observing American society, why did Tocqueville pass so positive a judgment on the influences of democracy in the sphere of family relations? We could not answer this question if we were concerned only with the American family. Now we must leave America with Tocqueville and return to Europe, in particular, to his own country, France.

III

"I am not trying to discover new truths, but to show how known facts have a bearing on my subject. Everyone has noticed that in our time a new relationship has evolved between the different members of a family, that the distance formerly separating father and son has diminished, and that paternal authority, if not abolished, has at least changed form."[29] With this argument Tocqueville began his discussion of the family. So it is clear that he thought some democratic symptoms were already noticeable at his time in the French or the European family as well as in the American family. Indeed some of the features which he described as characteristics of the democratic family were better understood in terms of the changing aspects of the French family in the nineteenth century rather than as a description of the American family. There were of course others which he thought peculiar to America and the absence of which he regretted in the family relations of his own country. But, whether he regarded the French family in his time as already democratic or as still aristocratic, it is true that he was "thinking of France, describing America."[30]

However, it is difficult and would be unfruitful even if it were possible, to consider Tocqueville's discussion as a descriptive account of the French family and to estimate its historical exactness or inexactness. Although my present concern is to examine Tocqueville's view of the family in the context of French social history, it should be done in a more theoretical way. For this purpose, I think it necessary first to reconstruct in more general terms the two ideal types of family, the aristocratic and the democratic, which he used to analyze the nature of the American or the French family. After this theoretical reconstruction, I will be able to discuss his view of the family in terms of European social thought as well as in the context of French social history.

Tocqueville's notion of the aristocratic family included several major features of the patriarchal family which had been a traditional form of the European family since the Middle Ages. Absolute paternal power, primogeniture, traditionalism, and indivisibility of patrimony were those features by which Tocqueville characterized the aristocratic family. Marriages were always arranged between families for the purpose of uniting fortunes, frequently without regard to the individuals' will. In the aristocratic conception, the family was regarded as a social entity which had existed long before its present members and would survive them. This was one of the bases of paternal power in the aristocratic family, for the father was regarded there as a "natural and necessary link between past and present."[31]

Another basis of the father's authority in the aristocratic family was that it was itself as hierarchically constituted as was the whole society. This was, according to Tocqueville, a result of the peculiar way of government in aristocratic society, where political authority did not exercise direct dominance over the individuals, but governed through the intermediary power of fathers. Indeed intermediary powers were intrinsic to the structure of the aristocratic society. Each family was something like a microcosm of the whole society where the father governed and patronized other family members in the same way as the sovereign prince governed his subjects. He was not only loved and respected as a father, but also obeyed as a magistrate. He was to some extent regarded as an agent of social authority in the family. In this sense, the paternal power of the aristocratic family was "a political right rather than a natural right."[32]

By contrast, Tocqueville's idea of the democratic family bore in its individualistic nominalism a certain similarity to the modern contractual view of the family as developed by John Locke. It was essentially a social construct created by the mutual consent of marriage and its members were united with each other by parental and fraternal feelings. The exercise of paternal power was limited to childhood and it did not mean any governmental power over children. Children were expected to found their own families when they grew up and none of them had any particular privilege of inheritance. Family members were fundamentally equal but intimately united with each other by mutual affection which was a natural product of kinship. So the democratic family did not need for its maintenance any support from social or conventional moralities such as respect for seniority or authority. In this sense, the democratic family depended only on "the natural ties" of family relations, while in the aristocratic family, the principle of union was essentially of "legal and conventional" nature. [33]

However, Tocqueville had no polemical intention in contrasting the two concepts of the family with each other, whereas Locke had presented his contractual view of the family as the "true" principle of the family as against Filmer's false principle of the patriarchal family.[34] Tocqueville's concepts were rather value-free. This shows that his way of thinking was different from that of the theorists of social contract in the seventeenth and the eighteenth centuries. In explaining the two types of family as the products of two different kinds of social state, he was apparently closer to Montesquieu's historical relativism than to Rousseau's contract theory. But it is also evident that this difference was a natural consequence of the fact that Locke or Rousseau had developed their theories in their ideological struggles against absolutism, while Tocqueville, living in a later stage of history, faced problems of very different nature. To refute the patriarchal view of family was imperative for those theorists of social contract because an analogy between political power and paternal power was one of the ideological weapons of their enemies.[35] To falsify this analogy, they developed their logic along two strategic lines. On the one hand, they proved the natural basis of family as only related to some specific conditions of man as an animal. Parental power was only required for the purpose of child rearing which took an exceptionally long time in the case of human beings. On the other hand, they argued that, if the human family were to be united by some other bond, it should be the consent of family members as free and equal individuals. In this sense, the family was regarded as a product of contract; as Rousseau said, "even the family is maintained by a covenant."[36] Thus a contractual view of family was an integral part of the social contract at large.

Tocqueville did not need to have so extreme a contractual view of society. As the French Revolution had made a categorical difference between public law and private law, it was self-evident for him and for his contemporaries that the family was an association of a kind fundamentally different from political society. So he explained the two notions of family as the results of different kinds of social state instead of defending the one against the other. What was characteristic about his conceptualization was his insistence on the naturalness of democratic family relations as opposed to the conventional nature of the aristocratic family. He regarded both types of family as determined by the different social states in which they were formed. Neither the democratic nor the aristocratic family could be defined simply as a product of nature. But a closer examination of his argument will make it clear that he thought each family type was determined in a different way by its corresponding social state.

As I have already indicated, the aristocratic family had almost the same structure or the same pattern as the whole society. Such basic principles of family union as primogeniture, paternal power, and patrimony were so inseparable from the aristocratic value system that widespread incredulity toward social authority would have had a serious impact on family relations. So we can say that the family pattern was here determined by the social pattern in a positive and direct manner.

Insofar as all family members were basically on equal terms with one another, the democratic family was also modeled on the democratic pattern of society. But it does not follow that there existed any positive principle of social union which was peculiar to the democratic society and which functioned inside the family as well as in society at large. On the contrary, if we believe in Tocqueville's analysis, the equality of conditions which was a distinctive aspect of democracy did develop some tendencies dangerous to social union as such. Dissolving all sorts of intermediary bodies and discrediting every privilege of tradition and status, it made people more and more isolated. Indeed democracy not only equalized people but also isolated and atomized them.[37] Tocqueville feared, as is well known, that these isolated individuals in a democratic society would paradoxically bear with much ease the yoke of state power.

However, in his opinion, this destruction of traditional social values and of the hierarchical social system had a very different effect on family relations. Indeed the equality of conditions deprived the family of some important bases on which it had been founded in the aristocratic age. But the family itself was not dissolved by that. On the contrary, equality emancipated and vivified natural affection and intimate feeling among family members which had been more or less alienated and repressed in the aristocratic family by traditional moralities and formalities. Disappearance of the laws and the customs which had made the family a kind of social and political organization was compensated for by the appearance of filial love and fraternal affection which were "spontaneous feelings rooted in nature itself."

> Whenever a law attempts to shape such feelings (natural to man) in any particular way, it almost always weakens them. By trying to add something, it almost always takes something away, and they are always stronger if left to themselves.
>
> Democracy, which destroys or obscures almost all social conventions and which makes it harder for men to establish new ones, leads to the complete disappearance of almost all the feelings originating in such conventions. But it only modifies those of other sort and often affords them an energy and gentleness which they had not before.[38]

So the democratic family had its basis more in nature than in convention. "Democracy loosens social ties, but it tightens natural ones."[39] The democratic family was a product of the democratic state of society, but here the family pattern was determined in a negative way by the social pattern. At least we can say that Tocqueville found in the democratic family a more natural type of family than the aristocratic family. And this is, it seems to me, one of the reasons why he was so responsive to the influences of democracy upon the family. He even suggested with a slight tone of blame that the aristocratic relations of family were too interested to be warm and intimate: "So the various members of the aristocratic family are closely linked together; their interests are connected and their minds are in accord, but their hearts are seldom in harmony."[40]

Tocqueville's insistence on the naturalness of the democratic family relations might once again lead us to compare his view with that of the theorists of social contract. It is appropriate that they should have sometimes referred to nature in their discussion about family, for the family is apparently "the only society that is natural."[41] In their use of the term, however, nature involved, on the one hand, certain normative connotations which were related to the notion of natural law, while, on the other, it simply meant several biological conditions of human behavior. Tocqueville's "natural ties" of the family denoted more subjective or sentimental aspects of family relations. And he argued that these aspects of love and affection in family life were revealed in their fullness only in the democratic family, while they had been obscured in the aristocratic family.

Tocqueville's argument about the emancipation of natural feelings in family life which he thought a positive result of the democratization of society, reflected to some extent an important change which had in fact been ocurring in the family life of the French nobility and higher bourgeoisie in the eighteenth and the nineteenth centuries. The awakening of filial affection and family love was indeed a remarkable phenomenon in the French social life in the second half of the eighteenth century. This change in "mentalité" can be partly considered as a consequence of the "sentimental revolution" of the Enlightenment. As recent historical studies have stressed more and more, Enlightenment philosophy not only criticized religion and prejudice by means of reason and science, but it also awakened humanitarian sentiments and sharpened the "sensibilité humaine."[42] In the last phase of the Enlightenment, this "sensibilité" was strikingly developed in so wide a range of consciousness that it gave some impetus to almost all spheres of human activities. Apparently it was a sentimental background against which various kinds of social reform were proposed toward the end of the century. In literary or artistic consciousness, it gave birth to certain pre-Romantic ideas and imagination. Even in religious consciousness, it inspired people with individualistic piety. In the sphere of social life, growing concern for family and children was the most remarkable effect of this awakening of the "*sensibilité*." As is well known, Jean-Jacques Rousseau played an magisterial role in this context, not as the writer of *Du contrat social*, but as the author of *Nouvelle Héloïse* and *Émile*. However, the enormous success of both works cannot be exclusively attributed to his genius but also to the general temper of the times. People belonging to higher classes, especially women, who were more or less infected with the Enlightenment ideas, even though they had vested interests in maintaining the established order, found themselves restive under the traditional yoke of the aristocratic family and received Rousseau's appeal with enthusiasm.[43]

In the larger context of the European social history, this emancipation of family sentiments in the eighteenth century can be seen as a psychological phase of the changing family pattern in modern Europe which has been beautifully analyzed and described by Philippe Ariès and other historians. Ariès finds in the closing period of the "ancien régime" the rise of the modern or the bourgeois family which was characterized by its small number of children and its growing concern for child rearing, as compared with the traditional or medieval family in which the family members had been counted only as part of labor force and no special concern for childhood had been shown.[44] In terms of historical demography, it might be true that this "Malthusian" type of family was principally brought into existence in modern France by the bourgeoisie. But the psychological background of this new type of family was not limited to bourgeois consciousness; it was also shared by many people, including the nobility, who were more or less inspired by Enlightenment ideas. It was a general atmosphere in which people became aware of the meaning of childhood as well as the pleasure of family life. In a sense the French nobility was most sensitive to the new idea of family because it was the class that was most troubled by the formalities of traditional family relations. Ariès himself talks about the "embourgeoisement" of the aristocratic family in the eighteenth and the nineteenth centuries.

Throughout the Revolution and the subsequent social confusion, people became more and more conscious of the sentimental aspects of family life. This was particularly the case with the French nobility. Although most aristocrats had been inspired, under the influence of the Enlightenment, to display love and affection in family life, they had still been obliged in the old society to behave in accordance with the traditional conventions of the aristocratic family. The Revolution destroyed these at one blow so that the aristocrats might be more frank and spontaneous in their family life. Tocqueville analyzed some effects of the Revolution on the family life of the French nobility.

> The Revolution, which broke up the wealth of nobles, forced them to pay attention to their affairs and to their families, compelled them to live under the same roof with their children, and finally gave a more rational and serious turn to their thoughts, thereby, without their being quite conscious of this themselves, putting into their heads thoughts of respect for religious belief, love of order, quiet pleasures, and happy domestic prosperity, whereas the rest of the nation, which used naturally to have such tastes, was swept into anarchy by the sheer effort required to overthrow laws and political customs.[45]

Throughout the Revolution and the Empire, most French nobles were deprived of their privileges and patrimonies, forced into exile and even separated from their family, temporarily or permanently. It was only natural that they should regard the affectionate union of family as an invaluable pleasure of life. Joseph de Maître, so relentless in his attack against the Revolution, was always a good husband and father of deep affection to his family throughout his quarter–century exile and he embarrassed some of his readers by a striking contrast between his aggressive political writings full of merciless satires and the warm and tender letters which he addressed to his family, especially to his daughter from whom he had been separated since a year after her birth.[46] The Marquise de la Tour du Pin, a typical court lady, kept a happy remembrance of the domestic labor in America to which she and her family had been forced in their exile.[47]

Alexis de Tocqueville himself was born in one of those families whose fortune had been at the mercy of the Revolutionary Terror and War which had attacked them "as if a natural disaster or an epidemic."[48] The grandfather of his mother, Malesherbes, had been a brave defender of the king only to be himself executed. Even his father, Comte de Tocqueville, had barely escaped from the guillotine, thanks to Thermidor. In his last years, Alexis described a typical family scene in his childhood, in which all his family had assembled in a room, without servants, and listened to his mother sing a song with grief for the death of Louis XVI.[49] This might serve as a symbolic family scene of the French nobility under the Empire. Painful experiences through the revolutionary period had made the family ties in this class stronger and stronger.

Thus, however "more royalist than the king" the returned émigrés might be in the Restauration, they never thought of restoring the family pattern to what it had been under the Old Regime. Even these reactionary people, notorious for "having learned nothing, forgotten nothing," had learned of the beauty of a family united by love and affection. "This gentleness of democratic manners is such that even the partisans of aristocracy are attracted by it, and when they have tasted it for some time, they are not at all tempted to return to the cold and respectful formalities of the aristocratic family."[50]

So Tocqueville passed his childhood and adolescence in an age in which the French nobility and higher classes had the keenest consciousness of family ties. A. D. Tolédano has described with rich documentation how vivid the concern for the family and children had been in French society under the Restauration and the July Monarchy. "In the last analysis, he concluded, the Restauration was a period in which the French family was most aware of itself."[51]

IV

So much for the changing aspects of French family life in his time against which some parts of Tocqueville's view of family could and should be interpreted. However, there remains for our consideration another crucial point for which he favored the influences of democracy upon the family, that is to say, democratic intermarriage and its healthy effects on morals and women. In showing these characteristics as decisive advantages of the democratic family, he did not think that they were already manifest in the French family as well as in the American family. Quite to the contrary, the absence of these features was the very reason why he was so critical of the family relations in his own country.

It is quite clear when he formed the opinion that intermarriage between classes was a crucial criterion of democracy. In an American note, he remarked, "[w]hen you wish to judge the equality between different classes of a people, you should always come to ask how marriages are made. This is the fundamental point. A kind of apparent equality might be established as a result of necessity or courtesy or politics, and it might deceive your eyes. But when you go as far as to wish to apply this equality to the union of families, then you will put a finger on the wound."[52]

Apparently Tocqueville was here referring to the class consciousness of the French nobility, which, having surrendered formally to democracy, showed as much contempt for inferior classes by refusing marriage with them. He was so consistently concerned about this problem that in his last book, *The Old Regime and the Revolution,* he investigated its historical background long before the Revolution. After showing a striking contrast between the English "open aristocracy" and the French nobility which had degenerated into a caste system in the Old Regime, he said,

> [i]f you wish to know whether the caste system and the conventions or social barriers resulting from it have been definitively eradicated in any country, you should consider the marriage customs of the country. Only then, you will find that our French society lacks the decisive proof of the disappearance of the caste system. Even in contemporary France, after sixty years of democracy, you will often look for it in vain. Although the old families and the newly ascended seem to be intermingled in all other respects, they are still making as much effort as possible to avoid being united by marriage.[53]

This might suggest some doubt whether he still regarded intermarriage between classes as a necessary consequence of democracy, something of which he had been quite persuaded in 1840. But it leaves no doubt that he was consistent in his belief that the difficulty of intermarriage was an incurable evil of French society. Indeed he was in this respect an uncompromising critic of his own society and of his own class. Tocqueville regarded several influences of democracy as already noticeable in French society. He even thought that some of them were more remarkable there than in America. Properties were infinitely divided and people were beginning to resemble each other. Growing individualism without the activities of voluntary associations made French people more and more dependent on their government. However, French people had never enjoyed, he said, the most beneficial result of democracy: the intermarriage between classes and its appeasing effects on class antagonism. Democratic intermarriage was also crucial for good morals in society, for, in his opinion, if intermarriage was strictly limited, the secret or illegal union of sexes became frequent and adultery was only a natural consequence of marriages without love.[54] Alas! French society had, in this respect also, a tradition quite different from that of the puritan moralism in nineteenth–century America.

So, in praising the American family life for its intermarriage, Tocqueville had in mind some cultural traditions of his own country of which he was quite critical. The reason why he attached so great an importance to the problem of intermarriage and why he took so positive an attitude toward the democratic free marriage will be discovered in his self-criticism as an French aristocrat. And this way of interpretation will necessarily draw our attention to his own family experiences, especially his marriage with Mary Mottley. In fact, his marriage with this English woman, six years older than he and without any fortune or background, was an exceptional choice for his birth and family tradition. Although we have little explicit evidence of the sensation which his marriage aroused in his family and among his friends, we are quite justified in assuming that it was regarded as a "mésalliance" by most of them.[55]

However, before considering his marriage in detail, I would like to make some remarks on another love affair which he had experienced earlier and which has only recently been known to us by the publication of his correspondence with Louis de Kergorlay. Of course it is difficult given the present state of documentation to know how seriously in love he was with Rosalie Malye, the daughter of an archivist at the Prefecture of Moselle in Metz, and to see clearly the later effects of this love affair on the rest of his life. We know that he fought a duel with one of his rivals and that he might have continued secret correspondence with her for several years after her marriage.[56] When he passed by Metz one year after his own marriage, he wrote to her "a short letter which she could show to her husband as well as I could do so to Marie [his own wife]."[57] These episodes suggest that his passion was more than temporary. But it could also be asserted that they were not so extraordinary for a young aristocrat in this romantic age and that we should not find in this love affair any meaning beyond an *"aventure"* of youth.

In any case, Rosalie's family background was so different from Tocqueville's that he could not have married her, had he wanted to, without overcoming the greatest opposition anticipated in both families. We have no proof that he had any serious idea of marriage with her. We know nothing as well about the reaction of his father. Presumably he intervened in his son's affair. At least he certainly suppressed, with his authority of Prefect, all traces of his son's duel in official documents as well as in local papers.[58] Notwithstanding the lovers' intentions, it was quite clear from the beginning that their difference in background made it impossible for them to unite with each other. And if Tocqueville was involved in this love affair with a certain seriousness, it is not altogether unreasonable to assume that he learned through this personal experience how difficult it was in his country to make a marriage between classes.

More than ten years later, he did overcome this difficulty in his marriage with Mary Mottley. If we put aside her nationality and religion, her family background was no less inadmissible to the Tocquevilles than Rosalie Malye's. Indeed his family's reaction to their marriage was far from favorable. Even Gustave de Beaumont, who had observed since 1829 the increasing intimacy between them and served as witness for their marriage, seemed to be hostile to it just before the celebration.[59] Tocqueville himself could not make his decision without experiencing a profound psychological conflict. A letter which he addressed to Kergorlay immediately after his journey to Boulogne to attend Mary's conversion to Catholicism showed the fear and the anxiety with which he made up his mind.

> I am changing my mind from one resolution to another with childlike rapidity. So many different images of the future occur to me, but I cannot attach myself to any one of them. . . . I have been to Boulogne although it was not my intention to go there, nor was it Marie's wish to see me there. Suddenly I was deprived of the force of will. However, this journey caused good effects, at least for a while. Marie saw with her own eyes how ardently I loved her. This idea soon absorbed all the others in her mind and she became once again docile, satisfied and happy. I found that she had even doubted of me. Her pain had made her so unfair and suspicious.[60]

Considering Tocqueville's family background, his lover's suspicion was not quite without reason. Unfortunately we do not know the details of his efforts to persuade her of his determination. In any case, he found in her a rare personality which was very difficult to find in his own milieu. In an undated love letter, he said,

> I have always divided the world into two parts. In the one, we find action, noise and reputation; it is the external world. In the other, we have warm and hearty affection, share all kinds of sentiments and make a mutual confidence of all our thoughts. Here I see *you* and no one else. I have met nobody else. Only you remind me of all enchanting aspects of life. . . . Believe me, one does not experience twice in a lifetime the feeling which I have had for you for these several years. Twelve years ago, I thought I was in love. However, if you could see how different is the sentiment which you inspire in me from that which I felt then, you would well understand that at that time my imagination was seized with love and that now my heart is filled with it. In my heart, I find it difficult to use the word love, when I speak of the sentiment which we have for each other.[61]

Quite presumably, Tocqueville was here referring to his love affair with Rosalie Malye, and if so, the fact enables us to make some conjecture as to the date on which the letter was written. But I am not here concerned about the comparison between the two love affairs in which he was involved. Available facts are so few that we could follow none of them in any detail. However, if we consider the formative process of Tocqueville's view of the family on the one hand and his sentimental experiences on the other, we can at least assume two observations as plausible. The first is that if Mary Mottley's family background was no more acceptable to the Tocqueville family than Rosalie Malye's, he himself was not the simple young nobleman that he had been in the 1820s. The profound impression which he had received from the American family gave him a perspective through which he could reflect on his own family relations in a somewhat critical way. Indeed it is not unreasonable to assume that his observations about intermarriage in America encouraged him to make a resolution to marry Mary Mottley. The second is that she was indeed a woman of a kind so different from the ordinary women of French upper classes that she was hardly well received into the Tocqueville family. Although Tocqueville himself repeatedly confessed in his letters to intimate friends his great indebtedness to his wife,[62] his marriage alienated him a little from his close relatives and friends. In the text of his 1840 *Democracy*, we read, "When a man and a woman wish to come together in spite of the inequalities of the aristocratic social system, they have immense obstacles to overcome. After they have broken down or eloped from the ties of filial obedience, they must by a further effort escape the sway of custom and the tyranny of opinion; and then, when

they have finally reached the end of this rough passage, they find themselves strangers among their natural friends and relations; the prejudice
which they have defied separates them."[63]

Should we not see in this passage a spontaneous expression of the
sadness which he had probably experienced through the arrangement
of his own marriage?

Without any further investigation into his private life, it can plausibly
be argued that in Tocqueville's discussions about democratic intermarriage there was something which touched on his personal experiences.
By marrying Mary Mottley, he himself dared to "put a finger on the
wound," the wound of his own class, and he was very conscious of the
meaning of doing so. And if he had not married her, or if he had considered the marriage as unsuccessful, then his view of family would
have been somewhat different from that which we read in the text of
the 1840 *Democracy*. Here the connection between his view of family
and his personal experiences was twofold. The American experiences,
through which he had learned some desirable effects of democracy
upon the family, gave him support in his resolution to marry and his
married life in turn exercised some influence on his discussion of the
family.

This is of course a hypothesis rather than an established thesis, for
there is so little evidence to prove it in a positive and direct manner.
However, a chronological arrangement of available documents would
provide us with certain circumstantial evidence which supports this
hypothesis.

First, there were not many remarks on the family or the woman in
Tocqueville's American diaries or notes, nor in the letters which he
wrote from America. And most of them were not so sympathetic with
the American family and the American woman as the text of 1840
Democracy. Indeed he was already quite firm in his belief that intermarriage between classes was a crucial criterion of democracy. But as
to the behavior of American women as well as to some aspects of the
American family relations, his first impressions showed in most cases
somewhat mixed feelings of surprise and uneasiness.[64]

Second, there is some reason to believe that Tocqueville anticipated,
when he decided to go to the United States, that the travel would
separate him from Mary Mottley not only temporarily but also defini-
tively. However, during his stay in America, he missed her a great
deal and became more and more conscious of his own affection toward
her. In a letter to Ernest Chabrol, he called this turn of his sentiment
"une bizarrerie du coeur humain" and said, "I have never believed myself so attached to her as now."[65]

Third, on his return home and during the preparation of the first
volume of *Democracy*, their intimacy seemed to grow into something

profound and permanent. In a letter which he addressed to Kergorlay after his first journey to England in 1833, he wrote, "since my return from England, my books and Marie have been making all of my life." [66]

Fourth, in the text of the 1835 *Democracy*, there were no special remarks on the family or the woman. Only a phrase referring to the influences of religion made readers anticipate the arguments in the second volume: "But it [religion] reigns supreme in the soul of the women, and it is women who shape mores." [67]

Fifth, by his second journey to England just after the success of the First Volume, he had decided to marry Mary Mottley and he might have arranged something with her family during this trip. [68] However, his anxiety about the future of their marriage was still strong immediately before the celebration. The marriage, conducted on October 26, 1835 at the Saint Thomas Church in Paris, was in the words of Antoine Redier, "the most modest and the most unusual." [69]

Sixth, the marriage alienated Tocqueville somewhat from his own family and his friends. After he inherited, on the death of his mother in 1836, the château of Tocqueville which was located in a remote area of the Cotentin Peninsula, until he was elected in 1839 to the Chamber of Deputies, he spent most of his life alone with his wife in this château or on trips for health. It was in this isolated life that he elaborated on his discussions about the family.

V

I have considered several aspects of Tocqueville's view of the family and made it clear that there were three different perspectives through which he argued on this subject. His argument on this matter has so far been treated mainly as a description of the American family in the Jacksonian era and scholars have made efforts to criticize or defend it on historical evidence. Historical verification or falsification is indeed a useful and necessary approach to the better understanding of his discussion. However, his view of the family was not only based on his observation of the American family but also on his insight into the changing pattern of the French or the European family in his age. And his strong emphasis on the intermarriage between classes as a decisive criterion of democracy and on its salutary effect on morals should be interpreted in the light of his own personal experiences. These are my principal points.

Concluding my reflections, I would like to make two remarks about Tocqueville's theory of the family.

First, although he evidently favored the democratic family, he was very skeptical of women's social and political activities and regarded the domesticity of women as consistent with the equality of sexes. This interpretation of the equality in the family, which recent women's historians would call the "separate but equal" principle, was, as we have already seen, founded on his observations of the American family in the Jacksonian era.

It should also be noted that Tocqueville's praise of the American woman for her devotion to domestic affairs showed his critical attitude toward a cultural tradition peculiar to French society. A certain kind of social and political activities of the woman had been a distinctive characteristic of French social life in the Old Regime. Women had played an important role in the society of the court and "salons." Even in politics, certain women's opinions had sometimes been influential. This peculiar feature of French sociability was not altogether extinguished throughout the revolutionary period and revived under the Empire and the constitutional Monarchies. And the reverse side of this kind of women's participation in society was naturally their neglect of their own family and children. The rise of family sentiment, which we have seen was a characteristic aspect of the French social life in the second half of the eighteenth century and in the early nineteenth century, was to some extent accelerated by an antipathy to those women of upper classes who deserted their families to be absorbed in society. Rousseau, in this respect too, was a champion of the criticism of those women alienated from family life and of the idealization of woman's happiness in the family. So far as this issue was concerned, Tocqueville was without doubt one of Rousseau's disciples in the nineteenth century.[70]

However, one could argue that Tocqueville's viewpoint was too narrowly bound to a certain historical situation. Based on his observations of the American family, he thought that democracy would make women more conscious of their proper role in the family and willing to devote themselves more exclusively to domestic affairs. Later development of the American family would sometimes refute this expectation.

Moreover, Tocqueville's argument was not only vulnerable to historical refutation but also to theoretical objections. A more radical interpretation of the equality of sexes could be proposed on the same principle of democracy. If we are right in saying that his notion of the democratic family had its theoretical basis in the individualistic nominalism of the modern contract theory, we should not neglect the fact that certain feminist ideas could be maintained as a result of the radicalization of the same nominalism. In fact, in the development of English utilitarianism and radicalism, some people did reject as a social prejudice the notion of sexual difference in the family and society and did propose the complete equality of sexes in political rights as well as in social activities. When Tocqueville opposed the American interpretation of the equality of sexes to European feminism, what he had in mind was not English thinkers such as Mary Wollstonecraft and J. S. Mill but the St.-Simonians or other French feminists. His negative reaction to the latter was quite understandable because his way of thinking was completely different from theirs. However, it was utterly questionable whether the domesticity of women could be truly vindicated on the principle of equality.

The second and the final point which I want to raise here concerns Tocqueville's few references to religion throughout his discussion about the family. Indeed a striking aspect of his view of the family is the lack of emphasis on the role of religion as a moral basis of the family bond. It was true that he mentioned, in the first volume of *Democracy*, some healthy influences of religion on the American family. But when he treated the family in a more comprehensive way in the Second Volume, he made only a peripheral remark about puritan ethics and attributed to democracy almost all the virtues of the American family.

There are at least three reasons for which we should be astonished at this neglect of religion in his argument. First, it was hardly deniable that religious orientation actually played some role in the family life of Jacksonian America.

Secondly, Tocqueville's disregard of religion in this respect was all the more remarkable because he always gave a foremost importance to religion in his general theory of democracy. Indeed he regarded it as the first remedy against the dangerous tendencies of democracy. Why could he discuss the family without any significant reference to religion? For this simple question alone, his view of the family deserves the serious consideration of scholars.

Finally, Tocqueville's view of the family was distinguishable by its lack of religious orientation from other representative theories of the family in nineteenth–century France. Succeeding revolutions and social upheavals in this country induced some social thinkers to regard the family as the last citadel of social stability and to make an effort to reconstruct society on the basis of the family. And most of them, from the traditionalist Bonald to the sociologist Le Play, assigned a more or less important role to religion as a moral basis of the family. Not only Catholic clergymen like Bishop Dupanloup but also bourgeois moralists such as Paul Janet recognized the usefulness of religious persuasion in the field of family life.[71] Theodore Zeldin described with rare clarity that, in the second half of the nineteenth century, most French people saw the family and women from a viewpoint which was still moralistic, conservative, authoritarian, and sometimes even paternalistic, in spite of their concern for children.[72] Compared with this dominant opinion, Tocqueville's individualism was significant, even if he shared with it an aversion to feminism.

Notes

This article is based on the original Japanese version, "Tocqueville no Kazo-kukan," *Shakaikagaku Kenkyu* 35 (Feb. 1984), but largely revised and enlarged. For the preparation of this English version, I am greatly indebted to Joseph Hamburger, James T. Schleifer, and Carl N. Degler, who were all willing to read and comment on the manuscript. Also I would like to acknowledge my special thanks to Gail Brand for her help in making my English readable.

1. *Democracy in America*, trans. George Lawrence (Garden City: Anchor Books, 1969), p. 603 (hereafter *DA*).

2. Richard Reeves, *American Journey* (New York: Simon and Schuster, 1982), pp. 70–71, 303–12.

3. Harriet Martineau, *Society in America* (reprint, 1966), AMS Press, vol. 3; Frances Trollope, *Domestic Manners of the Americans* (London, 1832).

4. Auguste Carlier, *Mariage aux Etats-Unis*, 1860. I have used the English translation by J. Jefferies, *Marriage in the United States*, trans. J. Jeffries (1860; reprint, Arno Press and The New York Times, 1972).

5. Michel Chevalier, *Lettres sur l'Amérique du nord*, 3rd ed. (Paris: Gosselin, 1838), 1: 203ff.

6. *DA*, p. 595.

7. Ibid., p. 417.

8. Arthur W. Calhoun, *A Social History of the American Family* (1918; reprint, University Paperback, 1960), 2: 112ff.

9. See, e.g., Robert V. Wells, "Family History and Demographic Transition," in *The American Family in Social-Historical Perspective*, 2d ed., ed. Michael Gordon (New York: St. Martin's Press, 1978). The thesis of the scarcity of women had greater relevance in the nineteenth century with regard to the Western frontier (John M. Faragher, *Women and Men on the Overland Trail* [New Haven and London: Yale University Press, 1979], pp. 34–39. See also R. A. Billington, *America's Frontier Heritage* (Holt, Reinhart, and Winston, 1966), chap. 10.

10. *DA*, pp. 585–86n. *Voyages en Sicile et aux Etats-Unis* (hereafter *Voyages*), *Oeuvres, papiers et correspondances d'Alexis de Tocqueville*, ed. J. P. Mayer (Gallimard), vol. 5, pt. 1, p. 87 (hereafter *Oeuvres* [*M*]).

11. *DA*, pp. 51–52, 349.

12. It was a common argument of French anglophiles in the nineteenth century that the Anglo-Saxon tradition of inheritance by testament was much superior to the French system. Frédéric Le Play's discussion was typical (*La réforme sociale* [reprint, Anno, 1975], 1: 123–25.

13. *Society in America*, 3: 123–25.

14. *Marriage in the United States*, pp. 5–7.

15. Calhoun, *Social History*, 2: 44ff; also, Edward Pessen, *Jacksonian America* (Dorsey, 1959), pp. 84–94.

16. *Marriage in the United States*, pp. 35–46.

17. *DA*, p. 430.

18. Ibid., p. 601.

19. On the front cover of the working manuscript for the chapter treating the equality of sexes, Tocqueville wrote with a pencil some remarks in which he referred to Saint-Simonians: "Faire sentir et voir clairement le système dit l'émancipation de la femme ne pas (supposer que le lecteur les connait). . . . Citer même soit en note soit en texte les idées extravagantes des St.-Simoniens et autres sur ce point" [The parenthesized words could be read differently.] (Yale Tocqueville Manuscripts, C-VIa, 4th Box [hereafter YTM]). This shows that Tocqueville considered the Saint-Simonian doctrine of carnal emancipation as an opposite of the American notion of the equality of sexes. It is, however, questionable whether he had some solid knowledge about Saint-Simonism or other feminist theories in France when he was working on *Democracy*. It was only in the 1840s that he studied these theories with a certain seriousness. See the fragment, "De la classe moyenne et du peuple," *Oeuvres complètes d'Alexis de Tocqueville*, ed. Gustave de Beaumont and Michel Lévy (1861–66), 9: 514–19 (hereafter *Oeuvres*[B]).

20. *DA*, p.601.

21. *Oeuvres(B)*, 9: 545.

22. Calhoun, *Social History*, 2: chap. 5.

23. Nancy Woloch, "Frances Wright at Nachoba", in *Women and the American Experiences* (New York: Knopf, 1984), pp. 151–66.

24. Calhoun, *Social History*, 2: 79.

25. *Society in America*, 3: 105, 106.

26. Ibid., p. 115. Recent historical studies have also pointed out that the domestication of women and the cult of womanhood were distinctive characteristics of American family life in the early nineteenth century; see Barbara Welter, "The Cult of True Womanhood", *American Quarterly* 18 (1966): 151–74; Nancy F. Cott, *The Bond of Womanhood; "Women's Sphere" in New England 1780–1835* (New Haven and London: Yale University Press, 1977); and, Carl N. Degler, *At Odds; Women and the Family in America from the Revolution to the Present* (Oxford, 1980), chap. 4.

27. A. Redier, *Comme disait M. de Tocqueville* (Paris: Perrin, 1925), p. 48.

28. Tocqueville to Henry Reeve, 15 Sept. 1839, *Oeuvres* (M), 6: 1: 48.

29. *DA*, p. 585.

30. I am borrowing this phrase, adding a slight change, from Cushing Strout's article, "Tocqueville's Duality: Describing America and Thinking of Europe," *American Quarterly* 21 (1969).

31. *DA*, p. 587.

32. Ibid., p. 586.

33. *DA*, pp. 585, 587, 589.

34. John Locke, *The Second Treatise* (Everyman's Library), chap. 6, pp. 141–54.

35. M. L. Shanley, "Marriage Contract and Social Contract," in *The Family in Politics*, ed. J. B. Elstein (University of Massachusetts Press, 1982).

36. Jean-Jacques Rousseau, *Social Contract*, trans. G. D. H. Cole (Everyman's Library), p. 4.

37. *DA*, p. 506ff.

38. Ibid., p. 589.

39. Ibid.

40. Ibid., p. 588.

41. Rousseau, *Social Contract*, p. 4.

42. Georges Gusdorf, *Naissance de la conscience romantique au siècle des lumières* (Payot, 1976).

43. The education which Madame de Genlis gave to the children of the Duke of Orléans was a curious example of Rousseau's influences upon French upper classes; see Louis Philippe, *Mémoires 1773–1793* (Plon, 1973), 1: 25ff.

44. Philippe Ariès, *Centuries of Childhood*, trans. R. Baldick (Vintage Books), p. 398ff., and Ariès, *Histoire des population française* (Seuil, 1971), p. 322ff.

45. *DA*, pp. 599–600.

46. R. Triomphe, *Joseph de Maistre* (Droz, 1968), pp. 12–14.

47. *Mémoires de la Marquise de la Tour du Pin* (Mercure de France, 1979), p. 192ff.

48. Charles de Rémusat, *Mémoires de ma vie* (Plon, 1955), 1: 14.

49. Tocqueville to Lady Thereza Lewis, 6 May 1857, *Oeuvres et correspondance inédites d'Alexis de Tocqueville*, ed. Gustave de Beaumont and Michel Lévy (1861), 2: 383.

50. *DA*, p. 589.

51. A. D. Tolédano, *La vie de famille sous la Restauration et la Monarchie de juillet* (Albin Michel, 1940), p. 235.

52. *Voyages*, pp. 280–81.

53. *L'ancien régime et la révolution*, Oeuvres(M), 2: 1: 148.

54. *DA*, pp. 595–96.

55. A. Redier, *Comme disait*, pp. 124–25; André Jardin, *Alexis de Tocqueville 1805–1859* (Hachette, 1984), p. 54ff.

56. *Oeuvres*(M), 13: 1. 60n., 19.

57. Tocqueville to Kergorlay, 16 July 1836, *Oeuvres*(M), 13: 1: 381.

58. Ibid., 60.

59. Tocqueville to Beaumont, 1 April 1835, *Oeuvres*(M), 8: 1: 153.

60. Tocqueville to Kergorlay, 6 July 1835, *Oeuvres*(M), 8: 1: 377.

61. Tocqueville to Mary Mottley, undated, copied by her, YTM, C-Vb.

62. The letter Tocqueville addressed to Kergorlay a year after his marriage was very impressive in this respect, but not exceptional at all: "Tu sais qu'en voyage plus encore qu'à l'ordinaire je suis inégal, irritable, impatient. Je la grondais donc bien souvent et presque toujours à tort. Et dans chacune de ces circonstances je découvrais en elle des sources inépuisables de tendresse et d'indulgence. . . . Voilà tout à l'heure un an que nous sommes mariés et je puis te jurer que non seulement je ne me suis pas repenti un seul moment de ce que l'avais fait, mais qu'il n'est pas de jours où je ne voie l'impossibilité absolue où j'étais de faire autrement et où je ne m'applaudisse d'avoir suivi mon instinct en dépit des obstacles; maintenant que je connais Marie jusqu'au fond de l'âme, mon cher ami, je ne puis absolument concevoir que j'aie mis en question de briser les liens qui m'attachaient à elle" (Tocqueville to Kergorlay, 10 Oct. 1836, *Oeuvres*(M), 13: 1: 410.

63. *DA*, p. 597.

64. G. W. Pierson, *Tocqueville in America* (Anchor), pp. 95–96; see also conversations with Gallatin and with F. Lieber, *Voyages*, pp. 61, 93.

65. Tocqueville to Chabrol, 18 May 1831, YTM, C-Ib.

66. Tocqueville to Kergorlay, 13 Nov. 1833, *Oeuvres*(M), 13: 1: 344.

67. *DA*, p. 291.

68. Jardin, *Alexis de Tocqueville 1805–1859*, p. 222.

69. Redier, *Comme disait*, p. 122; see also, Jardin, *Alexis de Tocqueville 1805–1859*, pp. 229–30.

70. In this respect, I agree completely with F. L. Morton's interpretation: "Sexual Equality and the Family in Tocqueville's *Democracy in America*," *Canadian Journal of Political Science* 17 (Jun. 1984).

71. It would make an interesting point to compare in this respect Tocqueville and Janet, who, shortly after the former's death, published in the *Revue des deux mondes* an excellent commentary on *Democracy*; see Paul Janet, *La famille*, 2d ed. (1856).

72. Theodore Zeldin, *France 1848–1945: Ambition and Love* (Oxford), pt. 2.

JEAN-CLAUDE LAMBERTI

La liberté
et les illusions individualistes
selon Tocqueville

En 1850, Tocqueville écrivait à son ami Kergorlay : « Je n'ai pas de traditions, je n'ai point de parti, je n'ai point de cause, si ce n'est celle de la liberté et de la dignité humaine ; de celà, je suis sûr »[1]. A-t-il rompu autant qu'il le dit avec les traditions de sa race ? Toute son oeuvre est un immense effort pour transposer dans la démocratie, et à son bénéfice, les valeurs aristocratiques et, en premier lieu, le goût de l'excellence humaine, le respect mutuel et la fière affirmation de l'indépendance personnelle. Mais il a compris mieux que quiconque en son temps que la liberté ne pourrait désormais trouver de fondement dans l'inégalité, dans l'aristocratie. Dès lors, sa hiérarchie des valeurs politiques est très claire : il accepte l'égalité parce qu'il n'y a plus d'autre fondement possible pour la liberté ; il devient démocrate parce qu'il est libéral Démocrate par raison, mais libéral passionnément. Antoine Redier a découvert au cours de ses recherches dans les archives de la famille de Tocqueville, une page inédite, une sorte de page de journal écrite pour soi-même, et intitulée : « mon instinct, mes opinions ». Voici ce texte, qui a la valeur d'une véritable confession :

> L'expérience m'a prouvé que, chez presque tous les hommes, mais à coup sûr chez moi, on revenait toujours plus ou moins à ses instincts fondamentaux, et qu'on ne faisait bien que ce qui était conforme à ces instincts. Recherchons donc sincèrement où sont mes instincts fondamentaux et mes principes sérieux.
>
> J'ai pour les institutions démocratiques un goût de tête, mais je suis aristocrate par instinct, c'est-à-dire que je méprise et crains la foule. J'aime avec passion la liberté, la légalité, le respect des droits, mais non la démocratie, voilà le fond de l'âme . . . La liberté est la première des mes passions, voilà qui est vrai[2].

Dans sa famille, Tocqueville a trouvé le modèle de la liberté aristocratique, et reçu l'idée religieuse d'une âme libre et responsable. Son expérience américaine et la réflexion philosophique qu'il mène entre

1835 et 1840 en étudiant Pascal, Montesquieu et Rousseau le conduisent à adopter l'idée démocratique de la liberté. Mais il n'a pas laissé de théorie précise et complète de ce qu'il entendait par liberté[3]. On le sait bien : il n'y a aucun goût, chez lui, pour la spéculation pure ; devant une question, quelle qu'elle soit, il commence par procéder à une enquête selon la méthode comparative. Plutôt que de méditer sur l'essence de la liberté, il compare inlassablement la liberté américaine et la liberté française ; il oppose, sans relâche, la démocratie libérale et le civisme des Américains à la démocratie héritée de la Révolution Française et des erreurs de Rousseau, des mythes Jacobins et des corruptions de l'esprit public nées sous la Monarchie administrative[4].

Pour mettre en relief les éléments d'une théorie de la liberté chez Tocqueville, il semble nécessaire de repérer, dans un premier temps, les idées qui délimitent ce qu'on pourrait appeler le cadre théorique de la recherche. Il y aura lieu ensuite d'insister sur ce qu'il considère comme les illusions de l'individualisme, car cette dimension critique de sa pensée met en lumière son originalité et sa profondeur. Après cela, il sera possible de montrer, en terminant, pourquoi Tocqueville place la liberté politique au premier rang des valeurs politiques.

Tocqueville avait un goût et un sentiment aristocratique de la liberté et il a néanmoins défendu l'idée démocratique de la liberté. Il y a chez lui une sorte de divorce entre le coeur et l'esprit, entre ses goûts et ses sentiments, d'une part, et, d'autre part, les conclusions auxquelles le conduisent sa lucidité politique et son sens de la justice. Pour éviter toute confusion, et toute impression de paradoxe, il suffit d'appliquer à Tocqueville lui-même la distinction qu'il a si souvent utilisée, entre la liberté et les sentiments libéraux.

Guizot, dans son *Histoire de la civilisation en Europe*, a rendu hommage aux barbares germains d'avoir introduit dans la civilisation européenne « le sentiment de la personnalité, de la spontanéité humaine dans son libre développement », et, comme Guizot le notait, ce « goût de l'indépendance individuelle est un sentiment noble et moral qui tire sa puissance de la nature morale de l'homme »[5]. Cette idée germanique de la liberté est au coeur du sentiment aristocratique de la liberté toujours vivant chez Alexis de Tocqueville, et, s'il a suivi, comme il est probable, le cours de Guizot en 1828, il a du y trouver la confirmation de certains de ses penchants propres. Ecoutons-le donc parler de la liberté :

> Ce qui dans tous les temps lui a attaché si fortement le coeur de certains hommes, ce sont ses attraits mêmes, son charme propre, indépendant de ses bienfaits ; c'est le plaisir de pouvoir parler, agir, respirer sans contrainte, sous le seul gouvernement de Dieu et des lois. Qui cherche dans la liberté autre chose qu'elle-

> même est fait pour servir . . . Ne me demandez pas d'analyser ce
> goût sublime, il faut l'éprouver. Il entre de lui-même dans les
> grands coeurs que Dieu a préparés pour le recevoir ; il les remplit,
> il les enflamme. On doit renoncer à le faire comprendre aux
> âmes médiocres qui ne l'ont jamais ressenti[6].

L'accent est mis sur le goût de l'indépendance pour l'indépendance, cette passion réservée aux meilleurs, et l'on retrouve dans ce texte l'idée germanique de la liberté, dont la liberté moderne est le lointain héritage, « ce beau système, disait Montesquieu, a été trouvé dans les bois »[7].

Mais Tocqueville savait bien que la plupart de ses contemporains ne revendiquaient pas la liberté comme une fin valable en elle-même, mais seulement comme un moyen. Or, dès que la liberté n'est plus que le moyen d'obtenir l'égalité ou la prospérité, elle est condamnée à se dégrader bien vite. Dans un article original et pénétrant Seymour Drescher[8] a montré combien la seconde moitié de la *Démocratie*, celle de 1840, différait de l'ouvrage publié en 1835 ; à la crainte de la tyrannie de la majorité succède alors celle de l'apathie générale et des réflexions inquiètes sur l'affaiblissement des sentiments libéraux et de la vie publique. Et il est bien vrai que dans la deuxième moitié de la *Démocratie en Amérique*, Tocqueville situe le risque principal, non plus dans l'abus du pouvoir, mais dans la chute du civisme qui rétrécirait la vie à sa seule dimension privée et absorberait les hommes dans ce qu'il appelle «une sorte de matérialisme honnête». L'effet le plus pernicieux de la démocratie pourrait être alors de diminuer l'énergie des sentiments libéraux au point que les hommes satisfaits de leur tranquillité prospère ne sentiraient même plus l'absence de la liberté et qu'un nouveau Léviathan pourrait s'élever, sans recourir à la violence et même en respectant certaines des formes extérieures de la liberté[9].

Distinguer la liberté et le sentiment de liberté particulier à un individu ou à une société est, on le voit, une indispensable précaution, qui devrait éviter de trouver des contradictions là où il n'y en a pas et permettre de situer côte à côte le sentiment aristocratique de la liberté toujours vivant chez Tocqueville et son jugement favorable à une égale liberté pour tous.

Malgré la force en lui du sentiment aristocratique de la liberté, Tocqueville a jugé la liberté démocratique mieux adaptée à son temps et il a affirmé qu'elle était juste dans son *Essai sur l'Etat social et politique de la France avant et depuis 1789* : « D'après la notion moderne, la notion démocratique, et, j'ose le dire, la notion juste de la liberté, chaque homme étant présumé avoir reçu de la nature les lumières nécessaires pour se conduire, apporte en naissant un droit égal et imprescriptible à vivre indépendant de ses semblables en tout ce qui n'a rapport

qu'à lui-même, et à régler comme il l'entend sa propre destinée »[10].
Le contenu moral de cette définition est dans l'idée de droit égal pour
tous et c'est le christianisme qui en a apporté la justification en affirmant
une égale responsabilité morale pour chaque homme. Et l'Evangile a
donné aux hommes la force morale indispensable pour modérer la
liberté germanique, et pour universaliser ensuite les libertés aristocratiques.

Certains commentateurs ont voulu opposer Tocqueville à lui-même
en remarquant qu'il affirme à la fois la liberté humaine et l'avènement
irrésistible de la démocratie. Comment professer en même temps la
liberté et la responsabilité de l'être humain, et le déterminisme historique ? En réalité, Tocqueville n'a jamais admis que l'histoire était
totalement déterminée, et l'on connaît ses jugements sévères sur Thiers
et Mignet, qu'il accusait de fatalisme historique[11]. La contradiction est
illusoire et son apparence repose, en grande partie, sur la méconnais-
sance du vocabulaire de Tocqueville, où le même mot démocratie désigne tantôt l'état social caractérisé par l'égalité des conditions, et
tantôt le régime politique de la démocratie. Or l'auteur affirme seulement, que le mouvement vers l'égalisation des conditions est irrésistible,
non par l'effet d'une quelconque loi de l'histoire, mais parce qu'il ne
cesse d'enregistrer depuis sept siècles des succès qui le renforcent, et
qu'il s'est inscrit profondément dans les moeurs, même en Europe,
malgré la survie de quelques apparences contraires.

Il serait donc illusoire de penser qu'un mouvement de cette force peut
s'infléchir et se renverser rapidement, avant d'avoir produit tous ses
effets. Mais, ajoute Tocqueville, les conséquences d'un tel mouvement
ne sont déterminées ni sur le plan culturel, ni sur le plan économique,
ni sur le plan politique. Et il faut noter, en particulier, que l'état social
démocratique peut aboutir tout aussi bien au despotisme qu'à la démocratie libérale. Ainsi « dans de vastes limites » l'homme est « puissant
et libre », et la dernière phrase de la *Démocratie en Amérique* devrait,
à elle seule, éclairer suffisamment sur ce sujet le lecteur de bonne foi :
« Les nations de nos jours ne sauraient faire que dans leur sein les conditions ne soient pas égales ; mais il dépend d'elles que l'égalité les
conduise à la servitude ou à la liberté, aux lumières ou à la barbarie,
à la prospérité ou aux misères »[12].

L'Etat social démocratique donne à la fois aux individus l'égalité des
conditions et l'indépendance, mais l'indépendance, comme l'avait noté
Montesquieu n'est pas encore toute la liberté, et il faut lui ajouter l'idée
des droits et des devoirs d'un individu responsable, ce qui n'est pas une
conséquence nécessaire de l'état social démocratique.

Dans un fameux discours, prononcé en 1819, Benjamin Constant
avait opposé la liberté des anciens à celle des modernes. « Le but des

anciens », avait-il déclaré, « était le partage du pouvoir social entre tous les citoyens. C'était là ce qu'ils nommaient liberté. Le but des modernes est la sécurité dans les jouissances privées, et ils nomment liberté les garanties accordées par les institutions à ces jouissances ». Comme Benjamin Constant, Tocqueville exige le respect et la garantie des droits individuels, mais il n'en reste pas là ; il essaie aussi de conserver ce que Constant semble abandonner sans regret au passé : le sentiment de l'obligation civique et la joie de l'action publique. Pour lui, comme pour Aristote la vie politique était un moyen d'accomplissement humain et l'exercice de la liberté politique lui semblait nécessaire pour combattre les défauts et les illusions que l'égalité encourage.

En définitive, l'idée complète de la liberté démocratique comprend chez Tocqueville trois éléments : le goût de l'indépendance individuelle, hérité de la liberté germanique par l'intermédiaire de l'aristocratie, l'idée de participation à la vie politique, legs des anciens, et l'idée d'un droit égal pour tous, exigence de la morale chrétienne. Si nous réunissons ces trois éléments, la liberté nous apparait non seulement comme un droit, mais aussi comme la forme la plus complète du devoir : obligation à l'égard de soi-même, de la cité, des autres hommes et de Dieu.

Et qu'adviendrait-il si l'on oubliait que la liberté est un devoir, un devoir civique autant qu'un devoir moral ? Ne peut-on simplement, comme le réclame Benjamin Constant[13], jouir du droit d'être libre et négliger ses devoirs civiques ? Pour Tocqueville, le danger principal réside précisément dans ce que Constant vante comme « l'orgueilleux et jaloux isolement de l'individu dans la forteresse de son droit ». Pour lui, au contraire, la première nécessité était de réveiller l'esprit public, d'étendre au-delà de leurs affaires propres les intérêts des hommes, et de corriger par tous les moyens les illusions individualistes que secrète la société démocratique.

Le concept d'individualisme est absent de la première moitié de la *Démocratie en Amérique*. Il constitue un produit de la longue élaboration philosophique effectuée par l'auteur de 1835 à 1840, et il joue un rôle central dans la seconde *Démocratie*, comme de nombreux commentateurs l'ont noté, sans toutefois relever combien les illusions individualistes aggravent les menaces qui pèsent sur la liberté démocratique[14]. « L'individualisme », écrit Tocqueville, « est d'origine démocratique et il menace de se développer à mesure que les conditions s'égalisent ». A l'opposé des sociétés aristocratiques qui reliaient organiquement les hommes les uns aux autres en un immense réseau, les démocraties sont faites de citoyens de plus en plus semblables et isolés, qui tendent à se désintéresser des affaires publiques. Dans sa définition tocquevillienne, « l'individualisme est un sentiment réfléchi et paisible qui dispose chaque citoyen à s'isoler de la masse de ses semblables et à se retirer à l'écart avec sa famille et ses amis ; de telle sorte que, après s'être ainsi créé une petite société à son usage, il abandonne volontiers la grande société à elle-même ». Au delà d'un certain seuil, les effets délétères se révèlent aux yeux de tous. « L'individualisme ne tarit d'abord que la source des vertus publiques ; mais à la longue, il attaque, et détruit toutes les autres et va enfin s'absorber dans l'égoïsme ». Dans son principe cependant, l'individualisme se définit comme une carence de civisme, et il se distingue de l'égoïsme. « L'égoïsme naît d'un instinct aveugle ; l'individualisme procède d'un jugement érroné plutôt que d'un sentiment dépravé ». A la racine de l'individualisme, Tocqueville situe donc, à la fois, une structure socio-politique, — les hommes semblables et isolés — et une structure intellectuelle — un « jugement érroné » — évoqué à la fin du chapitre consacré à l'individualisme en une formule très générale : « Ils se figurent volontiers que leur destinée tout entière est entre leurs mains »[15].

L'un des buts principaux de la « science politique nouvelle » que veut construire Tocqueville est de corriger les illusions individualistes et le « jugement érroné » dont elles procèdent. Si rien ne venait contrecarrer l'illusion d'auto-suffisance de l'individu, il deviendrait la proie d'un goût excessif du bien-être, et, en préférant être consommateur plutôt que citoyen, il redeviendrait bien vite un simple sujet. L'erreur des individualistes est de croire qu'ils pourront jouir de leur droit à l'indépendance et de leur droit à l'égalité sans accomplir leurs devoirs de citoyens, ou plus exactement, en réduisant au minimum l'exercice de leur liberté politique, comme le veut Benjamin Constant. La plus grave conséquence du « jugement érroné » qui est à l'origine de l'individualisme est une idée inadéquate de la liberté, considérée seulement comme un droit, et jamais comme un devoir de participer à la vie publique. Et cette voie ne peut mener qu'au despotisme démocratique. L'auteur de *la Démocratie en Amérique* ne s'est pas soucié d'exposer systématiquement les illusions qui naissent spontanément dans les sociétés démocratiques. Mais le lecteur peut repérer, au fil des pages, les trois formes principales de l'illusion individualiste.

La première sorte d'illusion consiste à imaginer que les intérêts de chacun, les intérêts privés peuvent se définir et être durablement défendus sans aucune référence aux intérêts et à l'ordre public. Il y a là, à vrai dire, une vision grossière de la théorie de l'intérêt que les Américains ont su dépasser grâce à une vision plus large de ce qu'ils appellent « l'intérêt bien entendu »[16]. Le moyen le plus efficace de corriger cette forme d'illusion d'auto-suffisance est d'intéresser les hommes aux affaires locales et à la vie des associations, car, écrit Tocqueville, « Du moment où l'on traite en commun les affaires communes, chaque homme aperçoit qu'il n'est pas aussi indépendant de ses semblables qu'il se le figurait d'abord, et que, pour obtenir leur appui, il faut souvent leur prêter son concours »[17]. Et il recommande d'encourager les citoyens à participer largement à la vie politique, comme cela se fait en Amérique. « Dans la vie civile », écrit-il, « chaque homme peut à la rigueur, se figurer qu'il est en état de se suffire. En politique, il ne saurait jamais l'imaginer »[18]. Malheureusement, en France, la monarchie de juillet s'obstine à limiter à l'extrême les libertés locales, le droit d'association, et l'activité politique des Français.

Une autre forme de l'illusion individualiste consiste à croire que l'ordre économique est autonome, et suffisant par lui-même, et que l'on peut sans danger faire passer les intérêts économiques avant les devoirs civiques. Alors que chez les Américains le goût des affaires privées s'unit heureusement au civisme, Guizot stimule les appétits économiques des Français pour mieux les détourner des affaires publiques. « Lorsque le goût des jouissances matérielles se développe chez un de ces peuples (démocratiques) plus rapidement que les lumières et les habitudes de la liberté, il vient un moment », déclare Tocqueville, « où les hommes sont emportés et comme hors d'eux-mêmes à la vue de ces biens nouveaux qu'ils sont prêts à saisir ... L'exercice de leurs devoirs politiques leur parait un contretemps fâcheux qui les distrait de leur industrie » et ajoute l'auteur « pour mieux veiller à ce qu'ils nomment leurs affaires, ils négligent la principale qui est de rester maîtres d'eux-mêmes »[19]. Ce texte touche en profondeur à la plus grande cause de faiblesse de la Monarchie de Juillet, ce régime d'individualisme bourgeois, d'où les citoyens étaient absents.

La troisième sorte d'illusion individualiste est la plus grave, car elle est à la racine des deux autres ; elle les justifie et elle empêche qu'on les corrige. Il s'agit de l'illusion de suffisance de l'esprit individuel. « Chacun se renferme donc étroitement en soi-même et prétend de là juger le monde »[20]. Telle est, selon Tocqueville, la formule de l'individualisme intellectuel, et tant qu'il s'agit de mettre en oeuvre une méthode de recherche et d'examen critique individuel, il n'y a rien à objecter, et l'on peut voir là la méthode philosophique naturellement adaptée aux sociétés démocratiques. Encore faut-il que l'esprit individuel garde un sentiment exact des limites de sa capacité de connaître. C'est le cas chez les Américains, car ils ont toujours dirigé par eux-mêmes leurs affaires publiques, ce qui leur permettait de rectifier leurs idées en fonction des expériences communes. Les Français, au contraire, longtemps privés de liberté politique se sont livrés à des spéculations politiques abstraites ; ils ont voulu faire table rase du passé, et reconstruire le monde à partir de quelques idées générales. La comparaison faite ici par Tocqueville est très proche de la distinction qu'établira Hayek, longtemps après, entre ce qu'il appelle les deux individualismes. D'une part celui de la tradition anglo-saxonne, attentive au rôle des habitudes, des traditions et de l'expérience, et, d'autre part, celui qui s'inspire d'un cartésianisme extrême, oublieux des limites de la raison, ce qui aurait sans doute fait horreur à Descartes. D'un côté, Hume, Adam Smith et les Américains, et, de l'autre, les Physiocrates et Rousseau. On peut penser cependant qu'Hayek n'a rien ajouté au schéma de Tocqueville, et que celui-ci a mieux mis en lumière le rôle décisif de la présence, ou de l'absence, de la liberté politique dans la genèse des deux sortes d'individualisme.

L'exagération des pouvoirs de la raison individuelle conduit à nier toute autorité autre qu'elle même. Cela détruirait toute société, note l'auteur de la *Démocratie*, si les individus n'en venaient, malgré leur suffisance, à se soumettre à la moins légitime des formes de l'autorité, la puissance du nombre, la tyrannie de l'opinion commune. Le seul correctif possible est à rechercher dans les convictions morales et religieuses de la collectivité. La liberté de l'homme ne peut être totale. « Pour moi », déclare Tocqueville, « je doute que l'homme ne puisse jamais supporter à la fois une complète indépendance religieuse et une entière liberté politique ; et je suis porté à penser que, s'il n'a pas la foi, il faut qu'il serve, et, s'il est libre qu'il croie »[21]. Si Tocqueville a toujours voulu unir « esprit de religion » et « esprit de liberté », c'est d'abord parce que la liberté est, pour lui, un don divin et c'est aussi parce que la religion combat, au même titre que la liberté politique les plus mauvais effets de l'individualisme : l'isolement des hommes, le goût excessif des jouissances matérielles et l'orgueilleuse illusion de suffisance de l'esprit individuel.

Si Tocqueville veut corriger les illusions et les excès de l'individualisme, il n'en est pas moins lui-même un individualiste, en ce sens que pour lui, la société a pour fin le bien des individus, et non pas l'inverse. A la différence des contre-révolutionnaires comme Maistre ou Bonald, il n'accuse pas la *Déclaration des Droits de l'Homme* d'être une cause de dissolution sociale, et il professe qu'une certaine dose d'individualisme résulte inéluctablement de la structure sociale démocratique. Il ne dénonce les formes dangereuses de l'individualisme qu'au nom des principes de 1789, et par amour de la liberté. A la différence de Balzac, de Saint Simon et d'Auguste Comte, il n'est nullement hanté par la crainte que la société tombe en poussière, et que l'égalité conduise à l'anarchie[22]. L'individualisme ne ruine pas la sociabilité et ne menace pas la société civile ; dans sa définition tocquevillienne, il corrode seulement la société politique.

L'auteur de la *Démocratie en Amérique* est aussi soucieux que quiconque d'ordre et de légalité, mais il refuse de faire passer l'ordre avant la liberté. « Une nation », écrit-il, « qui ne demande à son gouvernement que le maintien de l'ordre est déjà esclave au fond du coeur »[23]. La liberté est la première de ses valeurs politiques, mais il ne la conçoit pas comme une indépendance totale, mais plutôt à la façon des Anciens ou de Montesquieu, comme une liberté réglée par de justes lois. Comme tous les libéraux, il refuse de reconnaître à un monarque ou au peuple une souveraineté sans limite. La loi ne peut être un pur acte de puissance ; elle exprime certes la volonté souveraine, mais elle doit rester soumise à la justice et à la raison[24]. Dans l'ordre moral, comme dans l'ordre social et politique, il existe des normes objectives qui s'imposent au respect des hommes. Mais cette idée de l'ordre n'exclut nullement la liberté selon Tocqueville, car il existe dans un grand nombre de décisions une marge importante d'incertitude et d'erreur au regard de ce qu'exigerait la justice et la raison. Dans cette conception des rapports de la liberté et de l'ordre le champ du débat et de l'action politique reste largement ouverte et Tocqueville est même allé jusqu'à affirmer que les institutions qui nous semblent nécessaires ne sont peut-être seulement que celles auxquelles nous sommes accountumés[25].

L'individualisme, à condition d'être bien tempéré, est compatible avec l'ordre et la liberté, comme le montre l'exemple américain. Mais dès que s'imposent dans la collectivité les illusions d'auto-suffisance des individus, la chimère d'une indépendance totale ruine à la fois l'ordre et la liberté. L'ordre, parce que, de toute évidence, l'indépendance totale des membres et l'ordre de l'ensemble sont antinomiques. Mais il est plus difficile de montrer comment la prétention des individus à l'auto-suffisance ruine la liberté. Tocqueville arrive cependant à révéler, dans sa seconde *Démocratie*, le chemin secret qui peut conduire une société de l'égalité à la servitude. « L'égalité », écrit-il, « dispose les hommes à ne point songer à leurs semblables »[26]. Elle est à l'origine de l'individualisme et, par là même, elle peut faciliter une nouvelle sorte de despotisme.

> Je veux imaginer sous quels traits nouveaux le despotisme pourrait se produire dans le monde : je vois une foule innombrable d'hommes semblables et égaux, qui tournent sans repos sur eux-mêmes pour se procurer de petits et vulgaires plaisirs, dont ils emplissent leur âme. Chacun d'eux retiré à l'écart, est comme étranger à la destinée de tous les autres . . . Au-dessus de ceux-là s'élève un pouvoir immense et tutélaire, qui se charge d'assurer leur jouissance et de veiller sur leur sort. Il est absolu, détaillé, régulier, prévoyant et doux . . . Il ne tyrannise point, il gêne, il comprime, il énerve, il éteint, il hébète, et il réduit enfin chaque nation à n'être plus qu'un troupeau d'animaux timides et industrieux, dont le gouvernement est le berger[27].

Au contraire des tyrannies de l'Antiquité, ou du despotisme révolutionnaire, ce pouvoir n'a pas à s'imposer par la violence ; il grandit doucement en répondant aux demandes de la société, ou plus exactement à ses carences. L'égalité n'est pas la seule cause de cette démission des individus. La faiblesse des sentiments libéraux y contribue tout autant, lorsqu'elle débouche sur l'apathie civique. L'auteur met en cause explicitement l'individualisme dans ses formes les plus dangereuses, qui s'accomodent aisément d'un exercice incomplet des libertés politiques, d'ailleurs compatible « avec quelques unes des formes extérieures de la liberté »[28], et notamment avec la libre élection de représentants nationaux. Mais dès lors que l'on n'a plus recours à la liberté politique, pour réunir les hommes autour des affaires communes, dans les associations ou les collectivités locales, il n'est plus possible de maintenir dans les limites du raisonnable les tendances à l'isolement et à l'indifférence, et le pouvoir central s'étend dans la mesure où les hommes ne veulent ni exercer ensemble, ni même reconnaître leurs responsabilités communes, là où elles se manifestent.

Il ne suffit donc pas de dire, comme on le fait pourtant assez souvent, que la force de la passion égalitaire peut conduire la démocratie à une nouvelle forme de despotisme, en développant une administration omnipotente. La débilité de l'exigence de liberté intervient dans le processus de corruption de la Démocratie, tout autant que l'égalité. Tocqueville a affirmé, il est vrai, que «Les peuples montrent un amour plus ardent et plus durable pour l'égalité que pour la liberté »[29]. Mais il a placé cette affirmation en tête des chapitres consacrés à l'individualisme, ce qui témoigne de l'importance, à ses yeux, d'un bon contrôle de celui-ci pour la régulation de l'équilibre de la liberté et de l'égalité. En Amérique, il a pu observer une sorte d'harmonie entre les sentiments libéraux et les sentiments égalitaires, qui fait cruellement défaut dans la France de son temps. Lorsqu'on veut rendre compte de cette différence par la violence du choc révolutionnaire et l'échec de la première république française, on ne doit pas écarter pour autant le rôle des excès et des illusions de l'individualisme. Et Tocqueville a consacré un chapitre à montrer « comment l'individualisme est plus grand au sortir d'une révolution démocratique qu'à une autre époque »[30].

En définitive, le juste équilibre de l'égalité et de la liberté, qui est fondamental pour la démocratie, passe par un bon contrôle de l'individualisme. Et, sur ce point, la seconde *Démocratie* apporte un schéma théorique qui marque un progrès par rapport à la première. Souvenons-nous, en effet, que l'égalité est une valeur essentiellement ambigüe. Elle peut se définir par l'égalité des droits dans une société mobile, et c'est là ce que Tocqueville appelle l'égalité des conditions ; mais elle peut aussi revêtir la forme d'une passion envieuse et insatiable. Or, il est nécessaire que règne dans une démocratie l'égalité des conditions, mais il est impossible, et il serait injuste, d'établir entre les hommes une égalité de fait. La réussite de la démocratie, c'est de donner à des citoyens, qui restent inégaux dans de nombreux domaines, le sentiment qu'ils sont égaux. C'est essentiellement, selon Tocqueville, la mobilité sociale et la liberté politique qui permettent d'atteindre ce résultat[31]. Encore faut-il que les formes de la liberté politique offertes aux citoyens ne se limitent pas à désigner des représentants nationaux ; il est indispensable qu'elles permettent de rassembler les hommes à l'échelon local, dans les communes et les associations, afin de lutter contre l'indifférence publique et les illusions individualistes. Si ce combat n'était pas mené, si l'exigence de liberté se réduisait à la défense des droits individuels, le sentiment de la liberté et le niveau du civisme tomberait si bas, que l'égalité juridique et civique ne suffirait plus à satisfaire le sentiment égalitaire.

La liberté est pour Tocqueville la valeur politique première et la première des valeurs de sa hiérarchie personnelle. Liberté négative à fondement moral, elle implique la responsabilité et la fierté de l'indépendance personnelle. Mais dans les sociétés démocratiques individualistes, elle risque d'être détruite par l'illusion d'une indépendance totale, d'une auto-suffisance de l'individu. Il en serait ainsi si l'on oubliait que la liberté humaine ne s'accomplit que par l'exercice de la liberté politique, ainsi que des libertés publiques, et du droit d'association, en particulier. La raison et le goût de l'indépendance sont des dons de l'individu, comme l'ont affirmé Locke, et, en France, Benjamin Constant. Moins optimiste, mais plus lucide que les fondateurs du libéralisme, Tocqueville estime que le sens de la liberté est, en général, trop faible et trop aveugle chez les hommes des démocraties, pour pouvoir se maintenir face aux exigences concurrentes d'ordre ou d'égalité, s'il n'est pas éduqué et développé. « Les sentiments et les idées ne se renouvellent », écrit-il, « le coeur ne s'agrandit et l'esprit humain ne se développe que par l'action réciproque des hommes les uns sur les autres »[32]. Inquiet pour l'avenir de la liberté, Tocqueville a voulu élaborer une « science politique nouvelle » pour assurer l'équilibre fragile mais indispensable de l'égalité et de la liberté. Inlassable professeur de civisme, il a voulu avant tout développer le goût de la liberté politique chez ses contemporains.

Notes

1. *Oeuvres complètes*, vol. 13, (Paris : Gallimard, 1977), 2 : 233.
2. Cité d'après Antoine Rédier, *Comme disait M. de Tocqueville*, (Paris : Perrin, 1925), pp. 46–48.
3. Ses commentateurs le déplorent et essaient quelquefois de donner le dessin complet de la doctrine d'après les esquisses laissées éparses par le maître. Voir par exemple : Rédier, *Comme disait M. de Tocqueville*, chap. 4 ; Jack Lively, *The social and political thought of Alexis de Tocqueville* (Oxford : Clarendon Press, 1965).

4. Voir Jean-Claude Lamberti, *Tocqueville et les deux démocraties* (Paris : PUF, 1983).

5. François Guizot, *Histoire de la civilisation en Europe* (Paris : Hachette, collection "Pluriel," 1985), 2ème leçon, pp. 90–91.

6. *Oeuvres complètes* 2. 1 : 217.

7. Montesquieu, *Esprit des lois*, chap. 6.

8. Seymour Drescher, « Tocquevilles's two Democracies », *Journal of the History of Ideas* (avril-juin, 1964).

9. *Démocratie en Amérique* 2, 4ème partie, chap. 6 *Oeuvres complètes* 1 ; l'expression « matérialisme honnête » se trouve à la fin de vol. 2, 2ème partie, chap. 11.

10. *Oeuvres complètes* 2. 1 : 62.

11. Sur les contraintes historiques et la liberté, voir *Démocratie en Amérique* 2, 4ème partie, chap. 8, p. 339, avant dernier alinéa ; sur les tendances des historiens dans les siècles démocratiques, voir *Démocratie en Amérique* 2, 1ère partie, chap. 20.

12. *Démocratie en Amérique* 2, 4ème partie, chap. 8, p. 339.

13. Pour une comparaison plus approfondie, voir Jean-Claude Lamberti, « De Benjamin Constant à Tocqueville », *France-Forum* 203–04 (avril-mai 1983) : 19–26.

14. Les analyses qui suivent sur le « Jugement erroné » et les illusions individualistes étaient à peine esquissées dans J.-C. Lamberti, *La notion d'individualisme chez Tocqueville* (Paris : PUF, 1970).

15. Tous les textes cités dans cet alinéa sont extraits de « De l'individualisme dans les pays démocratiques », *Démocratie en Amérique* 2, 2ème partie, chap. 2.

16. *Démocratie en Amérique* 2, 2ème partie, chap. 8.

17. Ibid., chap. 4, p. 109.

18. Ibid., chap. 7, p. 122.

19. Ibid., chap. 14, p. 147.

20. Ibid., 1ère partie, chap. 1, p. 12.

21. Ibid., chap. 5, p. 29.

22. Ibid., 4ème partie, chap. 1, p. 295.

23. Ibid., 2ème partie, chap. 14, p. 148.

24. Tocqueville a trouvé cette thèse chez les « doctrinaires », et notamment chez Royer-Collard.

25. Voir les *Souvenirs*, 2ème partie, chap. 2 in *Oeuvres Complètes* 12 : 97.

26. *Démocratie en Amérique* 2, 2ème partie, chap. 4, p. 109.

27. Ibid., 4ème partie, chap. 6, pp. 324–5.

28. Ibid., p. 325.

29. Ibid., 2ème partie, chap. 1, pp. 101–4.

39. Ibid., chap. 3, pp. 107–8.

31. Ibid., chap. 4, p. 112, dernière phrase.

32. Ibid., chap. 5, pp. 115–16.

ROGER BOESCHE

Hedonism and Nihilism:
The Predictions of
Tocqueville and Nietzsche

Tocqueville was one of the nineteenth-century's finest liberal thinkers and, despite serious religious doubt, in his private life he adopted what he regarded as an ethic firmly founded upon Christian principles. By contrast, Nietzsche challenged nearly every political and ethical assumption that Europe and Tocqueville held sacred. Yet both of these thinkers, who appear to have so little in common, feared that Europe might well stagnate in a future of comfort plus doubt, hedonism plus nihilism. Whereas Tocqueville thought an obsessive love of material pleasure would produce anxiety and doubt, Nietzsche thought that doubt itself would push most people to what he regarded as the petty distractions of material pleasures. Consequently, although their reasoning proceeded in distinctly different directions, their conclusions were remarkably similar.

LIBERALISM, CHRISTIANITY, AND
HOPE FOR THE FUTURE

In one letter Tocqueville confided to a friend that his chief dream in political life was to reconcile liberalism with Christianity. "Man's true grandeur lies only in the harmony of the liberal sentiment and religious sentiment, both working simultaneously to animate and to restrain souls. . . . [My] sole political passion for thirty years has been to bring this about."[1] Tocqueville established his liberalism on a clear foundation; he consistently defended the right to property, freedom of speech and press, representative government, equality under the law, equality of opportunity, and so forth.[2] What is less clear is the way his political convictions rested on private assumptions about Christianity.

In at least three ways, religion was important in Tocqueville's intellectual and personal life. First, Tocqueville's Catholic and aristocratic childhood taught him that religion should support political duty and political participation, as well as private virtue.[3] Second, Tocqueville never entirely escaped Bossuet's belief that God operates in history, or, as Tocqueville put it in *Democracy in America,* that Providence was pushing Europe irresistibly toward equality. Although he occasionally gave this march of history an economic, political, or class analysis, he made his public argument by relying on the designs of God, and, at least in his optimistic moments, he probably did so with conviction. Even when he had doubts about the future of Europe, he revealed his religious faith. In a letter to Kergorlay, he said, "I cannot believe that God has been pushing two or three hundred million men for several centuries toward equality in order to have them end in the despotism of Tiberius and Claudius."[4] Finally, Tocqueville relied on Christianity for his most basic ethical assumptions, and for this reason, one can search his published writings in vain for any systematic discussion of a philosophical basis for his personal ethical convictions. At one time Tocqueville considered writing a work on the moral philosophy of the previous several centuries, but he never made the study in any thoroughness, probably because he remained convinced that despite all the philosophical arguments of modern philosophers, not one had detracted from or added significantly to the doctrines of Christianity: "What is there really new in the works or in the discoveries of the modern moral philosophers? . . . Did they really establish new foundations, or even new explanations, for human duties? . . . [T]o me it is Christianity that seems to have accomplished the revolution—you may prefer the word *change*—in all the ideas that concern duties and rights; ideas which, after all, are the basic matter of all moral knowledge. . . . Thus Christianity put in grand evidence the equality, the unity, the fraternity of all men."[5] To this extent he agreed with Nietzsche; nineteenth–century moral values originated in Christianity.

When one focuses on the liberal Tocqueville, armed with religious convictions, one finds a side of Tocqueville that is apprehensive about the future but mildly optimistic. Democracy in Europe had been "abandoned to its wild instincts," but if "the most powerful, the most intelligent, and the most moral classes" in France could "control" the democratic revolution, then Europe could gain the advantages of democracy without its vices.[6] By strengthening associations and local governing bodies, and by means of renewed moral strength, Europe could achieve equality and still have a healthy participatory and public freedom.[7] To his brother, he wrote from North America, "[t]he clearest fact is that we are living in a time of transition, but whether we are going toward liberty or marching toward despotism, God alone knows precisely. . . . I avow that nonetheless I still hope more than I fear." He bristled righteously when anyone gave a pessimistic and fatalistic view of Europe's destiny. Exasperated with Gobineau, he suggested that God did not put us on earth to end up in the passive servitude that

Gobineau depicted. "You will permit me to have less confidence in you than in the bounty and justice of God."[8] But despite his resistance to fatalistic views of the future, his own disenchantment with his era and his own penetrating, pessimistic analysis of the dangers of democracy far outweigh his avowed mild optimism.

TOCQUEVILLE'S DISENCHANTMENT

All of Tocqueville's writings, but especially his letters, reveal his disenchantment with his age. In a letter to Royer-Collard, he lamented that his age allowed no room for his political ambition, that his age was one of mediocrity: "But will the times improve? And will the men we see, will they be replaced by better or at least by *worse*? I would be disappointed about this last change for the country, but not for myself. Because the true nightmare of our period is in not having anything to love or to hate, but only to despise."[9] The fact is that Tocqueville disliked the new commercial and urban world of the nineteenth century, and he could not bring himself to accept it. After spending time with a typical rural but middle–class family that contented itself with the everyday pleasures of wealth, comfort, and family, Tocqueville wrote a friend: "I feel very strongly that it would be easier for me to leave for China, to enlist as a soldier, or to gamble my life in I know not what hazardous and poorly conceived venture, than to condemn myself to the life of a potato, like the decent people I have just seen."[10]

Tocqueville seemed to feel critical of the new bourgeois world for three reasons. First, he thought greatness was disappearing from France, because people had become obsessed with the petty goal of accumulating wealth. "One of the saddest consequences" of the policies of his time was the tendency to render the entire nation "*covetous* and *frivolous*," a nation of people either chasing money dishonestly or spending money with an "insane" desperation.[11] Second, Tocqueville thought France had lost its intellectual greatness. Notwithstanding all the immense achievements in industry and science, Tocqueville could see no intellectual achievements in his era. "If the brilliant talkers and writers [of the seventeenth and eighteenth centuries] were to return to life, I do not believe that gas, or steam, or chloroform, or electric telegraph, would so much astonish them as the dullness of modern society."[12] Third, men and women were becoming tools to the processes of society, spectators and not actors. Of the working class, Tocqueville lamented that his age labored to manufacture things, leaving men to be petty, selfish, and small. "It would seem as if the rulers of our time sought only to use men in order to make things great; I wish that they would try a little more to make great men; that they would set less value on the work and more upon the workman."[13] But the middle class was also becoming more and more obsequious, learning to be obedient mechanisms for the benefit of organizations and bureaucracies, and satisfied with petty material rewards, "till the very men who from time to time upset a throne and trample on a race of kings bend more and more obsequiously to the slightest dictate of a clerk."[14]

As a result, Tocqueville feared the stagnation of Europe, or, to borrow a phrase from Baudelaire, he felt that Europe would fall asleep on a heap of riches. Like so many in the nineteenth century, Tocqueville feared Europe would become like China, which he regarded as the most vivid example of a centralized, bureaucratized society vegetating in its wealth. "Travelers assure us that the Chinese have tranquillity without happiness, industry without improvement, stability without strength, and public order without public morality."[15]

THE REASONING BEHIND TOCQUEVILLE'S PESSIMISM

With Guizot, Tocqueville argued that the history of France since the twelfth century had been the history of the Third Estate, the final triumph of the middle class and its commercial ethic, and with the rise of the Third Estate came the dissolution of the aristocratic class and, at least in Tocqueville's opinion, the dissolution of most communities, groups, workers' guilds (called corporations), and classes.[16] "That word 'individualism' which we have coined for our requirements, was unknown to our ancestors, for the good reason that in their days every individual necessarily belonged to a group and no one could regard himself as an isolated unit."[17] In analyzing the dissolution of old ties and the new dominance of the commercial classes, Tocqueville focused on four key developments: (1) the atomization of society and the isolation of individuals, (2) the resulting powerlessness of individuals, (3) the acquisitive ethic accompanying the middle class, and (4) the relentless centralization of government.

The first characteristic that concerned Tocqueville was the isolation of individuals, the tendency of the new middle class world to "[throw] citizens more apart."[18] Tocqueville complained that the people of his time were in a state of "dispersal" that threatened to make them strangers to one another, that "each is retired and as if buried in his private affairs."[19] This dispersal, resulting from the fragmentation of society, would leave a political vacuum, and the government alone would become active. "It is the government alone which has inherited all the privileges of which families, guilds, and individuals have been deprived." In the Old Regime, the privileges of nobles, guilds, parishes, and trade corporations had managed to check any attempt at a thorough despotism; in Tocqueville's era, only a conglomeration of powerless individuals, lacking the habits of participation, confronted the state. "What strength can even public opinion have retained when no twenty persons are connected by a common tie, when not a man, nor a family, nor chartered corporation, nor class, nor free institution, has the power of representing or exerting that opinion, and when every citizen, being equally weak, equally poor, and equally isolated, has only his personal impotence to oppose to the organizing force of the government." Tocqueville regarded this isolation, in his view an inevitable companion to the new bourgeois society, as a prerequisite for the despotism that he feared. "Despotism . . . sees in the separation among men the surest guarantee of its continuance, and it usually makes every effort to keep them separate."[20]

Tocqueville's second concern was the sense of powerlessness that permeated society when each was alone and without experience of political action. In one letter, he lamented that "the most salient characteristic of the times is the powerlessness of both men and of governments to direct the general movement of intellectual and political affairs."[21] Likening the petty men of his time to "dwarfs" riding on a wave, Tocqueville argued that each individual was powerless. "We live in a time and in a democratic society where individuals, even the greatest, are very little of anything."[22] All of this resulted from individuals being cast alone and isolated in the new urban marketplace.

> When the inhabitant of a democratic country compares himself individually with all those about him, he feels pride that he is the equal of any one of them; but when he comes to survey the totality of his fellows and to place himself in contrast with so huge a body, he is instantly overwhelmed by the sense of his own insignificance and weakness. The same equality that renders him independent of each of his fellow citizens, taken severally, exposes him alone and unprotected to the influence of the greater number.[23]

Tocqueville worried about a third trend that only worsened the tendency toward isolation and powerlessness—the trend toward an obsessive concern with accumulating wealth, the acquisitive ethic of the new commercial world. Tocqueville despaired that the French people had contented itself with making railroads, finding coal, buying calico.[24] Complaining that the people of his time were indifferent to all but *bourse ou toilette*, Tocqueville scoffed that the predominant passion of his age was the railroad.[25] In Tocqueville's view, this acquisitive ethic fastened people to a private existence, made them lose interest in public affairs, and prepared them for a new servility. In his *Old Regime*, Tocqueville suggested that "[e]ighteenth century man had little of that craving for material well-being which leads the way to servitude."[26] Having convinced people that the primary goal in life is the accumulation of comfort and wealth, those in charge of a political order gain a certain power over people, gradually rendering the population passive and even submissive. If this craving for possessions increases in the future, the men and women of bourgeois society will lose all taste for political participation, because they will immerse themselves in private preoccupations while abandoning public concerns.

> The time will come when men are carried away and lose all self-restraint at the sight of the new possessions they are about to obtain. . . . It is not necessary to do violence to such a people in order to strip them of the rights they enjoy; they themselves willingly loosen their hold. The discharge of political duties appears to them to be a troublesome impediment which diverts them from their occupations and business. . . . These people think they are following the principles of self–interest, but the idea they entertain of that principle is a very crude one; and the better they look after that they call their own business, they neglect their chief business, which is to remain their own masters.[27]

Finally, Tocqueville feared centralization, and he outlined numerous ways in which the modern world fostered centralization: wars, economic crises, the necessity to regulate industry, mediation of disputes between workers and owners, and a love of order and well-being that leads individuals to look toward the government for security. Most of all, centralization was inevitable for the same reason that isolation was inevitable. Stripped of the web of ties, groups, and privileges that once protected him in aristocratic society, the individual found no buffer between himself and the state, and his gaze fell to the government, no longer to a local group that might offer assistance. "After the destruction of classes, corporations and castes, [the state] appeared as the necessary and natural heir to all the secondary powers. There was nothing so large that it could not overtake, nor so small that it could not touch."[28] Wrenched from the guilds, families, communities, and classes that once surrounded him, the individual confronted a new commercial world proud of his independence but naked in his powerlessness. Indeed, "whenever a nation destroys its aristocracy, it almost automatically tends toward a centralization of power."[29]

Every reader of Tocqueville knows that in *Democracy in America* Tocqueville outlined the dangers of a possible and qualitatively new despotism. The pessimism we find in the letters he wrote in the last few years of his life offers us sufficient evidence to consider seriously whether this possibility of a new despotism might not have become his prediction for the future.[30] The foreword to his last published writing, his *Old Regime*, indicated that a new despotism grounded in isolation, powerlessness, possessiveness, and centralization was still his chief worry.

> For in a community in which the ties of family, of caste, of class, and craft fraternities no longer exist people are far too much disposed to think exclusively of their own interests, to become self–seekers practicing a narrow individualism and caring nothing for the public good. Far from trying to counteract such tendencies despotism encourages them, depriving the governed of any sense of solidarity and interdependence. . . . It immures them, so to speak, each in his private life and, taking advantage of the tendency they already have to keep apart, it estranges them still more. . . . Love of gain, a fondness for business careers, the desire to get rich at all costs, a craving for material comfort and easy living quickly become ruling passions under a despotic government. . . . It is in the nature of despotism that it should foster such desires and propagate their havoc.[31]

TOCQUEVILLE'S PESSIMISTIC PICTURE OF THE FUTURE: SWEET DESPOTISM

Tocqueville feared that Europe would stagnate in mediocrity. He was certainly not the first to have this fear, but his new despotism had two key characteristics that made it an unusual prediction and made it similar to the fears of Nietzsche. First, he thought this new world would bring a sweet despotism, a tyranny that would comfort and satisfy. But second, borrowing from his mentor Pascal, he thought that a life devoted to material well-being could not escape bringing with it a gnawing doubt.

While Tocqueville occasionally warned against a despotism of force, most often he feared a stagnation that would encourage self-seeking and even hedonism. He dreaded a world in which each person "has so contemptible an opinion of himself that he thinks he is born only to indulge in vulgar pleasures. He willingly takes up with low desires without daring to embark on lofty enterprises, of which he scarcely dreams."[32] Like Montesquieu's Persian prince who was more absolute when he caressed than when he threatened,[33] the new despotism would both gratify and degrade.

> I seek to trace the novel features under which despotism may appear in the world. The first thing that strikes the observation is an innumerable multitude of men, all equal and alike, incessantly endeavoring to procure the petty and paltry pleasures with which they glut their lives. Each of them, living apart, is as a stranger

> to the fate of all the rest. . . . Above this race of men stands an immense and tutelary power, which takes upon itself alone to secure their gratification and to watch over their fate.[34]

Tocqueville thought, however, that a world of isolated individuals obsessed with self-interest and private pleasure was the cause and necessary companion of doubt, of a society that had lost the ability to believe in anything. "It was not only the isolation of minds that was to be dreaded, but their uncertainty and their indifference; each searching in his way for the truth, many were to arrive at doubt, and with doubt, the taste for material enjoyments, that taste so fatal to liberty and so dear to those who want to ravish man, penetrated naturally into these souls."[35]

Tocqueville came to this conclusion with a reasoning that was both historical and political. The collapse of the aristocratic classes had brought with it an urbanized and commercial world, complete with greater prosperity and greater individual freedom, but the social changes and the ethic of prosperity that accompanied this new middle class society might give birth to the conditions that make a new despotism possible, like a plant whose flowering moment produces a poison that might kill it. "We must be careful not to confound political liberty with certain effects that it sometimes produces. When once it is well established and undisturbed in its exercise it inclines men to enjoy luxury, to desire and labor to acquire wealth; and these tastes, wants and cares kill religious enthusiasm. But these tardy and secondary results of liberty deaden political passions as much as they do religious ones."[36] Thus, isolation, powerlessness, and an acquisitive ethic—in Tocqueville's mind, all inseparable companions of the new bourgeois world—might bring a comfortable servitude and doubt or the inability to believe any values to be certain. Tocqueville, who maintained his religious convictions, regarded doubt as "the most unbearable of all the evils of this world,"[37] and dreaded a world in which there was no authority to legitimize some form of belief.[38] He offers a desperate picture of the future: a sweet despotism willing to provide goods and pleasures to anxious subjects who doggedly grasp at the temporary satisfactions that perpetuate both their servitude and their anxiety.

NIETZSCHE'S DISGUST WITH HIS CENTURY

At first glance, Nietzsche seems a pole apart from Tocqueville, and we might legitimately conclude that Tocqueville, had he lived into the later decades of the nineteenth century, would have concerned himself as little with Nietzsche as Nietzsche did with Tocqueville. If Tocqueville was irredeemably political, Nietzsche was comparatively unconcerned with the political squabbles of his time, regarding them as petty and superficial manifestations of deeper problems. If Tocqueville, despite deep-seated personal doubt, clung to the traditions and lessons of his Catholic youth, Nietzsche carefully but painfully shed his Lutheran background and relentlessly attacked Christianity throughout most of his life. If Tocqueville embraced the principles of the French Enlightenment and of 1789, Nietzsche opposed the optimism and calm reasoning of the Enlightenment, especially that of Kant, even if the ghost of this giant of German philosophy never entirely left him. If Tocqueville had little use for formal philosophy, believing with Voltaire that metaphysical reasoning is like a complicated minuet in which your final step returns you to where you started, Nietzsche never relinquished the Hegelian notion that philosophical reasoning ultimately determines the broad directions of history. And finally, if Tocqueville borrowed from the sociology of Bodin and Montesquieu to seek out the origins of institutions and of *les moeurs*, Nietzsche returned to Greek philosophy and borrowed from his German predecessors in using a philosophical psychology to find the origins, or genealogy, of morality.

And yet, after closer examination, we find a key similarity between Tocqueville and Nietzsche. Both were outsiders who felt distanced from the predominant developments of the nineteenth century. One part of Tocqueville was the aristocrat who, like his much older cousin Chateaubriand, could never reconcile himself to this new world of shopkeepers, and Nietzsche was almost literally the embodiment of the intellectual whose alienation from the new bourgeois world was complete (which means that, ironically and in different ways, they both owed a debt to the democrat Rousseau). Tocqueville took steps to accommodate himself to the new equality, but wanted to make sure that this democratic revolution also embraced freedom, intellect, virtue, and culture. Nietzsche, who of course rejected democratic and liberal principles, still wanted to make sure that men of bold strength and intellect did not disappear, and to attempt this he borrowed from Thucydides to advocate a Periclean aristocracy, from Goethe to depict a Faustian individual enamored with creative activity, from Schopenhauer to imagine a will that could rebuild the world, from Hegel to suggest that strong passions can destroy the old and build the new, and from Wagner to advocate a cultural and intellectual revolution. In other words, both Tocqueville and Nietzsche shared an aristocratic disdain and intellectual disenchantment with what they regarded as the new and suffocating middle class world of commerce.

The word *disenchantment* is really too mild to describe Nietzsche's anger and disgust. No doubt Nietzsche's anger had many origins, but one was in a comparison between what he regarded as the greatness of ancient Greece and the decadence of modern Europe. "My object is to generate relentless hostility between antiquity and our contemporary 'culture'."[39] Whatever the origin, his disgust was powerful. "What arouses our repugnance today? . . . That such vermin as human beings can predominate and multiply."[40] Like Tocqueville, he was reacting with anger to the new commercial world, and he certainly regarded commerce as the defining characteristic of his century. "Today one can see coming into existence the culture of a society of which *commerce* is as much the soul as personal contest was with the ancient Greeks. . . ."[41] Nor did Nietzsche have any illusions about the class character of his political world, and, although he was no egalitarian, he certainly held this particular basis for inequality in contempt. "Now almost everything on earth is determined by the crudest and most evil forces, by the egotism of the purchasers and the military despots."[42]

Nietzsche seemed to object for two broad reasons. First, commerce and the accumulation of riches are disgracefully petty goals for a ruling class to have. "Well-being as you understand it—that is no goal, that seems to us an *end*! A state which soon renders man ludicrous and contemptible—which makes it *desirable* that he should perish!"[43] Similarly, he regarded this acquisitive ethic as a waste of energy that seduces those who otherwise would be capable of great understanding and great accomplishment. "If one spends oneself on power, grand politics, economic affairs, world commerce," one will have little energy for "reason, seriousness, will, self–overcoming."[44] Nietzsche repeatedly asserted the desirability of class rule, but he wanted a ruling class with free time for greatness and daring in all possible fields of endeavor, not one busying itself with the productive process. "A higher culture can only originate where there are two distinct castes of society: that of the working class, and that of the leisured class who are capable of true leisure."[45] It is an attitude at least as old as Aristotle's claim that wealth can only be a means to the good life and not an end in itself, and at least as recent as the aristocratic contempt for wealth that Tocqueville exhibited all his life.[46] Said Nietzsche: "Are you accomplices in the current folly of the nations—the folly of wanting above all to produce as much as possible and to become as rich as possible? . . . How great a sum of *inner* value is thrown away in pursuit of this external goal!"[47]

Second, Nietzsche objected to this new commercial world because it was transforming those who labored in this world into machines. Nietzsche called modern workers "factory slaves"[48] and declared that "everyone must acknowledge to himself that in all respects slaves live more securely and more happily than modern laborers."[49] No redistribution of wealth, no higher wage could make the modern laborer more than a tool. "To the devil with the belief that higher payment could lift from them the *essence* of their miserable condition—I mean their personal enslavement! . . . To the devil with setting a price on oneself in exchange for which one ceases to be a person and becomes a part of a machine!"[50] Because Nietzsche persistently defended class rule and even declared the necessity of a society based on exploitation,[51] because Nietzsche declared that one cannot have a great culture without a "contented mass of slaves,"[52] one might wonder why he objected to the new economy that so deftly made use of the working classes. His fear was largely Tocqueville's, a fear that the upper classes would become indistinguishable from the laboring classes, that all would become tools of the industrial processes. The first step to stagnation is a society that glorifies work for everyone, for work can be a narcotic[53] and work "uses up an extraordinary amount of nervous energy, which is thus denied to reflection, brooding, dreaming, worrying, loving, hating; it sets a small goal always in sight and guarantees easy and regular satisfactions. Thus a society in which there is continual hard work will have more security: and security is now worshipped as the supreme divinity."[54] The machine, he feared, would become the model for social organizations that engulfed everyone. The machine "converts whole groups into machines and every individual into a specialized tool."[55] Like Tocqueville, Nietzsche used China as one model for the stationary society he feared, a society in which all are usefully swallowed by an economic and bureaucratic process, a faceless despotism without identifiable rulers. "Once we possess that common economic management of the earth that will soon be inevitable, mankind will be able to find its best meaning as a machine in the service of this economy—as a tremendous clockwork, composed of ever smaller, ever more subtly "adapted" gears; as an ever-growing superfluity of all dominating and commanding elements."[56]

NIETZSCHE'S REASONING:
DOUBT, MEANINGLESSNESS, NIHILISM

While Tocqueville thought that the consumerism of the new commercial world would bring doubt, Nietzsche thought that widespread doubt would leave people with no purpose higher than the day-to-day pleasures of this consumer economy. Nietzsche's reasoning was also historical, but far less political; he focused on what he thought was the inevitable emergence not just of doubt, but of a pervasive nihilism. The historical road to modern nihilism originated, of course, in the questions of ancient Greek philosophy.[57] Behind the questions of Greek philosophy, questions such as "What is true?" or "How can we know the good?" lurked an assumption that truth, value, and meaning all did exist and were discoverable. But the labor of European philosophy from Plato, whose ideas were reinforced by Christianity, to Nietzsche revealed one fruitless attempt after another to *discover* some objective value or meaning. Nietzsche declared that he was breaking "the history of mankind into two bits,"[58] that is, that his task was to unmask the assumption that truth and moral principles do exist and are available to discovery. "I descended into the depths, I tunnelled into the foundations, I commenced an investigation and digging out of an ancient *faith*, one upon which we philosophers have for a couple of millennia been accustomed to build as if upon the firmest of all foundations—and have continued to do so even though every building hitherto erected on them has fallen down: I began to undermine our *faith in morality*."[59] In all this, Nietzsche identified with the ancient Sophists who challenged Platonism. "It is a very remarkable moment: the Sophists verge upon the first critique of morality, the first insight into morality. . . . They postulate the first truth that a 'morality-in-itself,' a 'good–in–itself' does not exist. . . ." The Greek admonition to subject everything to critical reasoning, and the Greek assumption that there is a standard of good that one can discover, necessarily would clash, even if it took two thousand years, and would lead to doubt, disbelief, and nihilism. "Main proposition. How *complete nihilism* is the necessary consequence of the ideals entertained hitherto."[60] Nietzsche rarely saw himself as causing European nihilism; rather he regarded himself as a seer, as one who could announce the nihilism that future centuries would experience.

Even as a young man of seventeen, Nietzsche wondered if Europe had not been "led astray for two thousand years," if the future might not witness "the rejection of everything in existence, the dissolution of all social forms."[61] With his mature philosophy, Nietzsche argued that any objective standard of value was an illusion, that religious attempts to *reveal* moral truths and philosophical attempts to *discover* moral truths had necessarily failed. In fact, the moral values of any culture had been *created* by that culture, not revealed or discovered in response to cultural needs. Said Nietzsche's Zarathustra: "Truly, men have given themselves all their good and evil. Truly, they did not take it, they did not find it, it did not descend to them as a voice from heaven."[62]

At one point Nietzsche declared that his philosophy was "to rescue men from illusion at any cost,"[63] but this act of rescue is politically dangerous, because Nietzsche himself argued that illusions are essential for life. We must "recognize untruth as a condition of life."[64] The preservation of the species demands illusions, demands some sort of cultural agreement about values, even though those values are errors.[65] "That lies are necessary in order to live is itself part of the terrifying and questionable character of existence."[66] As a consequence, even though Nietzsche wanted to "rescue" Europe from illusions, he also saw that the "greatest of all dangers" was the fact that people may not be strong enough to live with the understanding that all is false.[67] Thus

Nietzsche experienced "the fear born of that instinct which senses that one might get hold of the truth *too soon*, before mankind was sufficiently strong, sufficiently hard, sufficient of an artist" to create values consciously.[68]

Why is nihilism the greatest of all dangers? Nietzsche thought it was because our greatest need is to live assured that life has a clearly defined meaning.

> *This* is precisely what the ascetic ideal means: that something was *lacking*, that man was surrounded by a fearful *void* . . . he *suffered* from the problem of his meaning. . . . Man, the bravest of animals and the one most accustomed to suffering, does *not* repudiate suffering as such; he *desires* it, he even seeks it out, provided he is shown a *meaning* for it, a *purpose* of suffering. The meaninglessness of suffering, *not* suffering itself, was the curse that lay over mankind . . . any meaning is better than none at all.[69]

What will happen to humankind if we can no longer live securely with assumptions about good and evil that remain unquestioned? Nietzsche thought that anyone who understood nihilism, not as an intellectual position, but as life experience would be terrified. Without the security of truth and without God "you will never again pray . . . never again find peace in boundless trust. You deny yourself the opportunity to come to rest before a final wisdom, a final goodness, and a final power. . . . Who will give you the strength to do so? No one ever had *this* much strength![70] Despite talk of supermen and new lawgivers who would create new values, despite almost Darwinian talk of a new race strong enough to live with the idea that all is illusion, Nietzsche usually feared for the future. As he wrote in 1888, "[w]hat I recount is the history of the next two centuries. I describe what is coming, what can no longer come differently: *the advent of nihilism*. . . . This future speaks already in a hundred signs, this destiny announces itself everywhere. . . . For some time now our entire European culture moves itself toward a catastrophe, with a tortured tension, which grows from decade to decade."[71]

THE POLITICAL CONSEQUENCES OF NIHILISM: EUROPEAN STAGNATION

One might argue that Nietzsche most feared that, when values disappear, the world would witness only terrifying struggles for power, that only force would stop chaos. Sometimes he exhibited this fear, as in the statement so reminiscent of Freud that "culture is only a thin apple peel over a fiery chaos."[72] He also predicted that our century would see the "struggle for mastery over the whole earth"[73] and "wars the like of which have never yet been seen on earth."[74] But chaos was not Nietzsche's greatest fear. If anything, he welcomed turmoil, struggle, passion, and even war, because all of these postponed European stagnation. Despite his hatred for socialists, for example, he thought the passion for socialism was useful. "Socialism will be able to be something useful and therapeutic: it delays 'peace on earth' and the total mollification of the democratic herd animal; it forces the European to retain spirit."[75] Nietzsche here only echoed Tocqueville who, despite countless misgivings about war, praised it for waking up a sleepy society. "I do not wish to speak ill of war: war almost always enlarges the mind of a people and raises their character."[76] In sum, war and turmoil and chaos may lie in the future, but they are not what Nietzsche feared. His danger approached more quietly. "Thoughts that come on doves' feet guide the world."[77]

Nietzsche's greatest fear was stagnation, brought about by the Christian ethic and all its offshoots ranging from free-trade liberalism to reformist utilitarianism to socialism. To Nietzsche, all of these philosophies sought a petty consumer happiness and a world without danger, passion, ambition, or energy. Zarathustra warned of the "ultimate men" who have no dreams, no strong loves, no goals, no ambition to create, no wish to bother with inequality—but instead gratefully embrace a vegetative happiness where "they have their little pleasure for the day and their little pleasure for the night."[78] It is because of his fear of the "ultimate men" that Nietzsche praised passions, ambition, and a creative ruling class. In a famous passage, he admitted that one might legitimately be afraid of the "blond beast" that drives an aristocratic class either to good or to evil, but how much better to be afraid than to have to endure "the repellent sight of the ill-constituted, dwarfed, atrophied, and poisoned" men of present day Europe.[79]

In one of those happy ironies that Nietzsche relished with so much delight, he announced that the "good" man was the greatest danger to Europe. "What if a symptom of regression were inherent in the 'good,' likewise a danger, a seduction, a poison, a narcotic, through which the present was possibly living *at the expense of the future*? . . . So that precisely morality was the danger of dangers?"[80] How could this be? In Nietzsche's mind, the good Christian or democrat or socialist has been taught to repress strong feelings, ambition, creativity, and spontaneity. "Affect, great desire, the passion for power, love, revenge, possessions—: moralists want to extinguish and uproot them. . . . The logic is: the desires often produce great misfortune—consequently they are evil, reprehensible. A man must free himself from them: otherwise he cannot be a *good* man."[81] Yet this "good" man seeking his petty pleasures and guilty about any strong emotions was, in Nietzsche's opinion, the surest step toward stagnation, and thus Nietzsche could declare that the "evil" man was Europe's hope. As Zarathusta taught, "[m]an must grow better and more evil."[82] Great achievement only comes from those "evil" men who are not afraid of power and passion. "The frightful energies—those which are called evil—are the cyclopean architects and road-makers of humanity."[83] Christianity conquered ancient aristocracies with *ressentiment* and guilt, but even *ressentiment* required action to succeed, and Nietzsche feared a world incapable even of this much energy.

CONCLUSION

Nietzsche maintained that Europe would experience a new slavery in which all were slaves and none was master. The future would see "talkative, weak-willed, and highly employable workers, who need masters, leaders, as badly as they need daily bread. The democratization of Europe is conducive to the production of a type prepared for slavery in the finest sense."[84] Tocqueville's new despotism and what Nietzsche more dramatically called slavery are remarkably similar, even though nihilism is the foundation for the stagnant society Nietzsche depicted, while it was only one consequence of Tocqueville's despotism.

First, Nietzsche, like Tocqueville, feared the atomization of society, a condition in which each would be alone, afraid, and unable to act. Nietzsche maintained that we "live in a period of atomistic chaos," and he regarded modern man not as a "personality, but merely an isolate. He represents all atoms against the communality. . . . He instinctively sets himself up with other atoms; what he fights, he fights not as a personality but as the representative of atoms against the whole."[85] One might wonder why Nietzsche would fear isolation, since passages in which he extols solitude or tells us to flee from the crowd are well known.[86] These passages are more than balanced by passages in which he praises friendship, the togetherness of a strong ruling class, and the strong individuals who emerged from the common actions of the ancient Greek aristocracy. "Every elevation of the type 'man' has hitherto been the work of an aristocratic society—and so it will always be."[87]

Second, Nietzsche feared the world was making men powerless, although for reasons widely different from those of Tocqueville. Nietzsche saw Christianity, and the other slave moralities of liberalism and socialism, as attempting to tame men and teach them to repress desires for power, love, and ambition. "Supposing that what is at any rate believed to be the 'truth' really is true, and the *meaning of all culture* is the reduction of the beast of prey 'man' to a tame and civilized animal, a *domestic animal* . . . [it would be] the *regression* of mankind!"[88] As he put it elsewhere, Europe regarded only the "castrated man" as a good man.[89] Tocqueville saw powerlessness arising from isolation, obsession with wealth, and the inability to organize politically. Nietzsche located powerlessness in internalized guilt and psychological repression. "I have often laughed at the weaklings who think themselves good because their claws are blunt."[90]

Third, Nietzsche also feared the decline of creativity and action, because individuals would respond to the anxiety of nihilism by contenting themselves with petty pleasures. With nihilism, nothing remains but "living according to the moment, for the coarsest of aims."[91] A good aristocracy seeks daring and greatness, but risks suffering. By contrast, democrats, liberals, socialists, and Christians "would like to strive after . . . the universal green pasture happiness of the herd, with security, safety, comfort, and an easier life for all."[92] Nietzsche despaired that potential leaders of society could be coopted with "shopkeeper's gold."[93]

Fourth, Nietzsche feared the domination of life by the centralized state which he thought was destined to become a new religion. When people can no longer worship a kingdom of God, they will worship the new kingdom or *Reich* here on earth. "The State? What is that? Well then! Now open your ears, for now I shall speak to you of the death of peoples. That State is the coldest of all cold monsters. Coldly it lies, too; and this lie creeps from its mouth: 'I, the State, am the people.' It is a lie!"[94] Just as Tocqueville thought a centralized state created a passive nation of spectators, Nietzsche thought that a people that put its energy into concerns of the state is a degenerate people. "The state where universal slow suicide is called—life."[95] Or "culture and the state . . . are antagonists."[96]

Finally, for both Tocqueville and Nietzsche equality was an essential component of Europe's stagnation, although Tocqueville, unlike Nietzsche, was by no means the unequivocal enemy of equality. Whereas Tocqueville talked of a mediocre "multitude of men, all equal and alike, incessantly endeavoring to procure the petty and paltry pleasures with which they glut their lives,"[97] Nietzsche expressed his contempt for the new European equality more strongly. Christians and democrats "with their 'equal before God,' have hitherto ruled over the destiny of Europe, until at last a shrunken, almost ludicrous species, a herd animal, something full of good will, sickly and mediocre has been bred, the European of today."[98]

Despite the fact that Tocqueville was religious and political whereas Nietzsche was not, despite the fact that Tocqueville is regarded as one of the nineteenth-century's greatest defenders of a liberal society whereas Nietzsche is looked upon as that century's most outrageous iconoclast, and despite the fact that Tocqueville's method of reasoning was historical and sociological whereas Nietzsche's approach was psychological and philosophical, in the end Nietzsche's fears for the future turn out to be those of Tocqueville.

Notes

There are two editions of Tocqueville's "complete" works, neither of which is complete. The first was published by Madame de Tocqueville and edited by Gustave de Beaumont (*Oeuvres complètes d'Alexis de Tocqueville*, Paris, 1862–66). I refer to this edition as *Oeuvres* (B). The second is in the process of publication under the direction of J. P. Mayer (*Oeuvres complètes*, Paris: Gallimard, 1951–   ). I refer to this edition as *Oeuvres* (M). As is customary, references to Nietzsche's work refer to section numbers and not page numbers.

I have generally used available English translations.

1. *Selected Letters on Politics and Society*, ed Roger Boesche, trans. James Toupin and Roger Boesche (Berkeley: University of California Press, 1985), p. 295.

2. For an argument that Tocqueville's liberalism was distinctly different from that of his English and French contemporaries, see my article, "The Strange Liberalism of Alexis de Tocqueville," *History of Political Thought* (1981). Also my book by the same title (Ithaca: Cornell University Press, 1987).

3. *Selected Letters*, pp. 336–39.

4. *Oeuvres* (M), vol. 13, pt. 1, *Correspondance d'Alexis de Tocqueville et de Louis de Kergorlay*, 373.

5. *The European Revolution and Correspondence With Gobineau*, trans. John Lukacs (Gloucester, Mass.: Peter Smith, 1968), p. 191.

6. *Democracy in America*, trans. Henry Reeve, Francis Bowen, and Phillips Bradley (New York: Vintage Books, 1945), 1: 8.

7. For an outline of Tocqueville's practical suggestions for reform, see my article, "Tocqueville and *Le Commerce*: A Newspaper Expressing His Unusual Liberalism," *Journal of the History of Ideas* (1983).

8. *Selected Letters*, pp. 66, 348.

9. *Oeuvres* (M), vol. 11, *Correspondance d'Alexis de Tocqueville et de Pierre–Paul Royer–Collard*, 108.

10. *Oeuvres* (M), vol. 13, pt. 1, *Correspondance Kergorlay*, 356.

11. *Oeuvres* (M), vol. 8, pt. 3, *Correspondance d'Alexis de Tocqueville et de Gustave de Beaumont*, 469.

12. *Correspondence and Conversations of Alexis de Tocqueville With Nassau William Senior, From 1834 to 1859* (New York: Augustus M. Kelley, 1968), 2: 85.

13. *Democracy*, 2: 347.

14. *Ibid.*, 2: 332.

15. *Ibid.*, 1: 94.

16. For a good discussion of this development, see William H. Sewell, *Work and Revolution in France: The Language of Labor From the Old Regime to 1848* (London: Cambridge University Press, 1980).

17. *The Old Regime and the French Revolution*, trans. Stuart Gilbert (Garden City, New York: Doubleday, 1955), p. 96.

18. Tocqueville, *Democracy*, 2: 208.

19. Tocqueville, *Oeuvres* (M), vol. 8, pt. 1, *Correspondance Beaumont*, 538; Tocqueville, *Oeuvres* (B), vol. 7, *Nouvelle Correspondance*, 288.

20. Tocqueville, *Democracy*, 1: 11, 340; 2: 109.

21. Tocqueville, *Oeuvres* (M), vol. 15, pt. 2, *Correspondance d'Alexis de Tocqueville et de Francisque de Corcelle*, 48.

22. Tocqueville, *Oeuvres* (M), vol. 8, pt. 2, *Correspondance Beaumont*, 369.

23. Tocqueville, *Democracy*, 2: 11.

24. Tocqueville, *Oeuvres* (M), vol. 8, pt. 3, *Correspondance Beaumont*, 283.

25. Tocqueville, *Oeuvres* (M), vol. 11, *Correspondance Royer–Collard*, 371.

26. Tocqueville, *The Old Regime*, p. 118.

27. Tocqueville, *Democracy*, 2: 149.

28. Tocqueville, *Oeuvres* (B), vol. 9, *Etudes économiques, politiques*, 14.

29. Tocqueville, *The Old Regime*, p. 60.

30. Tocqueville, *Selected Letters*, pp. 325–27, 370–71.

31. Tocqueville, *The Old Regime*, xiii.

32. Tocqueville, *Democracy*, 2: 262.

33. Montesquieu, *The Persian Letters*, 96.

34. Tocqueville, *Democracy*, 2: 336.

35. Tocqueville, *Oeuvres* (B), vol. 9, *Etudes économiques, politiques*, 11.

36. *Memoir, Letters, and Remains*, trans. not listed (Boston: Ticknor and Fields, 1862), 1: 344–45. This work is an early translation of vols. 5 and 6 of *Oeuvres* (B).

37. *Oeuvres* (M), vol. 15, pt. 2, *Correspondance Corcelle, Madame Swetchine*, 29, 313–16.

38. *Journeys to England and Ireland*, trans. George Lawrence and K. P. Mayer (Garden City, New York: Doubleday, 1968), p. 22.

39. Cited by Ronald Hayman, *Nietzsche: A Critical Life* (New York: Oxford University Press, 1980), p. 178.

40. Cited by Karl Jaspers, *Nietzsche: An Introduction to the Understanding of His Philosophic Activity* (Chicago: Henry Regnery Company, 1965), p. 125.

41. *Daybreak: Thoughts on the Prejudices of Morality*, trans. R. J. Hollingdale (London: Cambridge University Press, 1982), 175.

42. Cited by Walter Kaufmann, *Nietzsche: Philosopher, Psychologist, Anti–christ* (New York: Meridian Books, 1956), pp. 141–42.

43. *Beyond Good and Evil*, trans. R. J. Hollingdale (Baltimore: Penguin Books, 1973), 225.

44. Cited by R. J. Hollingdale, *Nietzsche* (London: Routledge and Kegan Paul, 1973), p. 21.

45. *Human, All-Too-Human*, pt. 1, trans. Helen Zimmern, in *The Complete Works of Friedrich Nietzsche*, ed. Oscar Levy (London: 1909), 439.

46. See Beaumont's *Memoir* for Tocqueville in *Memoir, Letters*, vol. 1. See also Tocqueville's astonishment that everyone in the United States worked (*Democracy*, 2: 161).

47. Nietzsche, *Daybreak*, 206.

48. Ibid.

49. Nietzsche, *Human, All-Too-Human*, pt. 1, 457.

50. Nietzsche, *Daybreak*, 206. Notice the parallel with Marx's *Economic and Philosophic Manuscripts of 1844*: "A *forcing up of wages* . . . would therefore be nothing but *better payment for the slave*, and would not conquer either for the worker or for labour their human status and dignity" (*The Marx-Engels Reader*, ed. Robert C. Tucker, 2d ed. [New York: W. W. Norton, 1978], p. 80).

51. Nietzsche, *Beyond Good and Evil*, 259.

52. Cited by Jaspers, *Nietzsche*, p. 254.

53. Ibid., p. 241.

54. Nietzsche, *Daybreak*, 173.

55. Cited by Jaspers, *Nietzsche*, p. 241.

56. *The Will to Power*, trans. Walter Kaufmann and R. J. Hollingdale (New York: Vintage, 1968), p. 866.

57. Jaspers, *Nietzsche*, p. 243.

58. Arthur C. Danto, *Nietzsche as Philosopher* (New York: Columbia University Press, 1980), p. 41.

59. Nietzsche, *Daybreak*, Preface, 2.

60. Nietzsche, *The Will to Power*, 428, 28.

61. Cited by Hayman, *Nietzsche: A Critical Life*, p. 44.

62. *Thus Spoke Zarathustra*, trans. R. J. Hollingdale (Baltimore: Penguin Books, 1961), p. 85.

63. Cited by Jaspers, *Nietzsche*, p. 201.

64. *Beyond Good and Evil*, 4.

65. *Joyful Wisdom*, trans. Thomas Common (New York: Frederick Ungar Publishing Co., 1968), 76.

66. *The Will to Power*, 853.

67. Cited by Jaspers, *Nietzsche*, p. 221.

68. *Beyond Good and Evil*, 59.

69. *On the Genealogy of Morals*, trans. Walter Kaufmann and R. J. Hollingdale, in *On the Genealogy of Morals and Ecce Homo* (New York: Vintage Books, 1967), 3: 28.

70. Cited by Jaspers, *Nietzsche*, pp. 435–36.

71. Cited by Tracy B. Strong, *Friedrich Nietzsche and the Politics of Transfiguration* (Berkeley: University of California Press, 1975), p. 10.

72. Cited by Jaspers, *Nietzsche*, p. 234.

73. Nietzsche, *Beyond Good and Evil*, 208.

74. Friedrich Nietzsche, *Ecce Homo*, trans. Walter Kaufmann in *On the Genealogy of Morals and Ecce Homo* (New York: Vintage Books, 1967), "Why I Am a Destiny," 1.

75. Nietzsche, *The Will to Power*, 125.

76. Tocqueville, *Democracy*, 2: 283.

77. Nietzsche, *Thus Spoke Zarathustra*, p. 168.

78. Ibid., p. 47.

79. Nietzsche, *The Genealogy of Morals*, 1: 11.

80. Ibid., Preface, 6.

81. Nietzsche, *The Will to Power*, 383.

82. Nietzsche, *Thus Spoke Zarathustra*, p. 299.

83. Cited by Hollingdale, *Nietzsche*, p. 103.

84. Cited by Hayman, *Nietzsche: A Critical Life*, p. 293.

85. Cited by Strong, *Friedrich Nietzsche and the Politics of Transfiguration*, p. 201.

86. *Beyond Good and Evil*, 41.

87. Ibid., 257.

88. *The Genealogy of Morals*, 1: 11.

89. *The Will to Power*, 383.

90. Nietzsche, *Thus Spoke Zarathustra*, p. 141.

91. Cited by Jaspers, *Nietzsche*, p. 242.

92. *Beyond Good and Evil*, 44.

93. *Thus Spoke Zarathustra*, p. 220.

94. Nietzsche, *Thus Spoke Zarathustra*, p. 75; also *Daybreak*, 262.

95. Ibid., p. 77.

96. *Twilight of the Idols* in *The Portable Nietzsche*, ed. and trans. Walter Kaufmann (New York: Viking Press, 1954), p. 509.

97. Tocqueville, *Democracy*, 2: 336.

98. Nietzsche, *Beyond Good and Evil*, 62.

The Comparative Charting
of Social Change

CHARTING SOCIAL CHANGE

Allier comparaison macro-sociologique et observation ethnographique, méthode Tocquevillienne s'il en est, a été rarement fait par les sociologues, sauf si l'on se souvient des études du caractère national qui ont été en faveur parmi les ethnologues d'obédience psycho-analytique dans les années quarante. Les sociologues qui ont cherché à faire des comparaisons internationales systématiques ont, le plus souvent, eu recours à des analyses statistiques qui débouchaient sur de fausses analogies parce que les indicateurs n'ont pas la même signification dans les différentes sociétés. Faute de les replacer dans leur contexte on compare des éléments incomparables. Le mouvement des indicateurs sociaux des années soixante et l'effort pour constituer des comptabilités sociales se sont heurtés à cet écueil méthodologique. Toutefois on ne saurait jeter le manche après la cognée, et renoncer.

Aujourd'hui on peut essayer de repartir d'un pied nouveau en utilisant d'une part les statistiques sociales qui ont fait d'immenses progrès dans tous les pays et d'autre part les innombrables monographies et études de cas qui se sont accumulées depuis vingt ans.

Ainsi données macrosociologiques et observations ethnologiques seront à nouveau confrontées pour identifier des tendances du changement social dans chaque pays et ensuite les comparer de pays à pays.

Pour contribuer à ce renouveau des comparaisons internationales, *la Revue Tocqueville* a réuni les études qui suivent et invite d'autres auteurs à alimenter ce débat.

H. M.

JOHN MODELL

Conveying Social Change: Some Formal Considerations

A MISSED OPPORTUNITY

Over the past two decades the social sciences in the United States have experienced a remarkable period of methodological enrichment. Numerous advances in statistics, in formal modeling, in computation, and in data collection have fueled this happy methodological surge. Substantively, demography, network analysis, event history and a number of other quite generalized analytic perspectives have revised the ways we can describe and account for change, and have made the social sciences powerfully relevant to policy in a way they were not only a while ago. Correspondingly, the instrumentation of the social sciences has been strengthened both through technological means and through what the several disciplines have learned from one another.

Improved data have complemented the technical gains. The Census Bureau has become alert to the need for comparability of data over time, and has energetically entered the business of providing samples of microdata so that individual users can customize the items they wish to compare. We even have had huge public-use files of the 1940 and 1950 censuses prepared in the interest of historical depth. Commercial and semicommercial poll takers have now large backlogs of repeated questions from their surveys. In the General Social Survey, we have an annual omnibus survey a decade and a half old, explicitly designed to make it possible for manifold social scientists to develop a broad understanding of realms of change and realms of constancy in our society. By intention, these materials are widely disseminated. Archives of machine-readable social science data have grown admirably, and are becoming known to the scholarly community at large. The Inter-University Consortium for Political and Social Research makes the holdings detailed in its 716-page catalogue of listings available free of charge to persons connected with the 300-odd member institutions of the Consortium.

We now can know about our changing world better than we once did because we are able to measure underlying relationships that are not visible on the surface of events. It is essential that the implications of these measurements be conveyed to nontechnical publics. The need to convey and interpret social change is pressing because in our baffling, multifarious phenomenal world, critical decisions must be made with the essential understanding that social change occurs gradually, as well as cataclysmically; interrelatedly, not along discrete and unconnected dimensions. But the capacity and will of social science to deal with the kind of society that is emerging has far outrun its ability to get the audience to hear what we have to tell them. Most excellent social scientists have elected to seek underlying realities that escape the naive observer, and to let the new version "explain itself" to the attentive naive, rather than exploring the problems inherent in that process.

In seeking to communicate the findings of modern social science to a nontechnical public we of course seek social scientists "who can write." And in some sense, we think we can identify those social scientists. But, apart from general criteria like clarity, the capacity for finding vivid words, and a diction and cadence that do not sound monotonous, we really do not have a very clear sense of what it means to say that these people "can write," nor whether even if they "can write" they really can convey to nontechnical audiences the kinds of materials we hope that they can. Partly, this is so because we really have not given much analytic thought to what constitutes good social science writing, and partly because we have given even less thought to just what it is that a nontechnical audience knows how to hear. Thus Richard H. Brown's insightful *A Poetic for Sociology*[1] is concerned with applying aesthetic criteria to the structure of social *theory*, not to the language that can convey it. Indeed, theory receives such pride of place in social science that for the most part conveying the information gathered and arrayed according to that same theory is considered to be a task somewhat infra dig and often left to nonspecialists or functionaries.

Inherently, there is nothing repugnant to most of the public about social science. Social science concepts and social science information have become a regular part of public discussion, even at a very casual level. What conversation about the racial situation in the United States does not include some consideration of changes in opportunity for *social mobility* among blacks, that once startling metaphor now a part of the daily conversation even of people who have no particularly cogent notion of a social structure through which one may move? What casual exchange of observations in a moment of contemplative consumption does not involve some reference to *relative cohort sizes*, through its embodiment in the instance of "baby boomers?" Yet, how does the public *think about* the concepts to which these terms apply? Does the public attend to the word "cycle" in the notion "business cycle" that, one presumes, most think they understand? If so, how do they understand the fact of cyclicality? Do they decompose the composite cycle into elements that interactively generate cyclicality, or do they rather attribute the fact of cyclicality to a cosmic tendency for what is good eventually to get worse, what is bad sooner or later to get better?

As a college teacher of history, I am often struck by how poorly equipped even educated Americans are to understand social science accounts. A part of it is lack of experience in reading at-all-complicated tables and charts. Students seem to understand the rudiments well enough to recognize what these data displays are about, but to shrink from the inherent challenge in most rich displays: to iterate with them in a manner playful and imaginative enough that in effect one pushes them from the "descriptive" toward the "analytic." Part of this, no doubt, is strictly a matter of practiced deftness at recognizing and informally assessing the "significance" of the patterns found in the data display. But a part of it, I have often suspected, is deeper: an unfamiliarity with the kind of probabilistic inference upon which social science rests, as compared with the relative determinism of natural science on the one side, and with the humanistically based empathetic comprehension of individual behavior and intent, on the other side.

I do not believe that social science is likely to provide the public with an alternate vision of how the world works unless it learns to communicate better with that public, to communicate a comprehensible view that is nevertheless capable of indicating the need to understand supraindividual phenomena. Social science is, however, not known for doing this. The formal problems of communicating sophisticated, nonepisodic social science to non-social scientists are not trivial. The problem may be a fundamental disjunction between the model of man implied by social science accounts and the formal requirements of "reading" as practiced by nonspecialists in our society. To improve our ability to present the complex subject of social change, we will have to learn what for our public legitimates assertions as usable knowledge. Neither social science's model of man nor the way members of a society read is free of ideological significance, and any call for the two simply to approach one another is in this sense a naive one.

There is a politics to this call. The social indicators movement had its beginnings in an effort to provide to the nonspecialist public and to those who would make democratic policy a reliable, quantified sense of periodic change in aspects of social life, as we had for the economy. Implicitly, the movement argued that we lived in a world in which social relations transcended and to some extent defined the meaning of market relationships. Government has now pulled back from this position, the current administration not being alone in its pessimism about the efficaciousness of planned social intervention, certainly if at cost to the unimpeded working of market relationships. One significance of a responsible social reporting lies in the fullness of life that it documents, the progressively enriched "model" of society toward which it leads the engaged reader.

In the present essay, I hope to shed some light on the rarely considered problem of literary needs for reporting about social change by reviewing briefly an analogous intellectual problem more thought about in my own discipline. Historians have long been expected to "write well," and are judged unfavorably when they could not: the product of their most serious professional work was not "theory," but "writing." In the last decade or two, however, the epistemological assumptions of the discipline have been challenged, by what for the sake of shorthand we can call here "new historians," whose ideas of subject matter, or research methodology, and, derivatively, of exposition, have been considerably influenced by the social sciences. The debate over what history is has led to some useful formal analysis.

These arguments explored, I will make comparisons of history to social reporting, speculating on the implications for writing the latter. Finally, I will assess a handful of good and bad examples of social report writing, relating these to what the previous discussion has revealed.

NARRATIVE FORM AND HISTORICAL ACCOUNTS

Narrative has characteristically underlain not only history but also biography and the novel, the major sustained forms of literature in which the nontechnical audience is much experienced. Narrative, too, although of a very truncated form, underlies the great bulk of the journalism to which members of the nontechnical audience are exposed daily, both print and electronic. Narrative is preeminently a way of conveying change over time, and conveying a sense of comprehensible change over time is of course the historian's task. But in some sense, this is exactly what a social report is about, too. It is intuitively clear, however, that a narrative per se would not do as a means of conveying what social reports ought to convey. What narrative form cannot do for social reports is a part of my subject. One of the advantages of the narrative form, an advantage of which narrative historians can and do take advantage but which social reporters cannot and do not, is that readers have had a great deal of training in reading and interpreting the form. Social scientists know from personal experience that successful, engaged reading of their materials is also *active*, and we may learn something from narrative of how active reading can be elicited.

Narrative historians with more or less frankness admit that their writing is structured in such a way that readers are drawn to strongly held conclusions which are not mere summaries of the data exposited previously. These conclusions are promoted by historians in order to alter readers' *understandings* of the past, and *modes of understanding of the past*, not just how something or other happened or happens. That is, historical writing tends toward political or moral purpose. Historians, on this reading, are those literary artists who exchange some of the freedom of invention that novelists enjoy, for the automatic sense of deep seriousness that treating an historically worthy subject inspires. Novelists' freedom of invention, in fine novels, serves to grant them as close a fit of content to form as they might choose. This, in the small, accomplishes a like restructuring of readers' moral and political sensibilities.

The literary theorist Siegfried Schmidt asks how readers reenact in their own minds the narratives that writers have written, and concludes that "an entity is a communicative text for a given participant in a communicative situation if and only if the participant can perform a communicative interaction via an apperceptible and decodable surface text."[2] The historiographer Hayden White describes thus what this communication does for readers of historical discourse: "A discourse is itself a kind of model of the processes of consciousness by which a given area of experience, originally apprehended as simply a field of phenomena demanding understanding, is assimilated by analogy to those areas of experience felt to be *already* understood as to *their* essential features."[3] The active reader plumbs the text by means of codes contained in the surface of the text: the meaning of a text to a reader—which is the meaning that we are concerned with, rather than some ideal meaning that may be "left on the bookshelf"—is found interactively, the writer's task being not to put a unique meaning there but to guide the reader. The power of the comprehensible account depends upon the way the formal qualities of the story cut across the story's substance.[4] Tragedy is a familiar example. The text "works" for readers who are able to perform for themselves acts of imaginative reconstruction guided by the materials—formal and substantive—provided by the writer.

For the reader actively and selectively to seek out and find textual elements that he or she has reason to anticipate will be in the text is directly *gratifying* to the reader. One of the most startling facts about readers' responses to narratives is that they can pleasurably hear stories with the same structure and even the very same content more than once, and still with some sense of novelty—for in all but very simple narratives, the surface runs athwart the content of what is presented, and the reader's imaginative reenactment is to that extent exploratory and creative. Material that has been expressed powerfully by earlier narratives is commonly reworked in progressively more challenging, deformed narratives.

Why is it that narratives "work" on readers? Most of the work on narrative by literary critics is textually based, rather than based on observations of readers, but there are some fascinating and challenging propositions contained here. An instance that was particularly enlightening to me is contained in Peter Brooks's *Reading for the Plot*, fundamentally an exposition of a literary analytic theory. Brooks argues that, in narrative fiction,

> prior events, causes, are only so retrospectively, in a reading back from the end. In this sense, the metaphoric work of eventual totalization determines the meaning and status of the metonymic [related to a figure of speech that uses a single entity to suggest another with which it is associated] work of sequence—though it must also be claimed that the metonymies of the middle produced, gave birth to, the final metaphor [a figure of speech in which that said and that suggested are related by analogy]. The contradiction may be in the very nature of narrative, which not only uses but *is* a double logic. . . . It would be my further claim that narrative's nature as a contradictious double logic tells us something about why we have and need narrative, and how the need to plot meanings is itself productive of narrative.[5]

It tells us that we seek meaning through the investment of accounts with what Brooks calls "desire," a quality corresponding to the reader's previously established sense of fit resolutions, *and also* structured into the plot (a "field of force," which is commonly said to have "intention"). We find meaning there as we are led willingly through a literary experience of being dragged by a skillful author backwards and forwards through the seemingly unidirectional narrative.

Why "desire," why search for "meaning?" A narrative is a bargain with the reader to play games with duration, sequence, and identification, in order that the reader derive an emotionally satisfying sense of emergent structures in place of a jumble of sense data. When a narrative "works," the reader experiences a falling away of the bland exposition of consecutive events, to be replaced by an increasingly active relating backwards and forwards of the details of the story, as the "reason" for an earlier element being there emerges, and as one's "desire" propels one to hypothetical next turns in the text. (Modernist narrative is modernist precisely in that it plays nasty but entirely self-aware games with this unstated contract between author and reader.) According to Hayden White, "the narrative serves to transform a list of historical events that would otherwise be only a chronicle into a story. In order to effect this transformation, the events, agents, and agencies represented in the chronicle must be encoded as 'story-elements.' . . . The historical discourse directs the reader's attention to a secondary referent, different in kind from the events that make up the primary referent, namely, the 'plot-structures.' "[6] As "explanatory" history emerged from episodic chronicle, so the novel emerged from the picaresque, a segmental story sequence. Character development injected "desire" to the complicated plot structure, and this made the sequence of the chapters necessary, not subject to chance resequencing without dire consequences for the way the book "read." By the early nineteenth century, historians would assert a rigorous commitment to a faithful rendering of the facts through source criticism and unobtrusive arrangement, letting the sequence tell its own tale. But the narrative was no less essential to this history, and nineteenth-century historians writing in the "scientific" tradition built their literary structures around stories of the emergence, clashing, and purification of national states, often not recognizing that their narratives commanded from their readers a "desire" that could only coexist with an unquestioning "modern" commitment to the growth of the state as a unique good, a "meaning" for the events narrated.[7]

The historian J. H. Hexter has argued that accounts of a scientific, lawlike sort will not satisfy the practical moral or existential purposes as do narrative-style accounts.[8] Hexter shows that if we ask young Willie why he is covered with mud and he tells us that mud has adhesive qualities and that projectile-like entries into viscous substances set up currents that conduct the substance forcefully all over the projectile, and that at 11:15 a.m. he was, from a physical standpoint, a member of the set "projectiles entering viscous substances," we will be irked, not because we think physics is an inferior discipline to history but because Willie willfully denied us the morally relevant account of "how" that would make him imaginatively reconstruct the circumstances and intentional behavior that led to his entering the mud lengthwise.

To Andrew Abbott, a sociologist, narrative history enjoys strengths insufficiently recognized by most social scientists is "its insistence that social life happens in stories, that the order of events influences their ultimate outcome."[9] Abbott does not challenge the scientistic goal of lawlike generalizing about social action, but argues that the stories contain irreducible truths that current quantitative approaches do not well capture, and that generalization will have to proceed through an understanding of the formal properties of stories. Historians, he recognizes, seem to manage to write about "events," constructs imaginatively imposed on the data about "occurrences" by the analyst. Abbott argues that the "general linear" techniques most commonly used in sociology inherently are not able to handle sequence effects, for they "do not order time but merely subdivide it."[10] Less flawed but flawed even so are currently fashionable "attempts to build mathematical analysis of temporal change on sequences themselves." Abbott maintains that "the major constraints that themselves vary (and covary) contingently in time—for example, changes in structural forces [i.e., "antecedent-conditions"]—are built into the structure of the model. . . . The contingencies of narrative are thus 'regularized.' They are trends built into the model structure, rather than sequences whose outcome depends on the exact succession of certain prior events. . . . In the diachronic [models] case, the reduction is of endogenous to predetermined and, ultimately, exogenous variables."[11]

But if some social scientists are looking to stories to help them, the discipline of history now feels distinctly uneasy about narrative, at least as traditionally employed. Much of the problem lies with the implicit assumptions of traditional narrative history about the roots of human action, notably the tendency to locate this in conscious intention. "New" historians believe that behavioral and social sciences have made it all but axiomatic that sub- and supra-intentional bases explain much of human action. Accordingly, they find that narrativists' implicit assumptions drive them toward superficial explanations, or to focus on superficial phenomena that might be amenable to the usual historians' tools. Intention as the focus of historical writing has suffered, too, from the challenge of historians who are concerned with restoring a sense of human agency even to those ordinary people for whom the historical documentation is far too slim to allow such to be inferred directly in the style of traditional historical storytellers. These historians are concerned with examining *mental structures* or characteristic ways of interpreting the world, using methodologies akin to those of cultural anthropology. Intent, such historians argue, is impossible to infer even from verbalizations until one knows the ways in which evaluative and even cognitive mental acts might be carried out among a people at a given time, for such evaluative and cognitive styles are subject to very real change. No less, a highly formalized econometric history has made a large impression even on historians who reject its heuristic assumptions: that *explicit theory, derived from other instances and moving toward general statements about categories of human behavior, can be applied to the documents of the past in such a way that regularities not visible on the surface of events or by examining actors' statements of intent, can be discovered.*

SOCIAL SCIENCE AND HISTORY

One of the most remarked characteristics distinguishing historical narrative from social science treatments of change over time is the heterogeneous, telescoping way in which time is treated in the former, in contrast to an unstated one-year-as-important-as-the-next quality in social science writing. In social science, a decade is simply a unit of time; in history, a decade is remarkable—or unremarkable—for the *events* of that decade. The same is true perforce of a year, or of a week.

Hexter developed this point sharply when he noted that an uniform scale graph (a "flat" presentation) "worked" just fine to describe and to analyze the dull 1939 American League pennant race, in which the Yankees increased their lead over the second-place team week after week: but nobody ever found that pennant race interesting, anyway.[12] On the other hand, Hexter argues, a graph with an uniform scale y axis *could not* do either analytic or descriptive justice to describe the classic 1951 National League pennant race, in which the seemingly hapless Giants overtook the seemingly unbeatable Dodgers, with ever-enlarging momentum, in the last month and a half of the season. Neither the meaning of nor the explanation for that season could be provided by a steady, plodding, equal-interval slope: the "momentum" metaphor, conveying an intuitive account of the importance of morale in professional baseball, would not emerge from such an account. Hexter avers that "on the face of the record, to answer the question 'How did the Yankees come to be in the World Series?' with a historical story would be a historiographic error; the even-paced, dull, and trivial chronicle which the effort would yield would itself demonstrate the inappropriateness of such a rhetorical response."

Hexter's account of the 1951 National League season spends more time on the 157th game of the season than on the previous 156, which do not receive equal treatment, either, but instead are divided into three "periods," the season broken at about the three-quarter mark and at the 98-percent mark. Hexter describes this kind of account as "processual," and unapologetically says that it provides not just the most dramatic but also the most appropriate analysis of the baseball season.

Our understanding of *time* and thus the way we assign meaning to *change* in a historical narrative hinges upon formal conventions. As Paul Ricoeur writes (of history):

> The episodic dimension of a narrative draws narrative time in the direction of the linear representation of time. . . . First, the 'then, and then,' by which we answer the question 'and then what?' suggests that the phases of action are in an external relation. Next, the episodes constitute an open series of events. . . . Finally, the episodes follow upon one another in accord with the irreversible order of time common to physical and human events. . . . The configurational dimension, in its turn, presents temporal features directly opposed to those of the episodic dimension. . . . [It] transforms the succession of events into one meaningful whole which is the correlate of the act of assembling the events together and which makes the story followable.[13]

Dale Porter discovers a further complexity in historians' treatments of the telescoping quality of historical time: *polychronicity*, the differing chronological frameworks is necessary to treat the various "antecedent conditions" of simultaneous, interacting, relevant events.

> Polychronicity means that several events could be emerging at the same time but with different individual time boundaries. One could select a cross section of the universe at a particular moment and find a great many events happening, but each event has its own duration. Some durations are longer than others. The composite duration one selects for the "antecedent world" of an event to be analyzed is not the real historical world. . . . Such a notion makes sense of the historians' intuition that the sequential structure of narrative does not quite reflect the reality of events. Although one may feel that a good sequence means a good explanation, one also has to be aware that things don't follow simply one another the way words do on a page.[14]

Historians characteristically describe mildly experienced yet highly consequential social change as a "watershed," a geographical metaphor that may evoke no clear-cut meaning for anyone, but which does imply that antecedent conditions in some way concatenated into an event (or set of related events) at a time that redefined the relevant past for all subsequent events. There is, after a "watershed" relatively little need to look behind it to explain subsequent events; but one cannot overlook in explaining those events the structures or consciousness set by the watershed.

The social scientist Gudmund Hernes, by contrast, characterizes something like this kind of change as "change in the functional form of the process structure or operator, generally leading to a change in output structure and its time trajectory."[15] That is, Hernes's view of the field of examination is a set of changing parameters within a fixed palette of measured (or estimated) aspects. Where historians wish to break up calendar time by events, Hernes instead describes changes in parameters. The "watershed" occurs when the *relationships* among members of the still-stable set of aspects change substantially. Social scientists, then, commonly understand social change to be a set of loosely linked quantitative changes that sometimes are interactive with one another in a way that makes them irreversible. But this is a relatively esoteric perspective. It does not evoke the way we *experience* change.[16]

The nature of tragedy is to force the audience to become engaged in examining an existentially and methodologically freighted proposition: that the seeming failures of actors' predictive systems was in fact—from a more profound, observer's-eye view—structured into the actor's repertory of action and belief. Historians ask for exactly this kind of imaginative wrangling by their readers all the time. This is very different from the report on social trends, which by its nature seeks to acquaint readers with patterns of change *seen as ordinary* rather than extraordinary. The goal of social reports is to allow citizens to judge whether the trend of social change has been desirable or undesirable, from their manifold normative positions, and to assess whether a given policy intervention would seem likely to change the weave of patterns in such a way that on balance would have a desirable impact. This is considerably different from the goal of historical writing, which aims at influencing the largest, most ramified outlooks that readers hold.

The distinction between seeking understanding through the application of external interpretive frameworks claiming no particular kin to those of the actors, and interpretive frameworks depending as much as possible upon the actors' own perspectives is one of deep ancestry in the social sciences, and represents an acute disagreement within that large realm. It, of course, is entirely congruent with narrative's need to claim understanding of the actors' intent (an aspect of "desire"). The discipline of cultural anthropology is substantially given over to discovering the organizing principles of native constructs. Most economists, to cite the opposite instance, choose to avoid inferences to inner states altogether by looking instead at aggregate "revealed preference," by way of behavior.

Historians do not ordinarily occupy quite the slot on the continuum of interpretive styles that the cultural anthropologists do, but the goals of our discipline do require that we promote the imaginative reconstruction of past situations on the part of our readers. To most historians, this seems to imply a steady concern with the way contemporaries saw that situation, forming their intentions accordingly.[17] By contrast, even though social reports are in part concerned with assessing such inner states as satisfaction and well-being, by and large the effort to examine change over time has been one in which these states (if treated at all) are primarily as *outcomes* rather than as participants in change, representing distributions of essentially molar units. This is so even in a work like Campbell, Converse, and Rodgers[18] that is centrally concerned with the structure of inner states. Historians commonly employ quotations nominally *as evidence* but more truthfully *as stylistic devices to induce an alien frame of mind in the reader*, who is impelled to ask why the quotation *seems different*, what mental assumptions its writer must have made that the reader him- or herself does not make. Doing this demands of the reader a considerable imaginative effort; it is meant to be seductive, to the end of leading the reader toward imaginative reconstruction, toward something like an actor's-eye perspective upon intended action, its fulfillment, its consequences. This is part of the rhythm of reading history.[19]

The social scientists' perspective comports with their tendency to abstract away from the consciousness of the individual actor and notably from unique reliance upon the efficient intent of actors.[20] In some highly formal social sciences, such as much of demography, intent is obviated by focusing on properties of aggregates of individuals requiring no consciousness for their explanation. In other social sciences an admittedly unempirical heuristic construct—such as "utility"—stands in place of intent in explaining human action.[21] And in others aggregate-level constructs that are empirical if difficult to measure—culture is a good example—are said to explain a configuration of individual behaviors.

Porter shares with the students of narrative their understanding that elements of the form of the narrative draw the reader along through a multilayered, telescoping account of change, promoting an investment by the reader in the outcome. But, Porter argues, this is not all that historical discourse does, for, in fact, even the most "traditional" history is written as a narrative with interpolated components of "analysis," in which the historian's voice rings explicitly as a commentator on that which is being narrated. Of course, sometimes this follows from source criticism or other methodological points, but the analytic voice is also heard for those portions of the called-for historical story that is not the "genetic" account central to the narrative, but rather the "external" account. The "external" account, somewhat akin to a scientistic explanation, elaborates the necessary and sufficient preconditions for the event to have been set in train.

The event has a train, once it is set under way, and has momentum, for actors' understandings, expectations, and hopes are changed by what has already happened, and as current and subsequent onlookers learn from what has already happened. The latter is appropriately seen in "genetic" terms. But to examine scientifically causal relationships "demands that one focus always on the external relationships of an event, ignoring the pattern of internal development, which is genetic. Trying to grasp both aspects simultaneously leads to fundamental logical difficulties. Many of the . . . problems associated with their narrative explanations, can be traced to a habit of confusing the internal and external relationships."[22]

The largest part of Porter's book is devoted to an attempt to specify how historians successfully interweave these two elements, when they do.

> The plot of a narrative is the complete sequence of configurational changes, through which the initial elements bequeathed by the

antecedent world are brought into a single determinate pattern. . . . These aspects of narrative [are] not merely subjective, "literary" notions. Compositional elements, the propositions of which they are members, and contrasts between propositions are all amenable to logical analysis and clarification. Their initial relationships may be clarified in terms of levels of abstraction and types of transformation, inferred from what actually happened. Their external relationships to elements and contrasts of the antecedent and subsequent environments . . . may also be analyzed, in terms of regularity or probability.[23]

Hayden White, continuing the argument cited earlier about how historical narrative fits accounts of events to "story-elements," argues forcefully that readers know they have "comprehended" the "meaning" of a historical work when they "recognize the story being told . . . as a specific kind of story, for example, as an epic, romance, tragedy, comedy, or farce. . . . This 'comprehension' is nothing other than the recognition of the 'form' of the narrative."[24] White also makes a brilliant case that the formulation of the data of the past in the form of historical narratives has had a profound effect in the past several centuries of making most people unable to comprehend truly revolutionary alternatives to the way things have come to be.[25] White's "for examples," in his view, are not simply examples. They are, he maintains, a brief yet essentially exhaustive set of the *kinds* of plots in which, in Euro-American society, history gets written and has gotten written—and this for a reason. The reason does not directly have to do with the unique fit of this set to "reality," but, rather, to their culturally learned formal capacities of readers to comprehend the kind of interpenetration of meanings that constitute our main *tropes*, or figures of speech. Obviously, there is much room here for disagreement, but White has staked out high ground indeed. On White's reading, then, we have the learned capacity to understand history as comedy or tragedy or farce, but not as, say, something in which concepts have one meaning on odd-numbered pages, and an unrelated meaning on even-numbered pages. This is, however, not to say that a particularly perverse modernism could not teach us this capacity. It might more plausibly begin to teach us to see social change as Gudmund Hernes sees it. But social scientists will have to be among our teachers if this is to happen. And if White is quite right, our society will have to enculturate a mathematical ordering of the world of perception as powerfully as it has enculturated a linguistic one.

THE STYLE OF SOCIAL SCIENCE ARGUMENT

The nineteenth-century origins of social science were as closely connected with the overthrow of the ancien régime as with the engineering of a livable nouveau régime. Social science has always been concerned with justifying itself as an intellectual enterprise by seeing more deeply into the meaning of social relations than official interpreters who are veiled from these deeper truths by their vested interest in the established way of seeing things. One of the most heroic postures of social science is "unmasking" the apparent meaning of the surface of events. This tradition, however, is surely less represented in the context of social reporting (at least today) than is the other nineteenth-century social tradition, that of *statistics* (in which the state is the root of the very word for the enterprise).

The reader of a typical social report that deals with change over time is presented with a series of condensed data displays, together with analytic, evidentiary, and methodological commentary upon them. Transformations are not described directly. Instead, there are *comparisons* of before and after. Time-series accounts tell us nothing of change, besides "how much" and "when." Instead of the momentary displacement of conventional assumptions about the world induced by the formal conventions called up at the surface of the text, as in narrative, novelty is at best *simply asserted* in a social science text. Novelty is not offered as a disjunction between expectations and fact, nor as ironic contrast between what was intended and what has ensued, but as an asserted explanation of the difference between *before* and *after*, conceived of as colorless, neutral states. When, as is characteristic of the formal structure of social science argument, the data under exposition are portrayed not as a reality but as once- or twice-removed *indicators* of a theoretical construct, the "line" of the text hardly promotes engagement by those lacking an initial theoretical posture enabling a look beneath the surface.

The dominant tradition of U. S. government social reporting is the "chartbook," the collection of handy data in display form of which the *Statistical Abstract* is the most familiar instance. In recent decades, various governmental agencies have taken to producing more attractive chartbooks than were once contained in their annual reports (and collated into the *Statistical Abstract*) organizing these topically and accompanying substantively defined sections with brief chapters of text. I examined a handful such recent chartbooks that came easily to hand, and my comments on this tradition will be based directly upon these, with particular reference to several chapters within that seemed to be particularly excellent, and hence exemplary for formal commentary.

It should be noted, first of all, that the reports differ quite substantially within themselves in form as well as quality, in mix of data and discussion, in the degree of coherence between the two and within the subject as presented for study. Production was obviously hasty, but perhaps more important was a less-than-sophisticated sense of what a social report ought to be like, leading to ad hoc treatment.

Even within chapters in each volume there is a startling divergence of the kinds of data that are employed. The time series is on the whole the preferred form of data for describing change over time, but many of the questions taken up in these chapters—differentials in particular—are not available in time series data, and cross–sectional survey data are instead employed. Per se this is no problem, so long as the cross-sectional materials do not usurp the writer's attention to change over time. But—possibly because so little text is given over to the exposition of often very intriguing data displays—this does happen, over and over. One loses the thread of the account of change over time, no less than progression from chapter to chapter. This is, one suspects, largely an instance of a characteristic flaw of the chartbook tradition: the tables lead, the text follows. Some essays follow mechanically along, one paragraph per chart or table. Others, however, do not. But it is hard, even in the more subtly composed instances, not to imagine that the authors first looked through the available data to find the fifteen best data displays bearing on the general subject of the chapter, rather than working out a line of argument beforehand, and developing it interactively with data.

Lacking a driving "thesis," topics are each attached to the same trunk, topic by topic, rather than complexly subordinated. Sometimes a richer structure is accomplished by intervening major headings between the trunk and the individual paragraphs, but even this is only a slight improvement from the perspective of engaging the reader's intellect: no structure to speak of is provided that leads him or her to do anything with each new piece of data, as it is added. This is not so bad as an unordered list, but all it is, really, is an ordered list. Imagine how disconcerting it is to the other than professionally engaged reader who, having been told that the subject at hand was socioeconomic differentials in hospital care, learns that "in 1930, a great disparity existed in hospital admission rates between income groups. . . . By 1953, the rates had equalized and for the years since, hospitalization rates have remained relatively stable for higher income groups while increasing markedly for the lower groups. Thus, these rates are now considerably higher for lower income groups than for higher income groups. Most studies have shown that low–income groups experience more illness than do high-income groups."[26] The incautious, engaged reader would read the 1930–53 interim as happily bringing the extent of hospital care to parity between poor and well-off Americans. But, then, he or she would read the *1953–81* interim as *yet again* achieving such parity, owing to the offset that the final sentence quoted introduces. Of course, literally, the author is offering two pieces of related data from which no cautious reader would draw any conclusions about the state of equity at any given moment. But because prior paragraphs have set up the expectation that the author will talk about equity, we incline toward reading it this way, and her presentation sets up a possibly unrecognized but sure alienation of the reader from the themes of the piece. Betrayed, the reader will now read it for the data, which, one suspects, is how the author wrote it.

Analogously, dates in these treatments are with a very few exceptions merely data points. I would not hold out for chronology serving in a social report the same contextualizing function it serves in historical writing, but report writers rarely do anything to suggest that 1953 has any other quality in relationship to 1981 than "before." A good example is the chapter on "Higher Education" in the 1976 report on *The Condition of Education*.[27] Here, a trumpet note alerts us to a central theme: "In the 1960's, discussions of equal educational opportunity and access to higher education were directed toward the traditional higher education sector of the educational system." The next paragraph lays out in absolute numbers the enormous rise in enrollments in higher education between 1960 and 1975. The third paragraph begins to lay out the "several factors [that] apparently contribute to" this rise. And then, indifferently, the author shifts back and forth between changes in the *composition* of the population of college enrollees and the *rates of enrollment* at college for subgroups. Both are interesting; neither is irrelevant; the one can with a small amount of additional data be restated into the other. But the effect of the shift in perspective is utterly disorienting to the reader, fuzzing the sense of "when." Could a writer truly engaged in conveying an argument have done this?

My final observation again refers to another aspect of the flaccid, listlike organization of chartbook essays. Authors often present data that are intricately interrelated, with meaning to be had by assessing the *configuration* of over-time patterns, but, in summary and conclusion, merely restate these patterns in list form. Let us take as an example an unusually strong essay, dealing with briefly observed trends in preventative care practices.[28] The author chose three interesting indicators of this general phenomenon: Pap tests, breast examinations, and blood pressure tests. She notes that these relate, respectively, to a disease that seemed not to be growing in prevalence and that showed racial differentials in incidence; a disease that was growing in prevalence and also showed racial differentials; and a condition that had strong racial differentials, but—*she says nothing about its trend*. The interpretive paragraphs on each of the excellent tables presented alludes to the relationship of trend and differentials and trend in differentials to the patterns of prevalence and incidence of the diseases, but, in conclusion, merely includes such notes that "the degree of change differs by economic and demographic variables." It says nothing whatever about the relationship of trends across diseases. As so often, the reader wonders if the author cared about her own data; most likely, she had few pages with which to work, and was (rightly) more committed to exposition of the data than to artfully engaging the reader with it.

Essentially conventional social reports, to be sure, can be much better. The January 1981 issue of *The Annals of the American Academy of Political and Social Science*[29] is given over to essays devoted to reconceptualizing trends in aspects of the recent American experience that had been treated, in chartbook fashion, in the recently published Census Bureau's *Social Indicators III*. The essays in the *Annals* volume vary in point of view, form, and level of accomplishment, to be sure. Among the very most successful in conveying a sense of social change is Robert D. Mare's on schooling trends.

The structure of Mare's essay is pronounced, and rather cunning. It is broken into five sections, the first and the last containing critical commentary upon *Social Indicators III* among other matters, sandwiching three substantive sections. Of the three central sections, the first is on the surface the most obvious: the growth and distribution of schooling. It is also, internally, the longest and most complexly structured section. The next section is set as an "output measure" commentary on the "input" measures of the section preceding, reporting and interpreting the recent decline in standardized test scores. The final substantive section is on organizational trends, and of course reports large increases in per student expenditures over the period under study. One might superficially anticipate that this rather short section is placed where it is (rather than preceding the test decline section) in order that it can constitute an implicit but nasty swipe at an industry that arguably has cost more to do a poorer (per student) job of educating than it once did, but, in fact, the implicit message in the organization section is more subtle. Here, Mare shows that the per student increase in expenditures is for the most part a product simply of the historically lower teacher-student ratios in secondary school as compared with primary school, and the triumphantly increasing proportion of all students who are high schoolers. Democracy does not come cheap.

The structure of Mare's essay is, in fact, adumbrated in the second paragraph of his introduction. In contrast to whatever principle governed the selection of educational indicators in the government chartbook, Mare contends that "the standards by which the [educational] system's performance should be judged are perennial problems of educational philosophy; indeed the system itself is not above question,"[30] and launches into an abbreviated but acute sociological interpretation of what the educational system is all about: a locus of teaching cognitive skills and socialized attitudes; a "people-processing institution," an institutional component in the transition to adulthood; and a complex organization drawing upon public resources.

On this note, he moves to the section on the growth and distribution of schooling. This section itself is structured, not merely an unorganized list of aspects. He moves, for instance, from an "establishing shot" of twentieth-century trends to a close-up on quite recent trends, allowing the methodological comments in the two to shed light on one another. He then moves to achallenging if quick examination of possible "causes of educational growth," here also moving from the highly general (urbanization and industrialization) to more specific (the preference and economic ability of parents) to intriguingly convoluted (standards set by employers may equally well have risen in response to the increasing supply of educated workers, as to have caused it). Mare also foreshadows his final substantive section by arguing, in a paragraph rich with ideas, that the very growth and reorganization of schools may have made the experience of schooling itself more rewarding, thereby persuading more students and parents to demand more schooling. Mare moves deftly, although in this short essay only suggestively, toward models of change that are increasingly recursive, and increasingly contextualized.

The long section on schooling trends is rounded out by two more subsections. The first deals with trends in educational inequalities, where the model developed already is enriched by disaggregation. (He is enabled thus to propose a nice irony: that the very convergence of black educational attainment upon white may have contributed to their more visible and highly alarming divergence from whites in youth unemployment rates, because extended school, for whites as for blacks, tends to delay steady attachment to jobs.) The closing section on possible future trends invites a hypothetical playing out of many of the causal relationships proposed in earlier subsections.

Mare runs carefully through the various unhappy trends in standardized test scores, assessing the plausibility of the several explanations offered. He returns a verdict of unproven to all of them, the section as a whole proposing that the subject need be taken up if schooling is to be understood, but that "trends in student performance on standardized achievement tests may or may not measure the successes and failures of schools themselves,"[31] because learning is so embedded in other social institutions. It is a plea for a more contextualized view that follows from a progressive enrichment of initially simple models of schooling trends, as they begin to yield contradictory findings that call for intensive thought and specific data collection. He even proposes a way to do this, concluding that once done "the analysis might not only explain recent change, but also show whether the test score series themselves are leading indicators for other changes."[32] Only an embedded answer will do.

In his section on organizational trends, Mare leaves us with a far simpler research question: he would like to know what, exactly, the schools are spending their money on now, and how this has changed. Quite explicitly, Mare links this question to the contrast—more school and declining test scores—that he had established in the previous section. This is artful, to be sure, but it also calls up in the engaged reader's mind questions about linkages, between expenditures and organizational form, between organizational form and the process of teaching, between the process of teaching and what it is that the demographically different new cohorts of students come for. Without employing a narrative form, Mare has drawn his readers into a view of the subject at hand that is step-by-step more intriguing in which their cognitive engagement is progressively more rewarded.

WHAT TO DO

Intuitively, we know that isolated, puzzling, phenomena are riveting because we are led to wonder why they happened. But we are not led to speculate about the usual. We characteristically dismiss the miracle as no explanation, and dismiss also the idea that an isolated, puzzling, atypical event is literally uncaused. Rather, we ask what unusual element linked the *seemingly* usual circumstances that preceded the startling phenomenon that made it possible. We are led, that is, to think about both the degree of correctness and the degree of boundedness of the explanatory system on which we base our informal predictions of what will happen (or what will have happened) next.

Surely, the reader will upon occasion have come across a simple time series that proved riveting, and consequently memorable. Not unlikely, one will have seen this time series as a novelty, as indicating something one didn't know at all. But that probably isn't quite so. More likely, I should think, is that it was something one knew about *a bit*: perhaps (particularly if one is a historian) one knew the earlier entries but not the later, or (otherwise) one knew the later entries but not the earlier. Rarely, I would argue, would we become riveted to a time series in which we knew beginning *and* end but not middle, *unless the actual entries in the middle quite falsified the estimates* that an informal linear (or possibly exponential) interpolation would have led us to. And herein lies the point: *we are engaged by what we know a bit but not as much as we thought*. Why do beginnings or endings of series, then, grab our attention? Extrapolations, either backward or forward, are much less secure than interpolations, and we know it (or sense it), and considerably more remote or considerably more recent figures are thus considerably more likely to startle us, to engage us, than middles.

But how do we know to interpolate, or to extrapolate? Because we have a "theory," usually highly informal; a sense of how the various phenomena in the world (at least those we have thought about a little) fit together. Even a single time series thus can be "explained" (at some level of adequacy), and we are often quick to try to explain it, often startled to discover our errors, often pleased to mend them. This is the level of initial potential that I think social reporters can expect from their audiences.

But a social report should supply more, and it is in this "more" that the writer of a social report should make his or her implied contract with the audience, but not the same contract that a narrative historian offers. A social report should contract to supply enough data that the audience will be emboldened to make its guesses, to be able to try out its own informal theories on the data, to modify those theories with the aid of textual exposition, to pursue the subject at hand until a reasonable closure is achieved. The social report is data based, to be sure, but it must not be data driven. It must be a communicative document, not an extended footnote to sources that happen to have risen into the body of the text.

There is, I suspect, a level of optimal expositional complexity that is a function of the expertise and motivation of readers at least as much as it is of the inherent complexity of the phenomenon under examination. A single-variable time series is perhaps engaging to many readers, under the circumstances proposed above, but a two-variable time series—where there is a "theoretically" plausible relationship, especially "causal" in a popular sense, between the two variables—is probably more so. If I want to make an informed guess, *up to a point* more information will help me do so. If I want to play guessing games with myself by way of exploring the meaning of a pattern over time, I want to be able to "test" theories that are more complex than those that must underlie a simple extrapolation. In fact, I want to be able to explore deviations from simple self-generating time series, for these "feel" like society—like history.

There is an appropriate level of "thickness," however. For most readers, including myself, the relationships among four variables are awfully complex, and the relationships among five verge upon a buzzing confusion. Are we to concede, thus, that our presentation of "theory" must yield to the egregious cognitive inadequacies of our readers? Yes, at least so long as we are talking about print media. But recall that in fact I am arguing here for *richer* social reports than typically exist, and that I am arguing that social reports should help the public to a kind of knowledgeable engagement that can reflect upon the broad outlines of social policy, not its technical details. The direct role of social science in the latter is still appropriately fulfilled by creating mathematized models that capture as much of the full complexity of social patterns as we can. But the level of complexity that seems to me to be appropriate to a social report is one that is on a level with: (1) the parameters of the *political* definition of the questions at hand; (2) the *capacities of readers for informal theorizing* and testing. I can only imagine that enriching the diet to—say—four variables will have the effect of persuading steady readers that it would be nice and even useful to have techniques capable to dealing with twice this many, for even at a four-variable level, the real world must seem much thornier still.

Generically good writing helps, but will not solve the needs of social reporting for the development of a vocabulary of appropriate writing tools, and a knowledgeable ability to recognize these and to know in what settings they are applicable. We must devise rhetorical and educational ideas based on an analysis of how we wish our audiences to apprehend social change. We must built up between social scientists and audience a shared set of formal conventions, and of cognitive capacities, without which we cannot convey social change. To this end, self-conscious efforts at literary and philosophical analysis of the conveying of social science knowledge, and, to borrow a phrase of Hayden White's, the production of social science meaning are called for. The emphasis on irony, for instance in Brown's *Poetic for Sociology* or in Louis Schneider's examination of the sociology of Robert K. Merton[33] is a genuine and useful contribution in particular, as well as reminding us that social scientific accounts are also stylized commentaries upon human action. But the social report, by design, is far less well fitted by irony than more theoretically pointing essays, although it served some function in Mare's essay.

The successful social report tends toward increasingly elaborated "models" of interrelated realms of action, typically aggregate, and an ironic stance fits accounts that show how the outcomes of particular instances of human action (commonly but not necessarily individual) often diverge embarrassingly from intent, rather than in some sense fulfilling expectations. If social reports do not promote a practical willingness to predict and decide on the basis of these predictions, rather than to stand on the sidelines and chuckle at the vanity of action thus chosen, we had might as well simply write history and leave it at that. So, irony will not do.

What will do? I would wish for a form that induces a high degree of *cognitive* engagement on the part of the reader. The model I have in mind would aim at involving the reader in a prediction game, by unfolding the story gradually, layer by layer, identifying the focal "dependent" phenomenon and its measurement(s) at the outset, explicating its trend on the basis of endogenous patterns, and moving outward to its theoretically most "self-evident" determinant (for which measures exist), outward to the next most self-evident determinant, and outward again and again. In brief compass, and with a level of art we cannot commonly expect, this is what Mare does. This form, I would hope, would (like the narrative within its own sphere) constitute an implicit contract between writer and reader. The dominant form will be a stepwise set of paragraphs or sections that each take the form of "but because ... therefore. ..."

Notes

This essay has benefited from the suggestions and critical readings of Robyn Dawes, Judith Modell, Richard Rockwell, Gary F. Waller, and Olivier Zunz.

1. Richard H. Brown, *A Poetic for Sociology* (New York: Cambridge University Press, 1977).

2. Siegfried J. Schmidt, *Foundation for the Empirical Study of Literature*, trans. Robert de Beaugrande (Hamburg, Germany: Helmut Buske Verlag, 1982).

3. Hayden White, *Tropics of Discourse* (Baltimore: Johns Hopkins University Press, 1978), p. 5.

4. Wolfgang Iser, *The Act of Reading* (Baltimore: Johns Hopkins University Press, 1978).

5. Peter Brooks, *Reading for the Plot* (New York: Knopf, 1984), pp. 29–30.

6. Hayden White, "The Question of Narrative in Contemporary Historical Theory," *History and Theory* 23(1984): 20.

7. Ibid., 5.

8. J. H. Hexter, *The History Primer* (New York: Basic Books, 1971).

9. Andrew Abbott, "Event Sequence and Event Duration: Colligation and Measurement," *Historical Methods* 17(1984): 192.

10. Andrew Abbott, "Sequences of Social Events: Concepts and Methods for the Analysis of Order in Social Processes," *Historical Methods* 16(1983): 134.

11. Ibid., 135.

12. Hexter, *History Primer.*

13. Paul Ricoeur, *Time and Narrative*, trans. Kathleen McLaughlin and David Pellauer (Chicago: University of Chicago Press, 1984), vol. 1.

14. Dale Porter, *The Emergence of the Past* (Chicago: University of Chicago Press, 1981).

15. Gudmund Hernes, "Structural Change in Social Processes," *American Journal of Sociology* 82(1976): 513–47.

16. David Carr, "Narrative and the Real World: An Argument for Continuity," *History and Theory* 25(1986): 117–31.

17. Robert F. Berkhofer, Jr., *A Behavioral Approach to Historical Analysis* (New York: The Free Press, 1969).

18. Angus Campbell, Philip E. Converse, and Willard L. Rodgers, *The Quality of American Life* (New York: Russell Sage Foundation, 1976).

19. Rhys Isaac, *The Transformation of Virginia* (Chapel Hill: University of North Carolina Press, 1982).

20. Robert Brown, *Explanation in Social Science* (Chicago: Aldine, 1963).

21. J. G. Tulip Meeks, "Utility in Economics: A Survey of the Literature," in Charles F. Turner and Elizabeth Martin, eds. *Surveying Subjective Phenomena* (New York: Russell Sage Foundation, 1985), 2: 41–92.

22. Porter, *Emergence of the Past*, p. 44.

23. Ibid., p. 178–79.

24. White, "Question of Narrative," 20.

25. Hayden White, "The Politics of Historical Interpretation, Discipline and De-Sublimation," *Critical Inquiry* 9(1982): 113–37.

26. Barbara G. Weichert, "Health Care Expenditures," in U.S. Department of Health and Human Services, Public Health Service, *Health: United States 1981* (Washington: USGPO, 1981), p. 82.

27. U.S. National Center for Educational Statistics, *The Condition of Education 1976* (Washington: USGPO, 1976).

28. Diane M. Makuc, "Changes in Use of Preventative Care Services," in U.S. Department of Health and Human Services, Public Health Service, *Health: United States 1981* (Washington: USGPO, 1981).

29. Robert D. Mare, "Trends in Schooling: Demography, Performance, and Organization," *Annals of the American Academy of Political and Social Science* 453(1981): 96–122.

30. Ibid., 97.

31. Ibid., 107.

32. Ibid., 109.

33. Louis Schneider, "Ironic Perspective and Sociological Thought," in *The Idea of Social Structure*, ed. Lewis A. Coser (New York: Harcourt Brace Jovanovich, 1975), pp. 323–37.

RENE BERTRAND

Les indicateurs sociaux

L'EXPERIENCE A LA FOIS ENRICHISSANTE ET DECEVANTE DE L'OCDE AU COURS DES ANNEES 1970

Les décennies qui se sont suivies depuis la dernière guerre mondiale, ont chacune vu surgir un mot-clef pour les caractériser : (1) La *Productivité* dans les années 50. Il s'agissait d'assurer la reconstruction d'après guerre et de sortir d'une économie de pénurie. L'aide Marshall et la création de l'OECE (Organisation Européenne de Coopération Economique), qui a favorisé la libération des échanges et permis le retour à la multilatérisation des paiements en ont été l'un des moyens. (2) La *Croissance* saine et équilibrée dans les années 60. L'OCDE (Organisation Européenne pour le Développement Economique) qui a remplacé l'OECE en 1960 pour consolider les résultats acquis, s'était donné pour premier objectif de « réaliser la plus forte expansion possible de l'économie et de l'emploi et une progression du niveau de vie dans les pays membres, tout en maintenant la stabilité financière, et de contribuer ainsi au développement de l'économie mondiale ». (3) Le *Social* dans les années 70. Ce sont les Ministres de l'OCDE eux-mêmes qui, réunis en Conseil en 1970, ont constaté dans leur communiqué, que la « croissance n'était pas une fin en soi, mais plutôt un moyen de créer des conditions de vie meilleures » et qu'il « importait de porter davantage d'attention à ses aspects qualitatifs ». Les problèmes économiques que l'on avait traités par priorité ne disparaissaient certes pas du devant de la scène, mais un champ beaucoup plus large était ouvert à l'expression des préoccupations sociales. (4) Le *Chômage* dans les années 80, du moins jusqu'à présent. L'attention se porte alors de nouveau sur la productivité, la croissance et l'emploi, mais on ne peut plus raisonner de la même manière qu'au cours des années où l'expansion semblait aller de soi, une fois l'économie lancée. Tout apparaît plus complexe que jamais et on insiste sur les contraintes qui viennent bloquer ou retarder les ajustements nécessaires. Les incertitudes que l'on souligne volontiers ne rendent pas aisées les prises de décision dans une société qui a déjà profondément changé sur le plan culturel et technique et qui continue sa course.

Résumer en quatre mots une histoire de 40 ans est naturellement contestable. Il s'agissait simplement de souligner que le mouvement des idées, malgré de multiples courants et de larges remous, avait un caractère universel et que l'on pouvait déceler des tournants significatifs, correspondant à une propagation rapide des modes intellectuelles.

UN ENGOUEMENT POUR LES INDICATEURS SOCIAUX, QUI A ECLATE SUBITEMENT PUIS S'EST APAISE

Le développement de la pensée n'est pas indépendant du déroulement des faits ou plus exactement de la manière dont ceux-ci sont observés et perçus. La recherche et la collecte de données chiffrées relève largement de décisions politiques : le mot même de « statistique » l'indique clairement, mais les décisions politiques sont elles aussi liées au mouvement des idées, qui est à son tour influencé par les chiffres qui surgissent. Les chercheurs, les décideurs et les statisticiens réagissent donc mutuellement et sont pris dans une sorte de cycle, source de rebondissements successifs.

Le mouvement des indicateurs sociaux, dont les origines comme nous le verrons sont lointaines, a officiellement débuté en 1970. Cette année là a commencé la publication par le « Central Statistical Office » du Royaume-Uni d'une revue annuelle intitulée *Social trends* et qui regroupait un ensemble de séries statistiques significatives sur la situation sociale du pays[1], tandis que sur le plan international le Comité de la main-d'oeuvre et des affaires sociales de l'OCDE, donnait suite aux recommandations du Conseil de cette organisation en adoptant un programme d'indicateurs sociaux et en créant un groupe de travail spécialisé.

Le signal de la course était ainsi donné et toutes les organisations internationales ou presque toutes ont inscrit à leur ordre du jour des travaux destinés à permettre de mieux cerner et de mieux décrire les phénomènes sociaux ; on s'est même disputé sur les risques de double emploi et sur la répartition des tâches, avant que l'on n'ait constaté que les programmes des uns et des autres avaient un caractère spécifique et que de toutes façons il était très difficile d'avancer sur un tel terrain.

A la fin de la décennie l'effervescence était tombée et les projets les plus ambitieux, comme par exemple la mise en place d'un « système de comptes démographiques et sociaux » élaboré par Richard Stone pour la Commission statistique des Nations Unies ont été abandonnés.

A l'OCDE même, le Conseil a demandé en Avril 1979 que soit mis un terme au vaste débat théorique engagé et que lui soit proposé par le Comité de la main d'oeuvre et des affaires sociales des conclusions et des recommandations relatives à des indicateurs spécifiques, élaborées pour chaque domaine de préoccupation sociale. Le Comité a ainsi établi un rapport proposant une liste OCDE des indicateurs sociaux accompagnée de spécifications (TABLE), de directives statistiques et de ventilations des indicateurs. Ce rapport, adopté en Novembre 1980 par le Conseil, a été publié en 1982[2].

On a donc renoncé à aller aussi loin dans le sens d'un ensemble intégré et complet d'indicateurs que ne le laissaient espérer les réflexions approfondies qui avaient été engagées[3]. Toutefois les travaux exécutés au cours de la dernière décennie, tant à l'OCDE que dans les autres organisations internationales, avec le concours de nombreux pays, ont laissé une forte empreinte sur la façon d'aborder les phénomènes sociaux et d'essayer d'en assurer la mesure. Leurs retombées statistiques ont été importantes. Non seulement le secrétariat de l'OCDE a recueilli toutes les données disponibles, correspondant à la liste OCDE des indicateurs sociaux et en a assuré la publication[4], mais on a assisté à la prolifération de la collecte et de la diffusion de statistiques ou de comptes sociaux soit généraux soit spécialisés (santé, culture, environnement, sciences et techniques, etc.) par de multiples institutions, y compris l'OCDE. Le mouvement des indicateurs sociaux en se diversifiant ainsi se perdait un peu dans les sables, mais il a fortement contribué au progrès des connaissances en faisant bien ressortir les conditions et les limites de la mesure des phénomènes de société.

LA LISTE OCDE DES INDICATEURS SOCIAUX

Préoccupation sociale	Indicateur
SANTE	
Durée de la vie	— Espérance de vie
	— Taux de mortalité périnatale
Vie en bonne santé	— Incapacité temporaire
	— Incapacité permanente
EDUCATION ET ACQUISITION DE CONNAISSANCES	
Utilisation des possibilités offertes en matière d'enseignement	— Scolarité régulière
	— Enseignement pour adultes
Acquisition des connaissances	— Taux d'alphabétisation fonctionnelle
EMPLOI ET QUALITE DE LA VIE DE TRAVAIL	
Accès à l'emploi	— Taux de chômage
	— Travail à temps partiel involontaire
	— Travailleurs découragés

Préoccupation sociale	Indicateur
Qualité de la vie de travail	— Durée moyenne du travail — Temps de trajet — Congés payés annuels — Horaires atypiques — Répartition des salaires — Accidents mortels du travail — Nuisances sur le lieu de travail
TEMPS ET LOISIRS Utilisation du temps	— Temps libre — Activités durant le temps libre
CAPACITE ACQUISITIVE EN BIENS ET SERVICES Revenu	— Répartition des revenus — Bas revenus — Dénuement matériel
Patrimoine	— Répartition des patrimoines
ENVIRONNEMENT PHYSIQUE Conditions de logement	— Logement, espace intérieur — Accès à des espaces extérieurs — Elément de confort de base
Possibilité d'accès aux services	— Proximité de certains services
Nuisances	— Exposition aux polluants atmosphériques — Exposition au bruit
ENVIRONNEMENT SOCIAL Attaches sociales	— Taux de suicide
SECURITE DES PERSONNES Exposition au risque	— Traumatismes physiques mortels
Perception de menaces	— Traumatismes physiques graves — Craintes relatives à la sécurité personnelle

L'EMERGENCE DES STATISTIQUES SOCIALES AU XIXᵉᵐᵉ SIECLE

La connaissance de la population est sans doute ce qu'il y a de plus fondamental pour juger de la situation sociale[5]. L'histoire des dénombrements et des recensements remonte à l'antiquité. Ces enquêtes, étant généralement motivées par des raisons militaires ou financières, n'étaient guère populaires. En Europe, elles n'ont pas survécu à la décadence de l'Empire Romain. Il faut attendre le XVIIIème siècle pour voir apparaître l'expression « mathématique sociale » (Condorcet) ou encore « mathématique morale » (Buffon), dans la perspective de favoriser le progrès par la connaissance des faits sociaux[6].

Le premier recensement décennal américain de 1790, comme les tentatives de dénombrement de la Constituante en France à la même époque (le premier recensement complet en France est celui de 1801) s'inspirent de ce mouvement d'idées. Ce n'était qu'un début permettant d'établir un répertoire élémentaire de la population et c'est surtout dans la deuxième moitié du 19ème siècle que les recensements de la population se sont sensiblement étoffés. En revanche, dès la première moitié du 19ème siècle avait commencé la collecte systématique de données correspondant à des préoccupations sociales (en France, la criminalité et l'instruction primaire)[7] et que l'on a vu apparaître le premier recueil de « statistiques morales »[8]. Adolphe Quetelet a ensuite préféré l'expression de « physique sociale ».

Depuis lors, les statistiques sociales se sont largement orientées vers les problèmes posés par le développement de la classe ouvrière. En 1892 fut créé un Office du Travail en France, chargé de rassembler les statistiques nécessaires. Un recensement professionnel a été ainsi annexé au recensement de la population de 1896 et le travail a été effectué sous la direction de statisticiens avertis, qui ont été rattachés à la Statistique Générale de la France (SGF), elle même transférée du Ministère du Commerce à l'Office du Travail, qui deviendra en 1910 un Ministère de plein exercice.

LA MEFIANCE DES ECONOMISTES FRANCAIS DU XIXeme SIECLE VIS-A-VIS DES STATISTIQUES

Dans cette longue période, qui a vu s'affirmer la statistique sociale, les économistes théoriciens se sont montrés réservés à l'égard des données chiffrées ainsi réunies. Les raisons pour lesquelles des auteurs comme Say, Cournot, et Walras ont marqué une certaine méfiance à l'égard de l'emploi des statistiques sont diverses[9].

Pour Say, l'économie politique a pour objet « cet être vivant et compliqué », la Société, dont seule une physiologie sociale peut rendre compte. Une vue mécaniste des phénomènes économiques lui paraît inappropriée et il ne considère pas que les statistiques qui proliféraient déjà à son époque, il est vrai de façon fragmentaire et désordonnée, constituaient l'instrument idoine d'approfondissement de la connaissance des sociétés. Dans son *Traité*, à propos des effets des règlements administratifs, il va même jusqu'à écrire : « quand je vois qu'il n'y a pas d'opération détestable qu'on n'ait soutenue et déterminée par des calculs arithmétiques, je croirais plutôt que ce sont les chiffres qui tuent les Etats ».

L'Ecole Libérale Française, inspirée par les positions de Say tout au long du XIXème siècle et même au-delà a fait longtemps barrage à l'utilisation des mathématiques, y compris l'emploi des statistiques, quand il a pour objet l'interprétation théorique. On ne peut pas reprocher à Cournot et à Walras une hostilité de principe à l'emploi des mathématiques et les raisons pour lesquelles ils séparent l'utilisation et le développement des statistiques de la construction théorique sont différentes. Cournot ne rejette certes pas l'application des probabilités et des statistiques à l'étude des faits sociaux, mais il en discerne les difficultés liées à la complexité des données observées. Dans la multiplicité des variables en présence et des corrélations que l'on constate, il est très malaisé de faire ressortir les faits significatifs. Il lui paraît difficile de partir de l'homme moyen, que cherche à décrire Quetelet, pour construire un modèle de comportement rationnel, alors que tout se décide à la marge.

Walras pour sa part s'attache d'abord à « l'économie politique pure », considérée comme une construction théorique montrant comment est obtenu l'équilibre général, lorsque les participants au marché ont une attitude logique (celle de l'homo aeconomicus). Il complète « l'économie politique pure » par « l'économie politique appliquée » mais de façon distincte, car il s'agit ici de répondre aux préoccupations « morales » des hommes (celles de l'homo éthicus). Walras, dans un tel cadre, accepte l'usage des statistiques, spécialement pour étudier les conditions monétaires et les fluctuations économiques.

Cette séparation regrettable de l'économique et du social n'a pas été encore entièrement surmontée dans la pensée contemporaine.

LA CRISE DES ANNEES 30 ET LA FLAMBEE DES STATISTIQUES ECONOMIQUES

Les économistes anglo-saxons plus pragmatiques, n'ont pas craint de se servir des statistiques existantes, qui ont connu au XIXème siècle un certain développement dans les domaines du commerce, de la production et des prix, mais c'est la crise des années 30 et les événements, qui ont suivi, qui ont contribué à l'extraordinaire essor des statistiques économiques.

Les problèmes sociaux ont certes été dramatiques et au-delà des mesures d'urgence à organiser, se sont affirmés le souhait du renforcement de la législation du travail et les efforts de mise en place de systèmes de sécurité sociale. Toutefois, les gouvernements, face aux défaillances des mécanismes monétaires internationaux et à la montée du chômage ont été conduits à intervenir de plus en plus nettement dans les affaires économiques et on en est venu, plus ou moins vite suivant les pays, à la pratique de l'économie dirigée, qui s'est généralisée pendant la guerre. Cette pratique imposait la création de toute une ossature administrative, qui impliquait la mise en place pour son fonctionnement de services de collectes de données aux effectifs importants. Comme l'allocation de ressources rares supposait que l'on ait une vue d'ensemble sur l'origine et l'utilisation de ces ressources, on a élargi les systèmes comptables à l'échelle de la nation. « La comptabilité nationale » a été ainsi systématisée pendant la guerre par Meade et Stone au Royaume-Uni et Milton Gilbert aux Etats-Unis.

La pensée économique a précédé ou accompagné cette évolution, avec plus particulièrement la démonstration de Keynes (théorie générale publiée en 1936) que le plein emploi et l'expansion n'étaient pas nécessairement assurés par le simple jeu du marché[10].

Quand on s'est efforcé de se débarrasser des rigidités réglementaires du temps des guerres, l'Etat a néanmoins conservé la pleine responsabilité de l'animation de l'économie nationale, par l'instrument que constituaient les politiques monétaire et budgétaire, parfois accompagnées comme en France par une planification souple.

Ces interventions financières de caractère global, cette surveillance conduisaient à la généralisation de la comptabilité nationale dans les pays membres de l'OCDE, suivant un modèle unifié, adopté en 1952 par l'Organisation.

Si les éléments nécessaires pour une approche macro-économique se trouvaient ainsi réunis, parallèlement s'étaient établis des organismes ou des instituts de conjoncture, publics ou privés, se livrant à l'observation régulière de la vie économique. A cette fin, ils utilisaient toutes les statistiques déjà disponibles en les complétant éventuellement par leurs propres enquêtes directes[11].

Toutes les données nécessaires pour assurer une bonne gestion de l'économie et pratiquer une politique efficace de régulation fine de la demande paraissaient ainsi réunies. Pourtant, alors que les doctrines d'inspiration Keynésienne étaient devenues dominantes dans les années 1950 et 1960, deux séries de constatations venaient troubler les esprits : (a) Il fallait d'abord éviter que la hausse des prix ne vienne empêcher l'augmentation du revenu nominal de se transformer en augmentation du revenu réel. On comptait sur la courbe de Philips, selon laquelle la hausse du taux de chômage devait automatiquement freiner la hausse des salaires. L'observation des faits montrant que la courbe de Philips tendait à se transformer dangereusement sinon à disparaître, la politique des revenus est alors apparue comme le complément nécessaire de la politique de régulation de la demande. Le Social est réapparu par le biais de ce que l'on a appelé « la politique contractuelle » et l'effort pour maîtriser la hausse des salaires n'est pas allé sans à-coups. (b) D'autre part, on ne pouvait pas suivre la conjoncture de façon instantanée, la plupart des chiffres n'étant connus qu'avec un certain retard, tandis qu'il faut du temps pour prendre des décisions et que celles-ci ne portent effet qu'après un certain délai, particulièrement dans le cas de la politique budgétaire. Il en résultait que l'on agissait souvent à contre temps, provoquant des « stop and go » malencontreux.

Il est apparu alors nécessaire d'une part d'accélérer la collecte des données et d'autre part d'améliorer les techniques de prévisions, ne serait-ce que pour mieux apprécier les tendances du moment. Depuis longtemps les « conjoncturistes » utilisaient des données, souvent partielles, mais rapides et relativement significatives pour décrire la situation économique. On connaissait déjà avant-guerre les « baromètres » de Harvard qui ont été parfois décevants. Le « National Bureau of Economie Research » de New-York a amélioré les méthodes d'investigation empirique, en pratiquant l'analyse cyclique qui permettait de mieux identifier les hauts et les bas de la conjoncture grâce à tout un ensemble « d'indicateurs »[12] que l'on pouvait regrouper en indicateurs avancés, indicateurs concomitants et indicateurs retardés. Le mot était lancé, encore que l'on ait aussi employé les expressions « tableaux de bord » ou « clignotants » et que le mot baromètre soit de nouveau utilisé par certains.

La panoplie des sources d'informations était étendue aux enquêtes d'opinions et d'intentions, tandis qu'on accélérait la sortie de séries statistiques plus classiques (indices de prix et de production, commerce extérieur) et que l'on renforçait le cadre des analyses plus globales par le développement de la comptabilité nationale trimestrielle et la publication de balances des paiements trimestrielles.

Les principaux « indicateurs économiques de l'OCDE », dont la publication a commencé en 1964, s'efforçaient de regrouper par pays et par sujet de façon systématique les données disponibles, ce mensuel étant complété progressivement par diverses publications trimestrielles. C'était un outil destiné à aider les analystes et les prévisionistes dans le jugement qu'ils avaient à porter sur la situation économique et sur l'efficacité des politiques suivies par les pays membres, ce jugement pouvant être complété de recommandations.

VERS LES INDICATEURS SOCIAUX

Il semble bien que ce soit en 1964, donc à la même époque, qu'ait été utilisée pour la première fois l'expression « social indicator » par Bruce Russet dans un ouvrage[13], qui rassemblait des données comparatives sur le niveau de développement d'un grand nombre de pays. De même, l'observateur de l'OCDE publie chaque année, également depuis 1964, des données comparatives sur les pays membres[14], dont certaines correspondent à la définition actuelle des indicateurs sociaux (mortalité infantile, protéines animales consommées et nombre de téléphones par habitant).

Le mouvement des indicateurs sociaux, tel qu'il s'est affirmé par la suite, a prétendu à plus d'originalité. Il cherchait à répondre à certaines aspirations, certaines craintes ou certaines nécessités apparues au cours des années 60 : (a) La sensibilisation au coût de la croissance. L'abondance une fois revenue, au moins en apparence, l'attention se portait sur ce qu'il fallait d'effort et de contraintes pour produire des biens dont on pensait être rassasiés. La préférence pour les loisirs et le temps libre commençait ainsi à se manifester. En outre, les activités productives étaient accompagnées d'externalités fâcheuses sous la forme notamment d'émission de polluants, pouvant entraîner des dommages pour la population et contaminer le milieu naturel. Celui-ci était par surcroît appauvri par les prélèvements de matières premières et de produits énergétiques, qui, n'étant pas renouvelables, constituaient une richesse dont on redoutait un épuisement rapide [15] : les problèmes d'environnement devenaient un impératif politique. (b) L'implication croissante de l'Etat dans les mécanismes de redistribution. La répartition de la consommation se modifiait au fur et à mesure que les ressources devenaient plus abondantes et la distribution primaire des revenus, restée inégale, ne serait-ce qu'en raison des capacités et des chances différentes de chacun, imposait une redistribution croissante des revenus, d'autant plus que s'affirmait l'exigence d'une couverture sociale plus étendue. Les solidarités familiales se réduisant, c'est l'Etat au sens large (organismes de sécurité sociale compris) qui devait à la fois imposer des transferts financiers de plus en plus importants et renforcer la consommation publique. Quand en 1969–70 l'OCDE s'est livrée à un exercice de projection de la production et de la demande pour l'année 1980, la question s'est vraiment posée de savoir comment allaient être utilisés les biens et services que l'on s'attendait à voir produits cette année là, compte-tenu de l'évolution prévue de la population active et des progrès attendus de la productivité [16]. Il était devenu évident dès cette époque que pour assurer l'adaptation de la demande à la production potentielle le rôle de l'Etat se révélerait de plus en plus prédominant.

L'implication croissante de l'Etat dans les affaires sociales et cela, avant même le tournant de la conjoncture en 1974, justifiait que soit jugées et déterminées de façon plus précise les politiques à suivre dans ce domaine. En effet, si le rôle de l'Etat protecteur ou de l'Etat providence n'était pas encore remis en cause, on s'interrogeait de plus en plus sur la rationalité et l'efficacité des interventions publiques. C'est pourquoi les Ministres de l'OCDE dans leur déclaration de 1970 avaient précisé qu'il convenait de « définir les politiques à suivre à l'égard des grandes options économiques et sociales qu'implique l'affectation de ressources croissantes ».

Le Social ressurgissait ainsi au premier plan à côté de l'Economique, le Conseil de l'OCDE ne faisant d'ailleurs qu'officialiser un courant plus général d'opinion.

On pouvait penser à priori utile d'aller au-delà d'une simple juxtaposition « des grandes options économiques et sociales » et de s'engager dans un processus d'intégration conduisant à l'adoption d'une politique économique et sociale unitaire. Une telle démarche n'a pas eu lieu et on en comprend les raisons : (1) Sur le plan de la doctrine, le dialogue entre économistes et sociologues est difficile et, surtout à l'époque, il n'y avait guère de perspectives qu'ils puissent se rejoindre sur une vue d'ensemble cohérente de l'organisation et du fonctionnement de la société, permettant d'établir un modèle général de référence. (2) Sur le plan de la politique, ajouter les affaires sociales aux attributions du Ministre des Finances et des affaires économiques pouvait faire craindre qu'elles soient encore plus strictement subordonnées aux impératifs financiers.

Il paraissait donc plus souhaitable que la ou les politiques sociales soient définies de façon autonome.

En raison de ce défaut de consensus sur une doctrine ou une théorie sur laquelle s'appuyer a priori, les décisions de politique devaient reposer sur les enseignements résultant d'un examen systématique des faits sociaux, et si l'on s'est arrêté à l'expression « indicateurs sociaux » c'est sans doute par référence aux « indicateurs économiques », considérés alors comme un guide efficace.

Le Comité de la main d'oeuvre et des affaires sociales en adoptant à la suite des déclarations des Ministres de 1970, un programme d'élaboration des indicateurs sociaux de l'OCDE s'est clairement placé dans cette perspective lorsqu'il a précisé les objectifs de ce programme : (1) « Identifier les revendications, aspirations, et problèmes sociaux, qui sont ou pourraient devenir d'ici 10 ans des préoccupations importantes dans le processus de planification socio-économique. (2) Mesurer et enregistrer l'évolution et l'importance relative de ces préoccupations. (3) Mieux cerner et éclairer les décisions publiques et la prise de décision par les gouvernements ».

L'EXECUTION LABORIEUSE DU PROGRAMME
DES INDICATEURS SOCIAUX

Dès les premières réunions du groupe de travail sur les indicateurs sociaux, constitué pour mettre en oeuvre ce programme et où les pays membres étaient représentés par des experts avertis, sociologues ou statisticiens, il est apparu que les objectifs fixés ne pouvaient être atteints sans un débat approfondi.

L'accord sur la liste des problèmes sociaux à prendre en considération n'a pas été la tâche la plus malaisée car ces problèmes avaient été pour la plupart déjà mis en avant : la santé, l'enseignement et l'acquisition des connaissances, l'emploi, les loisirs, la capacité d'acquisition en biens et services, l'environnement physique et l'environnement social, la sécurité. Ce sont là les principales rubriques d'une première liste de préoccupations sociales communes à la plupart des pays de l'OCDE qui a été relativement vite établie [17]. Cette liste a dû être ensuite légèrement remaniée et réduite, mais sa structure générale n'a pas été modifiée.

« Les inégalités sociales », si souvent soulignées, ne figuraient pas en tant que telles dans la liste retenue, mais il était entendu qu'elles seraient mises en lumière à propos de chacun des indicateurs sociaux. Ceux-ci devaient être assortis de leur distribution suivant divers groupes de population ; certaines ventilations types (âge, sexe, type de ménage, statut socio-économique, et taille de l'agglomération) s'appliquaient en principe à toutes les variables alors que d'autres étaient facultatives et ne s'appliquaient qu'à des indicateurs particuliers comme par exemple la répartition des salaires, des revenus et du patrimoine (généralement sous la forme de « déciles »). Il s'agissait toutefois avant d'en arriver là de passer à la deuxième phase du programme : déterminer et définir les indicateurs permettant d'enregistrer l'évolution et l'importance relative des préoccupations sociales. La discussion qui s'est alors engagée a fait apparaître un si grand nombre de questions de principe et de problèmes pratiques de définitions ou de mesure à régler que, pour avancer le travail et éviter que les réunions régulières du groupe de travail ne piétinent, il a été décidé de créer 17 groupes restreints appelés « common development efforts » qui, sous l'animation du représentant de tel ou tel pays membre, ont été chargés d'approfondir les sujets difficiles [18].

Se sont ainsi révélées la richesse mais aussi la diversité des opinions exprimées, la nécessité de préciser et de renforcer les définitions et les classifications (déjà recommandées pour la plupart par les autres organisations internationales et pas toujours rigoureusement appliquées), les hésitations possibles sur le choix d'indicateurs, qui soient bien en correspondance avec les préoccupations sociales retenues.

Pour obtenir des données plus comparables, plus complètes et plus représentatives, un groupe spécial a étudié et adopté les modalités d'une enquête de population à fins multiples, couvrant un large éventail de préoccupations sociales. L'accord s'est ainsi effectué sur un questionnaire type. Quelques pays seulement : l'Autriche, la Finlande, le Japon, la Nouvelle Zélande, la Norvège et la Suède ont recueilli des données au moyen du questionnaire d'enquête sociale de l'OCDE [19].

La liste OCDE des indicateurs sociaux adoptée en 1980, ne tient compte que des préoccupations sociales susceptibles d'être quantifiées sur la base des enquêtes déjà existantes dans les pays membres et des données disponibles d'origine administrative. Une approche inductive a donc ainsi remplacé l'approche déductive, une attitude réaliste consistant à substituer le possible au souhaitable. La liste finale s'est de ce fait trouvée limitée à 33 indicateurs, correspondant à 15 préoccupations sociales.

Cette liste ne représente qu'une faible fraction des quelques 200 indicateurs sociaux qui ont pu être recensés dans tel ou tel pays membre, mais elle est déjà ambitieuse si l'on tient compte de la collecte de données historiques que l'on prévoyait et des ventilations qui devaient être appliquées à chaque indicateur. Le recueil publié en 1986 est un ouvrage de 186 pages, comprenant 83 tableaux dont le contenu cherche à correspondre le plus possible aux directives de la liste adoptée en 1980, sans que l'on ait réussi dans tous les cas à obtenir des données complètes et comparables.

Les indicateurs sociaux de l'OCDE ne constituent donc pas un ensemble hétérogène de données sociales. Ils ont gardé un caractère systématique, même si ils sont insuffisants pour porter un jugement sur tous les aspects des politiques sociales. La sélection des indicateurs a été effectuée suivant des critères multiples mais relativement rigoureux. On en comprendra mieux la nature et l'originalité après quelques explications sur les principes retenus pour effectuer cet exercice.

L'APPROCHE DES PROBLEMES SOCIAUX PAR
LES INDICATEURS OPPOSE A L'APPROCHE PAR
LA COMPTABILITE NATIONALE

La préférence a été donnée à un ensemble d'indicateurs distincts et indépendants, bien que cherchant à former un système, plutôt qu'à une approche globale, qui ne pouvait prendre la forme que d'un système de comptes, reliés les uns aux autres.

Cette deuxième approche a l'avantage de permettre la mise en évidence des interrelations existantes et d'éviter à la fois les oublis et les superpositions dans le choix des données. En outre, si l'on adopte pour les comptes d'une part une unité de mesure commune et d'autre part une représentation matricielle, il devient possible à la fois de résoudre avec aisance les problèmes d'agrégation et de multiplier les calculs.

La généralisation et l'extension de la comptabilité nationale établie en monnaie a été considérée par ses partisans dans les années 60 comme le moyen, non pas de couvrir tous les besoins statistiques, mais d'établir une large cohérence entre les données recueillies et d'assurer une bonne coordination grâce à des définitions et des classifications communes. Le système international de comptes nationaux rénové en 1968 (SCN Rev. 2) était ambitieux à cet égard. Il a été complété dans les années

70 par un ensemble de recommandations portant notamment sur la répartition de la consommation et des revenus, les comptes de patrimoine, la mesure à prix constants de la consommation publique, l'estimation de la consommation totale des ménages en ajoutant aux sommes dépensées par ceux-ci une évaluation de l'ensemble des avantages en nature procurés à la fois par les employeurs et par l'Etat.

Ces divers travaux ont montré qu'il était difficile de respecter strictement les définitions adoptées en 1968, qui ne pouvaient prévoir ni les problèmes pratiques de mesures, ni l'évolution des concepts en fonction des événements. Les notions de revenu et de patrimoine, par exemple, restent floues et malgré la volonté affirmée pour l'élaboration des indicateurs sociaux de s'en tenir aussi étroitement que possible aux définitions internationales officielles, il a été souvent nécessaire d'apporter quelques corrections à ces définitions, les différences s'accentuant au moment de la collecte pratique des chiffres disponibles.

Toutefois, c'est pour une autre raison que le mouvement des indicateurs sociaux a pris ses distances à l'égard de la comptabilité nationale.

Quand on parle de préoccupations sociales, on en vient fatalement à évoquer les aspects négatifs de la vie en société : sur les 33 indicateurs de la liste OCDE, au moins une vingtaine correspondent à des situations ou des événements jugés regrettables. On sort alors du cadre de pensée selon lequel les biens et services constituent des éléments positifs, qui en s'ajoutant les uns aux autres contribuent à la formation de la richesse.

Celle-ci peut être réduite par la consommation ou la destruction de certains de ses éléments, mais cette soustraction qui peut conduire à la « pauvreté » (absence de richesse) ne sous-entend pas l'existence de biens et services négatifs, que l'on pourrait appeler « maux et dommages ». On emploie les mots crédit et débit en comptabilité, parce que celle-ci englobe les opérations de crédit, mais les dettes et les créances ne sont que les deux faces d'une seule et même obligation ; elles naissent et disparaissent ensemble et globalement elles s'annulent. Restent toujours les avoirs non financiers.

En pratique, compte-tenu des limites de temps et d'espace que l'on s'est assigné pour l'enregistrement des flux, on ne peut éviter en comptabilité nationale l'emploi du signe « moins » et certains agrégats ne sont que des différences[20]. De tels calculs sont déjà source de difficultés (quand on passe notamment aux mesures à prix constants) et on préfère généralement s'en tenir au produit brut, plutôt qu'au produit net, pour éviter d'avoir à prendre en considération une consommation de capital dont l'estimation est douteuse.

Si l'on veut opérer d'autres soustractions pour tenir compte des atteintes à l'environnement physique et humain et plus généralement des aspects négatifs de la vie en société, on aboutit à des résultats franchement discutables.

On a effectivement essayé d'obtenir une mesure plus appropriée du bien-être en retranchant du PIB toute une série de flux, également exprimés en monnaie, représentant des coûts. Les travaux les plus connus à ce sujet sont ceux de Tobin et Nordhaus[21] et du Measurement Committee of the Economic Council of Japan[22].

Cette méthode a été examinée par la Commission statistique des Nations-Unies, à laquelle ont été soumis deux rapports l'un de Richard Stone et l'autre de Philip Saunders. Elle a finalement été pratiquement abandonnée pour deux séries de motifs : (1) Il n'y a pas de limite précise à la liste des coûts, qu'il serait souhaitable de prendre en considération. Les nuisances provoquées par les diverses formes de pollution ne sont pas les seules "externalités" regrettables. Toutes les formes de préjudice résultant d'accidents, de catastrophes naturelles ou simplement de délits ou quasi délits constituent des aspects négatifs de la vie en société[23]. (2) Toute évaluation en monnaie des satisfactions ou des insatisfactions résultant d'actes ou de flux, dont on est bénéficiaire ou que l'on a subis, est douteuse quand il n'est pas enregistré en même temps une contrepartie financière directe. Les difficultés de savoir comment sont exactement perçus par les intéressés les opérations ou les événements qui se situent hors de la sphère monétaire ou financière constituent l'un des principaux obstacles à l'extension de la comptabilité en monnaie à tout ce qui affecte la vie économique et sociale[24].

A l'OCDE, au fur et à mesure que l'on s'est avancé dans l'exécution du programme des indicateurs sociaux, toute évaluation effectuée en monnaie a tendu à disparaître. Alors que le niveau des revenus et de la fortune figurait dans la liste des préoccupations sociales éditée en 1973, il a été éliminé de la liste définitive[25].

Cette attitude exclusive, propre au programme des indicateurs sociaux est sans doute excessive, car il est également légitime de chercher à mettre en évidence, sous la forme de comptes établis en monnaie, les aspects financiers des mécanismes sociaux.

A l'OCDE même, outre les travaux réguliers sur les statistiques de recettes et de dépenses publiques une attention spéciale a été portée à l'avenir des dépenses sociales et des études particulières ont été consacrées aux dépenses de santé et aux pensions de retraite. De façon plus générale, la plupart des pays ainsi que la Communauté Economique Européenne établissent des comptes sociaux, tandis que l'on a inventé pour les pays en voie de développement les « Social Accounting Matrices »[26].

Le choix délibéré d'indicateurs non monétaires tient à ce que l'on cherche à mettre en évidence des « situations achevées » (pour ne pas employer l'adjectif « final » qui est ambigu) qui sont constatées au-delà de tout le tourbillon de flux qui les ont engendrées. Si au moment des choix et des décisions on peut être conduit à confronter des coûts et des avantages, exprimés en une même unité, la conversion et l'agrégation nécessaires ne vont pas sans un certain arbitraire et sans considérations subjectives, mais c'est aux intéressés et aux responsables politiques d'apprécier l'importance relative des éléments en cause et notamment des données présentées sous forme d'indicateurs.

LA MESURE DE L'OUTPUT PREFEREE A CELLE DE L'INPUT

On s'est donc attaché à la mesure des résultats obtenus et non pas des moyens mis en oeuvre. Les activités des Institutions, tout comme ce que l'on appelle la consommation finale des ménages, ne constituent qu'une forme de contribution à un bien être individuel, qui ne dépend pas exclusivement de cette contribution.

Le cas de la santé est à cet égard exemplaire. Dans la première liste de préoccupations communes publiée en 1973, cette rubrique avait pour titre originel : « possibilité de mener une vie en bonne santé tout au long du cycle de vie », mais dans la liste finalement adoptée en 1980, cette préoccupation se trouve dédoublée : (a) durée de la vie, (b) vie en bonne santé.

Il n'est plus fait implicitement allusion à une quelconque capacité de soins et si l'on sépare la vie en bonne santé de la durée de la vie c'est parce qu'elles ne vont pas nécessairement de pair et que des préférences divergentes peuvent surgir.

Pour la durée de la vie on a retenu deux indicateurs : d'une part l'espérance de vie à la naissance ainsi qu'à un, vingt, quarante et soixante ans et d'autre part le taux de mortalité périnatale[27]. Pour mesurer la vie en bonne santé on se réfère d'une part à l'incapacité temporaire et d'autre part à l'incapacité permanente, ni la définition, ni la mesure de l'une et de l'autre n'étant aisées.

Le premier jeu d'indicateurs est constitué de données largement disponibles et aux définitions précises[28]. Elles portent sur l'ensemble de la population, mais il est difficile d'aller au-delà de la distinction entre les deux sexes, qui ne changent pas de la naissance à la mort. Les essais de mesurer la longévité suivant le statut socio-professionnel sont restés limités et peu comparables.

Les chiffres sur l'invalidité sont plus sujets à caution, mais ils sont suffisants pour montrer que l'invalidité résulte davantage de l'âge avancé que des accidents. On ne peut donc guère, de ce fait, combiner ces divers indicateurs pour présenter en un chiffre unique l'état sanitaire de la population.

La longue vie, comme les infirmités, sont naturellement liées à la quantité et à la qualité des soins reçus par la population, mais elles dépendent aussi d'autres facteurs. Le nombre de lits d'hôpitaux disponibles ou de médecins en exercice sont donc un autre type d'indicateurs, qui se réfèrent, dans l'optique de l'OCDE, à des moyens, dont l'accessibilité ou l'efficacité peuvent être plus ou moins grandes.

Le même souci de s'en tenir étroitement aux « résultats » apparaît aussi dans l'énoncé des autres préoccupations sociales, quand on compare au texte originel la version finale de la liste retenue.

Pour *l'enseignement* les « moyens organisés dont on dispose pour s'instruire » ont disparu pour laisser uniquement place à l'utilisation effective de ces moyens ainsi qu'à l'acquisition des connaissances. Répartir la population selon le nombre d'années passées à étudier n'est certes qu'une manière approchée de mesurer le niveau de qualification, mais c'est là un repère familier, que l'UNESCO a utilisé pour ses travaux. La nouvelle question qui apparaît aujourd'hui, où l'on insiste beaucoup sur les nécessités de la formation et de l'adaptabilité de la main d'oeuvre et où l'investissement intellectuel est considéré de plus en plus comme l'un des facteurs essentiels du progrès technique, on peut se demander si l'éducation reçue est vraiment de l'ordre de la fin et ne devrait pas être traitée comme étant de l'ordre des moyens.

De même, la « possibilité, pour ceux qui le désirent, d'accéder à un *emploi* rémunéré » a été remplacée par le simple « accès à l'emploi ». La mesure concrètement proposée a un caractère négatif. On ajoute au taux de chômage classique, calculé selon les normes du BIT, une estimation du travail à temps partiel involontaire et du nombre de chômeurs découragés. Ces deux ajouts reflètent les craintes d'une sous-estimation des effectifs de chômeurs dans les statistiques officielles. Les tableaux a leur sujet, parus dans le recueil de 1986, permettent de ramener les faits à leur juste proportion. Il est difficile de définir avec exactitude, ce qu'est un chômeur découragé, c'est-à-dire une personne qui désire travailler mais ne recherche pas effectivement un emploi, parce qu'elle le pense introuvable et les chiffres disponibles ne sont guère comparables d'un pays à l'autre. L'étonnant est que le nombre de chômeurs découragés ne dépasse pas 10 à 15 % des chômeurs officiels, quand on voit l'aptitude de la population active à s'adapter (avec retard) à la pression de la demande, en cas de nécessité ; quant au nombre de travailleurs à temps partiel qui préféreraient travailler à plein temps, il est d'autant plus incertain que le travail à temps partiel se distingue de moins en moins du travail à temps plein : le seuil retenu pour passer de l'un à l'autre, généralement de 30 à 35 heures, peut très bien devenir la durée normale du travail. De toute façon, la durée du travail, même conforme à la législation ou aux conventions collectives est davantage subie que volontaire, à voir les préférences marquées pour son raccourcissement.

Il y a eu en fait, glissement des préoccupations depuis l'élaboration du programme des indicateurs sociaux, et les « perspectives de l'emploi » que l'OCDE publie maintenant chaque année répondent probablement mieux aux inquiétudes et aux problèmes contemporains, tels que ceux de la mobilité, de l'adaptabilité et de la flexibilité de la main d'oeuvre. La publication d'un tableau sur le « pourcentage de chômeurs qui entrent sur le marché du travail » dans le recueil de 1986 doit être salué comme une avancée dans la connaissance de la dynamique du chômage.

Les sept indicateurs consacrés à la *qualité de la vie de travail* ne concernent que les salariés et même, suivant les sources utilisées, qu'une fraction d'entre eux. Ils ne sont certes pas désuets, mais leur nombre est excessif par rapport à l'importance relative de cette préoccupation.

Pour la préoccupation sociale, intitulée *utilisation du temps* et centrée sur une préférence supposée pour les loisirs, on a utilisé les enquêtes sur l'emploi du temps ou budget-temps, effectuées régulièrement dans une dizaine de pays, en vue de déterminer l'importance du temps rendu libre chaque semaine et les activités auxquelles on se livre pendant ce temps libre. En lisant le recueil édité en 1986 par l'OCDE, on constate que le temps libre représente dans les pays étudiés près du quart du temps total de la semaine et que la principale activité exercée pendant ce temps consiste à regarder la télévision, venant ensuite dans l'ordre : les relations sociales, la lecture, les activités de détente physique, les activités culturelles et enfin les activités d'associations, tout cela étant détaillé suivant le sexe (les femmes ont moins de temps libre que les hommes), le statut socio-professionnel, le type de ménage et le type de commune. Les tâches domestiques[29] sont heureusement mises en évidence et les femmes y consacrent plus de temps que les hommes, même lorsqu'elles ont un emploi. En revanche, pour ce qu'on appelle « activités contraintes », aucune distinction n'est établie entre activités professionnelles, activités rémunérées non déclarées, travail des aides familiaux, apprentissage et scolarité régulière. C'est un domaine à explorer à un moment où on s'inquiète, par exemple, de la mesure de « l'emploi dissimulé »[30].

En se contentant pour les *revenus* de mesurer la répartition, on s'écarte de la logique d'un système qui prévoyait que les inégalités seraient mises en évidence en accompagnant la présentation de chaque indicateur d'un ensemble de ventilations et il est probable que les préoccupations de maintien du pouvoir d'achat étant devenue dominantes, on aurait davantage hésité aujourd'hui à renoncer à la mesure du niveau du revenu. Il est vrai que la définition retenue pour celui-ci englobait les paiements en nature et la rémunération « des activités illégales et/ou non déclarées aux autorités fiscales ». Une telle recommandation n'a été que très inégalement suivie selon les pays. Si l'on tient compte, en outre, de la diversité des sources utilisées il n'est pas étonnant de trouver dans le recueil de 1986 l'avertissement suivant : « il est unanimement reconnu que les comparaisons internationales sont encore impossibles dans ce domaine ». Il faut donc utiliser avec beaucoup de précautions les tableaux publiés et considérer qu'il ne s'agit là que d'ordres de grandeur approximatifs.

Pour *la richesse* le tableau relatif aux « taux de possession de certains éléments du patrimoine » (compte d'épargne, voiture, télévision, machines à laver le linge ou la vaisselle, congélateur, logement occupé), ajouté en 1986 est plein de renseignements utiles.

Enfin, pour les autres grandes rubriques : *environnement physique*, *environnement social* et *sécurité des personnes*, l'énoncé des préoccupations retenues n'a guère changé entre le début et la fin de l'exercice. Les indicateurs utilisés sont peu nombreux mais relativement sûrs et significatifs. Un seul d'entre eux : le « pourcentage de personnes qui ont peur de sortir seules la nuit dans leur quartier » reproduit les résultats d'une enquête d'opinion (menée dans huit pays seulement). C'est le moment de regretter que ce genre d'enquête ne se soit développé que de façon anarchique. Les données « subjectives » sont plus instables et plus difficiles à interpréter que les données « objectives », mais puisqu'il s'agit de chercher à se rapprocher du bien-être ressenti par les individus, ce qui est perçu aussi bien comme menace que comme avantage mérite d'être plus systématiquement observé.

UNITES DE MESURES UTILISEES ET VENTILATION

Etant donné que l'on cherche à connaître les conditions de vie des individus, ceux-ci constituent naturellement la principale unité statistique utilisée dans les indicateurs sociaux. Les recensements s'efforcent de dénombrer *tous* les individus qui résident dans un pays donné ; ils portent à la fois sur la population et sur l'habitat et se font maison par maison. On en vient ainsi à distinguer les « ménages ordinaires » (correspondant aux logements occupés par une personne isolée, un couple ou une famille) des personnes vivant en institutions (prisons, internats, hospices, maisons de retraite, communautés religieuses)[31].

Les enquêtes de population qui sont à l'origine d'un grand nombre d'indicateurs, ne portent généralement que sur des échantillons de ménages ordinaires. On oublie ainsi les personnes vivant en institutions, dont les caractéristiques sociales sont pourtant très particulières. De surcroît, on omet souvent les enfants parce qu'il n'est pas possible de les interroger directement. Il arrive aussi que l'on se limite à la population urbaine. Tout cela peut être à l'origine de distorsions dans les chiffres obtenus.

L'unité d'observation est parfois le ménage et non pas l'individu ; cette substitution s'impose pour la mesure du revenu et des conditions de logement, puisque les revenus sont, au moins partiellement, mis en commun et que l'on habite ensemble. Pour rendre les revenus disponibles des ménages plus comparables, on est obligé de tenir compte de l'importance respective des ménages et on utilise pour cette correction des échelles d'équivalence, mais dont la définition varie d'un pays à l'autre.

Une autre unité statistique utilisée est le temps. On mesure ainsi en nombre d'heures le temps libre, ou encore la durée moyenne du travail et la durée des trajets. Ce sont en revanche des années qui sont l'objet de calculs pour obtenir l'espérance de vie aux divers âges. Lorsque le temps est réparti par type d'activité, que ce soit pour le cycle de vie entier ou pour la semaine, il est possible, quand deux ou plusieurs activités sont menées à la fois, soit de ne retenir que l'activité jugée prépondérante, soit d'admettre qu'il y a plus de 168 heures de disponibles pendant la semaine.

En ce qui concerne les ventilations retenues pour présenter et accompagner les divers indicateurs, il a fallu en dehors du cas de la distinction selon le sexe se livrer à des choix résultant de compromis. Les grands groupes d'âge définis pour répartir la population ne permettent pas de satisfaire tous les utilisateurs de ce type de classification, sans parler du glissement ou de l'incertitude des âges limites : le seuil des 15 ans et des 65 ans est devenu moins significatif. De même, la répartition des ménages selon leur type (une seule personne, couple sans enfants, etc.) apparaît presque trop rigide quand les situations concrètes deviennent ambiguës. Quant à la taille de la commune de résidence, des limites de classe précises n'ont pas la même signification selon les pays. Enfin, la classification par catégorie socio-professionnelle, inventée après guerre pour répartir la population en groupes nettement différenciés et parfois opposés, repose sur l'utilisation de plusieurs critères. Celle qui est employée en France a dû être plusieurs fois remaniée et celle qui a été retenue dans la liste OCDE a fait l'objet d'un vaste débat, car la hiérarchie sociale varie d'un pays à l'autre[32]. Le « Statut socio-économique » adopté repose sur trois critères : la profession, le type d'activité et le statut vis-à-vis de l'emploi. Il comporte deux niveaux : au premier niveau on distingue les inactifs des actifs et parmi ceux-ci : (a) les salariés, eux-mêmes répartis entre manuels et non manuels, (b) les travailleurs indépendants, les exploitants agricoles étant mis à part.

La classification ne devient vraiment significative qu'au second niveau où apparaissent 16 sous-groupes. Or, en pratique, on constate que, lors de la collecte des données on doit s'arrêter le plus souvent au premier niveau, ce qui fait apparaître des groupes fort peu homogènes. De surcroît, cette classification est appliquée tantôt directement aux individus, tantôt aux chefs de ménage ce qui donne deux répartitions de la population, qui ne concordent pas nécessairement. Cette subtilité est rarement soulignée et c'est dommage.

CONCLUSIONS

Le bouillonnement des idées, provoqué par le mouvement des indicateurs sociaux s'est apaisé. Si on en attendait une formulation plus aisée des politiques sociales, on ne peut être que déçu. Comme chaque fois que les connaissances avancent, des recoins inattendus surgissent et les zones d'ombre se déplacent. La complexité de la Société humaine devient encore plus évidente.

Pourtant, on ne peut que se féliciter des efforts accomplis ici et là pour renforcer la collecte et la diffusion de données chiffrées.

Le secrétariat de l'OCDE a continué à maintenir les pays membres sous pression par son questionnaire et il a fait oeuvre utile en présentant, de façon systématique, les chiffres recueillis dans l'ouvrage intitulé : « Les conditions de vie dans les pays de l'OCDE ».

Cet ouvrage fait ressortir les lacunes existantes et la comparabilité internationales des chiffres publiés n'est pas toujours bien assurée. Pour l'utiliser avec profit, il faut donc lire avec attention les introductions qui précèdent chaque chapitre et tenir compte des mises en garde énoncées. En prenant ces précautions, chacun peut porter un meilleur jugement sur la situation relative de son propre pays.

On observe à la fois des similitudes et des différences. Toutefois, les pays de l'OCDE constituent un groupe relativement homogène et les évolutions, quand on peut les suivre, sont plutôt convergentes. Des écarts plus importants auraient probablement été enregistrés, si les tableaux avaient contenu des données sur la Turquie, où le niveau de vie est notoirement inférieur à celui que l'on observe dans les autres pays membres.

Avec le temps, les habitudes de vie se transforment et les principales préoccupations se modifient. Si elle était de nouveau rédigée aujourd'hui, le contenu de la liste OCDE des indicateurs sociaux ne serait probablement pas identique. Il serait cependant prématuré d'en proposer la révision. Non seulement les gouvernements ont d'autres soucis, mais il serait opportun d'attendre d'une part que se consolident les résultats des efforts tant des économistes que des sociologues pour adapter leurs doctrines aux nouvelles perspectives et d'autre part que s'achèvent les travaux méthodologiques engagés par les statisticiens, notamment pour réviser le système international de comptabilité nationale.

En revanche, on ne peut qu'encourager le Secrétariat de l'OCDE a poursuivre ses investigations des sources existantes et la collecte des données nouvelles. Les tableaux déjà publiés sont incomplets et ont besoin d'être mis à jour pour couvrir des années plus récentes. Rien n'empêche aussi de chercher à introduire d'autres « indicateurs », qui deviendraient disponibles. Il faut du temps pour cela, mais il est souhaitable de continuer les publications de statistiques sociales comparatives et bien ordonnées. Quelques illusions étant dissipées on doit persévérer.

Notes

1. L'exemple du CSO britannique a été suivi par de nombreux autres pays ; en France l'INSEE a commencé en 1973 la publication de « Données Sociales », mises à jour en 1974, 1978, et 1981, aux Etats-Unis l'office of management and budget, Bureau of the Census a édité un recueil de « Social Indicators » en 1974, 1977, et 1980.

2. Cf. *La liste OCDE des indicateurs sociaux* (Paris, 1982).

3. Cf. *Mesure du bien-être social : progrès accomplis dans l'élaboration des indicateurs sociaux* (Paris : OCDE, 1976).

4. Cf. « Les conditions de vie dans les pays de l'OCDE », *Recueil d'indicateurs sociaux* (Paris : OCDE, 1986).

5. « La population » apparaît en tête de nombreuses listes d'indicateurs sociaux ; elle n'a pas été retenue dans la liste OCDE parce qu'elle concernait une collectivité et non pas des individus, mais le recueil publié en 1986 consacre une longue introduction aux « structures socio-démographiques des populations des pays de l'OCDE », comprenant six grands tableaux.

6. L'arithmétique politique de William Petty date il est vrai de 1687.

7. Depuis 1827 les jeunes recrues de l'armée française sont soumises à des tests permettant d'apprécier leur niveau d'alphabétisation.

8. André Michel Guerry, *Essai sur la statistique morale de la France* (Paris, 1833).

9. Claude Ménard, « Trois formes de résistance aux statistiques », communication publiée dans *Pour une histoire de la statistique* (Paris : INSEE, 1977), I.

10. Beveridge en 1942 et 1944 associait la généralisation de la sécurité sociale à la recherche du plein emploi de la main d'oeuvre.

11. Enquêtes auprès des chefs d'entreprise de l'INSEE en France et de l'IFO en Allemagne Fédérale.

12. Alfred Sauvy n'aime pas le mot « indicateur » et préférerait que l'on parle d'indice, plus simplement. A agir ainsi, on risquerait d'introduire une confusion avec les nombres indices, dont les particularités statistiques ont été bien étudiées et définies. Le mot indicateur est plus vague et il est devenu à la limite synonyme du mot « statistique ».

13. C. L. Lewis, M. C. Hudson, et al., *World Handbook of Political and Social Indicators*, 2ème éd. (New Haven : Yale Univ. Press, 1972).

14. Cf. « Les pays membres de l'OCDE », *L'observateur de l'OCDE*, 22ème année, ed. 1986 (mars 1986).

15. Sans insister sur les réactions violentes contre le « productivisme »: et la « société de consommation », on ne peut oublier le premier rapport du club de Rome, intitulé « Halte à la croissance » et publié en 1971, même si les conclusions du rapport Meadows, sur lequel il s'appuyait, ont été rapidement jugées trop pessimistes.

16. On ne pouvait pas s'attendre au début des années 70 à la brutalité des deux chocs pétroliers, malgré une pénurie d'énergie prévue pour plus tard, pas plus que les égarements du système monétaire international, malgré les ambiguïtés des accords de Bretton Woods.

17. Cf. *Liste des préoccupations sociales communes à la plupart des pays de l'OCDE* (Paris : OCDE, 1973).

18. Les rapports de ces groupes sont progressivement publiés sous la rubrique « Etudes spéciales ».

19. Le « Nordic Council » et le « Nordic Statistical Office » se sont inspirés des travaux de l'OCDE pour établir et publier en 1983 : *Le niveau de vie et les inégalités sociales dans les pays nordiques.*

20. La « valeur ajoutée » (production-consommation intermédiaire) pour les entreprises, le « produit intérieur » (production totale, exportations comprises — importations) pour la Nation.

21. « Is Economic Growth Obsolete ? » *The Measurement of economic and social performance*, (New-York : National Bureau of Economic Research, 1972).

22. *Measuring Net National Welfare of Japan* (Tokyo, mars 1973).

23. Cf. René Bertrand, « Possible social policy and corresponding statistical requirements », dans *The Review of Income and Wealth* (juin 1982).

24. Les limites dans lesquelles il est possible de mesurer en termes monétaires la production, la consommation et les autres grands agrégats sont actuellement l'objet d'un vaste débat à propos de la révision en cours du système international de comptabilité nationale. Cf. le numéro spécial de juin 1986, consacré à ce sujet, de *The Review of Income and wealth.*

25. Cf. dans *La Liste OCDE des indicateurs sociaux*, annexe A, p. 138, comparant au nouveau libellé des préoccupations sociales, le titre originel figurant dans la première liste adoptée.

26. Cf. G. Pyatt et J. Round, « Social Accounting Matrices for Development Planning », dans *The Review of Income and Wealth* (décembre 1977) ; B. B. King, « What is a S.A.M. ? », *World Bank*, Staff Working Paper 463 (Washington, 1981). Cette approche comptable a été encouragée par le B.I.T. et la Banque Mondiale pour l'étude des pays où une part importante des transactions s'effectuent directement entre ménages, sans passer par le marché. Elle consiste à diviser le secteur des ménages en plusieurs groupes (riches et pauvres par exemple) pour mettre an évidence les groupes les plus internes de ce secteur et mieux saisir les mécanismes de la répartition des ressources et de la consommation.

27. Morts nés + décès néonatals de 0 à 6 jours. Pour une définition plus précise, voir la *classification internationale des maladies* de l'OMS.

28. Les tables de mortalité, qui permettent de calculer les espérances de vie aux divers âges, sont largement utilisées par les actuaires.

29. C'est l'expression utilisée en 1986. Dans la liste adoptée en 1980, il était question du temps consacré aux activités liées à des responsabilités : ménage, soins aux enfants, courses, etc.

30. Cf. « L'emploi dissimulé : une forme de flexibilité perverse », *l'Observateur de l'OCDE*, 142 (septembre 1986).

31. En France, environ 1,4 million de personnes vivent en Institutions.

32. Cf. D. F. Johnston, « Types principaux de désagrégation des indicateurs sociaux de base » OCDE (Paris, 1977).

PIERRE FATTACCINI

Le Mouvement des indicateurs sociaux aux Etats-Unis

HISTORIQUE DU MOUVEMENT

Les premiers travaux sur les I.S. (Indicateurs Sociaux) initiés aux Etats-Unis au début des années soixante se sont développés dans un contexte historique particulier : une croissance économique heurtée et des projets technologiques et spatiaux ambitieux dont on évaluait mal les retombées sociales, une administration gagnée aux idées keynésiennes sur le plan économique et favorable à un réformisme actif dans le cadre de la « Great society » annoncée par L. B. Johnson, une gauche libérale dénonçant le « philistinisme économique » de certains responsables gouvernementaux et prônant l'« affirmative action » comme mode de résolution des problèmes sociaux.

Dans un tel contexte interventionniste, la question des effets des politiques publiques mises en oeuvre fut rapidement posée. Les premières études menées en ce sens par des organismes publics — sous l'impulsion d'instances politiques démocrates et de fondations privées — mirent en évidence la complexité du problème et surtout, l'inadéquation des systèmes de collecte et de traitement de données. Ces constatations furent à l'origine des premières recherches sur les I.S. et de leurs développements internationaux.

LES PREMIERES RECHERCHES

Dès 1962, la N.A.S.A. commanda a l'*American Academy of Arts and Sciences* une étude visant à mesurer les effets indirects des programmes spatiaux sur la société américaine. Cette étude menée sous la direction de R. A. Bauer, professeur de *Business Administration* à l'Université de Harvard aboutit à la rédaction du premier essai méthodologique sur les I.S., où les auteurs font ressortir les difficultés à identifier et à anticiper les effets en cause et l'inefficacité des indicateurs économiques dans ces domaines. Ils proposent la mise en place d'un système de statistiques sociales permettant de mesurer le bien-être collectif[1].

Dans la même optique, la commission nationale sur la technologie, l'automation et le progrès économique fut chargée, dès sa création en 1964, d'évaluer l'impact de l'automation sur l'économie et la société américaine. D. Bell, dans un rapport publié deux ans plus tard (*Technology and the american economy*), après avoir lui aussi dressé un constat de carence en matière d'instruments d'évaluation des besoins sociaux et du changement social, suggère l'élaboration d'un système de « comptabilité sociale » et de « budgets de performance » pour certains secteurs sociaux.

En 1967, les sénateurs Mondale, Harris, et Kennedy donnent une impulsion politique à ces travaux en faisant adopter le *Full Opportunity and Social Accounting Act*. Le Senate Bill S. 843 prévoyait entre autres, la mise en place d'un *Council of Social Advisors* chargé de réaliser un rapport social annuel (*social report*), tâche analogue à celle du *Council of Economic Advisors* dans un autre domaine.

En 1969, le H.E.W. Department, Ministère de la Santé, de l'Education, et des Affaires Sociales publie *Toward a social report*, un document préparé par 43 spécialistes des sciences sociales sous la direction de M. Olson. L'auteur y définit l'I.S. en ces termes : « Statistique de signification directement normative qui permet une évaluation concise, exhaustive et pertinente des conditions de vie ». Les indicateurs retenus en l'occurrence concernaient les domaines suivants : santé et maladie, mobilité sociale, environnement physique, revenu et pauvreté, ordre et sécurité, éducation, science et art, participation et aliénation.

Au début des années soixante dix et au-delà des premières divergences de fond ayant trait à la définition et au contenu des I.S., les recherches connaissent une forte progression. Une bibliographie annotée, réalisée en 1972 par L. D. Wilcox pour l'Iowa State University recensait déjà plus de 1000 ouvrages.

LE ROLE DES FONDATIONS ET DES ORGANISMES INTERNATIONAUX

Les Fondations et les Organismes Internationaux ont joué dans ce contexte, un rôle d'impulsion et de coordination non négligeable.

La Russell Sage Foundation de New York fut à l'origine de nombreux travaux sur les I.S. et de la publication de plusieurs ouvrages (voir en particulier Sheldon et Moore[2], Campbell et Converse[3], et surtout Land et Spilerman)[4].

Le Social Science Research Council (S.S.R.C.) a créé en 1972, et sur financement de la National Science Foundation, un centre de coordination de la recherche sur les I.S. Ce centre a publié à partir de

1973 une lettre d'information sur les I.S. *Social indicators newsletter,* 18 numéros parus de mars 1973 à septembre 1983 (repris dans la revue *Items* après cette date) assurant un suivi des recherches — ouvrages, articles, bibliographies nationales et internationales, conférences — sur les I.S. De nombreux universitaires américains ont été associés aux activités du S.S.R.C. : R. Parke, Directeur, O. D. Duncan et P. E. Converse, J. A. Davis et L. A. Goodman, M. Olson, A. J. Reiss, A. C. Stinchcombe.

Les organismes internationaux vont également participer au développement des études sur les I.S. à partir de 1970. Si la perspective retenue est plus étendue et vise surtout à permettre l'analyse comparative, elle n'entre pas pour autant en contradiction avec les systèmes nationaux et notamment ceux élaborés par les chercheurs américains. Ceux-ci étant d'ailleurs étroitement associés aux travaux des organisations supranationales[5].

Les Nations Unies et plus particulièrement l'United Nations Research Institute for Social Development a engagé dès 1970 un programme de recherches théoriques qui fit naître le *System of social and demographic statistics* en 1975, système de comptabilité sociale comportant une sélection d'I.S[6].

Les travaux menés à l'U.N.E.S.C.O. à la même époque sont surtout centrés sur les concepts de qualité de la vie et de besoins sociaux mais également sur la mise au point d'indicateurs de type socio-économique, adaptés aux problèmes de planification et de développement[7].

A l'O.C.D.E., le comité de la main d'oeuvre et des affaires sociales fut chargé en 1970 de mettre en place un sytème d'I.S. visant à identifier les préoccupations sociales des pays membres, à mesurer leurs évolutions et ainsi, à mieux éclairer les choix publics dans les domaines sociaux. Une liste de 24 préoccupations sociales communes à la plupart des pays membres fut établie et approuvée par le conseil de l'O.C.D.E.[8] en 1973 qui retint les huit thèmes suivants : santé, épanouissement de la personnalité par l'acquisition de connaissances, emploi et qualité de la vie au travail, temps et loisirs, biens et services disponibles, environnement physique, sécurité des personnes et administration de la justice, participation à la vie collective. Ces domaines sont, on le voit, assez proches de ceux adoptés dans les premiers travaux américains sur les I.S.

Les recherches menées par la C.E.E. furent plus tardives. Elles aboutirent à la publication de séries statistiques permettant l'analyse comparative des neuf pays de la communauté[9]. La C.E.E. a également mis en place un sytème de suivi de l'opinion publique à partir d'un échantillon de 9000 personnes de plus de 15 ans. *Eurobaromètre,* document bisannuel fait état des principaux résultats enregistrés, présentés sous forme d'« Indicateurs Socio-Politiques ».

DEVELOPPEMENTS CARACTERISTIQUES DES ANNEES 70

Au début des années soixante dix, la discussion suscitée par la publication des premiers travaux méthodologiques portait sur trois points : objectifs assignés aux I.S., types d'indicateurs à utiliser, contenu. En marge de ces controverses, deux grandes catégories de recherches se développent : les enquêtes répétitives et les études longitudinales.

LE DEBAT SUR LES OBJECTIFS ASSIGNES AUX INDICATEURS SOCIAUX

Dans un article consacré aux modèles d'I.S., Land regroupe les objectifs attribués à ces indicateurs autour de trois thèmes directeurs : la politique sociale, le changement social, l'information sociale[10].

De ces trois domaines complémentaires, la politique sociale fut à l'origine des premières recherches à finalités utilitaires et normatives — évaluation des programmes sociaux, développement d'un système de comptabilité sociale, fixation d'objectifs nationaux — auxquels certains sociologues vont apporter des critiques stimulantes.

S'agissant de l'évaluation des programmes sociaux, Sheldon et Freeman[11] font ressortir les difficultés à isoler les variables incontrôlées dans le changement social et donc à déterminer la part de l'influence stricte des programmes sociaux sur les conditions de vie.

L'intégration des I.S. dans un système de comptabilité sociale apparaît prématurée pour deux raisons au moins : absence de théorie sociale permettant de définir les variables du sytème et de préciser leurs interrelations[12], écart entre le souhaitable et le réalisable en matière d'aggrégation statistique, en l'état actuel du système de collecte de données.

Enfin, la fixation d'objectifs nationaux et donc de cibles à atteindre par la politique sociale implique nécessairement accord sur ce qu'il faut améliorer, condition difficile à satisfaire dans la mesure où l'intérêt normatif évolue assez rapidement dans le temps[13].

Dans le domaine du changement social les I.S. doivent atteindre un double objectif : permettre une mesure de ce changement, compléter les indicateurs économiques par une évaluation de la qualité de la vie.

Sheldon et Moore[14] ont précisé le sens des expressions « monitoring » et « social change ». Le « monitoring », la mesure, est le résultat d'une triple activité d'observation, d'écoute, et de réglage fin (tuning in). Le changement social est défini par ces auteurs comme un ensemble de transformations sociales structurelles, s'obervant dans cinq secteurs clés : (1) L'évolution démographique ; (2) Les composantes structurelles les plus importantes (production de biens et services, marché du travail, science et technologie, famille et parenté, religion, système politique) ; (3) La répartition en matière de consommation, santé, éducation, loisirs ; (4) Les phénomènes de mobilité et de stratifications sociales et culturelles ; (5) Le bien-être.

Une approche plus psycho-sociale du changement fut défendue quelques années plus tard par Campbell et Converse[15]. L'idée de départ est de compléter les indicateurs traditionnels par une appréciation sur la qualité de la vie et d'étudier la relation entre changement social et satisfaction individuelle. L'hypothèse formulée est celle d'une relation imparfaite entre conditions de vie objective et satisfaction psychologique subjective. L'enquête menée en 1971 par l'Institute for Social Research de l'Université de Michigan auprès d'un échantillon national de 2164 personnes a permis de mesurer les niveaux et sources de satisfactions des personnes interrogées dans plusieurs domaines de la vie sociale : vie familiale, travail, loisirs, santé, logement, éducation, pratique religieuse, relations amicales. Un échantillon de 285 personnes fut réinterrogé trois mois plus tard afin de vérifier la stabilité des réponses dans le temps et de tester plus précisément la relation étudiée. La satisfaction psychologique est en fait apparue comme le résultat d'une comparaison entre une norme de satisfaction personnelle jugée idéale (subjectivement) et la situation réelle (objective). Les auteurs concluent à la nécessité d'associer indicateurs objectifs et subjectifs dans la mesure du bien-être.

Le *social reporting*, troisième objectif assigné aux I.S. vise d'une part à améliorer la production et l'utilisation des bases de données et d'autre part à développer l'information et la prévision sociale.

La plupart des auteurs soulignent le retard pris dans ces domaines, retard qui pourrait faire l'objet selon A. Biderman d'une « sociologie des données sociétales »[16]. Une telle réflexion consisterait à identifier les obstacles institutionnels et politiques à l'élaboration des données sociales et à analyser les sources de distorsions et de biais au niveau de leur enregistrement et de leur diffusion. Zapf attribue ces difficultés à trois causes majeures : faiblesse des moyens financiers consacrés à l'élaboration d'indicateurs sociaux, désintérêt des sociologues pour le sujet, risques liés à l'utilisation des statistiques à des fins non scientifiques[17].

Au delà de ces difficultés, l'amélioration souhaitée devrait provenir d'une meilleure exploitation des sources de données disponibles et du développement de nouvelles sources.

L'exemple a été donné dans ce domaine par le Ministère du Commerce qui publie depuis 1973 des statistiques sociales périodiquement mises à jour. Le troisième recueil, *Social indicator III*, de cette série fut publié an 1980 et concernait onze aspects principaux de la vie sociale américaine : population et famille, santé et alimentation, logement et environnement, transports, santé publique, éducation et formation, travail, sécurité et affaires sociales, revenu et productivité, participation à la vie sociale et culturelle, loisirs et utilisation du temps. Chacun de ces onze chapitres comporte une analyse commentée mettant en évidence les relations les plus significatives et les grandes tendances de l'évolution sociale.

LES PRINCIPAUX TYPES D'INDICATEURS

Aux trois objectifs précédemment évoqués sont associés trois types d'indicateurs à la fois différents et complémentaires : les indicateurs normatifs de bien être, les indicateurs subjectifs de satisfaction et les indicateurs descriptifs des conditions de vie et des tendances sociales[18].

Les indicateurs normatifs se présentent comme des cibles à atteindre par la politique sociale. S'ils servent en partie à compléter les indicateurs économiques, ils doivent surtout permettre une « mesure directe du bien être ». Il s'agit en fait d'indicateurs de résultats susceptibles d'être interprétés en ces termes selon M. Olson: « Si le bien-être évolue dans la bonne direction toutes choses égales par ailleurs, c'est que les conditions de vie s'améliorent et que la population en bénéficie ». Cette conception de l'indicateur facilite la mise en oeuvre d'une politique sociale active à trois niveaux : fixation d'objectifs et de priorités, application de programmes sociaux adéquats, évaluation des résultats. Elle comporte un certain nombre de lacunes et de risques très tôt dénoncés : consensus hypothétique sur la définition de « ce qui va mieux », risque d'une réduction « mécanique » des priorités ainsi établies, risque d'une inspiration idéologique du système de construction et de présentation des données.

Ces critiques portées aux indicateurs normatifs ont inspiré la réflexion méthodologique et l'élaboration d'indicateurs subjectifs de satisfaction. A la suite des premiers travaux initiés par Campbell et Converse, Andrew et Withey se sont intéressés aux instruments de mesure des perceptions subjectives du bien être[19]. Ils ont mis au point une *échelle de délectation* à partir de laquelle les personnes interrogées expriment leurs satisfactions ou mécontentements dans différents domaines de la vie quotidienne : satisfaction par rapport à soi-même, à la famille, aux voisins, à la nation, à l'éducation, au travail, etc. L'objectif est ambitieux, il s'agit en effet, à partir d'un nombre limité de questions de sélectionner un ensemble de préoccupations spécifiques dont on se propose d'expliquer les inter-relations.

Les indicateurs descriptifs se présentent comme un ensemble de statistiques sociales servant un double objectif d'information et de prévision. L'information proposée dans les *Social reports* n'est pas seulement descriptive. Elle met généralement en évidence les relations entre les grandes tendances d'évolution et leurs conséquences prévisibles. Elle est censée améliorer la qualité du débat public. La prévision repose soit sur l'extrapolation des tendances basée sur l'analyse des séries statistiques passées, soit sur la construction de modèles formels à vocation plus ou moins spéculative.

CHAMP ET CONTENU DES INDICATEURS SOCIAUX

La question du champ et du contenu de l'information sociale est évidemment très liée à celle des objectifs retenus et des indicateurs utilisés. Sheldon et Land s'inspirant des principaux travaux existant ont proposé le contenu suivant, représentatif semble-t-il des nombres de *Social reports* et donné ici à titre d'exemple illustratif[20].

1. BIEN-ETRE SOCIO-ECONOMIQUE
   1. population
   2. travail et emploi
   3. revenu
   4. science et technologie
   5. éducation
   6. santé
   7. loisirs
   8. justice et sécurité publique
   9. logement
   10. transport
   11. environnement
   12. mobilité et stratification sociales

2. PARTICIPATION A LA VIE SOCIALE, ALIENATION
   1. famille
   2. religion
   3. politique
   4. associations
   5. aliénation

3. UTILISATION DU TEMPS

4. COMPORTEMENT DE CONSOMMATION

5. ASPIRATION, SATISFACTION, MORAL etc.

A l'évidence, le contenu des indicateurs sociaux évolue dans le temps et peut dépendre de plusieurs facteurs : objectifs de recherche, objectifs à atteindre par la politique sociale, schéma théorique dans lequel les indicateurs s'intègrent, (le contenu doit-il être déterminé par les buts à atteindre ou par les activités sociales auxquelles on s'intéresse ?).

LES MODELES D'INDICATEURS SOCIAUX : ENQUETES REPETITIVES ET ETUDES LONGITUDINALES

Certains auteurs ont développé leurs recherches à partir de modèles d'I.S. Il s'agit en fait d'intégrer des indicateurs dans un schéma d'analyse adapté au domaine social observé. Deux grandes catégories d'études se sont déployées sur ces bases : les *replication models*, enquêtes répétitives et les *longitudinal models*, études longitudinales.

Parmi les nombreux travaux de la première catégorie (voir Land et Spilerman)[21], l'exemple le plus significatif est celui mené par Duncan à Détroit. Lancé pour la première fois en 1951 par l'Université de Michigan, le *Detroit Area Study* (D.A.S.), dont l'objectif était de servir de thème de recherche aux étudiants, comportait une série d'enquêtes annuelles sur divers sujets d'intérêt théorique et pratique. La décision de consacrer le D.A.S. 1971 et les suivants à la mesure du changement fut prise dès 1969.

L'enquête a consisté, après s'être assuré de la comparabilité des échantillons et après avoir procédé aux ajustements nécessaires, à re-poser un certain nombre de questions posées en 1951. Pour faciliter la comparaison rétrospective des réponses et l'interprétation du change-ment observé, on a ajouté des questions du type : « comment auriez-vous répondu à cette question 15 ans auparavant ? ». Les résultats obtenus permirent évaluation et interprétation du changement sur plusieurs thèmes : répartition des rôles et des responsabilités au sein de la famille, attitudes raciales, participation à la vie sociale et religieuse, etc.

Ces premiers travaux ont suscité la reprise d'enquêtes antérieures selon les mêmes principes méthodologiques. Par exemple, Featherman et Hauser sur la mobilité sociale (*occupational changes in a genera-tion*[22], *O.C.G. II*, reprise des enquêtes menées par Blau et Duncan en 1962). Caplow et Bahr sur les activités et attitudes sociales à Muncie (*Middletown III*, reprise des travaux de Robert et Helen Lynd de 1925 et 1935)[23].

Les *Longitudinal models*, études longitudinales, consistent à inter-roger un panel d'individus à intervalles réguliers. Les principaux travaux de ce type ont porté sur des thèmes de préoccupations immédi-ates : mobilité professionnelle et origine raciale[24], développement des organisations et transformations sociales[25], marché du travail, prob-lèmes et politique de l'emploi — exploitation du *national longitudinal survey of labor market experience*, 1983.

BILAN ET ORIENTATIONS ACTUELLES

Ce bref survol des travaux menés sur les I.S. depuis les années soixante rend partiellement compte de leur abondance et de leur diversité. La réflexion et le débat qu'ils ont suscités ont certes permis des progrès sensibles. Nombre de difficultés théoriques et techniques subsistent qui, dans un contexe économique et socio-politique moins favorable, expliquent le ralentissement des recherches depuis 1975. La restructuration récente des programmes, notamment ceux engagés sous l'impulsion du S.S.R.C., s'est orientée dans une double direction pluridisciplinaire et internationale.

DIVERSITE ET PROGRES DES RECHERCHES

Le cadre initial assigné aux I.S. fut rapidement dépassé eu égard à la variété des méthodes et objectifs retenus et à la pluridisciplinarité des approches[26].

Les objectifs initiaux fixés par les social scientists étaient en effet assez divers. Rappelons-les brièvement : utilisation des I.S. comme aide à la décision politique selon la conception de M. Olson ou instruments d'étude des conditions sociales selon A. D. Biderman, intérêt porté aux seuls processus sociaux (Reiss) ou mesure du changement social à travers des critères objectifs et subjectifs (Sheldon), mesure de la qualité de la vie à partir de critères subjectifs (Campbell), intégration des I.S. dans des modèles d'analyse reposant soit sur des enquêtes répétitives (Duncan) soit sur l'interrogation de panels d'individus à intervalles réguliers (Coleman).

La recherche s'est développée sur une base pluridisciplinaire : sociologie, démographie, psychologie sociale, science politique, science économique, d'où les orientations multiples des travaux engagés : mesure et analyse du changement social, comptabilité démographique, étude des aspirations, analyse des attitudes politiques et de leur évolution, effets des politiques sociales et économiques.

Cette diversité d'objectifs associée à l'utilisation d'approches parfois opposées, souvent complémentaires, a permis la réalisation de progrès sensibles (Parke) : (1) Amélioration des bases de données et de leur utilisation : les sources de données disponibles ont été enrichies et l'infrastructure statistique fédérale organisée de manière plus rigoureuse et plus systématique. Les organismes responsables de la collecte des données ont été incités à faire le tri pour une meilleure exploitation des données. La pratique des agences fédérales et administrations publiques, ainsi marquée du « sceau de l'empirisme et du quantitatif » (Aborn) a évolué dans le sens d'une utilisation plus intense et plus efficace des statistiques sociales et surtout d'une prise de conscience de l'importance de la préservation des données dans l'optique de l'analyse des séries à long terme. (2) Progrès des techniques d'enquêtes : la technique des enquêtes répétitives est aujourd'hui couramment admise. L'application des principes méthodologiques affinés par Duncan à l'occasion du Détroit Area Study a permis la mise en lumière de tendances sociales dans de nombreux domaines : santé, religion, criminalité, politique, attitudes en matière de libertés publiques. La production des données à partir d'études longitudinales menées surtout dans le champ de la socio-économie (mobilité professionnelle, emploi, revenus) a contribué au travail d'explication de ces tendances. (3) Les essais de modélisation sociale ont été stimulés, même s'ils n'ont pas abouti. La légitimité scientifique a été reconnue aux mesures subjectives. (4) Qualité de l'information : l'amélioration à ce sujet se situe à la fois au niveau du contenu de l'information et des modes de diffusion des résultats. Le rôle d'impulsion et de coordination du Social Science Research Council et de *S.I. Newsletter* fut déterminant à cet égard. (5) Organisation de la recherche : la supériorité des groupes pluridisciplinaires sur les chercheurs individuels a été reconnue et encouragée, la réflexion internationale et comparative s'est développée. (6) Plus généralement, Ia recherche méthodologique sur les I.S. a profité à la réflexion sociologique dans son ensemble et surtout à l'étude du changement social.

DIFFICULTES THEORIQUES ET TECHNIQUES

Le déclin de la recherche observé depuis 1975 est attribuable en partie à un ensemble de problèmes théoriques et techniques restés sans solution.

Dressant un bilan des recherches, R. Parke insiste sur le déséquilibre entre théorie et pratique en matière d'I.S. et d'information sociale. La production des informations statistiques dans les *Social reports* semble en effet se développer hors de tout cadre conceptuel. Le modèle implicite est celui des méthodes quantitatives économiques[27], or, si les économistes disposent de modèles d'analyse dans lesquels intégrer leurs agrégats, tel n'est pas le cas des sociologues en l'état actuel de la théorie sociologique. Résultat d'interactions complexes, le changement social rend très difficile la construction de modèles. Si certains auteurs, notamment en France, parlent plus modestement de « schémas » d'analyse[28], d'autres mettent en doute la possibilité de prétendre à des énoncés de portée générale[29].

Liés à ces insuffisances conceptuelles fréquemment dénoncées, d'autres problèmes subsistent : (1) L'analyse des relations causales : compte tenu de la multiplicité des interactions en jeu, la stabilité des relations établies, surtout dans le cas où le processus observé se déroule sur une longue période, est souvent incertain[30]. (2) La définition du social et sa relation avec l'économique : Land note à ce sujet le peu de progrès réalisés dans l'étude des interdépendances entre structure économique et structure sociale, notamment dans la connaissance et l'analyse des valeurs et des normes qui sous-tendent le système économique[31]. (3) La prévision sociale : pour les raisons précédemment évoquées, toute prévision en cette matière semble vouée à l'échec. Des sociétés d'études privées ont cependant développé une « industrie de la prévision sociale »[32] qui, passant sous silence les querelles conceptuelles et méthodologiques d'experts, a su produire des informations sous une forme et dans un langage adaptés aux besoins de leurs souscripteurs. Si la validité scientifique des rapports fournis est souvent contestée, leur utilité est davantage reconnue, ne serait-ce qu'en termes de luttes d'influences au sein des états-majors d'entreprises.

Nombre de difficultés techniques et pratiques sont également restées en suspens : choix des indicateurs, problèmes de mesure, d'ajustement, d'agrégation, cohérence des méthodes et comparabilité des résultats.

Land a dénoncé les présupposés qui sous-tendent l'utilisation des indicateurs normatifs, subjectifs et descriptifs : consensus en matière d'objectifs sociaux, relation significative entre conditions de vie et satisfaction, possibilité d'explication causale des relations entre variables, autant de présupposés dont la fiabilité empirique reste indéterminée[33].

La précision et la validité des instruments de mesure sont également mises en cause : les données recensées ne sont que des mesures approximatives de phénomènes observés[34]. Les instruments utilisés ne sont pas toujours adaptés à la mesure d'un changement social de plus en plus rapide et multiforme.

La comparaison dans le temps, basée sur l'étude des séries statistiques longues, pose des problèmes d'ajustement du fait des changements de méthodes de collecte de données[35].

Le niveau d'agrégation statistique peut varier considérablement selon les objectifs et les méthodes retenus et entraîner des biais importants, notamment en ce qui concerne l'interprétation des données.

La comparabilité des résultats n'est pas toujours assurée eu égard à l'hétérogénéité des méthodes, de même que la cohérence globale des études du fait de l'approche pluridisciplinaire.

EVOLUTION DU CONTEXTE ECONOMIQUE ET SOCIO-POLITIQUE, DECLIN DE LA RECHERCHE

Ralenti par cet ensemble de problèmes théoriques et techniques complexes, il semble que le mouvement des I.S. soit également contrarié par un contexte économique et socio-politique moins favorable.

La conjoncture des années soixante est particulièrement propice à la recherche : avance technologique et militaire, suprématie économique et financière, interventionnisme social. La notion de communauté nationale est au zénith[36] et l'idée de progrès social inscrite dans toutes les professions de foi des hommes politiques démocrates, fortement influencées par une gauche radicale active. Aux nombreux problèmes sociaux à résoudre — inégalité, ségrégation raciale, délinquance, pollution, contestation étudiante — on se propose d'apporter des solutions techniques immédiates, aux résultats quantifiables.

La fin des années soixante dix est marquée par un ensemble de difficultés d'un autre ordre : baisse de productivité du travail et perte de compétitivité sur les marchés mondiaux, déficits internes et externes, qui obligent à une révision des priorités. A la question de la finalité des politiques sociales se substitue celle de leur efficacité. Est notamment posé le problème du coût de la collecte des informations en rapport avec la valeur de leur utilisation.

L'évolution socio-politique est également contrastée : l'influence dominante de l'« establishment » libéral perd peu à peu du terrain au profit du courant néo-conservateur hostile à un interventionnisme social fiscalement indésirable. Le « social engineering » est fermement mis en cause : inutilité, effets pervers, électoralisme à usage des groupes de pression. Dans un tel contexte, le scepticisme se développe à l'égard des sciences sociales et de leurs applications : (1) Doute sur la capacité des social scientists à guider les décideurs politiques dans la résolution des grands problèmes sociaux[37]. (2) Diminution du nombre de fondations engagées dans des programmes de recherche sociale. (3) Réduction des moyens financiers et humains dans ces domaines[38]. (4) Moindre implication des chercheurs.

Plus généralement se pose le problème des intérêts respectifs et de la neutralité des parties prenantes — sociologues et décideurs politiques — dans la mise en place de tout système d'indicateur. Les sujets de désaccords et les conflits potentiels sont nombreux, à divers titres : signification normative des indicateurs utilisés, valeurs sous-jacentes, utilisation de l'information recueillie, contingences électorales. Comme le note D. Campbell (cité par Johnston et Carley) : « The more any quantitative social indicator is used for social decision making, the more subject it will be to corrupting pressures and the more apt it will be to distort and corrupt the social processes it is intended to monitor »[39]. Les capacités d'investigation et de contrôle fournies par les I.S. peuvent en effet compliquer la vision des décideurs dans la mesure où les résultats mesurés ne seraient pas conformes à leurs idées. Les objectifs de neutralité des chercheurs vont souvent à l'encontre des intérêts des hommes politiques. « If our idealized evaluator seeks the true, the politician seeks the good — or more likely, an accommodation of competing views of what is good, or perhaps just reelection »[40].

ORIENTATIONS ACTUELLES

La restructuration récente des programmes, notamment ceux engagés sous l'impulsion du S.S.R.C., tient compte de cet ensemble complexe de contraintes. Elle s'est organisée dans une double perspective[41], pluridisciplinarité des approches et internationalisation de la recherche autour des grands axes suivants : (1) Information sociale : l'objectif est d'améliorer la qualité des travaux et de leur présentation en intégrant les apports méthodologiques des *social reports* étrangers. (2) Méthodologie de la prévision : l'amélioration attendue dans ce domaine passe par une relance de la recherche en relation avec les sciences de la nature. (3) Indicateurs organisationnels : les travaux actuels portent sur l'élaboration d'un système d'indicateurs permettant de mieux situer le rôle des organisations dans la société et de faire progresser la théorie organisationnelle. (4) Concepts et instruments de mesure : un programme est lancé sur le problème de l'inadéquation des instruments statistiques à la mesure du changement social, en coopération avec des organismes étrangers. (5) Comptabilité sociale : les recherches sont également relancées sur ce thème et notamment sur les modèles d'analyse du changement social. (6) Science et technologie : les études en cours portent sur les relations entre changements scientifiques et techniques d'une part et changements sociologiques et économiques d'autre part.

Notes

1. *Social indicators*, ed. R. A. Bauer (Cambridge, Mass. : MIT Press, 1966).

2. *Indicators of social change : concepts and measurements*, ed. E. B. Sheldon et W. E. Moore (New York : Russell Sage Foundation, 1968).

3. *The human meaning of social change*, ed. A. Campbell et P. E. Converse (New York : Russell Sage Foundation, 1972).

4. *Social indicators models*, ed. K. Land et S. Spilerman (New York : Russell Sage Foundation, 1975).

5. W. Zapf, « Social indicators : prospects for social accounting systems », *Social Science Information*, no. 11 (1972) ; « International, Public and Private actors in social reporting », *Social indicator newsletter*, no. 10 (1976) ; et W. Glatzer, « International actors in social indicators research », *Social indicator newsletter*, no. 16 (1981).

6. *Towards a system of social and demographic statistics* (New York : United Nations, 1975).

7. « Indicators of social and economic change and their applications », *Reports and papers in the social sciences*, no. 37 (1977).

8. *Social indicators development programme, List of social concerns common to most OCDE countries* (Paris : OCDE, 1973).

9. *Social indicators for the european community 1960–78* (Luxembourg, 1980).

10. Land et Spilerman, *Social indicators models.*

11. E. B. Sheldon et H. E. Freeman, « Notes on social indicators : Promises and potential », *Policy sciences,* no. 1 (1970).

12. O. D. Duncan, « Toward social reporting : Next steps », *Social science frontiers,* no. 2 (New York : Russell Sage Foundation, 1969).

13. Sheldon and Freeman, « Notes on social indicators ».

14. Sheldon et Moore, *Indicators of social change.*

15. A. Campbell, P. Converse, et W. Rodgers, *The quality of american life : perceptions, evaluations, and satisfactions* (New York : Russell Sage Foundation, 1976).

16. « Social indicators and goals », Bauer, *Social indicators.*

17. Zapf, « Social indicators : prospects for social accounting systems ».

18. K. C. Land, « Social indicators », *Annual review of sociology,* no. 9 (1983).

19. Campbell et Converse, *The human meaning of social change* ; F. M. Andrews and S. B. Withey, *Social indicators of well-being : American's perceptions of life quality* (New York : Plenum, 1976).

20. Land et Spilerman, *Social indicators models.*

21. Ibid.

22. D. L. Featherman et R. M. Hauser, « *Design for a replicate study of social mobility in the United States* », Land et Spilerman, *Social indicators models.*

23. T. Caplow et H. M. Bahr, *Middletown families : fifty years of change and continuity* (Minneapolis : University of Minnesota, 1982).

24. J. J. Coleman, Z. D. Blum, A. B. Sorenson, et P. H. Rossi, « White and black careers during the first decade of labor force experience, Part I : occupational status », *Social science research,* no. 1 (1972) ; J. S. Coleman, C. C. Berry, and Z. D. Blum, « Part II : occupational status and income together », ibid.

25. J. Matras, « *Models and indicators of organizational growth : Changes, and Transformations* », Land et Spilerman, *Social indicators models.*

26. Nous nous inspirons largement, dans les lignes qui suivent, des interviews accordées par K. Prewitt, E. B. Sheldon, R. Parke, M. Aborn, R. C. Rockwell à la revue Item, no. 4 (décembre 1983).

27. Futuribles, *Les indicateurs sociaux comme outil d'observation du changement des modes de vie* (Paris, 1978).

28. H. Mendras et M. Forsé, *Le changement social* (Paris : A. Colin, 1983).

29. R. Boudon, *La place du désordre* (Paris : PUF, 1984) ; K. C. Land, « Social indicators ».

30. D. F. Johnston and M. J. Carley, « Social measurement and social indicators », *The Annals* (janvier 1981).

31. Land, « Social indicators ».

32. H. L. Smith, « The social forecasting industry » (SSRC Conference

on Forecasting in the Social and Nature Sciences, Boulder Colorado, 10–13 juin 1984).

33. Land, « Social indicators ».

34. Johnston et Carley, « Social measurement and social indicators ».

35. Ibid.

36. W. A. Schambra, « Progressive liberalism and american community », *The Public Interest*, no. 80 (1985).

37. F. X. Sutton, « American foundations and the social sciences », *Items*, no. 4 (1985).

38. Voir à ce sujet la revue *Items* de septembre 1983 et decembre 1985, et N. Glazer, « The social policy of the Reagan administration : a review », *The public interest*, no. 75 (1984).

39. Johnston et Carley, « Social measurement and social indicators ».

40. J. E. Brandl, « Evaluation and politics », *Evaluation*, special issues (1978).

41. R. C. Rockwell, « Social indicators at the council », *Items*, no. 4 (1985).

RICHARD C. ROCKWELL

Prospects for Social Reporting
in the United States:
A Receding Horizon

This essay sets forth the thesis that social reporting in the United States has suffered from an excess of modesty among social scientists. This modesty might be traceable to an incomplete model of scientific advance, one that has an aversion to engagement with the real world. The prospects for social reporting in the United States would be brighter if reasonable allowances were to be made for the probable scientific yield of the social reporting enterprise itself. This yield could support and improve not only social reporting but also many unrelated aspects of the social sciences.

I begin by briefly reviewing the history of what the social sciences have and have not accomplished in terms of social reporting in the United States. In some cases the Social Science Research Council,[1] with which I am affiliated,[2] has played a decisive role. My focus will often be on records in the Council's archives because these are the data readily accessible to me. A full-scale inquiry into these matters should exhaust these archives while moving on to the archives of the Rockefeller Foundation, the University of Chicago, the U. S. Department of Health, Education, and Welfare, the 1930s *Encyclopaedia of the Social Sciences*, the U. S. Bureau of the Census, the U. S. Office of Management and Budget, and other central actors in the social reporting enterprise in the United States.

By the term "social reports" I mean "documents which use statistics in a scientific way to inform citizens about contemporary social structures and processes."[3] By adopting Robert Parke's broad definition I mean to encompass far more than official (governmental) documents. However, this definition has the defect of drawing no clear line between social reports and other statistically-rich social science writing for the general public. Such a distinction may, however, have little interest or utility.

THE OGBURN REPORT AND ITS HEIRS

In 1929, President Hoover asked social scientists to undertake a national study of social trends. The 1933 report, *Recent Social Trends in the United States*,[4] still represents the crest of social science's willingness to try to bring its full range of knowledge to bear on a "comprehensive array of national issues" in the United States.[5] William Fielding Ogburn, a sociologist at the University of Chicago and research director, provided the vision and intellectual coherence[6] and sustained that vision after 1933 in a decade-long series of annual articles.[7] An understanding of what Ogburn sought to accomplish with these reports starts with the understanding that in his theory of social change, the social sciences themselves could be active agents for amelioration of social problems—a position sometimes derided today as "social engineering."

The reception of this dense, two-volume work heralded coming divisions in American social science. Francis X. Sutton, a sociologist then on the staff of the Ford Foundation, captured many of these reactions in a report to the Council in 1957.[8] He recorded that John Dewey wrote: "I have often been impatient with the method of mere 'fact-finding' used by so-called social and political science. But in these volumes we have something more than *mere* fact-finding. The facts are presented . . . so as to make problems stand out." Charles Beard was less impressed by the supposed benefits of empirical methods, but he favorably compared the work with "Hamilton's great reports to Congress." Pitirim Sorokin "launched into a vigorous attack on its [the report's] quantitative bias, its lack of unity, the inadequacy of Ogburn's cultural lag theory, and the staleness of the facts presented."

Virtually every reviewer seems to have recognized the landmark nature of this work. The *Nation* saw more than a statistical study: "It is no slight irony that it was Herbert Hoover who officially originated the . . . report. . . . It is, by accumulation of fact and inexorable deduction, the most formidable revolutionary document of our day and our country." The *Washington Post* reported that the Research Committee had recommended "socialism" as the remedy for the ills it identified, but most editors did not perceive the report as radical. There was more attention paid in the newspapers to "scholastic jargon," the need for a "translation into English," the expense of the undertaking, and doubt that the committee had done much more than document what was under peoples' noses—a Montana newspaper questioned whether it really took a Presidential committee to conclude that the replacement of horses by automobiles had cut down on communicable disease.

Immediately after the Second World War, discussion of producing another comprehensive social trends report began in government offices; this interest was behind the Council's decision to organize a monograph program for the 1950 Census.[9] In 1956, the continuing interest in such a report crystallized in a meeting convened by Secretary Marion Folsom of the Department of Health, Education, and Welfare. This meeting led to the Council's undertaking a serious inquiry to review the feasibility of, and prepare a plan for, a modern social trends study.[10] The scholarly and public reception accorded the Ogburn report was reviewed; "blueprints" for several differing reports were produced; discussions were stimulated concerning the nature of social change, its measurement, and theoretical analysis; and consideration was given to the responsibility of social scientists to respond to legitimate requests from government.[11]

Although the idea of strictly replicating the Ogburn report was quickly rejected, the advisory group saw considerable value in an effort to undertake a new study of social trends, and the Council so reported to Secretary Folsom. A number of concrete difficulties were also pointed out, including the observation that the lack of enthusiastic response from the social scientists of 1957 to this proposal might be attributable to the "abundant" financial resources available for social science research at that time.[12] The Council then considered that its obligation to explore the proposed study had been discharged, and the Council's archives seem silent on the subject of why Secretary Folsom never acted on the recommendations.

The government's interest in a comprehensive social report emerged again, at the end of the Johnson administration, in the Department of Health, Education, and Welfare. With leadership provided by the economist Mancur Olson, an advisory group[13] produced the most influential programmatic statement in the history of American social reporting, *Toward a Social Report*.[14] This document joined what Otis Dudley Duncan, a sociologist then at the University of Michigan, described as a "swelling chorus of proposals concerning social reporting,"[15] including Albert D. Biderman's pioneering work in Raymond Bauer's *Social Indicators*.[16] Other significant voices heard on social reporting during this period were Wilbur Cohen, Bertram M. Gross, Senator Walter F. Mondale, Albert J. Reiss, Jr., and Eleanor Bernert Sheldon. Biderman, Duncan, Reiss, and Sheldon had all been Ogburn's students at the University of Chicago.

There have been experiments with some variety of social reporting in several administrations since Johnson's, each of which has been abandoned fairly early on. The Ford Administration, accommodating Vice-President Rockefeller's dyslexia, produced a few issues of *Status*, which was a publication emphasizing graphical presentations. The Carter administration experimented with the Domestic Information Display System, a descendant of a NASA cloud-mapping program for computers, for display of descriptive statistics and relationships in geographical context. The Reagan administration created and soon dissolved the National Indicators System, which produced briefing books with a combination of simple graphical presentations of social trends and very short explanatory paragraphs, intended to inform the President's decisions as the steward of the nation's welfare.

By the middle of the decade of the 1970s, the prospects for social indicators research in the United States had considerably diminished. When another engineer, Jimmy Carter, entered the White House there was no evident enthusiasm for national social reporting. In retrospect, his administration might have been thought the most congenial administration for social reporting since Hoover's because of its management style, populism, and acceptance of social programs.[17] A panel's report for President Carter's Commission for a National Agenda for the Eighties did in fact recommend a "National Social Report," but this recommendation was lost in the early days of the Reagan administration, ignored as was the rest of this commission's work.[18]

There were at least two major, concrete products of the 1960s resurgence of interest in social reporting. One was the establishment by the Council of its Center for Coordination of Research on Social Indicators in Washington, D. C. with generous long-term funding from the National Science Foundation. The other was the initiation of a series of comprehensive social indicators books of charts, tables, and limited analyses, based first within the U. S. Office of Management and Budget and later at the U. S. Bureau of the Census.[19] The second and third volumes in this series were complemented by two special issues of the *Annals* of the American Academy of Political and Social Science, each edited by Conrad Taueber, in which social scientists sought to provide insight into the significance of the trends and patterns reported in the time series in the government's reports.[20] The Center organized a review symposium for the first of the *Social Indicators* volumes.

Both of these innovations are now dead. The government's *Social Indicators* series was a line item in the budget for the Bureau of the Census and, so exposed, was an early casualty of David Stockman's fiscal and ideological axes. The Council closed the Center in 1983, and it discharged its Committee on Social Indicators in 1985 because it had found it impossible to raise funding for general-purpose social indicators work.

What remains at the Council from these two efforts is primarily the topical social reports series *Social Trends in the United States*, edited by James A. Davis and John Modell and published by Harvard University Press. Abbott Ferriss publishes a successor to the Center's newsletter, the *Social Indicators Network News*. The Center's library, once the best collection of social indicators documents in the world, was given to the Bureau of Social Science Research in Washington, and when that institution closed its doors, to the University of Maryland.

Other deaths have been experienced in recent years, including the abandonment of the effort of the Organization for Economic Cooperation and Development to collect and report on a set of comparable social indicators for the OECD nations—an effort reportedly done in by the representatives of the United States and the United Kingdom.

This account of false starts and deaths is not intended to assert whether social indicators and social reporting are "dead, moribund, or . . . in suspended animation" in the United States.[21] However, what has been dormant, at best, is the possibility of a comprehensive social report. Here the United States differs from most of the rest of the Western world, where social reporting is visibly alive and Mancur Olson's *Toward a Social Report* is still read.

TOO FIRM A FOUNDATION

What accounts for the diminishing prospects for comprehensive social reporting in the nation that gave the world its first example of the genre, some of its most accomplished scholars, and its most influential modern charter, *Toward a Social Report?* Answering such a question merits the skills and tenacity of a trained historian; I can only advance a tentative proposition for later testing by another person.

My proposition is this: For too many years the seesaw of emphasis in the academic social indicators movement in the United States was tipped much too far in the direction of internal academic concerns such as data base development, the making of measurement and analytical tools, concept formation, and self-criticism. Engagement with the messiness of the "real world" was left high in the air at the other end of the seesaw. Academic rhetoric and practice emphasized both (1) the need for further development of social measurements and (2) the paucity of theories suitable for charting social change, while it pleaded unpreparedness to take on the task of comprehensive social reporting.

Duncan MacRae, Jr. has similarly distinguished two definitions of social indicators: the one focusing on the standards of "basic science" and the analysis and measurement of social change; the other built around the requirements of practical applications and the uses of social indicators in legislation, policy, and public debate. The latter approach sometimes defined social indicators in Olson's manner as "statistic[s] of direct normative interest."[22] MacRae observes that the "basic science" approach had, by 1985, largely replaced the policy definition.[23]

The Council's leadership of this tilt was a conscious decision. The Council chose to operate its Center for the purpose of "protecting and expanding the scientific foundations of a field under external pressure."[24] "It fell to the Council to assert the primacy of social research, to say that political promises must be set aside for the time being, that social science is not ready to deliver on them: the first task is a *research task*."[25] That task was research on the measurement of social change. The social indicators movement, or rather that academic portion of it most identified with the Council's Center, assiduously sought to separate itself from policy relevance and policy analysis.

I think that what was incomplete, or wrong, about holding firmly to this position for more than a few years was that doing so showed insufficient understanding of the inductive aspects of scientific advance. The considerable potential of the social reporting enterprise itself to serve as a setting for advancing social measurement and theoretical development could thus never be realized. This opportunity was foregone under what the National Science Foundation's Program Director for the grant to the Center, Murray Aborn, described, in a somewhat different context, as "too strict an orientation toward the laying of scientific foundations."[26] The research community was never given a chance to develop the institutional structures, funding, recruitment patterns, ideas, and intellectual excitement that could have been fostered through a major venture in social reporting.

I suspect that most significant advances in social science can be attributed to opportunities presented by an engagement with the real world of problems and applications. That was certainly the conclusion drawn by Deutsch, Platt, and Senghaas in their review of major advances in the social sciences from 1900 to 1965—they found that two-thirds of what they judged to be major advances could be attributed to "practical demands or conflicts."[27] The track record hints that a scientific guidance system with a gyroscope that tilts too far or too long towards "basic research" will not serve social science very well in the long run. We seem to grow most as sciences if we are sometimes involved with problems facing the people and institutions about us.

Social indicators initially derived its energy from its potential engagement with the real world, the world of public debate and politics, but that engagement was shunned for so many years that the real world's interest dissipated. A great price was then paid for this disenchantment: the excitement went out of the enterprise and funding sources vanished. The engine driving the social indicators movement was apparently not the potential of indicators work to contribute to advances in scientific research but instead the potential of social indicators to engage public attention and to inform public debate.

In particular, the strongest component of that driving force was social indicators' potential to shift the grounds of debate about public policy formation away from economics towards a more communal and less materialistic conception of the public interest. The modern social indicators movement was, in one statement of its history, "clearly a child of the mid-60s, drawing a good deal of energy from the civil disturbances and protest movements of the time. . . . Many were attracted to social indicators by the failure of economic indicators and other barometers of economic welfare to detect, even remotely, that so many social problems were at the boiling point."[28] That attraction wore off when the alternatives failed to appear.

One can probably never know in advance how long one has for backstage work before the audience gets up and leaves, but apparently about half a decade was the tolerance accorded social indicators. Years earlier economics had been confronted with the task of staffing and operating a Council of Economic Advisors, providing advice to the President, and producing reports to the nation. Had that discipline spurned these tasks for an equally long period as did the social indicators movement, perhaps it would also have lost its chance to institutionalize data collections, data analysis, and economic reporting. The task of national social reporting was, although broader in conception, substantially less daunting than what had been asked of economics.

In sum, the social indicators movement was on what Erik Allardt once called an "academic detour," in which its ambitions were modest and its profile was low. The action in social reporting had shifted to Europe (in particular, to Scandinavia under the leadership of Sten Johansson and West Germany under the leadership of Wolfgang Zapf), Japan, and even the Philippines. The Council, through its Center, was making major contributions to improving specific areas of social measurement in the United States, but a consultant to the National Science Foundation asked "Who's out there breaking up the rocks while the Center goes about polishing the pebbles?"[29] The mid-1970s saw the American social indicators movement at a critical juncture.

THE MOST IMPORTANT THING
THAT THE COUNCIL DID *NOT* DO

In the mid-1970s the Council made a critical decision through its Advisory and Planning Committee on Social Indicators: not to support the production of a private, national social report. The suggestion to do this report was presented to the committee by Otis Dudley Duncan near the end of his term as its chair. He advocated the nongovernmental development of a document presenting measures and analyses of the main trends in American society.

The committee declined to go along with this suggestion because of its conviction that the Council's task was to *prepare* the social sciences to do social reporting. Robert Parke, director of the Center, observed: "This was an influential decision, since it made room for a preoccupation with indicators questions focused on data bases and measurement problems in specific substantive areas." Parke saw this as "an interesting and consequential choice, considering that an interest in social reporting is what distinguishes work on social indicators from other work in the social sciences."[30] Parke described this as the most important thing that the Council did *not* do.

The irony of this decision is remarkable: the end of social reporting was being set aside in favor of further pursuit of the means that Duncan himself had recommended half a decade earlier. Duncan's booklet prepared for the Russell Sage Foundation, *Toward Social Reporting*, had evaluated two strategies for making social science more useful for the function of social reporting. One approach was that described as the "theorists": to proceed towards social reporting by developing taxonomies, theories, and models of social change to give guidance to the development of measures. The other approach was that of the "inductivist": to "measure *something*" in the hope that acceptably reliable measures could be achieved and standardized, and in the hope that studying these measures would aid in the development of theory.[31] The particular measurement strategy recommended was the replication of baseline measures for studies of social change. This was not an end in itself; it was a strategy for developing the social reporting function, a function that Duncan described as "essential to an enlightened practice of government."[32]

By 1975, a great number of replications had been made of existing measures; the 1970s were a time of flowering of social data collections.[33] The NORC General Social Survey had become a major survey research instrument for monitoring social trends in the United States. The federal government had produced the first official social indicators report, and it had been soundly critiqued. A number of methodological and substantive studies had been conducted, many of them reported in the new journal *Social Indicators Research* or in books such as Campbell and Converse's *The Human Meaning of Social Change*.[34] Social science had in the Center for Coordination of Research on Social Indicators a significant part of the required infrastructure for coordination of the social reporting effort. Foundation funding could still be raised. At least one eminent scholar was ready to go to work. It was a perfectly reasonable time to try to take the next step toward social reporting. Whether it would have worked may never be known.

One wonders whether American social science will ever again consider itself prepared to take on a "fully comprehensive survey viewing recent problems and trends in systematic fashion." It was not eager to do so in 1957, when Sutton's report to the Council contemplated such a study.[35] It spent much of the decade of the 1960s getting ready, and then in the 1970s felt the need for more preparation. It probably does not consider itself prepared today, a decade after Duncan's suggestion. As Yogi Berra once said, "It's déjà vu all over again."

That is why I wish the organizers of this symposium well in their ambitious efforts to organize not only a national social report for the United States (albeit one appearing over the years in many volumes by many authors) but indeed a collection of social reports drawn up along the same lines for several nations. The plan is properly audacious for its time and place. It builds on substantial resources of data and methodology, and then pushes social science just hard enough to be stimulating. Even if nothing much ever comes of it, we are likely to learn much by trying.

Notes

1. Referred to hereafter as "the Council."

2. The observations and opinions in this essay are my own and should not be construed as representing those of the Social Science Research Council.

3. Robert Parke, "Social Reports: Analysis and Program" (Unpub. ms., Center for Coordination of Research on Social Indicators, Washington, D.C., 1983).

4. President's Research Committee on Social Trends, *Recent Social Trends in the United States*, 2 vols. (New York: McGraw-Hill, 1933).

5. Dean R. Gerstein, "Introduction," in *Behavioral and Social Science: Fifty Years of Discovery* ed. Neil J. Smelser and Dean R. Gerstein (Washington, D.C.: National Academy Press, 1986), pp. 1–17.

6. Neil J. Smelser, "The Ogburn Vision Fifty Years Later," ibid., pp. 21–35.

7. The Rockefeller Foundation provided the funding for this project, and the Council acted as fiscal agent for the Research Committee on Social Trends, Inc.; see Social Science Research Council, *Sixth Annual Report 1929–1930* (New York: SSRC, 1930), p. 17.

8. Francis X. Sutton, "Report on the Desirability and Feasibility of a New Study of Recent Social Trends," Council Minutes, 8–11 Sept. 1957, Appendix 23, pp. 11–12.

9. Social Science Research Council, Minutes of the Committee on Problems and Policy, 10 Sept. 1956.

10. This inquiry was supported by a grant from the Rockefeller Foundation to the Social Science Research Council during the presidency of Dean Rusk. Members of the advisory group were Arthur F. Burns, Solomon Fabricant, August Heckscher, Richard Hofstadter, Wilbert E. Moore, M. Brewster Smith, Conrad Taeuber, and Donald Young. Francis X. Sutton took leave from the Ford Foundation to coordinate and execute the study.

11. Archives, Social Science Research Council, *Social Trends, 1956–1958*.

12. Social Science Research Council, Minutes of the Council, 8–11 Sept. 1957.

13. This advisory group was convened by John Gardner, then secretary of HEW, and was chaired by Daniel Bell and William Gorham, the latter replaced by Alice Rivlin when Gorham left HEW; see Eleanor Bernert Sheldon, "Recollections and Views of Key Figures in the Social Indicators Program," *Items* 37 (Dec. 1983): 78–81.

14. U.S. Department of Health, Education, and Welfare, *Toward a Social Report* (Washington, D.C.: U.S. Government Printing Office, 1969).

15. Otis Dudley Duncan, *Toward Social Reporting: Next Steps* (New York: Russell Sage Foundation, 1969).

16. *Social Indicators*, ed. Raymond Bauer (Cambridge, Mass.: M.I.T. Press, 1966).

17. Daniel Tunstall called this to my attention in a conversation several years ago, near the end of the Carter administration.

18. President's Commission for a National Agenda for the Eighties, "The Quality of American Life in the Eighties," *Report of the Panel on the Quality of American Life* (Washington, D.C.: U.S. Government Printing Office, 1980).

19. Daniel B. Tunstall and Rosalind R. Bruno, *Social Indicators 1973*; Denis F. Johnston, *Social Indicators 1976*; and Denis F. Johnston and Murray S. Weitzman, *Social Indicators III* (Superintendent of Documents, U.S. Government Printing Office).

20. Conrad Taeuber, ed., "America in the Seventies: Some Social Indicators," *The Annals* 435 (Jan. 1978); "America Enters the Eighties: Some Social Indicators," *The Annals* 453 (Jan. 1981).

21. The phrase in Murray Aborn's.

22. U.S. Department of HEW, *Social Report*.

23. Duncan MacRae, Jr., *Policy Indicators: Links Between Social Science and Public Debate.* (Chapel Hill: University of North Carolina Press, 1985).

24. Kenneth Prewitt, "Council Reorganizes Its Work in Social Indicators," *Items* 37 (Dec. 1983), 75.

25. Robert Parke, "Recollections and Views of Key Figures in the Social Indicators Program," *Items* 37 (Dec. 1983): 82; italics in original.

26. See Murray Aborn, "Recollections and Views of Key Figures in the Social Indicators Program," *Items* 37 (Dec. 1983): 86–89.

27. Karl W. Deutsch, John R. Platt, and Dieter Senghaas, "Major Advances in the Social Sciences Since 1900: An Analysis of Conditions and Effects of Creativity," in *Advances in the Social Sciences, 1900–1980: What, Who, Where, How?*, ed. Karl W. Deutsch, Andrei S. Markovits, and John Platt (Lanham, Md.: University Press of America, 1986), pp. 414–17.

28. Murray Aborn, "Statistical Legacies of the Social Indicators Movement" (Paper presented at the 145th Annual Meeting of the American Statistical Association, Las Vegas, Nev., 5–8 August 1985).

29. Aborn, "Recollections," 88.

30. Parke, "Recollections," 83. The Council was later to declare that

social indicators had, by the end of the 1980s, probably suffered "obliteration by incorporation" into currently accepted knowledge, losing its distinctiveness and independence; see Kenneth Prewitt, "Council Reorganizes Its Work in Social Indicators," *Items* 37 (Dec. 1983): 77.

31. Duncan, *Toward Social Reporting*, pp. 8–9; italics in original.

32. Ibid., preface.

33. Richard C. Taeuber and Richard C. Rockwell, "National Social Data Series: A Compendium of Brief Descriptions," *Review of Public Data Use* 10 (May 1982): 23–111.

34. *The Human Meaning of Social Change: Concepts and Measurements*, ed. Angus Campbell and Phillip E. Converse (New York: Russell Sage Foundation, 1972).

35. Sutton, "Desirability and Feasibility."

RICHARD BALME
JEANNE BECQUART-LECLERCQ
TERRY NICHOLS CLARK
VINCENT HOFFMANN-MARTINOT
JEAN-YVES NEVERS

New Mayors: France and the United States

I. INTRODUCTION

In 1983 we organized a conference on "Questioning the Welfare State and the Rise of the City" at the University of Paris, Nanterre. About a hundred persons attended, including many French social scientists and political activists. Significant support came from the new French Socialist government. Yet with Socialism in power since 1981, it was clear that the old Socialist ideas were being questioned inside and outside the Party and government—especially in the important decentralization reforms. There was eager interest in better ways to deliver welfare state services at the local level. And given the dismal performance of the economy, ways to reduce costs were equally salient.

In different form these same problems have faced most parties of the Left around the world over the last decade. Various managerial solutions are emerging. These are often linked to changes in political leadership and the political culture of citizens and organized groups. One, which we here seek to clarify, has been termed New Fiscal Populism in the United States. To illustrate it, a particularly forceful and articulate New Fiscal Populist mayor was invited to Nanterre: Bill Morris, Mayor of Waukegan, Illinois, a city of 67,000 just north of Chicago. He was a Leftist Democrat in background, but had grown conservative on fiscal issues while remaining progressive on social issues concerning race, women, and the like. He appealed in populist manner to individual citizens over the heads of traditional parties and organized group leaders. He stressed productivity and improved service delivery to respond to the disadvantaged while reducing costs to the taxpayer.

In Nanterre, Bill Morris was politely treated as an alien visitor. He might have come from Mars. The French and other European participants clearly felt there was nothing like this on European soil. "We have a Left and a Right which are far more explicitly defined and consistent with our history." Still, one participant, Milan political sociologist Guido Martinotti, thought there might be lessons here for Italian mayors, and published an article to that effect in the *Corriera della Serra*. A curious phenomenon, but clearly non-European.

Things changed just a year later. A small number of French mayors and younger politicians with national ambitions were making waves. One press account even referred to them as "the New Mayors," perhaps reminiscent of "the New Philosophers" of a few years earlier who had similarly broken with the traditional Left. Some saw this as a rise of a New Right, interesting more for its dynamism and popular success than for any new program. There was clear ferment on both Right and Left. And now a few years later, their widespread importance and popular appeal are increasingly recognized.[1] How can one define the lines of this new development? How much is it similar to or distinct from analogous developments in the U.S. and other countries?

II. NEW FISCAL POPULISM IN THE U.S.

In the late 1970s a new type of political leader emerged in the U.S.—Mayor Bill Morris has many counterparts across America. They are most successful at the local level, and thus have had only moderate media attention. But here their success is considerable—including Mayors Dianne Feinstein in San Francisco, Kathy Whitmire in Houston, William Green in Philadelphia, and many others in smaller cities. The Democratic Presidential candidate in 1984, Senator Gary Hart from Colorado, stressed similar themes, but was defeated by the more traditional Walter Mondale in the Democratic Primary election.

How are these leaders different? They share five traits which distinguish them from the traditional Left and Right.

They are *fiscal conservatives*, preferring lower taxes. While less fiscally conservative than traditional Republicans like Ronald Reagan, they are distinctly more cautious than the classic New Deal Democrats from Franklin Roosevelt through Lyndon Johnson.

Yet *on social issues they are progressive*. Here they are closer to the more traditional Left in favoring more equal treatment of racial and ethnic minorities, women, and tolerance of diverse life-styles such as gays. They share a youthful acceptance of these life-styles that disturb many older persons.

They appeal in *populist* manner to individual citizens. They thus rely heavily on the media, direct mail campaigns, door-to-door visits, and similar activities which convey their concerns to individual citizens.

They *distrust organized groups:* unions, churches, ethnic group associations, and especially party organizations are far less legitimate.

Usually New Fiscal Populists come to power by campaigning against these groups which have supported more traditional (especially Democratic) candidates. Once in office they seek to implement policies that can be responsive to the disadvantaged and maintain services, while also not increasing taxes. This means improving productivity, which often leads to "breaking heads" of some government workers, especially union leaders who resist these changes.

Fifth, they tend to *stress public goods which appeal to all citizens* rather than private or separable goods which are consumed individually. Low taxes and productivity are classic goods stressed by New Fiscal Populists, in contrast to patronage and clientelism—the awarding of contracts to one's friends and allies in more traditional Leftist manner. But they differ from the traditional Right in seeking to maintain services. They thus do not propose simple across-the-board cutbacks or tax reductions like Ronald Reagan and other traditional conservatives. Improving productivity, doing more for less, "new ideas," are the slogans of New Fiscal Populists. Were these only heard on the campaign trail, the normal reaction would be to treat them as vacuous—still the case for many national commentators. But at the local level where New Fiscal Populists (NFPs) have held office, they have actually implemented programs improving productivity in ways that have been documented; they not only mean what they say, they are implementing these approaches across America.[2]

Still, NFPs remain fluid in their ideological coloring and individualistic in organizational style. They share no explicit common program and have formed no party or national caucus. This is not surprising since they emerged in direct opposition to parties and organizations. We are thus labeling a phenomenon still taking shape, and which shifts with public opinion and media response. How permanent or volatile it will appear in future years remains to be seen. In any case, NFPs have had substantial impact already, and are likely to have more.

III. THE CURRENT STUDY

We are examining such ideas as these in the Fiscal Austerity and Urban Innovation Project, underway since 1983 in 25 countries. A survey was conducted in closely similar manner in each. It is the most extensive study to date of local government around the world, but analysis of the results is still at an early stage. Questionnaires were mailed to mayors and chief administrative officers of all municipal governments over 20,000 in France (25,000 in the US). With several telephone follow ups, response rates were something over 40 percent, varying by type of respondent and region. In the U.S. 26 separate teams administered the survey in their regions;[3] in France three teams have participated: Richard Balme, Vincent Hoffmann-Martinot and Albert Mabileau at the Institut d'Etudes Politiques of Bordeaux; Jeanne Becquart-Leclercq at the University of Lille; and Jean-Yves Nevers, CNRS, Toulouse. The French teams are analyzing the comparative data as well as conducting a dozen case studies of cities and policies of unusual interest.[4]

IV. FRENCH DEVELOPMENTS

"New Mayors" are a noted French phenomenon. These are characterized as younger, dynamic, fiscally conservative, efficiency minded, and willing to use better social and engineering technology. Less noticed in these accounts are other important dimensions. We have stressed them for NFPs elsewhere; how present are they in France?

Fiscal Conservatism is a major unifying force for new mayors and French political leaders, of Rightist background as well as some Socialists. Indeed, the dramatic shift toward fiscal conservatism even by President François Mitterrand is dramatic testimony to the popular support for lower taxes. After the Mitterrand 1981 victory, inflation rose precipitously and economic growth fell. Of course international trade and private sector developments are important constraints on government policy. But these economic constraints also found their counterparts in public opinion. As the years went by, political support declined precipitously for traditional Socialist programs like nationalization of industry and expansion of the welfare state, and fiscal conservatism grew more widespread. As in other countries, a major driving force seems to have been citizens who in turn led political leaders toward new policies. Support for fiscally conservative policies is clear in such SOFRES items as: 72 percent support (14 opposed) to "réduire l'intervention de l'Etat dans la vie économique en donnant plus de liberté aux entreprises"; and 63 percent (23 percent opposed) to "diminuer le montant des impôts et des cotisations meme s'il faut réduire les aides de l'Etat."[5]

Political leaders of left, right, and center have responded to these shifts in citizen preference. In the Mitterrand government, Socialist policies shifted substantially, such as the emphasis on "modernization" of Laurent Fabius compared to the earlier emphasis on egalitarianism of Pierre Mauroy. In the center, a new generation of young politicians affirmed their liberal orientations within the Parti Républicain around François Léotard. On the Right were important tactical and ideological shifts away from the traditional Bonapartist statism of De Gaulle and the UDR. Jacques Chirac moved from classic Gaullism toward a more market-oriented fiscal perspective, frankly inspired by Ronald Reagan, albeit qualified in moving toward office as Prime Minister. Raymond Barre, strategically waiting, took his distance from too explicit a market emphasis. On the far Right, Le Pen similarly stressed a Reagan-inspired view of the free market that was new—contrasting with the Poujadist past which had sought state control to protect small shopkeepers, artisans, and others from market competition. As often, French political theorists carried the ideology of the market to a level of coherence transcending many of their American counterparts. Several new books forcefully articulated free market concerns, with frank acknowledgement to Friedreich Hayek and Milton Friedman (e.g., Sorman). Popular versions of these concepts rapidly appeared in trendy media discussions (e.g., in *Figaro-Magazine*) usually stressing conservative themes and opposition to the socialist government.

Americans have grown fiscally conservative for similar reasons. But in some locales—New York City is a dramatic case, others are quieter—fiscally conservative policies have been implemented more extensively than in France. Still, important changes are underway in France. In the 1983 municipal elections, citizens supported many fiscally conservative candidates. Example: The new mayor of Carpentras, Maurice Charretier, won national press coverage by refunding one million francs of the *taxe d'habitation* and cutting spending proportionately. Even the Communist councilmembers joined the RPR-UDF majority on this policy, while the Socialist councilmembers chose abstention over opposition.

How do French and American mayors compare in fiscal policy preferences? This is one of our clearest and most powerful findings: *French mayors support more fiscally conservative policies than American mayors.* The pattern recurs in several items. We asked mayors in both countries several questions about spending more or less. Asked how they would use a 20 percent increase in outside support, for example, 43 percent of French mayors said they would cut property taxes. Only 15 percent of American mayors gave this answer; most indicated that they would increase spending. Table 1 shows this and related results. It is unclear from analyses to date how far these preferences have been translated into fiscal policy. There are always disparities between preferences of a single leader and what emerges from the policy process—due to bargaining among the many groups involved. Yet recognizing how hard any change is to implement, some mayors also overstate their preferences in hopes of moving policy in the direction desired. Does this happen more in France than the U.S.? Perhaps, but we cannot yet tell.

TABLE 1

1A. French mayors would lower taxes more than American mayors.

U.S. Question: If your city government were given an increase in General Revenue Sharing equal to 20 percent of total local expenditures, how would you like to see the funds used?

France Question: Si les dotations globales de votre commune augmentaient de 20% comment, a votre avis, faudrait-il utiliser cet accroissement de ressources?

	U.S.%	F%
Reduce property taxes and other local taxes	15*	43*
Increase spending (this sums five responses, such as increase all services equally, increase capital construction, etc.)	85	56
Don't know	0	0.8
	100%	99.8%
	(N=229)	(N=123)

* Indicates differences between U.S. and France significant at least at .05 level, using two-tailed T-Test.

1B. Question 1: How do you feel about the total local tax burden?

Question 2: Please indicate your own preference about spending in all areas of city government.

	1. Tax burden		2. Spending	
	U.S.%	F%	U.S.%	F%
1. Should be substantially reduced	5,6*	14,6*	1,4	3,8
2. Should be reduced somewhat	24,5	31,9	15,9	31,0
3. About right	38,8	39,6	55,1	52,4
4. Should be increased somewhat	30,1	12,9	27,1	10,7
5. Should be increased substantially	1,0	0,8	0,5	1,9
6. Don't know (removed)	—	—	—	—
	N=196	N=116	N=200	N=103

* Indicates differences between U.S. and France significant at least at .05 level, using two-tailed T-Test.

Social Liberalism by contrast is less clear for new French political leaders. They vary here. The younger and more progressive are clearly liberal on many social issues. (Perhaps we should say socially "progressive" to avoid confusion with "liberal" fiscal policies.) But party traditions seem to lead Socialists to be more outspoken on these issues than leaders of UDF or RPR background. Leftist leaders have often appealed to younger voters on socially progressive issues; Mitterrand has sought to continue this. A widely cited interview asked M. le Président if he were *branché*, to which he replied he was even *câblé*—affirmatively plugged into the *argot* of the young.

Efforts to stress a "young" dynamic style are also clear among leaders from conservative background, such as Alain Carignon and François Léotard, whose popular success led them to high positions in the Chirac administration.

They have outflanked conflicts between traditional Left and Right by introducing new issues, mobilizing new support without remobilizing past opponents. Vague but enthusiastic references to youth and its style are clearly one successful approach. Thus Carignon's slogan: "J'ai 36 ans. Je suis Maire de Grenoble." The label "New Mayors" similarly aims to mobilize support among younger persons, without committing oneself to any specific issues. Carignon did oppose raising taxes more than his Socialist predecessor, and thus won support of the more traditional conservative electorate. Other activities mobilized other constituents.

French young people endorse strikingly "liberal" (socially progressive) answers in a series of surveys, and in related demographic and behavioral measures—support for "concubinage," tolerance of diverse life-styles, drugs, abortion, premarital sex, equality between the sexes, and so forth. A SOFRES survey reports that 42 percent of 16–17 year olds, and 87 percent of 20–22 year olds had sexual relations.[6]

The generation gap seems larger in France than in the U.S. on these social issues, making it hard for political candidates to take firm positions—at least in locales with age-heterogeneous constituencies. Item: a SOFRES question asked French young people if they felt closer to an Arab of their own age, or to a French person of their parents' age; 41 percent replied "a young Arab."[7]

Social liberalism items in our survey were few. Questions were chosen to permit comparison with other surveys in each country, but are thus not cross-nationally comparable. We can discern no clear differences between French and American mayors on the social issues surveyed.

Populism. The appeal to individual voters over the heads of party regulars characterizes American New Fiscal Populists as well as some new French mayors (see Table 2). Consider Grenoble Mayor Alain Carignon. He inherited an expensive tramway project from the previous administration. The capital investment would be large. But simply ending it would admit defeat to traffic congestion. He took this potential albatross, redefined it dramatically, and used it to mobilize support for his own leadership. How? By calling a referendum, and in advance of it arranging neighborhood meetings throughout the city, well prepared and attended by himself and other city officials. They presented facts and arguments both for and against the tramway. This consistently illustrated *autogestion*, thus co-opting the participatory symbol of the Left without embracing any fiscal or ideological content beyond the process of holding local meetings. When voters in the referendum supported the tramway, he endorsed its construction, and it became both his project and that of his constituents.

The confrontation of populist leaders is especially marked with unions, traditional Left parties, and clubs and associations that have enjoyed large subsidies. "Le Socialisme municipal" traditionally included generous subsidies to sports, neighborhood, cultural, and youth associations—often Left affiliated. In the late 1970s these policies were

TABLE 2

Please indicate how often the city government responded favorably to the spending preferences of the participants: 1: almost never or less than half the time; 2: about half the time; 3: more than half the time or almost always; 4: don't know.

	%:	1	2	3	4	N
Public employees	U.S.	35,0*	32,8	26,2	6,0	172
and unions	F	13,3*	43,8	35,2	7,6	105
Neighborhood	U.S.	26,8	35,5	24,6	13,1	159
groups	F	17,3	44,2	30,8	7,7	96
Homeowners	U.S.	30,6	33,9	19,1	16,4	153
groups	F	37,8	23,5	8,1	30,6	98
Business	U.S.	19,1	41,0	30,1	9,8	165
groups	F	9,6	27,5	13,2	29,6	98
Taxpayers	U.S.	37,2	26,2	9,9	26,8	133
	F	37,5	9,3	6,4	44,8	96
Individual	U.S.	25,7	37,7	25,2	11,5	188
citizens	F	27,6	32,6	22,4	13,3	98

* Indicates difference significant at least at .05 level, using two-tailed T-Test.

particularly emphasized and visible in many local governments, usually those with leftist leadership. By contrast, in the early 1980s, several new mayors, especially from the Right, have drastically reduced these subsidies and openly confronted union and organized group leaders. The most frequent and dramatic conflicts have been with cultural and youth associations, in efforts to break their "clientelist" linkages with parties of the left (examples: Brest, Nantes, Saint-Etienne, Tourcoing, Taverny). Still these conflicts seem to have changed actual policy less than they have sought to redefine the rules of the political game, the political culture. Organized groups and bureaucrats are thus finding their legitimacy questioned by new political leaders. They appeal instead to the citizen as service consumer. This concept is new in France, shocking for its contrast with the tradition that no one questions "l'Administration." The aggressive policies of certain Rightist leaders, even those not in power, have moved leaders of all parties to question established service delivery mechanisms (more below). The most dramatic examples have been mayors such as Jean Bousquet, PDG of Cacherel and Mayor of Nimes, who succeeded eighteen years of Communist leadership in City Hall. A major issue was cleaning the streets through the weekend, since they were littered from heavy tourist traffic. The union said no work after 2:00 p.m. on Fridays. So the mayor contracted with a private street cleaning firm. Result: top staff were blocked in City Hall over a long weekend by protesting CGT workers.

Our survey asked how often the mayor took a policy position unpopular with his constituents. The results for France and the U.S. (see Table 3) look approximately similar.

TABLE 3

Sometimes elected officials believe that they should take policy positions which are unpopular with the majority of their constituents. About how often would you estimate that you took a position against the dominant opinion of your constituents?

	U.S.%	F%
1. Never or almost never (jamais)	6,1	7,1
2. Only rarely (de temps en temps)	62,4	72,3
3. About once a month or more (assez souvent)	27,9	18,7
4. Regularly (la plupart du temps)	3,6	1,8
	N = 197	N = 112

Note: T-Test not calculated as wording not identical.

Organized groups are correspondingly less legitimate sources of support and input. Through neighborhood meetings as in Grenoble, appeals via media and direct mail, or classic door-to-door visits, leaders show their closeness to the people. They are more cautious about cutting deals with classic union and party leaders. Nevertheless, access to much of the national political system is still party-dependent, and to work the flow of national funding and administrative regulation (and find acceptable exceptions), such contacts are considered critical by many local leaders. Similarly, "le cumul" has led many ambitious new leaders to be simultaneously mayor and member of the National Assembly, from which some have assumed national administrative positions (Carignon, Seguin, Léotard, etc.) At the same time one hears repeatedly that the new leaders have "new ideas," "new concerns," and seek to break with traditional approaches. As with Gary Hart in the U.S., these appeals are often vague, but given the conflicts touched off by most traditional themes, this may be a reasonable approach. The youthful style also helps mobilize politically unattached younger persons who lack the ideological "consistency" of their elders. This also fits with the broader youthful ideas of alienation from society, hierarchy, and life-styles of the older generation without necessarily formulating any specific alternative.

Our survey measured the role of organized groups in local policy making by asking mayors about some twenty participants in local decision making—how active they were, what their positions were, and how often the local government responded to their preferences. Some "participants" were organized groups; others, like "citizens," were not. Municipal employees were more important in France, and business groups perhaps less important (only if the "Don't know" answers about business are reclassified as "unresponsive"). But neighborhood and homeowner groups, taxpayers, and citizens were important in both countries in a broadly similar manner. "Similar" here is of course only as synoptically captured by these survey items, response categories of which were unfortunately not identical. But while one often looks for "findings" as differences, these similar patterns in the two countries are perhaps more interesting still. Why?

The classic view is that Americans have been international leaders in non-official forms of public participation. From Tocqueville's emphasis on the American voluntary association, to the "groups" of Alfred Bentley, David Truman, and Robert Dahl, to the widespread concern in the 1970s that "special interest groups" had grown preeminent, one would conclude that France is different. Bureaucratic officials and political party leaders presumably are more important in France. So to find that the French and Americans seem roughly similar is news indeed. This pattern should be investigated further to see how consistently it holds. It does seem as if major shifts may be underway, fueling the visible conflicts between new political leaders and traditional organized groups. This could signal a major development in French political culture.

New policies: productivity, efficiency, public goods. An ideological vagueness can be overcome by an enthusiastic commitment to what works, and making things work better. This is close to the classic managerial technocracy, but is elevated into the ideology of leaders as well as administrators. It marks the increasing technical orientation of the ENA and related cultural elites. This style is so obviously popular that it spreads far beyond its original sources. In interviews with Socialist councilmembers, we asked about sources of innovation. Several mentioned that they were using computers more creatively, to quantify service delivery, conduct revenue forecasts, and assess service quality and costs in new and creative ways. The political source? A combination of perceived citizen pressures for responsiveness, and direct criticism and suggestions from Rightist members of their city councils. Even general policies identified with the Right have been used by some Socialist and Communist mayors, like privatization and contracting out of basic services—despite their direct contradiction with the Leftist view that one should protect working class supporters, and create jobs. Robert Jarry, Communist mayor of Le Mans, was even violently kidnapped by his staff for implementing such unthinkable policies. Jacques Vernier, Mayor of Douai, when shown a *Wall Street Journal* article about NFPs said "I am one too." He illustrates all five components well, especially the strong emphasis on efficiency and improved service delivery. He called for a major fiscal review (by a private consulting group) of the city when he first took office and used it as a basis for implementing widespread reforms. But he points out that despite the Paris experience of contracting out for water supply with a private company, he has not done so in Douai since the Paris experience has seemed to lead to increased costs.

Our survey asked the Secrétaire General of each French city, and the City Manager or Chief Administrative Office of American cities how important were each of a series of "strategies." The U.S. cities seem to be using more "stringent" strategies, such as layoffs of personnel and contracting out with the private sector (see Table 4). However, layoffs are prohibited by national law in France. On the other hand, French cities report more cutbacks in capital spending than U.S. cities. Productivity was a high priority item: 96 percent of French managers reported that they were using it. Clearly this is in part a "wishful" response to some degree, but the fact that it is at least endorsed in this manner tells us that productivity is respected in both countries. Having a commitment from top officials is the beginning, even if the specifics of implementation are another matter.

TABLE 4. Management strategies used

	Percent of cities using	
	U.S.	FR
Reduce capital Expenditures	62	76
Reduce workforce through attrition	74	58
Contract out services with private sector	45	36
Layoff personnel	41	6
Defer maintenance on capital stock	39	51
Improve productivity via		
New technologies		96
Better management	87	
Labor-saving techniques	64	
	(N=335)	(N=102)

V. CONCLUSION

New Fiscal Populism is an important new political culture. We first detected it in the U.S. among political leaders who were: fiscally conservative, socially liberal, populist in appealing to individual citizens, questioning the legitimacy of traditional organized groups, and seeking more efficient means of delivering services. New Fiscal Populism is emerging in France, but clearly more slowly. Given the power of party selection of candidates and other factors distinguishing France, one would expect this. Yet many of the same forces driving American citizens to support NFPs are also found in France, and there is support for such leaders among French citizens, especially the young. More NFPs are likely to emerge in France in future years.

Notes

This paper was prepared by Terry Clark and Richard Balme while they were respectively Visiting Professor and Visiting Scholar at the Department of Sociology, University of California Los Angeles. Because of the active participation of all French team members in our project, we list all team members as coauthors.

1. Guy Sorman, *La solution libérale* (Paris: Fayard, 1984); Jacques Frémontier, *Les cadets de la droite* (Paris: Seuil, 1984).

2. Terry Nichols Clark, Edward Deseve, and G. Chester Johnson, *Financial Handbook for Mayors and City Managers* (New York: Van Nostrand-Reinhold, 1985); Terry Nichols Clark, "The Dynamics of Political Culture," *The Tocqueville Review* 7 (1986): 179–90.

3. Reviewed in Fiscal Austerity and Urban Innovation Project Newsletter no. 8.

4. The French teams have two major reports in progress, and have presented several papers already, such as "L'éxperience française: du socialisme au libéralisme municipal?" and "What Strategies Have Been Used in French Towns During the Last Decade?" The Nanterre conference papers are in *Urban Innovations as Response to Urban Fiscal Strain,* ed. Terry Nichols Clark, Gerd Michael Hellstern, and Guido Martinotti (Berlin: Verlag Europaeische Perspektiven, 1985). Results from the U.S. and other countries appear in the annual *Research in Urban Policy* (Greenwich, Conn.: JAI Press), three volumes of which have been published; the FAUI *Newsletters,* nos. 1–14; and a new Sage series, Urban Innovation. We here draw on the national surveys and selected case study materials from France and the U.S.

5. SOFRES, *Opinion Publique 1985* (Paris: Gallimard, 1985), p. 99.

6. The surveys are summarized in SOFRES, *Opinion Publique 1985,* pp. 263–75. See also Michel Forsé, "La diversification de la société française vue à travers le mariage et l'idéologie," *The Tocqueville Review* 7 (1986): 223–33.

7. SOFRES 1985, *Opinion Publique 1985,* p. 267.

Chronicles

YVES MENY

Les restrictions au cumul des mandats : réforme symbolique ou changement en profondeur ?

Le phénomène du cumul des mandats constitue l'une des *conventions* les plus originales en même temps que les mieux ancrées du système politique français. On désigne par là la possibilité pour un élu de cumuler plusieurs mandats électifs locaux et/ou nationaux. Mais en pratique, analyses et critiques se polarisent sur l'élément essentiel que constitue le cumul simultané de mandats nationaux *et* locaux. Il ne faut cependant pas négliger comme l'a rappelé J. Becquart-Leclercq que le cumul des mandats présente plusieurs dimensions : cumul horizontal, c'est à dire le cumul de mandats électifs avec d'autres mandats ou fonctions (par exemple, le cumul d'un mandat de maire avec la présidence d'une société d'habitation à loyer modérée publique ou d'un établisement hospitalier) ; cumul vertical, c'est à dire le cumul de mandats électifs à plusieurs niveaux de gouvernement ; cumul dans le temps, c'est à dire « la perpétuation au pouvoir d'élus qui accumulent des mandats successifs »[1].

La vie politique française est concernée par ces trois types de cumul, même si le plus visible et le plus discuté reste le cumul vertical. Les hommes politiques français disposent en effet de réseaux patiemment construits et souvent renforcés par l'exceptionnelle longévité politique des élus. Leur permanence au pouvoir, leur « professionalisation » ne résultent pas comme dans d'autres pays du contrôle serré qu'exerceraient les partis politiques sur le recrutement et le renouvellement des élites, mais de l'accumulation progressive de mandats et de fonctions qui transforme leur base électorale en forteresse quasi-inexpugnable[2]. Bien souvent, ce n'est pas le parti qui contrôle les élus, mais au contraire, les notables qui adaptent les objectifs et les structures du parti à leurs propres exigences. La difficile implantation des gaullistes au niveau local jusqu' aux années 70 illustre cette résistance des notables aux appareils partisans ; la méfiance du parti communiste à l'encontre de ses élus locaux constitue un autre exemple de cette tension entre parti et élus. Ce dernier en effet redoute par dessus tout ce que Maurice Thorez appelait le « crétinisme municipal » et évite, même au risque de la défaite, de présenter aux élections nationales les meilleurs candidats, c'est à dire ses élus locaux. Les partis politiques sont donc dans une situation différenciée à l'égard du cumul des mandats : le PCF, qui craint que ses élus ne se social-démocratisent en devenant des gestionnaires, limite, autant que faire se peut, le cumul ; les partis de vieille implantation (radicaux, socialistes, droite traditionnelle) pratiquent le cumul comme un « fait de nature » : ils privilégient la progressive ascension du local vers le national rendant parfois particulièrement ardue la création de structures fortes et de règles strictes (c'est en particulier le cas de l'UDF, l'Union pour la Démocratie Française, nébuleuse de la droite non-gaulliste) ; les partis d'implantation récente au contraire, (tel le mouvement gaulliste pendant la première décennie de la Vème République), forts au niveau national, faibles localement doivent pratiquer ce que l'on a qualifié de « cursus inversé », c'est à dire partir à la conquête du local à partir de positions centrales. Le cumul devient le moyen de consolider un siège national conquis de haute lutte dans les « terres de mission » grâce au prestige d'une fonction ministérielle ou administraive ou à l'occasion d'un raz-de-marée électoral (par exemple en 1962 et 1968).

CONVENTION POLITIQUE ET ADHESION CULTURELLE

On n'a pas manqué de s'interroger sur le cumul qui, sans être complètement inconnu dans les autres démocraties occidentales, n'en constitue pas moins un particularisme marqué du système politique français. Les interprétations qui en ont été proposées se conjuguent plus qu'elles ne se contredisent. Notamment on a souvent souligné combien le cumul des mandats constituait le corollaire logique de la centralisation : dans un système aussi centralisé que celui de la France, la résolution des problèmes locaux exigerait l'accès au centre et donc le cumul des mandats.

Cette analyse n'est pas par elle-même complètement convaincante, car d'autres systèmes centralisés (par exemple la Grande-Bretagne) excluent totalement le cumul. Sans doute est-il possible d'affiner l'analyse à partir des caractéristiques propres de l'administration française c'est-à-dire l'existence d'importants services étatiques déconcentrés placés sous la houlette du préfet. Pour le Groupe de Sociologie des Organisations dont les analyses furent présentées brillamment au Parlement par un de ses anciens chercheurs, Jean-Pierre Worms, le cumul des mandats est l'envers politique d'un système administratif dont le « principe de régulation consistait à faire remonter la décision au niveau supérieur, éventuellement jusqu'à Paris, dernier échelon de la centralisation, ayant le monopole de l'édiction de règles et donc seul légitimement habilité, s'il le faut, à les contourner »[3].

Le notable[4] qui cumule devient le symétrique du préfet à la fois représentant de l'Etat et exécutif du département. Tous les deux portent une « double casquette » et ont à concilier des intérêts parfois antagonistes (locaux et nationaux). L'un tire sa légitimité du Centre (le Préfet), l'autre de la périphérie (l'élu), mais ni l'un ni l'autre ne sont en mesure d'agir efficacement s'ils n'obtiennent des avantages, des concessions, des compromis de l'autre pôle. Le cumul des mandats devient alors une nécessité fonctionnelle pour « apprivoiser le jacobinisme » selon l'heureuse expression de Pierre Grémion. Toutefois là encore, en dépit de sa séduction, cette interprétation ne satisfait qu'en partie car les autres systèmes politico-administratifs qui ont eu recours à l'armature du corps préfectoral et des services extérieurs (Belgique, Italie, Espagne) ne connaissent pas le cumul des mandats. D'autres facteurs sont donc intervenus pour permettre cet agencement propre à la France et lui donner un profil distinct des démocraties voisines : une administration centrale tout puissante à la différence de tous les Etats voisins et cela dès la fin du XVIIème siècle ; des partis politiques et des organisations intermédaires faibles et peu légitimes, incapables de servir d'instruments de médiation efficace entre le Centre et la périphérie. De toutes les démocraties européennes, la France est en effet le pays où s'est établi le décalage temporel le plus grand entre l'octroi du suffrage universel et l'organisation des partis politiques, celui également où le nombre d'adhérents et de militants en pourcentage des électeurs est le plus faible.

Cette interprétation politique du cumul doit être complétée par une analyse en termes culturels. La plupart des élus défendent le cumul des mandats, c'est-à-dire en fait le cumul de mandats locaux et nationaux. Les arguments avancés sont presque toujours les mêmes : la nécessité de négocier à Paris et de disposer d'un mandat national qui « ouvre plus facilement les portes » ; la nécessité pour un élu actif de disposer de tout son temps pour le bénéfice de ses électeurs et donc d'acquérir des ressources (en moyens matériels, humains, financiers) que seul octroie le cumul de plusieurs mandats ; l'amélioration de l'information, des connaissances et des analyses chez les hommes qui ont à affronter les réalités de divers points de vue. Notons que cet argument élitiste en faveur de la concentration des fonctions est récurrent en France. La dualité des fonctions consultatives et juridictionnelles des tribunaux administratifs et du Conseil d'Etat est souvent justifiée par ce même argument d'efficacité. Autrement dit, l'élu cumulant serait par définition l'homme des synthèses : entre le local et le national, entre la législation et l'exécution, entre le général et le particulier. Le cumul serait source d'équilibre, de juste milieu, de bon sens.

Le vécu du cumul des mandats par les intéressés contraste fortement comme l'a souligné Jeanne Becquart-Leclercq avec la perception qu'en ont les élus étrangers et singulièrement les élus américains. Alors que ces derniers perçoivent le cumul comme une source de conflits d'intérêts inextricables, les élus français sont totalement insensibles à cette contradiction. Entre leur rôle de représentant de la nation et celui de mandataire d'intérêts locaux il n'y a pas ou rarement de conflits, en tout cas pas de conflits ressentis comme tels. La fiction selon laquelle tout député est l'élu « de la nation toute entière » ne résiste guère à la pratique et à la perception de leur rôle par les intéressés. Plus étrange, en revanche est l'attitude des électeurs qui, apparemment, ne trouvent rien à redire au système : non seulement les cumulants ne sont pas pénalisés, mais ils sont renforcés par les soutiens successifs que leur apporte l'électorat.

Or la culture française est pourtant profondément marquée par l'hostilité à l'égard du cumul en matière professionnelle. Le cumul de fonctions est étroitement réglementé dans la fonction publique et le cumul d'un emploi et d'une pension critiqué et pénalisé ; les agriculteurs avaient même obtenu dans les années 60 des mesures qui, pratiquement, interdisaient l'exploitation des terres aux non-agriculteurs. L'expression utilisée pour désigner les bénéficiaires du cumul, les « cumulards » est elle même très péjorative (comme le sont les « smicards » et autres « communards »). Ce contraste entre la condamnation du cumul professionnel et l'acceptation du cumul politique s'explique sans doute par le fait que dans le premier cas le cumul est ressenti comme une restriction des opportunités offertes pour le seul profit de quelques-uns alors que dans le domaine politique, le cumul est perçu comme source de bénéfices pour l'électeur. Le cumul politique trouve sa justification et sa légitimité chez l'électeur dans les pratiques clientélistes[5] qu'il permet et facilite, que ce soit au niveau individuel (petits avantages, dérogations, déblocage des verrous administratifs) ou collectif (subventions et aides aux autorités locales). Comme le soulignent Jean-Claude Thoenig et François Dupuy, « le cumulant est un agent intégrateur de l'administration »[6].

Ces dimensions politique et culturelle du cumul expliquent l'ampleur qu'a pris ce phénomène particulier à la classe politique française : jusqu'en mars 1986 plus de 90 % des sénateurs, plus de 80 % des députés, cumulent au moins deux mandats et plus d'un tiers d'entre eux en détiennent, trois[7] (et ceci sans prendre en considération le cumul « obligatoire » résultant de la participation de droit des parlementaires au Conseil Régional jusqu'à l'élection des Conseillers au suffrage universel le 16 mars 1986). Quelques champions en totalisent quatre, voire cinq : Jean Lecanuet par exemple est maire de Rouen, Président du Conseil Général de Seine-Maritime, Conseiller régional de Haute-

Normandie, Sénateur et Député européen ! Comme ces quelques fonctions lui laissent des loisirs, il préside également aux destinées de l'UDF (la fédération des partis de Centre-Droit) sans compter les innombrables présidences d'organismes (établissements publics ou autres) qu'un élu local est appelé à assumer en vertu de ses fonctions.

Une telle situation n'a pas cessé d'attirer les critiques d'une partie au moins de la classe politique, à droite et à gauche et a suscité de nombreuses propositions de réforme. Pour ne mentionner que deux exemples de ces convergences, qu'il suffise de rappeler la déclaration du Président Giscard d'Estaing le 14 juin 1978 (« Le Gouvernement doit proposer au Parlement un texte sur la limitation du cumul des mandats, par exemple à deux mandats électifs nationaux ») et la promesse du candidat F. Mitterrand dans ses 110 propositions de réforme, de réduire le cumul. Toutefois, ce consensus au sommet semblait relever davantage de la catégorie des serpents de mer qui réapparaissent périodiquement dans la vie politique (telles la réduction du mandat présidentiel ou l'instauration du référendum local) que d'un projet de réforme sérieux. Et, en dépit des pressions nouvelles nées des réformes décentralisatrices du gouvernement socialiste, il semblait bien que la législature 1981–86 se terminerait sans qu'aucun changement ne fût apporté à une situation de plus en plus criticable : comment les élus locaux pourraient-ils pleinement assumer la plénitude de leurs nouvelles fonctions s'ils devaient continuer à cumuler deux ou trois mandats ? Par conséquent, l'announce par le Premier Ministre Laurent Fabius, le 4 septembre 1985, d'un projet de loi limitant le cumul créa la surprise et suscita le scepticisme : il apparaissait difficile qu'au cours d'une session parlementaire chargée — la dernière de la législature — fût menée à bien une réforme aussi sensible et potentiellement déstabilisatrice pour les élites politiques.

Finalement le pari fut tenu et deux lois du 30 décembre 1985 limitaient, pour la première fois en France le cumul des mandats électifs.

LES NOUVELLES REGLES DU JEU

La nouvelle loi règlemente le cumul par le biais des incompatibilités et non par des règles d'inégibilité. Autrement dit, il est interdit de cumuler certains mandats, mais il est toujours possible d'être candidat : le problème du cumul n'est pas traité a priori mais lorsqu'il existe concrètement et c'est seulement dans ce cas que l'élu devra exercer un choix entre les différents mandats qu'il détient. La règle posée est simple : le mandat de député ou de sénateur est incompatible avec l'exercice de plus d'un des mandats électoraux ou fonctions électives énumérées par la loi, c'est-à-dire : représentant à l'Assemblée des Communautés Européennes, conseiller régional, conseiller général, conseiller de Paris, maire d'une commune de 20.000 habitants ou plus, autre que Paris, adjoint au maire d'une commune de plus de 100.000 habitants ou plus.

Cette disposition qui semble à première vue rigoureuse, se révèle à l'analyse beaucoup moins draconienne. Relevons tout d'abord qu'elle est en retrait par rapport au projet gouvernemental qui prévoyait son application aux maires des villes de plus de 9.000 habitants, soit 871 communes. Devant l'hostilité des Sénateurs qui ne souhaitaient prendre en considération que les élus des villes de plus de 30.000 habitants (soit 222 communes seulement sur 36.500 !), le gouvernement accepta un compromis fixant le seuil à 20.000 habitants (soit 386 maires). Le projet concerne donc un nombre relativement limité d'élus et principalement les 577 députés, les 318 sénateurs et les 81 parlementaires européens.

En outre la loi interdit le cumul des *fonctions* de Président du Conseil général (département) et de Président du Conseil régional. Au total la réglementation concerne 9.000 mandats électifs[8] environ sur un total de 500.000 dans l'ensemble de la France. La limitation du champ d'application de la loi s'explique en grande partie par le souhait du gouvernement de faire aboutir la réforme, fut-ce au prix de concessions importantes. En effet, la Constitution prévoit que les lois organiques concernant le Sénat doivent être adoptées *dans les mêmes termes* par les deux chambres, contrairement aux autres lois qui peuvent être votées par l'Assemblée Nationale, même contre la volonté de la Chambre Haute. Le Sénat disposait donc d'un véritable droit de veto à l'encontre du projet de loi et le gouvernement devait à tout prix trouver un compromis avec une Chambre qui lui était généralement hostile. Il fut trouvé dans deux directions : d'une part en écartant du champ d'application de la loi les communes petites ou moyennes c'est à dire celles dont la majorité des sénateurs sont maires. La réforme devenait acceptable pour ces derniers puisque la plupart d'entre eux n'étaient pas concernés. D'autre part, la loi instaure un mécanisme progressif d'application de manière à rendre le nouveau dispositif aussi indolore que possible. Tout d'abord il est prévu que tous les mandats acquis antérieurement à la loi pourront être exercés jusqu'à leur terme. En outre jusqu'au 31 décembre 1986, les élus pourront conserver le même nombre de mandats qu'ils détenaient antérieurement. Enfin, à compter du 1er janvier 1987, le renouvellement ou l'acquisition d'un mandat entraîne pour l'élu l'obligation d'abandonner l'un des mandats qu'il détient de manière à se mettre progressivement en harmonie avec la loi. Autrement dit, après le « gel » de la situation et l'organisation progressive du déclin du cumul, la loi ne produira ses pleins effets qu'à partir des élections cantonales et municipales de 1988 et des élections européennes de 1989. On peut toutefois juger de son impact potentiel en en faisant une application immédiate fictive : si le texte avait été pleinement appliqué dès 1986, 71 des 577 députés élus le 16 mars 1986 auraient été contraints de renoncer à certains de leurs mandats (18 socialistes, 23 RPR, 22 UDF, 3 non inscrits, 1 front national).

DE NOUVELLES STRATEGIES ?

Quelles conclusions peut-on tirer et quelles hypothèses peut-on formuler à partir des modifications apportées à la tradition française de cumul ?

Une première remarque s'impose : le cumul dans sa version originelle était fonctionnel puisqu'il permettait aux élus locaux d'infléchir les décisions nationales et aux élus nationaux de pénétrer la périphérie en y diffusant les valeurs et les politiques du Centre. Toutefois cette fonctionnalité du cumul reposait sur un certain nombre de conditions : le nombre relativement limité des mandats cumulables et le caractère souvent symbolique de certaines des fonctions exercées. Or la situation s'est considérablement modifiée sur ces deux points au cours de la dernière décennie : tout d'abord deux niveaux politiques importants se sont ajoutés à la trilogie commune — département — Etat. Depuis 1979 en effet, les députés au Parlement Européen sont élus au suffrage universel direct et la création des établissements publics régionaux en 1972–74 avait accentué encore le phénomène du cumul en faisant des députés et sénateurs des membres de droit des conseils régionaux. Le nombre de mandats théoriquement cumulables était donc passé de 3 à 5. Or ce cumul renforcé — on est tenté de dire forcené — n'était rendu possible qu'en sacrifiant délibérément certains mandats. L'opération n'était pas impossible puisque les pouvoirs de l'Assemblée Européenne ou des conseils régionaux étaient fort limités, que l'absenteisme des parlementaires était monnaie courante et que la gestion des départements et des régions était pour l'essentiel abandonnée aux préfets.

Avec les transferts de pouvoirs non négligeables aux assemblées européennes et régionales et l'élection au suffrage universel direct de leurs membres, le cumul intégral devient une performance surhumaine puisqu'il impliquerait pour le malheureux élu de se porter candidat chaque année à une nouvelle élection sans parler de toutes les charges inhérentes liées à l'exercice de l'ensemble de ces fonctions ! De même le transfert de nouvelles compétences aux communes, départements et régions ainsi que la prise en charge des exécutifs départementaux et régionaux par les élus au lieu des préfets (lois Deferre de 1982–84) ont transformé profondément la situation de nombreux cumulants. De représentants symboliques, ils doivent se transformer en managers, placés à la tête d'importantes administrations, chargés de la gestion de services et de personnels nombreux. Cette évolution avait certes été préparée depuis quelques années par la montée en puissance progressive des grands féodaux des métropoles urbaines et des régions. Mais c'est précisément parce que le cumul était de plus en plus ressenti comme dysfonctionnel que la réforme a bénéficié d'un consensus certain, même s'il est minimal. Les élus avaient d'ailleurs déjà mis en place des solutions partielles pour parer aux inconvénients d'une telle situation : dès 1982–83 une centaine de hauts fonctionnaires furent recrutés par les élus des grandes villes, des départements et des régions pour assurer au quotidien une gestion que les cumulants ne peuvent que superviser deux ou trois jours par semaine.

Incontestablement la réforme redonne une certaine fonctionnalité au système en limitant le caractère quasipathologique de l'accumulation des mandats. Car cette réforme touche davantage aux modalités d'exercice du cumul qu'à son principe. Comme nous venons de le voir, l'un des principaux effets de la loi pourrait être de rendre au cumul sa pleine efficacité. Toutefois, tout changement des règles du jeu entraîne un certain nombre de modifications dans les comportements et les stratégies. C'est à partir de cette situation nouvelle que l'on peut formuler un certain nombre d'observations.

Les mécanismes mis en place ont un impact différencié sur les élus nationaux selon qu'ils soient élus locaux des villes ou de la campagne. En effet, la figure du député-maire chère à la IIIème République s'est maintenue sous la IVème et la Vème République, en particulier dans les villes les plus importantes. Par exemple, après les élections de 1978, 81 des 221 maires des villes de plus de 30.000 habitants (soit 36 %) étaient députés — mais la totalité des maires des villes de plus de 80.000 habitants (52) étaient parlementaires. C'est donc la catégorie des députés maires de villes moyennes ou grandes qui sera le plus affectée et qui à terme devra renoncer à un mandat. En revanche, les parlementaires, élus locaux de villes de moins de 20.000 habitants pourront conserver trois mandats. L'un des effets pervers de cette différentiation en fonction de la taille des villes sera d'accentuer le clivage entre « élus des villes » et « élus des champs » et d'élargir le fossé entre grandes métropoles et assemblées départementales et régionales. Car la plupart des élus des villes ne voudront pas renoncer à un mandat national et préféreront renoncer à siéger aux conseils général ou régional. Le clivage renforcé entre ville et campagne se répercutera également à l'échelle nationale où coexisteront deux types de cumulants : les députés, plus souvent touchés par la loi et obligés de s'en tenir strictement à deux mandats, les sénateurs qui, de facto, cumuleront souvent trois mandats dont un mandat local en zone rurale.

Les contraintes nouvelles pesant sur les députés maires peuvent avoir des incidences sur le recrutement et la circulation des élites intermédiaires, celles du département et de la région. Des mandats, régionaux ou départementaux vont être libérés (le nombre théorique maximum est égal au total des parlementaires, soit 895, mais en fait, compte tenu des limitations évoquées précédemment, ce chiffre devrait être beaucoup plus faible et en tout cas bien inférieur à 500), mais nul ne sait encore comment ce nouvel espace politique sera investi et par qui. On peut envisager plusieurs hypothèses qui, d'ailleurs, ne sont pas exclusives les unes des autres.

Dans un premier cas de figure, on peut envisager la montée de nouvelles élites (notamment au niveau régional), élites peu attirées par les élections nationales en raison de leur caractère partisan et politisé. Un tel vivier existe, en particulier dans le secteur économique où les représentants des patrons, des groupes professionnels ou même des syndicats sont plus attirés par l'action concrète et sur le terrain que par le militantisme politique. Peut-être y a t-il une première indication en ce sens dans les résultats des premières élections régionales de mars 1986 : 25 % des élus proviennent de l'entreprise privée, soit un chiffre supérieur à celui de l'Assemblée Nationale (19 %). En outre, l'exclusion de nombreux représentants nationaux pourrait favoriser l'éclosion de nouveaux leaders jusque là éclipsés par les « ténors » de la vie politique nationale.

Toutefois cette première hypothèse peut être battue en brèche par la volonté des partis de contrôler cet élargissement de la représentation politique, en particulier au niveau régional où le mode de scrutin (scrutin de liste à la proportionnelle) favorise le contrôle des candidats et des élus par les appareils. Déjà, la règlementation du cumul et la décision de faire élire les conseillers régionaux au suffrage universel n'étaient pas sans liens avec des préoccupation plus partisanes ou politiciennes : les socialistes en élargissant l'espace politique au profit de ses élus nationaux qui n'avaient aucun espoir de réélection, garantissaient aux exclus un point de chute et facilitaient ainsi la délicate mise au point des listes pour l'Assemblée Nationale. En outre, si les partis sont faibles au niveau régional, il convient de rappeler que les élections se déroulent dans le cadre du département, c'est à dire à un niveau où les partis sont plus fortement organisés.

Une troisième hypothèse pourrait se fonder sur la force des réseaux notabiliaires, en particulier dans certains départements ou régions. Dans ce cas, la structuration « féodale » l'emporterait sur la structuration partisane. Autrement dit, le champ laissé libre serait occupé par les « fidèles » des grands notables qui, faute de pouvoir être présents eux-mêmes à tous les niveaux, y délégueraient leurs lieutenants et continueraient à contrôler par personnes interposées les institutions locales : l'hypothèse n'est pas absurde si l'on se réfère à la manière dont les élus ont perverti les dispositions constitutionnelles de 1958 qui interdisaient le cumul des fonctions parlementaires et ministérielles et prévoyaient le remplacement du parlementaire devenu ministre par un suppléant. En pratique, le suppléant n'est jamais devenu un parlementaire à part entière Il a joué le rôle de « garde-chaise », prié de démissionner pour permettre la réélection de l'ancien ministre dès que celui-ci avait perdu son portefeuille. Toutefois l'imitation de cette pratique n'est pas sans risques au niveau local. Déjà les ministres devaient parfois faire face à des rébellions de leurs suppléants : la situation risque d'être encore plus difficile puisque la distance symbolique entre « capitaines et lieutenants » y est plus réduite. Jusqu'ici d'ailleurs, les cumulants dont les agendas étaient surchargés avaient bien pris soin d'éviter de se créer des concurrents en préférant s'entourer d'hommes fidèles recrutés dans l'administration plutôt que dans le vivier politique.

La limitation des cumuls peut également avoir un impact sur les stragégies des hommes politiques. En effet, comme nous l'avons vu précédemment, il existe plusieurs types de cumul de mandats. Par ailleurs un certain nombre de fonctions qui ne découlent pas d'une élection au suffrage universel mais de même nature que les mandats électifs (président de district, de communauté urbaine, de syndicat de communes) n'ont pas été prises en considération par la loi.

Plusieurs stratégies sont donc offertes aux élus : Ils pourront pratiquer un cumul successif et sélectif en abandonnant au fur et à mesure de leur ascension politique les mandats dont ils attendent le moins de rétributions. Les grands notables pourront même s'autoriser grâce à l'étalement des élections à pratiquer un véritable jeu de « chaises musicales », passant d'un mandat à l'autre au gré de la conjoncture politique. Ce phénomène s'est déjà produit dans le passé, tel notable abandonnant son siège de sénateur pour sauver un siège de député dont le titulaire sortant était en mauvaise posture ou démissionnant aussitôt après avoir emporté l'élection au profit de la liste dont il était le leader (ce fut le cas de M. Baudis, maire de Toulouse en 1984).

Une autre stratégie posssible consistera à compenser la perte des mandats dont le cumul est interdit par un renforcement des fonctions non soumises à limitation : il sera possible par exemple à un député ou sénateur de détenir un second mandat auquel pourra s'ajouter une présidence de district, de communauté urbaine, de syndicat, sans compter bien sûr le mandat de conseiller municipal qui n'est pris en compte pour le cumul que dans le cas de la ville de Paris.

Comme on le voit, le cumul des mandats a encore de beaux jours devant lui. Il faut toutefois avouer que son élimination complète présenterait plus d'inconvénients que d'avantages, car, en dépit de tous ses défauts et de ses effets négatifs sur la sélection des élites ou le partage des responsabilités, le cumul permet la rencontre constante et le compromis permanent entre intérêts nationaux et locaux. Il reste que la nouvelle réglementation, pour limitée qu'elle soit, perturbe le jeu traditionnel, modifie les stratégies des acteurs et rend le système plus ouvert à de nouvelles évolutions : apparition d'élites intermédiaires, renforcement de l'autonomie réciproque des niveaux départementaux et régionaux, distinctions plus marquées entre élites urbaines et rurales. La nouvelle donne instaure une situation dans laquelle certains cumuls sont tolérés (avec les variations analysées plus haut), d'autres prohibés mais où demeure une inconnue : qui, des partis politiques ou des notables prendra le contrôle de l'application de ces règles du jeu ? Si les partis politiques arrivent à maîtriser la distribution des fonctions et des mandats pour satisfaire le mieux possible les appétits de leurs candidats, on devrait assister à la fois à une différentiation territoriale des élites en même temps qu'à un renforcement des contrôles des appareils centraux. Si en revanche les notables départementaux demeurent maîtres de leurs fiefs, il est probable que la version officielle du cumul s'enrichisse de nouvelles variantes : cumuls latents ou « par procuration » comme le souligne A. Mabileau et à l'imitation de la pratique instaurée depuis près de 30 ans par les ministres parlementaires. Le cumul des mandats, l'une des plus solides *conventions* du système politique français n'est pas en péril. Le consensus de la classe politique sur la réforme réalisée manifeste davantage le souhait d'éliminer les dysfonctions liées à l'accumulation excessive des mandats que la volonté de changer en profondeur le mode de gouvernement au centre comme à la périphérie.

Notes

1. J. Becquart-Leclerq, « Cumul des mandats et culture politique », A. Mabileau, *Les pouvoirs locaux à l'épreuve de la décentralisation* (Paris : Pedone, 1983), pp. 207–39.

2. While in 1982 the government paid 6.05 billion francs for Saint-*Sénat*, Documents du Sénat 77, sess. 1985–86.

3. J.-P. Worms, *Rapport de la Commissions des lois de l'Assemblée Nationale*, Documents de l'Assemblée Nationale 3093, sess. 1985–86.

4. J. Rondin, *Le Sacre des Notables* (Paris : Fayard, 1985).

5. Le jugement très critique du rapporteur du projet de loi, J.-P. Worms, mérite d'être cité, même s'il ne reflète guère l'opinion de la majorité des élus : « la justification du cumul des mandats, du point de vue des citoyens, réside dans l'accroissement de la capacité d'influence de l'élu auprès de l'appareil d'Etat. Il s'ensuit donc tout naturellement, aux yeux d'une fraction importante de l'opinion, que le pouvoir de décision et la légitimité de représentation de l'intérêt général appartiennent quasi exclusivement à l'Etat — plus particulièrement à l'"Administration" — et que les "politiques" se trouvent assimilés pour l'essentiel à de simples représentants de groupes de pression porteurs d'intérêts particuliers. C'est dire que la pratique du cumul entraîne une dévalorisation de l'image de la fonction de représentation po-

litique et entretient un anti-parlementarisme diffus qui sape la dignité de la fonction publique et la légitimité de toute démocratie représentative. » (*Rapport de la Commission des lois*, 3093).

6. *Intervention* (avril–juin 1985) : 24.

7. Sur le phénomène du cumul des mandats sous la Vème République, voir : J. F. Médard, « La recherche du cumul des mandats par les candidats aux élections législatives sous la Vème République », *Les facteurs locaux de la vie politique nationale* (Paris : Pédone, 1972), pp. 139–59 ; G. Reydellet, « Le cumul des mandats », *Revue du Droit Public et de la Science Politique* (mai–juin 1979) : 693–768.

8. 81 parlementaires européens, 577 députés, 318 sénateurs, 1840 conseillers régionaux, 5312 conseillers généraux, 163 conseillers de Paris, 386 maires de communes de 20.000 habitants, 702 adjoints des communes de 100.000 habitants.

ROLAND CAYROL

L'audiovisuel dans les années socialistes

On connaît le péché mignon du doux pays de France : le pouvoir y a toujours un peu trop aimé les moyens d'information, au point de vouloir les garder sous son aile protectrice.

L'existence du fameux « cordon ombilical » entre l'information — audiovisuelle surtout — et le pouvoir peut même passer, depuis la Libération, pour l'une des caractéristiques du système politique français.

C'est dire que l'on attendait avec intérêt — on pourrait dire qu'on attendait « au tournant » — ce que les socialistes feraient au pouvoir, eux qui avaient été si critiques dans ce domaine, depuis tant d'années.

On voudrait ici proposer une première esquisse du bilan de ces années socialistes en matière audiovisuelle, persuadé que la communication par radio, télévision et « nouvelles technologies » est un bon laboratoire pour jauger la cohérence politique d'une démarche, ses tenants et ses aboutissants.

I. A PROPOS DU CORDON OMBILICAL

Si la Ve République a toujours entretenu des rapports de dépendance des médias d'Etat à l'égard du gouvernement, on peut dire que, depuis 1958, l'évolution juridico-politique (de De Gaulle à Pompidou, puis de Pompidou à V. Giscard d'Estaing) s'est faite dans le sens d'un progressif desserrement, d'une progressive libéralisation de l'audiovisuel — sans qu'on en arrive assurément à la liberté.

Sous Valéry Giscard d'Estaing, le contrôle politique sur les organes de radio-télévision s'était « professionnalisé », le pouvoir intervenant moins dans la vie quotidienne des chaînes et des rédactions, mais nommant à leur tête des professionnels chargés d'assurer, aussi, le contrôle politique.

L'ère Mitterrand apparaît comme prolongeant à bien des égards l'ère Giscard, avec à nouveau quelques progrès partiels dans le sens de la libéralisation.

Le progrès a failli être un véritable changement de nature. Le nouveau pouvoir mit en place dès l'été 1981 une commission chargée d'étudier une réforme de l'audiovisuel. Cette commission — la commission Moinot — accoucha d'un rapport bien intéressant qui proposait notamment, pour chapeauter l'édifice institutionnel de l'audiovisuel public, la création d'une Haute Autorité composée de telle façon (avec des représentants des différents courants de pensée, institutions et organismes de la société civile) que, *réellement*, on n'aurait pas pu parier à l'avance quelle serait sa couleur politique dominante.

Le gouvernement et l'Elysée retinrent bien l'idée de créer une « Haute Autorité de la Communication Audiovisuelle », mais, au dernier moment, sous l'arbitrage direct du nouveau chef de l'Etat, sa composition et son mode de nomination furent changés, jusqu'à en faire un leurre. François Mitterrand, dont chacun sait qu'il avait toujours vertement critiqué le mode de désignation du Conseil Constitutionnel — jugé à juste titre soumis au pouvoir présidentiel — calqua purement et simplement la composition de la Haute Autorité sur celle, honnie, du Conseil Constitutionnel. Et en effet : trois membres (dont son président) nommés par le Président de la République, trois par le Président de l'Assemblée Nationale, trois par le Président du Sénat ; cela assurait six sièges sur neuf aux socialistes, et à leurs amis, dans la nouvelle instance. Celle-ci se voyait dotée d'une Présidente amie du chef de l'Etat.

Et la Haute Autorité, dont c'est l'une des fonction, a désigné dans l'ensemble, depuis 1982, les Présidents-directeurs généraux de chaînes souhaités par le pouvoir politique. Non sans faire connaître sa mauvaise humeur — ou celle de sa présidente — de temps en temps, lorsque l'intervention élyséenne se fit trop voyante, comme au moment du remplacement de Pierre Desgraupes par Jean-Claude Héberlé à la tête d'Antenne 2. Mais la mauvaise humeur d'une Présidente sympathique n'empêche certes pas les choses d'aller leur train. Et le char de l'Etat de passer . . .

Alors, un leurre pur et simple, le statut de 1982 des radio-télévisions publiques ? Oui, à certains égards. Mais pas sans de substanciels progrès partiels : D'abord l'article premier de la loi du 29 juillet 1982 dispose joliment que « la communication audiovisuelle est libre », et il est toujours bon d'édicter des principes justes, qui font ainsi, progressivement, leur chemin.

Ensuite, la Haute Autorité elle-même, pour critiquable que soient ses modalités de désignation, aura pu constituer une étape utile dans le processus de libération de la télévision de sa tutelle politique. Sa seule existence a contribué à habituer à l'idée qu'un écran doit exister, entre le gouvernement et les médias d'Etat, que le conseil des ministres n'est pas la seule expression de la décision étatique.

Dernier élément positif : l'environnement de la politique globale de communication, menée depuis 1981. Certes, une certaine improvisation, une certaine incohérence ont été à l'oeuvre. On a beaucoup mis en chantier, corrigé le tir, remis en cause des décisions prises, adopté de nouvelles orientations. Mais, au total, le bilan est impressionnant. Les radio libres — radios locales privées, dit la loi — ont été légalisées. Contrairement à l'Italie, la France a su trouver un système de médiation démocratique de l'attribution des fréquences sur la bande FM — pas parfait, certes, notamment à Paris où les candidats à émettre sont nombreux — mais qui, cahin-caha, ne marche finalement pas si mal. Un système original de financement des radios locales a pu être trouvé, publicité bien sûr pour la plupart, et puis aide fondée sur un prélèvement sur les ressources publicitaires des radios qui en font, pour ceux qui décident de n'en point faire.

Un plan-câble ambitieux a été lancé (novembre 1982), cependant qu'était poursuivi le programme de satellite TDF1. Enfin, à l'initiative du Président de la République (soucieux de faire oublier, sur le front des libertés, son faux pas sur l'enseignement privé), le mouvement a été lancé, de manière décisive, de création de télévisions hertziennes privées, tant au niveau national qu'au niveau local. Nous allons revenir sur tous ces points. Mais notons-le dès maintenant, au niveau des rapports entre médias audiovisuels et politique : il n'est pas possible que cet effort n'ait pas des répercussions, aussi, sur les rapports politiques entre le pouvoir et les médias d'Etat. Un tel élargissement de la concurrence, une telle « mondialisation » des préoccupations, ne peuvent qu'accuser l'archaïsme de la domination gouvernementale sur les chaînes publiques.

L'évolution récente est donc positive, à plus d'un titre. Mais, dira-t-on, est-ce que, dans la pratique, cela a réellement changé les choses sur les chaines nationales ? La réponse doit évidemment être plus nuancée, et disons-le plus dubitative. A bien des égards, la technique Mitterrand de contrôle des médias d'Etat rappelle et prolonge celle de Valéry Giscard d'Estaing. Elle utilise, toujours, la professionnalisation du contrôle.

Après 1981, aussi, tous les PDG de chaînes ont été remplacés. Tous les directeurs de l'information. Tous les chefs des services politiques. De nombreux journalistes des services politiques. Les présentateurs des journaux télévisés. Dans la quasi-totalité des cas, des socialistes — ou comme on dit des professionnels d'une sensibilité proche du socialisme — ont remplacé les gaullistes ou giscardiens de la garde descendante. Un vrai « spoils system » à la française.

Cela n'a pas empêché beaucoup de ces nouveaux de se comporter, vaillamment, comme des journalistes libres. Petit à petit, le mouvement commencé depuis des années se poursuit, et une profession —

celle de journaliste de télévision — gagne sa latitude d'action, ses lettres de noblesse. Aurait-on naguère entendu sur les ondes un journaliste commencer son commentaire d'après-élections, comme le fit un jour Pierre-Luc Séguillon sur TF1, après une défaite de la majorité socialiste : « quand même, quelle claque ! » ? Oui, sans doute, les journalistes sont plus libres que jamais sur les ondes nationales.

Ils donnent même parfois l'impression de *vouloir démontrer* qu'ils ne sont pas dépendants du pouvoir qui les a fait nommer . . . Le pouvoir d'ailleurs s'en plaint volontiers, qui s'estime mal servi. Tel ce ministre qui me confiait : « la télé est tenue par des voyous. Des voyous socialistes, mais des voyous tout de même, qui se soucient plus de se faire connaître du public que de remplir leur tâche d'information sur ce que font le Président et le gouvernement ».

Dans leur résistance, un peu dérisoire parfois, aux pressions de leurs amis au pouvoir, les professionnels s'inventent des butoirs, des normes qui prêtent à sourire ceux qui n'appartiennent pas à leur boutique : « pas plus d'un ministre par soir au journal de 20 heures » ! Ou cette règle non-écrite, adoptée jadis, du temps du gaullisme, pour la couverture des débats à l'Assemblée Nationale, et acceptée désormais comme règle pour les journaux télévisés en eau calme, par la Haute Autorité : la règle dite des trois tiers, qui estime légitime de donner un tiers du temps d'antenne au gouvernement, un autre tiers à la majorité (et si l'on compte bien, cela fait deux tiers !), le dernier tiers à l'opposition. De quoi faire s'étrangler nos amis britanniques !

Autre phrase habituelle des journalistes de télévision : « les pressions, c'est normal, c'est même légitime dans une démocratie. Tout dépend des réponses faites aux pressions ». On pourrait discuter du bien fondé de cet aphorisme. Mais, admettons : comment donc résiste-t-on aux pressions du pouvoir ?

Qu'on me permette ce diagnostic de normand : cela dépend. Cela dépend notamment de l'auteur de la pression. Plus celui-ci est supposé proche du Président — ou du Premier ministre, surtout après que Laurent Fabius, plus « interventionniste », a remplacé Pierre Mauroy — plus il est difficile d'ignorer purement et simplement l'affectueuse sollicitation venue d'en haut. Notons à cet égard une possible évolution par rapport aux circuits mis en oeuvre sous V. Giscard d'Estaing : il semble que, ces dernières années, pour les choses importantes, les gardiens du temple élyséen préfèrent s'adreser, pour leurs suggestions et remontrances aux PDG des chaînes (ou à leurs directeurs généraux), plutôt qu'aux journalistes directeurs de l'information. L'efficacité en est-elle améliorée ? Cela demanderait une étude que, seuls peut-être, des historiens pourront mener un jour. Encore auront-ils bien des difficultés, tant les coups de téléphone ou les déjeuners en ville laissent peu de traces !

L'auteur de cette analyse a bien conscience de présenter à ses lecteurs des notations d'apparence contradictoire. Je dis que la situation s'est fortement améliorée, que les journalistes sont plus libres que jamais — et toutes mes observations m'amènent à le croire. En même temps, je dis que notre système audiovisuel est vicié, parce que les rois des chaînes ne peuvent oublier de qui ils tiennent leur sacre, et que les détenteurs du pouvoir politique ne peuvent être assez vertueux pour se dispenser de le leur rappeler. Et que, du coup, leurs sujets — libres — les journalistes, ne peuvent pas ne pas pratiquer l'auto-censure, mesurer en permanence (sans pourtant qu'on le leur demande formellement) jusqu'où ils peuvent aller trop loin.

Entre 1981 et 1986, la situation n'a donc pas été grave du tout dans la vie quotidienne des rédactions de l'audiovisuel — où l'on a conscience de faire librement une information aussi libre que possible. Elle a été — elle est toujours en France — malaisée par nature. Et elle l'est à cause du caractère intrinsèquement vicié des rapports entre, d'une part, le pouvoir, qui veut faire passer son message (mais taire certaines informations), grâce à une télévision qu'il juge non pas à sa botte mais, disons, dirigée par des amis et, d'autre part, des informateurs qui ne peuvent pas ne pas tenir compte de cette situation, qui en subissent les pressions, en acceptent certaines pour mieux avoir le sentiment de résister sur l'essentiel et cherchent quotidiennement à faire leur travail selon des normes purement professionnelles.

II. LA POLITIQUE DE COMMUNICATION DE MASSE ET LE « NOUVEAU PAYSAGE AUDIOVISUEL FRANCAIS » ENTRE 1981 ET 1986 : UNE POLITIQUE « SOCIALISTE » ?

La politique engagée en France par les pouvoirs publics de l'après 1981 accepte une réelle continuité avec celle engagée sous le septennat du Président conservateur précédent, M. Valéry Giscard d'Estaing (1974–81). Et notamment avec deux grandes orientations de celui-ci. Le *programme télématique*, lancé en novembre 1978, visait, à partir du remplacement systématique, dans les foyers français, de l'annuaire téléphonique en papier par un annuaire électronique, à installer dans l'ensemble des ménages 30 millions de terminaux télématiques individuels, et à dynamiser ainsi les industries électroniques et l'informatique françaises, tout en habituant l'ensemble des Français à manier couramment un clavier de terminal. Le programme de satellite de télédiffusion directe TDF1, lancé par la France et la République fédérale d'Allemagne en octobre 1979, visait à lancer — normalement à la fin de 1984 et au début de 1985 — deux satellites de diffusion directe de télévision, dont on escomptait à la fois des retombées positives pour les marchés intérieurs de ces deux pays, et dont on escomptait surtout qu'ils soient une « vitrine » pour l'exportation à destination des pays du Tiers-Monde.

Alors que les militants socialistes étaient souvent critiques à l'égard du programme télématique, le président Mitterrand et son gouvernement en ont assez vite accepté la poursuite pure et simple — tout en lui adjoignant deux amendements à coloration politique. Tout d'abord, comme la presse écrite régionale était très réservée envers ce programme, parce qu'elle craignait de voir s'instaurer un nouveau réseau local d'informations et de publicité à domicile, sur lequel elle n'aurait aucun contrôle et qui pourrait à terme la concurrencer, le gouvernement socialiste a décidé que l'accord de la presse et des élus locaux serait indispensable à toute ouverture de nouvelles tranches régionales du programme télématique.

Et puis, au lieu d'*imposer* le terminal télématique « Minitel » aux usagers du téléphone, le gouvernement a décidé d'adopter le principe du volontariat (ce qui l'a également conduit à mettre l'accent sur les utilisations professionnelles du Minitel). Au total donc, s'il y a eu un léger ralentissement du programme, 800.000 foyers français étaient équipés à la fin 1985.

En ce qui concerne le satellite de télévision directe, là encore, le ralentissement de l'opération — dû au moins autant au changement de majorité politique en Allemagne qu'aux hésitations françaises — n'a pas finalement empêché le projet de se poursuivre. Et dans ce domaine la « coloration » socialiste n'apparaît guère. On pourrait même penser qu'elle est inexistante. En effet, les socialistes français avaient initialement émis de nombreuses réticences à l'idée de confier un canal de ce satellite à la Compagnie Luxembourgeoise de Télévision (CLT), société détentrice du monopole de diffusion depuis le Luxembourg, et exploitant l'antenne de RTL-Télévision, une télévision fondée sur des émissions populaires très commerciales (films de série B, feuilletons, jeux et variétés). Les militants socialistes étaient choqués à l'idée de voir le public français choisir un jour majoritairement RTL (comme le font les Belges grâce au câble), si ce programme leur devenait disponible grâce au satellite, de préférence aux chaînes nationales françaises. Mais la renonciation à une solution RTL pour une solution Seydoux–Berlusconi n'a certes pas été de nature à rassurer les militants socialistes . . .

La pilule a sans doute été amère à avaler pour beaucoup . . . Sans doute, le gouvernement fait-il valoir que *d'autres* expériences pourront être faites, grâce au satellite. Une mission a par exemple été constituée (sous le nom de Canal 1), visant à imaginer ce que pourrait être une chaîne à vocation « européenne », faisant place aux programmes culturels, occupant l'un des canaux du satellite TDF1.

Mais cela ne parvient pas vraiment à dissimuler que le gouvernement s'est rallié, pour l'essentiel, à une solution qu'il n'agréait pas au départ, et dont le caractère socialiste est en effet plus que discutable ...

Sur les deux terrains inaugurés par la majorité précédente, la majorité socialiste a donc, pour l'essentiel, poursuivi l'effort engagé. Peut-on dire qu'elle ait apporté une approche politique renouvelée, dans les secteurs plus nouveaux ouverts par la politique de communication après 1981 ?

La politique de communication a fait évoluer profondément la situation dans le domaine de la radio (souvent considéré en France comme annonciateur de modifications dans les autres domaines). La loi a consacré l'existence de radios locales privées — recevant le droit d'émettre de la Haute Autorité, sans que celle-ci soit juge du contenu des programmes. Une évolution significative s'est produite dans ce secteur, postérieurement à 1982 : elle concerne l'acceptation de la publicité commerciale sur ces radios, par le gouvernement. Au départ, les radios que les socialistes entendaient autoriser étaient les seules radios associatives, émanant d'initiatives locales sans but lucratif : c'est pourquoi la loi de 1982 leur interdisait les ressources de la publicité. Et puis il fallut, devant les réalités et la loi contournée, se rendre à cette évidence : il est fort difficile de financer une radio sans argent ... La publicité fut donc désormais autorisée sur les ondes des centaines de radios locales — et l'on mesure là l'évolution rapide de la pensée socialiste. Au passage, le gouvernement a néanmoins mis au point un système original en Europe, et qui porte la marque de son orientation politique : celles des radios qui acceptent de ne pas recourir à la publicité reçoivent une aide financière, versée grâce à des prélèvement sur ... les ressources publicitaires des radios qui en ont ! C'est donc — indirectement — la publicité qui concourt, aussi, à l'existence des radios militantes ou associatives.

Le plan-câble, adopté par le gouvernement le 3 novembre 1982, a d'autre part été un plan assurément ambitieux : alors que la France n'était qu'un pays où 0,6 % des foyers étaient câblés (avec des équipements construits au début des années 1970), la décision était d'équiper — en fibres optiques et avec une structure en étoile — 1,5 million de foyers d'ici 1987, avec un objectif de 6 millions de foyers pour 1992. Cette décision stratégique pour la politique française de communication a reposé sur des paris, à la fois industriels, culturels et politiques. On voudrait insister ici — puisque notre propos est celui de la cohérence politique du projet français — sur le concept *d'interactivité*, qui a procédé aux choix essentiels du plan-câble.

Ce concept revêt en fait deux acceptions, l'une économique, l'autre idéologique.

Idéologiquement, les socialistes ont entendu livrer aux citoyens un produit qui permette un véritable dialogue constructif interne à la société : il ne s'agirait plus seulement, avec le câble, de télédistribution, c'est-à-dire de consommation passive de programmes (télévisés notamment), mais d'une possibilité donnée à chacun *d'intervenir*, dans le dialogue avec la machine (consultation de banques de données, choix de programmes *ad hoc* de télévision) et avec les autres (systèmes de boîtes à lettre, de correspondances personnelles). D'où l'importance du choix technique en faveur des fibres optiques et du réseau en étoile —permettant en effet l'interactivité et la sélection des récepteurs des messages.

Economiquement, le pari — fondé notamment sur les difficultés rencontrées par l'industrie du câble aux Etats-Unis — est fondé sur un calcul selon lequel, dans un pays comme la France, il n'est pas possible de rentabiliser une *télévision* par câble, alors qu'il serait possible de rentabiliser, à partir d'un câble interactif, des usages tels que consultations de banques de données, réservations de places d'avion et de chemin de fer, consultation de comptes bancaires, etc.

On voit ici combien les idées socialistes d'échange et de promotion des choix individuels se combinent avec un calcul, purement capitaliste, de rentabilité de la technologie adoptée. On peut même se demander dans quelle mesure l'argumentation idéologique n'a pas constitué un simple *habillage* culturel et politique d'une décision de pure efficacité économique et industrielle — au demeurant problématique.

La décision de lancer une télévision *hertzienne* payante (avec décodeur) — décision unique au monde — a correspondu, elle aussi, à un mélange de motivations économiques et politiques. Economiquement, il s'agissait d'aider l'industrie électronique française à produire (et demain à exporter), des décodeurs pour des programmes scriptés. Politiquement, il s'agissait d'offrir le plus rapidement possible aux téléspectateurs français — de plus en plus conscients d'être les parents pauvres du monde occidental, avec leurs trois chaînes nationales — un nouveau programme de télévision, sans que l'investissement nécessaire soit inabordable pour la collectivité nationale. « Canal Plus » a ainsi démarré, sous l'apparence juridique d'une société privée — même si l'Etat a été, sous des formes diverses, l'apporteur de capitaux initiaux. On trouve là un nouveau paradoxe de la gestion socialiste de la communication : alors qu'aucune majorité conservatrice n'avait osé créer en France une société privée de télévision — et alors que les socialistes s'étaient toujours fermement opposés à ce projet, qu'ils prêtaient à leurs adversaires — seul sans doute un gouvernement socialiste était doté d'une légitimité consensuelle suffisante pour faire entrer le pays dans l'ère de la privatisation de la communication audiovisuelle . . .

C'est enfin, très clairement, pour des raisons purement politiques, et à son initiative personnelle (qui a surpris jusqu'aux ministres concernés) que le Président de la République a décidé, en janvier 1985, de faire figurer la France parmi les pays dotés de télévisions hertziennes privées — décision qui pourrait certes paraître banale dans les Etats d'Amérique du Nord mais qui, somme toute, est encore minoritaire en Europe occidentale.

Pour qui gardait en mémoire les positions toujours défendues par la gauche, et notamment par le Parti Socialiste, cette nouvelle orientation avait de quoi surprendre. Jusque-là, François Mitterrand, ses amis et ses alliés, s'étaient faits les défenseurs sourcilleux du monopole de l'Etat sur l'audiovisuel, conçu comme un moyen de mettre au service de la collectivité nationale ce prestigieux outil d'information, d'éducation et de culture. La gauche — y compris le candidat François Mitterrand pendant sa campagne présidentielle en 1981 — voyait d'un oeil soupçonneux toute mainmise des puissances d'argent sur l'outil télévisuel, considéré comme un service public qu'il convenait de préserver coûte que coûte face à toutes les menaces de privatisation. Les partis de gauche insistaient aussi sur le risque de baisse de qualité des programmes de télévision en cas d'intervention du secteur privé — les exemples italien et américain servant toujours de repoussoirs dans l'argumentation — et sur le risque de disparition progressive de toute création d'origine française, par rapport à l'envahissement de programmes américains bon marché.

Pourquoi donc cette évolution de la pensée présidentielle, pourquoi cette ouverture au secteur privé — aussitôt condamnée par l'ancien partenaire communiste — après quatre ans de présence au pouvoir ? Sans doute pour deux ordres de raisons. D'abord on peut penser qu'il aurait été absurde de prolonger indéfiniment le monopole étatique sur la télévision, alors qu'il avait été supprimé pour la radio : l'expérience des radios libres venait renforcer l'idée que ce qui avait été vrai pour la presse écrite depuis 1881 (« la presse est libre » disait alors la loi) pouvait l'être aussi, à la satisfaction quasi-générale, dans le domaine de la radiodiffusion. Malgré quelques cafouillages inévitables au début, la France a mis au point, depuis 1982, un système de radios locales original — attribution des fréquences par la Haute Autorité, autorisation de la publicité pour aider les radios associatives — qui a permis à quelques centaines d'émetteurs de se mettre en place, et de conquérir une fraction croissante du public, surtout parmi les jeunes auditeurs. Pourquoi refuser éternellement à la télévision ce qu'on avait mis en place pour la radio ? Dans le même ordre d'idées, ce qu'on sait du futur des communications audiovisuelles, la perspective rapprochée de la mise en service de réseaux câblés et de satellites de diffusion directe, laisse entrevoir une grande multiplication des canaux de télévision mis à la disposition des consommateurs. Dans ces conditions, pourquoi entrer dans l'avenir à reculons, pourquoi ne pas précéder — ou tenter d'organiser — un mouvement technique inévitable ?

Cette première série de raisons, qui tient au bouleversement du paysage audiovisuel, n'aurait probablement pas suffi, s'il n'y avait eu aussi une conjoncture politique favorable. Cette conjoncture a résulté de l'échec des projets gouvernementaux relatifs à l'école libre.

Affaibli par cette querelle, convaincu qu'une partie de l'opinion publique était désormais méfiante à l'égard des initiatives de la majorité sur le front des libertés — alors que la gauche s'est, traditionnellement, toujours voulue à la tête du combat pour les libertés — François Mitterrand a ressenti le besoin de contre-attaquer sur ce front. Quel meilleur terrain à cet égard que la télévision ?

Puisqu'on doutait de la gauche socialiste en matière de libertés. François Mitterrand allait pouvoir montrer à l'opinion qu'au contraire sa majorité était toujours soucieuse d'élargir le champ des libertés, de leur ouvrir de « nouveaux espaces », dans l'un des domaines les plus quotidiennement importants pour les citoyens : la télévision.

Ainsi donc naquit l'idée, chez le Président de la République, d'ouverture de la télévision au secteur privé. Et l'on sait qu'en France, ce que Président veut . . . Encore n'est-ce pas si simple, et le principe posé en tout début d'année ne trouvera de début réel de concrétisation qu'au mois de novembre — l'accord avec MM. Seydoux et Berlusconi. Et c'est seulement au début de 1986 que de nouvelles images de télévision entreront réellement dans une partie des foyers français.

C'est que si le principe de l'acceptation de télévisions privées est simple, la mise en place et les conséquences de ce principe de base sont éminemment compliquées, voire dans certains cas dangeureuses.

On sait que la mission d'études confiée à M. Jean-Denis Bredin avait précisément pour objet de débrouiller tous les problèmes liés à la mise sur pied de réseaux privés de télévision, et de formuler des propositions dans ce domaine. Le « rapport Bredin » débroussailla utilement le terrain, mais posa presque autant de problèmes qu'il permit d'en résoudre. Il rappelle tous ces textes mis au point par d'éminents serviteurs de l'Etat — on pense aussi au « Plan Pisani » pour la Nouvelle-Calédonie — qui sont tellement pensés comme une construction juridique parfaite et compliquée qu'ils sont, de fait, inapplicables dans la réalité concrète.

Au nombre des recommandations du rapport Bredin figurait l'idée d'autoriser la création de chaînes locales fonctionnant de 9h00 du matin à 19h30, et d'une ou deux chaînes nationales, émettant, elles de 19h30 à 9h00. Un rapport confié, par ailleurs, au Conseil National de la Communication Audiovisuelle estima, pour sa part, qu'il n'était pas techniquement envisageable de manière fiable de créer plus d'*une* chaîne nationale nouvelle sur le territoire français.

Pour les raisons politiques exposées plus haut — la volonté de marquer un « coup » dans l'opinion — le Premier Ministre se prononça néanmoins en faveur de deux chaînes nationales privées.

On ne reviendra pas ici sur les mois de négociations, de menaces voilées, d'intimidations respectives qui, pendant plusieurs mois, entre le printemps et l'automne 1985, opposèrent les différents auteurs d'un psychodrame mettant en présence les candidats à l'obtention des nouvelles chaînes, leurs éventuels alliés et partenaires, et les représentants de l'Etat. Cette période de discussions multiples a cependant été fort révélatrice des stratégies en présence.

L'idée générale retenue fut rapidement que *deux* chaînes nationales (couvrant en tout cas l'ensemble de la France urbaine à la fin de 1986) devaient être acceptées, mais qu'il faudrait les *différencier*, de manière qu'on ne se contentât point d'ajouter simplement deux chaînes, de contenu identique, aux trois du service public et à Canal Plus. Rapidement, on opta pour une chaîne « généraliste », visant tous les publics, et une chaîne « à dominante musicale » visant d'abord les jeunes.

Dans l'affaire, l'acteur central a été pendant plusieurs mois RTL, ou plutôt la société détentrice de RTL, la Compagnie luxembourgeoise de télédiffusion (CLT), ses animateurs luxembourgeois et son administrateur général à Paris, Jacques Rigaud.

On a longtemps cru — et d'abord au sein de RTL — que la CLT se verrait confier la chaîne « généraliste » par le gouvernement français. Les arguments ne manquaient pas. La CLT, société de droit luxembourgeois qui dispose du monopole d'émission depuis le Grand Duché, voit participer à son capital l'Etat français. Celui-ci n'y est toutefois pas majoritaire : il participe, par l'intermédiaire de l'agence Havas, au groupe Audiofina, qui est l'actionnaire principal de la CLT. Toutes les décisions importantes concernant la CLT passent donc par une discussion avec l'Etat français, mais aussi avec cet autre actionnaire important qu'est la banque belge Bruxelles-Lambert (que dirige Monsieur Albert Frère) et avec le gouvernement luxembourgeois.

La CLT avait le grand avantage d'être prête : elle diffuse les programmes de RTL, avec succès, depuis des années, jusque et y compris en Lorraine. Elle était disposée à adopter rapidement les exigences éventuelles d'un « cahier des charges » imposé par l'Etat à la nouvelle chaîne privée, en modifiant ses programmes normaux. Les dirigeants de RTL ont fait savoir à plusieurs reprises qu'ils étaient tout à fait prêts à intégrer des normes de qualité et des quotas d'émissions culturelles dans leur grille de programmes. Ils font du reste souvent valoir qu'ils sont l'une des rares chaînes européennes à entretenir un orchestre symphonique . . . Enfin, la CLT donna son agrément pour qu'un accord d'exploitation de la nouvelle chaîne la lie à Télé-Monte-Carlo — solution qui lui fut « soufflée » pendant cette fameuse période de psychodrame.

Surtout, peut-être, il existait, depuis octobre 1984, un accord entre les gouvernements français et luxembourgeois, réservant deux des quatre canaux du futur satellite franco-allemand TDF1 à la CLT (l'un pour des émissions de télévision en langue française, l'autre en allemand). Et il était convenu qu'en attendant que l'exploitation commerciale du satellite — au lancement prévu l'été 1986 — ne donne tous ses effets, la chaîne admise sur le satellite pourrait, dans l'intervalle, émettre au sol, sur le territoire français.

De son côté, Europe n°1 négociait un « tour de table » financier pour la mise sur pied de la chaîne à dominante musicale, qui devait comprendre également des apports de Gaumont, de Publicis, et de la radio NRJ. On sait ce qu'il advint de ces patients efforts : l'annonce, le 19 novembre, que la future « 5e chaîne » serait confiée à un groupe dirigé par M. Jérôme Seydoux, président de la Compagnie des chargeurs réunis (60 %) et à M. Silvio Berlusconi, le roi de la télévision privée italienne (40 %). Pourquoi ce choix ? Seul sans doute M. François Mitterrand — maître d'oeuvre de la décision — le sait vraiment. Plusieurs éléments peuvent avoir joué un rôle.

D'abord le pouvoir politique français semble avoir éprouvé dans les quelques mois qui ont précédé la décision finale un véritable agacement à l'égard de RTL. A l'égard de l'antenne-radio, où décidément l'opposition lui paraissait mieux traitée que lui par la rédaction de la station. A l'égard de M. Rigaud et de la direction de la CLT, qui paraissaient vendre la peau de l'ours avant de l'avoir tué, puis qui semblaient tergiverser sur des points de détail, comme s'ils souhaitaient faire durer les négociations jusqu'en mars 1986, de manière à se retrouver face à un autre gouvernement français... A l'égard de cette banque Bruxelles-Lambert qui, en septembre 1985, signait un accord avec le fameux magnat de la presse australo-américain Murdoch — lequel venait de prendre le contrôle des six chaînes Metro-medias aux Etats-Unis, s'ajoutant à un pactole comprenant déjà des journaux australiens, le *Times* et le *Sun* en Grande Bretagne, et la fameuse chaîne de télévision « Sky-Channel », disponible à partir d'un canal du satellite de communication ECS1, et arrosant déjà plusieurs millions de foyers câblés en Europe. Agacement enfin, à l'égard du climat de méfiance de cette CLT envers le pouvoir français, manifestée encore récemment par son refus d'accepter la candidature — proposée par M. Mitterrand — d'un socialiste français, M. Jacques Pomonti, pour le poste d'administrateur général de RTL.

Tous ces arguments ont sans doute joué concurremment, et M. Mitterrand n'a finalement pas souhaité favoriser une société peu amicale à son égard, et pouvant de surcroît apparaître comme un cheval de Troie pour des programmes importés des Etats-unis. L'ultime tentative de RTL proposant à Europe n°1 et à Télé-Monte-Carlo un accord de l'ensemble des « périphériques », ouvert de surcroît à la presse française, n'y a rien changé. Pourquoi donc cette acceptation de la formule Seydoux-Berlusconi, qui a fait couler tant d'encre ?

On est, une nouvelle fois, réduit aux conjectures, et aux confidences des proches du chef de l'Etat. Le premier élément est d'ordre négatif : puisque Berlusconi est italien, il n'est pas moins « européen » que le groupe belge Bruxelles-Lambert ou ses partenaires luxembourgeois ; et si l'on critique Berlusconi comme importateur de programmes américains de série B, que dire d'un groupe qui vient de signer un accord avec Murdoch ? Quant aux éléments positifs, ils comprennent, évidemment, pêle-mêle : l'assiette financière sérieuse du conglomérat franco–italien, la capacité connue de Berlusconi comme opérateur qui a fait ses preuves en matière de télévision privée « grand public », l'acceptation de ces partenaires de commencer rapidement les émissions (en tout état de cause, un mois au moins avant les élections législatives de 1986), et sans doute le fait que les principaux actionnaires français — MM. Jérôme Seydoux et Christophe Riboud, au départ, qui devaient être rejoints par d'autres — font partie des amis politiques du chef de l'Etat. Celui-ci a, ainsi, dans une phase de montée en force de la droite, pu penser que, le moment venu, il pourrait compter, dans un paysage politique et audiovisuel transformé, sur l'appui d'une grande chaîne populaire de télévision . . .

Il reste que cet accord mérite réflexion. Il illustre d'abord l'extraordinaire évolution de François Mitterrand, et des socialistes français. On le rappelait plus haut : non seulement ils avaient toujours été opposés aux télévisions privées, mais l'exemple italien leur paraissait, par excellence, le modèle à éviter. M. Berlusconi lui-même, principal financier de *Canale 5* et de *Rete 4*, les deux premières chaînes privées de la péninsule, apparaissait comme le symbole du mal : celui qui avait réalisé son succès grâce à des télévisions de faible qualité, uniquement fondées sur un médiocre divertissement, basées sur l'importation massive de séries et de feuilletons américains, faisant bon marché de la culture et de la politique. Ce ralliement à Berlusconi n'a pas pu ne pas apparaître, chez les militants et sympathisants socialistes eux-mêmes — les premières réactions, jusqu'au sommet du PS, en font foi — comme un renoncement. Il traduit en tout cas la découverte de la « real politik » chez les socialistes d'aujourd'hui, où l'espoir, la chimère, et même la simple volonté de se battre contre les règles du capitalisme mondial, laissent peu à peu la place à l'acceptation résignée du système régnant, à la nécessité d'adopter les normes existantes, voire au plaisir de participer à un jeu dont on estime avoir été trop longtemps tenu à l'écart. Oui, sur la télévision aussi, les socialistes français ont beaucoup changé depuis 1981 . . .

III. *DES PESANTEURS SIGNIFICATIVES DU SYSTEME SOCIO-POLITIQUE FRANCAIS*

Pour nouvelle qu'elle veuille être, la politique française de communication des années 80 est profondément marquée par les traditions étatiques et culturelles qui ont toujours pesé sur les décisions de ce pays en matière de communication.

On y trouve, en tout premier lieu, le *rôle déterminant de l'Etat*. C'est, en France, l'Etat qui définit les projets nouveaux, organise leur mise en place, assure pour l'essentiel leur financement. C'est lui qui définit les modalités et les rythmes d'implantation des outils de communication. C'est lui qui trace le cadre de leur exploitation.

Cela se vérifie aussi bien pour les chaînes nationales de télévision — dont l'Etat est l'unique actionnaire — que pour la chaîne scriptée, Canal Plus — dont le démarrage et le pilotage ont été confiés à l'agence de publicité Havas, où l'Etat est majoritaire — ou le programme télématique, confié à la puissante administration qu'est la Direction générale des Télécommunications (DGT) du Ministère des Postes et Télécommunications.

Cela se vérifie aussi pour le câble. La politique du plan-câble fait en effet intervenir toute la batterie des instruments étatiques. C'est la Direction générale des télécommunications qui a le monopole de l'implantation du réseau (un autre organisme étatique, Télédiffusion de France — TDF — étant maître d'oeuvre des têtes de réseaux). Pour la constitution de catalogues de programmes de départ, les chaînes publiques de télévision et l'INA — Institut national de la communication audiovisuelle, notamment chargé de l'archivage systématique des émissions de télévision — sont appelés à apporter leur concours. Dans le domaine même de l'ingénierie, la nationalisation en 1982 de grands groupes industriels, comme Thomson et Matra, a renforcé le contrôle de l'Etat. La nationalisation des banques, jointe à l'action d'organismes financiers déjà étatiques, et fortement impliqués dans le financement des équipements locaux, comme la Caisse des dépôts et consignations est venue parachever le contrôle de l'Etat sur les circuits financiers.

Conformément, toujours, à la tradition française, cette omnipotence de l'Etat s'accompagne parfois d'une rivalité entre administrations — qu'elle explique d'ailleurs en partie. Ainsi se perpétue la rivalité entre la DGT — jalousée dans l'ensemble du service public français, et dont on a dit qu'elle tendait à constituer « un Etat dans l'Etat » — et TDF. Ainsi se manifeste périodiquement l'aigreur entre le Ministère de l'Economie et des Finances (qui impose, par exemple, une taxe sur les magnétoscopes) et le Ministère de la Culture (qui y était hostile), ou entre celui-ci et celui des Postes et Télécommunications . . . Il est du reste probable que cette mosaïque d'intérêts administratifs tend à perpétuer et à renforcer le poids de la DGT, mieux organisée et surtout puissante et autonome sur le plan financier.

Cette prédominance du rôle de l'Etat trouve pour seule limite la volonté de décentralisation. A l'ordre du jour sur un plan politique général, puisque des textes importants conférant des pouvoirs aux assemblées régionales élues ont été adoptés conformément aux propositions socialistes, cette décentralisation trouve aussi une illustration dans le développement du plan-câble. Ainsi, si la DGT est responsable, sur tout le territoire, de la mise en place du câble, l'initiative doit venir des *municipalités*. Et l'exploitation sera confiée à des « sociétés locales d'exploitation du câble », au sein desquelles les municipalités auront un pouvoir décisif. La DGT a dû, et devrait ainsi, au cours des prochaines années, *négocier*, ville par ville, avec les municipalités souhaitant s'équiper en câble. Dans la mesure où la DGT souhaite, évidemment, « vendre du câble » à des municipalités qui, elles, ont des problèmes de financement, et qui se posent des questions sur la rentabilité de cet investissement, cela conduit une administration de l'Etat — habituée à décider — à la logique de l'écoute de l'autre, de l'effort de conviction, et surtout du compromis. Le contexte même dans lequel se fait l'intervention de l'Etat pourrait donc, à la longue, modifier sensiblement les pratiques des rapports Etat-élus, voire Etat-citoyens. La dialectique de la négociation n'est pas celle de l'imposition.

Une autre tradition française est celle du débat gauche/droite à propos de la communication. On a dit plus haut combien les socialistes ont évolué dans ce domaine, abolissant des frontières anciennes. On voudrait néanmoins relever une différence significative de philosophie politique, concernant le câble, entre les élus communistes du département de la Seine Saint-Denis, dans la banlieue ouvrière du nord de Paris d'une part, et les maires de droite (voire socialistes) de la plupart des grandes villes de France.

La position des élus communistes de Seine Saint-Denis est la suivante : le câble, et les services qu'il apportera aux utilisateurs, constitue un véritable service public, au même titre que l'éducation ou la santé (qui sont largement, en France, pris en charge par l'Etat). Dans ces conditions, il convient de donner à tous les foyers un accès au câble. Les recettes du câble seront, elles, fiscalisées, c'est-à-dire qu'un accroissement de l'impôt local permettra aux élus de faire face aux dépenses nécessaires. Tous les ménages auront ainsi accès, notamment, aux programmes télévisés du réseau câblé — qui excluent les productions de caractère commercial et les achats de programmes étrangers, mais qui entendent mettre l'accent sur les réalités locales, en favorisant l'expression populaire (individuelle et collective) au niveau local.

A cette philosophie, très structurée, s'oppose celle du maire de Paris — et de la plupart de ses collègues des grandes villes de France.

Pour M. Jacques Chirac, il s'agit de ne raccorder au câble que les foyers qui sont prêts à payer un abonnement spécial — selon un système voisin de celui pratiqué aux Etats-Unis. Contre cet abonnement, les Parisiens pourront recevoir, par le câble, les programmes déjà disponibles sur ondes hertziennes, plus ceux de Télé-Luxembourg et Télé-Monte-Carlo, plus un programme britannique en langue anglaise, plus une chaine « municipale ». Une plage restreinte — de l'ordre de trois heures par semaine — serait réservée au « libre accès » des Parisiens.

On voit combien s'opposent clairement une conception classique du service public et de l'expression locale d'une part, et une logique de la rentabilité et de concurrence des programmes d'autre part. A cet égard, il est significatif de noter que les élus communistes apparaissent fort isolés dans la société politique française. C'est sans doute encore un domaine où l'union de la gauche appartient bien, désormais, à l'histoire.

Enfin, se trouve posé le problème de la possible survie d'une industrie française de production d'images et de sons. On connaît l'enjeu. Les Etats-Unis dominent largement le marché mondial de l'audiovisuel, parce que leurs productions sont appréciées par les publics du monde entier, et parce que, le marché américain étant immense et riche, leurs productions sont déjà amorties lorsqu'elles sont proposées à l'exportation : les télévisions de la planète peuvent donc acquérir, à des prix très inférieurs aux coûts de productions nationaux, des émissions américaines — films, feuilletons, séries — qui agrémenteront d'autant plus facilement leurs grilles de programmes que ces émissions rencontreront, de surcroît, un écho favorable du public. Les télévisions étant partout de moins en moins riches — retombées de la crise, difficultés nées de la concurrence entre chaînes, saturation du marché — ce recours à une production américaine standardisée tend à se généraliser. Du coup, l'argent, et la place dans les grilles de programmes, manque pour réaliser des émissions nationales. Silvio Berlusconi passe ainsi, avec ses confrères des télévisions privées de ce pays, pour être l'un des responsables de la crise — certains diront de la mort certaine — du cinéma italien. Devant l'afflux d'images disponibles sur les petits écrans, les Italiens ont déserté les salles obscures : le cinéma italien a perdu *la moitié* de son public en l'espace de cinq petites années. L'industrie italienne du cinéma n'a donc plus un marché potentiel suffisant pour écouler ses produits : elle s'effondre.

Les mêmes causes ne produiront-elles pas les mêmes effets ? La France ne prend-elle pas désormais le même risque que l'Italie, alors pourtant qu'elle était fière d'avoir su préserver, grâce à une aide financière importante et à une politique volontariste de l'Etat, un cinéma qui était pratiquement le seul exportateur sur le marché mondial, après les Etats-Unis ? La question est importante. A vrai dire, elle ne se poserait guère dans des termes différents si, plutôt que l'alliance

Seydoux-Berlusconi, les autorités françaises avaient choisi RTL, ou quelconque autre montage financier : les clés de la réussite d'une télévision commerciale ne dépendent guère de la personne des actionnaires. Elles tiennent plutôt à la nature des programmes, et de ce point de vue la réussite de RTL en Belgique ou en Lorraine est bien fondée sur les mêmes recettes — films et importations américaines — que celles des chaînes privées italiennes. Ces dernières années, les spécialistes français répondaient : il ne faudra pas accepter l'anarchie italienne, il faudra que des *cahiers des charges* établis par l'Etat imposent aux télévisions privées des règles esentielles — comme l'obligation de présenter des productions originales et pas seulement des émissions achetées sur le marché d'une part, l'obligation de respecter un quota minimum de productions françaises, ou européennes, dans l'ensemble des programmes, d'autre part. Cela seul était censé permettre de « tenir » face au géant américain, et de garantir que les Etats-Unis ne soient plus *le* producteur mondial de films et d'émissions de télévision.

Evidemment, si l'on examine le contrat de concession et le très bref cahier des charges établi par le gouvernement pour le groupe Seydoux-Berlusconi, c'est là que le bât blesse. Pour aider cette chaîne à démarrer et à trouver son public, l'Etat n'a pas voulu être sévère dans les obligations qui lui sont imposées. Celles-ci sont donc fort légères. Ce n'est que dans la cinquième année d'existence de la nouvelle chaîne que ces obligations deviendront identiques à celles qui pèsent sur le secteur public de la télévision. Mais, d'ici là, le mal n'aura-t-il pas été fait, et le paysage audiovisuel n'aura-t-il pas été définitivement transformé — certains diront saccagé ?

L'avenir seul, bien sûr, permettra de répondre à cette question, puisque, après la défaite de la gauche de mars 1986, le gouvernement Chirac a décidé d'annuler la concession de la « 5 ». Il reste que l'on peut s'interroger sur la *cohérence* de la position gouvernementale socialiste. Celle-ci a beaucoup insisté sur la nécessité d'aider à la survie, et au développement, d'une industrie française de programmes audiovisuels. 1985 aura été l'année de la création d'une « direction des programmes audiovisuels » au Ministère de la Culture, et surtout de la mise sur pied, à l'initiative du Premier Ministre et du Ministre de la Culture, d'un système d'« abri fiscal », permettant d'accorder — dans les conditions les plus favorables existant dans le monde occidental — une aide fiscale aux particuliers ou aux entreprises qui accepteraient d'investir dans la confection de programmes audiovisuels. Mais en même temps, les solutions retenues pour la création de chaînes privées — sans grande exigence quant au contenu minimal des programmes de ces chaînes — a pu tendre à restreindre pratiquement (certains diront : à annuler) l'effet des mesures précédentes. Le Président de la République et le gouvernement se sont-ils donc résignés à scier la branche d'une industrie nationale de programmes, que leurs patients efforts tendaient par ailleurs à conforter ?

Au total, en tout cas, les décisions de novembre 1985 précisent et complètent le tableau de l'audiovisuel français, tel qu'il se dessine pour cette fin de siècle. Ce tableau inclura les chaînes existantes — sous réserve des « privatisation », qui pourraient être réalisées par le gouvernement Chirac. Ces chaînes « hertziennes » auront encore de belles années devant elles, en tout cas tant que d'autres techniques de transmission — fondées sur le câble et le satellite — n'arroseront pas l'ensemble des foyers du pays.

Plusieurs « sociétés locales d'exploitation du câble » (SLEC) ont été consituées — notamment à Paris, Cergy-Pontoise, Rennes, Grenoble, Boulogne-Billancourt et dans l'ensemble Saint-Cloud/Suresnes/Sèvres. A titre d'exemple, la SLEC de Paris est constituée par la Ville de Paris (51 %), la Compagnie lyonnaise des eaux (39 %), et la Caisse des Dépôts et Consignations (10 %). Elle paiera à la DGT une redevance de 42 francs par prise raccordée à un foyer. Et, elle fera payer à ceux qui souhaiteront être raccordés un abonnement mensuel, probablement de l'ordre de 120 francs. Le mouvement de câblage du pays doit s'accélérer : 200.000 foyers câblés fin 1985, 750.000 fin 1986, 1.800.000 fin 1987, 3.100.000 fin 1988. La première ville à offrir une possibilité de câblage à ses habitants est, depuis décembre 1985, celle de Cergy-Pontoise — qui a reçu de l'Etat des dérogations lui permettant d'offrir à ses abonnés les programmes de télévisions périphériques (Télé-Monte-Carlo, RTL) ou étrangères.

Qui ne voit la révolution que cela représentera dans notre consommation médiatique et culturelle, et sans doute aussi les problèmes que cela posera, de préservation notamment des identités culturelles nationales ? Pour le moment, cette perspective a convaincu les producteurs d'images de multiplier leurs efforts, de manière à offrir, le moment venu, assez d'images et de sons pour remplir tous ces nouveaux canaux. Dans certains cas, notamment dans les programmes pilotés par la « Mission interministérielle pour la télédistribution », il s'agit de préparer des émissions de fiction à bon marché — produit le plus demandé sur le marché mondial de télévision.

Mais il est possible aussi que l'idée d'une chaîne « culturelle », de plus en plus absurde au niveau des lois du marché dans un seul pays — publicitaires et « sponsors » n'ont que peu d'enthousiasme pour une chaîne qui ne « fait » que 2 % d'audience moyenne — redevienne *aussi* une bonne idée commerciale au niveau européen : après tout, 2 % du public européen, cela fait beaucoup de monde ! D'autant que, avec ses canaux-son multiples, une chaîne culturelle pourrait aussi, par exemple, bénéficier de la stéréophonie.

L'idée est donc moins élitiste et moins contraire aux évolutions du marché qu'il n'y paraît. C'est d'ailleurs ce qu'a expliqué M. Pierre Desgraupes, dans un rapport remis en juillet 1985.

Il y aura donc peut-être un jour, grâce au satellite de diffusion directe, une chaîne de télévision de ce type — encore qu'on imagine à quel point de puissants intérêts tenteront d'imposer en priorité leurs projets concurrents. Dans l'immédiat et plus modestement, une société publique d'édition de programmes de télévision (SEPT), créée en novembre 1985, tente d'engranger des productions de qualité pour cette éventuelle chaîne de demain.

Tout cela fait évidemment beaucoup : à partir du satellite, du câble et de nouvelles télévisions hertziennes, nous parviendront énormément d'images. Sera-t-il possible de les financer ? L'une des hypothèses du moment veut que le marché publicitaire puisse éponger de nombreuses nouvelles productions. Du fait de la restriction de la publicité sur les chaînes publiques, un volant important de dépenses publicitaires n'a pas pu se faire à la télévision française en 1985 — certains estiment ce « manque à gagner » à un milliard de francs, d'autres à trois milliards, c'est dire la précision de ces données ! La multiplication des canaux permettrait à cet argent de s'employer. Il est peu probable en revanche que cet investissement publicitaire nouveau permette, en France, de financer plus d'une chaîne peut-être deux au maximum. Dans ces conditions il faudra, soit revoir en baisse les perspectives de multiplication de chaînes — les stations locales seront probablement peu nombreuses, et devront recourir à des opérations de « réseau » entre elles pour pouvoir acheter des programmes — soit programmer de plus en plus d'émissions à bon marché : séries avec de nombreux épisodes se passant dans les mêmes décors, « plateaux » où beaucoup d'invités bavardent, variétés en play-back, films mineurs déjà amortis dans le circuit des salles de cinéma.

C'est là, sans doute, l'avenir de la télévision à l'aube du « troisième millénaire » : un irremplaçable outil de communication, d'information et de culture, mais aussi le champ clos de groupe multi-médias aux stratégies purement commerciales ; de grandes et belles émissions offertes parfois à l'admiration des foules, un grand choix dans les images offertes aux grands et aux petits, mais surtout le train-train d'une énorme multitude d'émissions standardisées destinées à la grande consommation.

BELA BALASSA

French Economic Policy since March 1986

A year has elapsed since the new majority was elected under the flag of economic liberalism and Jacques Chirac took over the reins of government from Laurent Fabius. The time may have come to review the record of the new government and to seek an answer to the question: to what extent do the policies applied represent a break with the policies followed by the preceding government.

WHAT HAS BEEN ACCOMPLISHED?

The program of privatization adopted in May 1986 reverses not only the nationalizations of 1981 but also a substantial part of the nationalizations of 1945. Over a period of five years, sixty-three state-owned companies will be privatized, including nine major industrial firms, the largest banks and insurance companies, as well as TF 1; altogether they account for one-third of capitalization on the Bourse. With the shares of Saint-Gobain oversubscribed fourteen times and those of Paribas thirty-eight times, and the shares of both companies trading at a premium, the Bourse appears very receptive, effectively refuting the views of those who had claimed that it could not even handle sales totalling 100 billion francs.[1] In fact, the shares of the companies to be privatized may bring substantially more than the initial estimate of 240 billion francs, and much exceed the prices the socialist government paid in nationalizing companies in 1982.[2]

What can France expect from the denationalizations? The Chirac government, just like the government of Margaret Thatcher, has been accused of acting on ideological grounds. But privatization cuts across political lines, and it is undertaken in developed and in developing countries alike. The list includes Canada, Austria, Germany, Italy, Spain, and Japan among developed countries and Argentina, Brazil, Korea and Mexico among developing countries.

The latest *OECD Outlook* notes that "many OECD governments

appear increasingly convinced that privatization can improve overall economic performance through ownership transfer" (No. 40 [December 1986], 10). The advantages of privatization are seen in improved efficiency, a conclusion that tends to be supported by the empirical evidence cited in the *OECD Outlook*. Additional considerations include reducing bureaucratic interference in the firms' operations and in the determination of their longer-term orientation. While in the second half of its tenure the socialist government encouraged nationalized firms to increase profits, the *contrats de plan* remained in effect and the appointment of managers for a period of three years was not conducive to the pursuit of long-term objectives, especially when they conflicted with those of the supervising authorities.

The new government also plans to accelerate the process of adjustment in firms that are in a difficult situation and will remain in the public sector for the time being. This is the case at Charbonnages de France, which plans to close several coal mines; at Usinor and Sacilor, whose newly unified management expects to put into effect the recommendations of Jean Gandois's report to substantially cut the work force; and at Renault, where Raymond Lévy has taken over the tasks of the assassinated Georges Besse. Also, the shipbuilding firm Normed, that received government support per worker three times the average wage according to a report by the *Cour des comptes*, has declared bankruptcy and has reduced its work force by more than one-half.

But, in the April revision of the 1986 budget, government aid to the steel companies and to Renault was increased by 8 billion francs and this was offset only in part by the 3 billion francs reduction in aid to public enterprises in the 1987 budget. In turn, in the revisions of the 1986 budget and in the budget for 1987, aid to private industry was cut by 1.4 billion and 11 billion francs, respectively.

At the same time, deregulation has hardly made progress. While Alain Madelin, the minister of industry, noted the need to "sauter les verroux" to the creation and transfer of enterprises, thus far little has been accomplished to ease the burden of the bureaucracy. Nor has deregulation advanced in the transportation, energy, and telecommunications sectors, where important steps have been taken in recent years in the United States. In turn, the deregulation of banking was largely the handiwork of the socialist government that further envisaged the suppression of *l'encadrement du crédit*, which has been put into effect on January 1, 1987.

The socialist government began to liberalize prices, after having reversed the 1980 liberalization measures taken by Raymond Barre, but the new government has gone even beyond Barre in abolishing the 1945 decree that institutionalized price control. Under the decree adopted in November 1986, "les prix des biens, produits et services . . . sont librement déterminés par le jeu de la concurrence."

Price controls remain in effect, however, for electricity, gas, water, tobacco products, public transportation, taxis, books, paper for newspapers, pharmaceuticals reimbursed by social security, medical services, and some other professional services, the cases of which will be studied in the next two years. Also, the government may reintroduce price control for a period of six months in the event of excessive price increases in a "situation de crise, des circomstances exceptionelles, une calamité publique ou une situation manifestement anormale du marché dans un secteur déterminé". This may be done without time limitations, on the advice of the newly established Conseil de la concurrence, "dans les secteurs ou les zones où la concurrence est limitée en raison soit de situations de monopole ou des difficultés durables d'approvisionnement." In both instances, a decree of the *Conseil d'Etat* is required.

Furthermore, there remains the possibility of the government exerting pressure on a particular group of enterprises that plan to raise prices. This happened in February 1987, when Edouard Balladur criticized the insurance industry for its "irresponsible attitude" in declaring its intention to raise premiums on car insurance. Balladur also induced the commercial banks to refrain from imposing checking charges.

The *Conseil de la concurrence* may penalize companies for anti-competitive practices, and it has a "droit de regard" on concentrations that may reduce the extent of competition. There is no American-style antitrust legislation, however, and there has been no change in *la loi Royer* that prohibits the establishment of hypermarchés with a surface exceeding 1000 square meters, thereby limiting competition in commerce and providing "rentes de situation" to the hypermarchés established earlier.

While the socialist government took some limited actions to ease the exchange controls it had greatly reinforced after May 1981, important measures of liberalization have been adopted only after the new government assumed office. They have included the freeing of financial transactions by exporters and importers as well as the liberalization of the rules for establishing commercial offices abroad. Also, banks are now permitted to make loans to nonresidents, but these loans cannot exceed their foreign resources and French residents continue to be prohibited from holding bank accounts abroad.

Further steps have been taken to liberalize labor regulations. *L'autorisation administrative de licenciement* has been abolished as of January 1, 1987. Still, if they fire more than ten employees, or thirty employees over a period of six months, employers have to notify *l'inspection du travail*, so as to ensure that the employees have been consulted and a social plan has been adopted. The social plan is financed by the firm, except for firms with less than ten employees, in which case the government provides the financing. Moreover, the *Conseil des prud'hommes* may impose penalties in the event of "licenciement abusif," that is, lack of sufficient economic motive.

Finally, under the decree in preparation, greater flexibility is introduced in working hours in regard to seasonal activities. As long as working time does not exceed an average of thirty-nine hours over the year, it can be increased to forty-four hours in season without payment of overtime in the framework of agreements with the labor unions.

MACROECONOMIC TRENDS

The decline in the rate of increase of hourly earnings in manufacturing, which began under the socialist government following the speeding up of wage increases after May 1981, has continued. But, the rise in real wages accelerated in the first half of 1986. This occurred in part because wage increases in the first few months of 1986 exceeded the projections, but mostly because of the deceleration of inflation due to unanticipated declines in the prices of energy products (twenty percent between December 1985 and 1986); excluding these products, consumer prices rose by 3.3 percent, with a total increase of 2.1 percent. Thus, the system of wage increases based on the expected rise of prices, introduced by the socialist government, that worked well for several years led to unexpected increases in real wages in 1986.

The rise in petroleum prices in late 1986 raised consumer prices again in early 1987 and increases occurred also in the prices of certain services that had been put on the liberalization list. The government statistical office INSEE, projects that the consumer price index would rise by 1.9 percent in the first half of 1987; for the year as a whole, the ministry of finance has raised its inflation estimate to 2.5 percent.

The January agreements with SNCF (railways), RATP (Metro), and EDF (electricity) allow for wage increases of about three percent for 1987 without the productivity growth condition that was supposed to have triggered a rise from two to three percent. Wage increases for the rest of the public sector and the banks are scheduled at 1.7 percent.

The question remains, however, whether these limits will hold up following the revised inflation estimate. Yet, budgetary savings by the present government, as in the last years of its predecessor, originated in large part from the deceleration of salary increases for government employees and came to a lesser extent from a decline in their number. Thus, having increased public sector employment by 180,000, the socialists effected reductions of about 10,000 over the last two years, and the 1987 budget calls for a reduction of 14,000 in one year.

At the same time, the revisions of the 1986 budget involved raising total expenditures by twenty-six billion francs. And while Jacques Chirac announced "un effort sans précédent d'économies, de l'ordre de 40 milliards de francs" for 1987 (*Le Monde*, June 10, 1986), this target is formulated "par rapport à l'évolution des dépenses, toutes choses égales par ailleurs", without indicating how such a spontaneous evolution of expenditures is estimated.

The budget for 1987 is calculated with a 1.8 percent increase in expenditures that is slightly smaller than the two percent inflation rate assumed at the time the budget was prepared. The socialist opposition objected that budgeted expenditures were artificially reduced by using fourteen billion francs from the proceeds of privatizations to provide capital to industry. But, eleven billion francs of expenditures (*le fonds spécial pour les grands travaux* and *la rémunération des dépôts des CCP* [*Comptes Chèques Postaux*, checking accounts, held by a substantial percentage of French families, in the French postal service. Interest on the balances is paid by the government. Ed. note.]) have been rebudgeted, while the socialist government had kept them "off budget." With these adjustments, budgetary expenditures are to rise by 2.1 percent.

Measures taken in favor of the *chômeurs de longue durée* and the extension of the contrats de conversion to workers in bankrupt firms may, however, add two to three billion francs to public expenditures in 1987. Additional measures may include the prolongation of aid to young workers, higher contributions to the budget of the EEC and increased support to agriculture. If these expenditures, reportedly amounting to about ten billion francs, materialize, new economies will need to be made elsewhere in order to avoid a rise in government expenditures in real terms.

On the revenue side, tax cuts in 1987 will provide a gain of sixteen billion francs for individuals and eleven billion francs for enterprises. While it has been suggested that the gain for individuals would only compensate for the 1.1 percent increase in social security contributions, this increase reflects higher social benefits. In turn, tax cuts for enterprises have been offset by reductions in budgetary support and the elimination of investment incentives. This conclusion is not materially affected if account is taken of reductions in social charges for firms hiring young workers, in part because this tends to compensate for the lower productivity of such workers and in part because the reductions are limited in time.

Despite increased expenditures in the supplementary budgets for

1986, the deficit in the government budget for the year was reduced from 145.3 to 144.0 billion francs as the sale of shares in nationalized industries brought revenues of 8 billion francs. The revised budget deficit equals 2.5 percent of GDP, compared with 2.9 percent in 1985, although a shift from surplus to deficit in the social security accounts gave rise to an increase in the deficit of public administrations, including local governments as well, from 2.6 percent of GDP in 1985 to 2.9 percent in 1986.

In 1987, the deficit in the government budget is projected to decline further to 128.6 billion francs, or 2.3 percent of GDP, with the deficit of the public administrations amounting to 2.5 percent. Correcting for the use of the proceeds of privatization and for rebudgeting adds 3 billion francs to the deficit that would further be raised by the shortfall in revenue associated with the reduced GDP growth projections and the additional expenditures referred to earlier. And, in 1988, a year that has been named "l'année de tous les périls," the promised reductions in taxes, newly introduced tax incentives to savings, and increases in certain expenditures would tend to increase the deficit.

The budget revisions for 1986 did not concern taxes and social charges. However, the socialist government had reduced personal income taxes, cut social security contributions for individuals, and provided advance reimbursement of the compulsory loan of 1983 during the six months period prior to the March 1986 elections. Together with the rise in real wages, these changes led to increases in the volume of consumption expenditures at an annual rate of 3.1 percent in the second half of 1985 and 3.8 percent in the first half of 1986. A smaller increase, 2.5 percent, occurred in the second half of 1986 as the effects of some of the measures applied by the previous government wore off.

Taking further account of increases in public consumption and investment and changes in inventories, the rise in aggregate demand contributed 5.8 percent to GDP growth in the second half of 1985, 3 percent in the first half of 1986, and 4 percent in the second half of 1986. Increases in GDP were, however, only 3.4 percent, 1.3 percent, and 2.5 percent, respectively, reflecting the negative contribution of the trade balance to enconmic growth.

For 1986, taken as a whole, GDP grew by 2.1 percent as a negative contribution of 1.8 percent by the trade balance offset nearly one-half of the positive contribution of the rise in aggregate demand. While the volume of imports rose by 8 percent, exports increased by only 1 percent.

Increases in the imports of consumer goods reportedly reached 15 percent in 1986, reflecting the inability of domestic producers to provide for increased consumption. At the same time, France lost export market shares in manufactured products. While its export markets grew 3 percent in volume in 1986, French exports of these products increased by only 0.5 percent.

Correspondingly, France's trade surplus in manufactured goods fell from 82 billion francs in 1985 to 25 billion francs in 1986 and its trade deficit with Germany increased from 32 to 40 billion francs. All in all, the 31 billion francs improvement in the overall trade balance between 1985 and 1986 fell far short of the 90 billion francs reduction in France's trade deficit in energy products, which resulted from the fall in oil prices and the depreciation of the dollar. And, this difference is explained only in small part by the decline of demand from OPEC countries.

Changes in 1986 represent a continuation of trends from previous years. The rate of penetration of manufactured imports, calculated as a percentage of consumption, increased from 32.5 percent in 1979 to 40.8 percent in 1985. And while increased intra-industry specialization in international trade contributed to this result, France lost market shares vis-à-vis major exporting countries.

The OECD reports that, between 1980 and 1986, annual increases in the volume of France's manufactured exports averaged 2.7 percent while export demand in France's markets grew 3.9 percent a year. By contrast, Germany's exports rose 5.1 percent annually, surpassing the 4.3 percent growth in its markets.

Differences in the rates of growth of exports in Germany and France largely explain the differential changes in their current account balance that occurred over time. While Germany's current account balance shifted from 0.8 percent of GDP in 1979, the year preceding the second oil shock, to 2.6 percent in 1986, a decline in the French surplus occurred from 0.8 percent to 0.3 percent.

FACTORS AFFECTING EXPORTS

The question arises, then, how can one explain France's poor export performance. It has been suggested that France suffered the consequences of decreases in the "grands contrats," mainly in trade with developing and socialist countries. But orders under this heading rebounded in 1984, after having declined in the previous year, and maintained their level in 1985. Yet, France experienced increased losses of export market shares in those two years.

Others have sought to explain poor export performance by slow growing markets in the developing countries and OPEC, which have a relatively high share in French exports. In fact, in 1980, France's share in the two markets totalled 25.6 percent while Germany's share was 15.8 percent. But, slow growing exports to the centrally planned economies accounted for a higher share of exports in Germany (5.8 percent) than in France (4.6 percent). All in all, differences in market growth between 1980 and 1985 in Germany (4.3 percent) and France (3.9 percent) are dwarfed by differential changes in export market shares as France lost ground in all its major markets, the exception being OPEC.

It has further been suggested that France has suffered the effects of the unfavorable commodity composition of its exports. Yet, compared with Germany, France has a relatively high share in the fastest growing product groups: other machinery and transport equipment (to a large extent aircraft) and chemicals. Thus, although France has a high share in the two slowest growing product groups (textiles and clothing) as well, it has a marginally more favorable product composition in manufactured exports than Germany, using the GATT classification of eleven product groups.

At the same time, country and commodity shares are not immutable. Rather, success in exports depends to a considerable extent on the ability of the individual countries to shift exports to rapidly growing markets and to rapidly growing commodity groups. This has not been the case in France which has made only limited progress in shifting from non-industrial to industrial markets.

These considerations point to the lack of flexibility in French exports. According to a report of the Commissariat du Plan, an important contributing factor has been the absence of coherent commercial planning and organization.[3]

Yet, under the exchange controls introduced in May 1981, exporters had little flexibility to improve commercialization abroad. They had to repatriate their foreign exchange earnings within fifteen days of the sale; they could not buy foreign exchange forward beyond 90 days; and they were limited in the establishment of commercial agencies in foreign countries.

A further contributing factor was the insufficient volume of productive investment during the period of the socialist government. Between 1980 and 1985, productive investment declined by 1.3 percent in France, compared with a rise of 3.2 percent in Germany. And while the growth of productive investment in France approached that of Germany in 1986, the differences are projected to increase again in 1987.

As I noted in reviewing the economic policies of the socialist government,[4] the shortfall of investment in France in the early 1980s may be explained by declines in profit rates that resulted from increases in wages and social charges after May 1981. Profit rates rose in subsequent years but they remain lower in France than in the other major industrial countries, the exception being the United Kingdom.[5]

Also, depreciation continues to exceed gross business savings and the net rate of profit continues to fall short of the real rate of interest. In view of the substantial debts accumulated by enterprises in the years of low profits, then, it is not surprising that many firms prefer repaying debt to investing.

Interest rates were reduced repeatedly after March 1986, but were raised again from November onward as the French franc came under increasing pressure. Thus, overnight money market rates, which declined to a low of 7.0 percent in August 1986 from 8.5 percent on the eve of the elections, reached 9.0 percent in January 1987. The corresponding three-months money market rates were 8.3 percent in March 1986, 7.2 percent in August 1986, and 9.1 percent in January 1987. Also, having declined from 8.5 percent in March 1986 to 7.6 percent in August, the average yield on long-term government bonds attained 9.1 percent in January 1987.

With a net rate of profit of about 4 percent, high interest rates give a considerable incentive to repay loans rather than to invest. This is the case for large enterprises, although they can obtain loans at little over money market rates as they have access to financial markets as well as to foreign loans. It is the case even more for small enterprises that pay a higher interest rate plus various charges, which reportedly add up to double the interest charges paid by large firms (*Le Monde*, May 17, 1986). In fact, differences in interest rates paid by small and large firms are substantially greater in France than in Germany and other major industrial countries. It may not be a surprise, therefore, that small firms have a much smaller share in French than in German exports.

French interest rates declined only slightly after the 3 percent revaluation of the German mark in January 1987, but further declines occurred in February as the Bundesbank cut interest rates. In late February, overnight money market rates were 8.3 percent in France as against 3.0 percent in Germany, three-months rates were 8.4 and 4.0 percent, and interest rates on government bonds averaged 8.9 and 6.0 percent.

Interest rates on three-month Eurocurrency deposits provide an indication of expectations about future changes in exchange rates. In mid-February, these rates were 8.4 percent for the Eurofranc and 4.1 percent for the Euromark, pointing to an anticipated change of over 4 percent in the franc-mark parity.

Anticipations of exchange rate changes relate to the short-term and may change within a brief period, hence attention needs to be given to longer-term trends. In March 1986, I suggested that the parity of the French franc would need to be modified by 10 percent vis-à-vis the German mark.[6] During the following twelve months the franc-mark relationship was modified by altogether nine percent but the rate of inflation in France exceeded that in Germany by four to five percentage points. Thus, there remains a need for a parity change of five to six percent between the two currencies.

This conclusion is strengthened if we consider differences in the current account balances of France and Germany referred to earlier. Furthermore, in recent years, France was able to avoid further devaluations only by keeping the rate of GDP growth below that of Germany. Between 1982 and 1986, French GDP grew by only 5.6 percent as against an increase of 10.7 percent in Germany. In the same period, employment rose by 1 percent in Germany while it declined in the same proportion in France, leading to decreases in unemployment rates in the first case and increases in the second. As a result, unemployment in France reached 11.8 percent in 1986 compared with 7.8 percent in Germany while the differences did not exceed 0.3 percent in 1983.

This is not to say that a devaluation would, by itself, bring the desired results. There is also need to limit increases in private and in public consumption in order to avoid the generation of inflationary pressures. Correspondingly, it would be necessary to avoid increases in real wages and to reduce government expenditures.

PROSPECTS FOR THE FUTURE

This review has highlighted the principal changes that have occurred in economic policies in France since March 1986. Privatization represents a reversal of the nationalizations undertaken by the socialist government and goes even beyond that by privatizing banks and insurance companies which were nationalized in 1945. The new government also has accelerated the process of price and foreign exchange liberalization that was begun in the last years of the socialist government after it had strengthened controls. The possibility of reinstating price control in selected areas remains, however, and the government has exerted pressure in some service sectors to limit increases in prices. Also, foreign exchange transactions have not been fully liberalized and little progress has been made so far in deregulating transportation, energy, and telecommunications.

Greater flexibility has been introduced in labor regulations and the decline in the rate of increase of hourly earnings in manufacturing has continued. But, the rise of real wages accelerated in the first half of 1986, when the slowdown in price increases exceeded expectations. This is explained by the fall of petroleum prices that subsequently rose again, giving a push to inflation in early 1987.

The rise in real wages, together with reductions in taxes and social charges, contributed to increases in consumer spending in France that led to the rapid growth of imports while losses in export market shares continued. These losses may be explained by insufficient investment during the period of the socialist government and the continued over-valuation of the French franc vis-à-vis the German mark.

Exchange rate parity with the mark is maintained by high interest rates that discourage investment and encourage the repayment of debts by the firm. At the same time, there has been an increasing divergence in the current account balances of Germany and France, and the difference would be even larger had it not been for the shortfall of economic growth rates in France as compared to Germany. This shortfall, in turn, has been largely responsible for differences in the course of unemployment rates between the two countries.

Reducing unemployment would thus require an acceleration of economic growth. But, as the disastrous socialist experience of 1981–82 indicates, this cannot be accomplished by Keynesian measures of reflation. Rather, growth would need to be based on the expansion of exports, so as to ease the balance-of-payments constraint under which France labors. At the same time, export expansion would require a more favorable exchange rate as well as the growth of productive capacity, which is hindered by high interest rates that support an over-valued exchange rate. Capacity expansion is also needed to improve the competitive position of French industry vis-à-vis imports and to ensure that industry can better provide for increases in domestic demand in the future.

Apart from lower interest rates, increasing the profitability of investment would contribute to the growth of productive capacity. This may be accomplished by reorienting tax reductions from individuals to business and by providing incentives to investment. Such incentives were successfully used to promote investment in the first five years of the governments of President Reagan and Prime Minister Thatcher and continue to be granted in Germany. Also, an econometric investigation for France has shown "that investments strongly respond to fiscal incentives, more than to changes in other components of the cost of capital."[7]

Investment incentives may be provided in the form of tax credits, which are preferable to accelerated depreciation provisions that favor capital intensive industries and production processes. In fact, the tax credit provided by Raymond Barre's government has proved to be the most effective in France, reportedly creating investment more than ten times its fiscal cost, although the results might have been affected by the special circumstances existing at the time.[8]

While investment incentives promote spending on plant and equipment, considerable importance attaches to research activity. The new government reversed the growth of budgetary allotments to research, in particular industrial research, under its predecessor. Although there is a danger of bureaucratization in the research establishment, increased aid to industrial research would permit reducing the cleavage between basic and applied research in France.

It would further be desirable to increase research activity in the *grandes écoles d'ingénieurs* as well as at the universities. And, firms would have to play a greater role in research as it is the case in the United States, Germany, and Japan. This may be promoted by increasing tax incentives to research and development undertaken by enterprises.

The budgetary cost of investment incentives and the promotion of research and development calls for a renewed effort to reduce public expenditures, which is also needed in order to limit pressures on financial markets. Continued progress on deregulations would further contribute to the renewal of the French economy by promoting competition and cutting costs. At the same time, in pursuing the objective of lowering industrial subsidies, it would be desirable to reconsider regional aids that have taken a multiplicity of forms and are said to cover France by a "manteau de léopard."

There would further be need for measures that promote employment by lowering the cost of labor. Providing tax benefits to business in the form of reductions in social charges would have such an effect. Consideration should also be given to lowering the minimum wage for young workers, which has been shown to lead to increased employment,[9] while stepping up efforts at *formation professionelle pour les jeunes*, in particular technical education. This is of particular importance, given the high rates of unemployment in the below-21 age group in France: twenty-five percent in 1985, compared with twelve percent in the United States, ten percent in Germany, and five percent in Japan.

The adoption of realistic exchange rates, together with measures aimed at increasing investment in physical and human capital and lowering the cost of labor, then, would contribute to economic growth while ensuring balance-of-payments equilibrium and the rise of employment. These measures may be usefully accompanied by deregulations and reductions in public expenditures.

Notes

1. Lionel Zinsou, *Le fer de lance: Essai sur les nationalisations industrielles* (Paris: Olivier Orban, 1985), p. 250.

2. While in 1982 the government paid 6.05 billion francs for Saint-Gobain, its market value is now more than the double of this figure.

3. "Produits et marchés en France," *Rapport du groupe stratégie industrielle no. 7* (Paris: Commissariat général du Plan, janvier 1986).

4. "Five Years of Socialist Economic Policy in France: A Balance Sheet," *The Tocqueville Review* 7 (1985/86), 269–84.

5. The December 1986 *OECD Outlook* reports that in 1986 gross rates of return (i.e., before depreciation) in manufacturing, averaged thirteen percent in France, twenty percent in the United States and Japan, eighteen percent in Germany, and eight percent in the United Kingdom.

6. Ibid.

7. Pierre-Alain Muet and Sanvi Avouyi-Dovi, "L'effet des incitations fiscales sur l'investissement," *Observations et diagnostics économiques: Revue de l'OFCE* (janvier 1987), 164.

8. *Ibid.*, 168.

9. Cf. Jean-Jacques Rosa, "Les effets du Smic sur l'emploi des jeunes: une analyse bien confirmée" *Politique Economique* (octobre 1985).

JOHN WESTBROOK

Cohabitation: From Prehistory to Post Elections

A SUMMARY OF COLLOQUIA HELD AT THE
INSTITUTE OF FRENCH STUDIES,
NEW YORK UNIVERSITY, WINTER–SPRING 1986

Cohabitation is a plastic term. It can be stretched to encompass a large number of meanings—political, social, or even historical. Its denotative simplicity, cohabitation meaning merely to dwell together, provides for its connotative prolificacy. Once in the presence of two political groups, two political institutions, or two fields of intellectual inquiry, one can speak of cohabitation. However, the use of this term conveys the idea that one is interested in more than the static *face à face* of opposing interests; it implies rather that one is attentive to the give and take between those interests. Since it is a question of sharing a common space, cohabitation is the symbiotic relationship of dissimilar interests that, while opposed, mutually affect one another without destroying the "common weal." Cohabitation is process.

Randall White, in his slide lecture entitled "Cultural Geography: Prehistoric and Historic Land Use in the Périgord," addressed a primordial form of cohabitation: the complex relations between man and his natural environment. From the perspective of a very *longue durée*, he stressed the large degree of continuity in man's responses to the problems posed by the natural environment of the Périgord region.

For Professor White, the Périgord is an excellent area in which to study land use. Drained by four river systems (the Dordogne, the Isle, the Dronne, and the Vézère), the Périgord presents a wide variety of climates: Atlantic in the east, subalpine in the west, continental in the north, and Mediterranean in the south. Historically, the region has also undergone the changes wrought by the continental ice sheets of the prehistoric period. At this time the Périgord had a rich environment unlike any known today: lush shrubs and grasses covered a landscape inhabited by reindeer, the predecessors of modern horses and cattle, woolly mammoth, woolly rhinoceros and European red deer. The modern appearance of the region, 40 percent of which is covered by forests, is in fact quite recent and, as White pointed out, the result of human activity. As late as 1900, forests covered only 10 percent of the area.

Man's continuous presence in the region is attested to by its hundreds of prehistoric sites, numerous Roman villages, 1,200 chateaux and grandes maisons, as well as modern cities and villages. Many sites have been occupied in prehistoric, medieval, and modern times. Castles are tucked into prehistoric cliff dwellings, and modern villages are found by the same river fords as dwellings built 35,000 years earlier. For White, this indicates that "the same problems are being solved in the same way 25,000 years ago and today." He pointed out that it is incorrect to assume that the area's prehistoric inhabitants chose haphazardly to live in the abundant natural caves. Twentieth-century archeological work has proven that interfluvial areas were also occupied. In fact, White said, prehistoric land use shows the regions first inhabitants "adapting to the environment through a complex cultural filter."

The magnificent cave paintings for which the region is famous, are not the only evidence of "complex conceptions of the world through which adaptation was played out." Around 85 percent of the prehistoric sites are located within 100 meters of a water source. Locations with southern exposure were chosen because they were warmer in the winter, while rock shelters with northern exposure were uninhabited. As in modern times, when fishing was important, sites were situated at the confluence of two rivers. Prehistoric dwellings were also situated in box canyons that aided in the hunting of bison and mammoth. Heated stones were used to build secure foundations on frozen ground. Moreover, as White pointed out, these prehistoric peoples were not isolated: shells from the Mediterranean and the Atlantic, as well as fossils from the Touraine region, were imported for use as body ornaments.

According to Professor White, the "strongest conditioning factor of site choice from prehistoric to modern times, has been the river landscape and fords." Such sites were and are chosen because they are good for hunting, transportation, and commerce. Thus, for White, important cultural factors have constantly informed the complex process of "cohabitation" between man and his natural environment. Moreover, the Périgord region shows how the cohabitation of distinct historical periods, grouping together in one place, manifestations of prehistoric, classic, medieval, and modern civilizations, informs our own self-perceptions. The Périgord, where "prehistory is part of the modern cultural landscape," has, according to White, become a place of pilgrimage where Europeans come to see the roots of their culture.

Edgar Morin's lecture, "La connaissance de la connaissance," dealt with another fundamental aspect of western civilization: the relationship between philosophy and science, in the light of the general question of knowledge. For Morin, the "knowledge of knowledge" has been a permanent question since the beginning of philosophy. The question of "what we can know, what we really do know," posits, said Morin, the question of what it is to know. According to him, it is with the Copernican revolution and with Kant that knowledge itself becomes the major object of knowledge. Kant's answer that the human spirit structures our perception of the outside world, opened up a series of problems, rather than solved them. For, Morin pointed out, it forces us to interrogate the relationship between the human subject and the exterior world that produces knowledge. With the "crisis of foundations," by which God was no longer the guarantor of true knowledge, the nineteenth century attempted to find new foundations of certitude in science.

However, from the perspective of the late twentieth century, the foundation of true knowledge on the development of natural and social sciences seems untenable. Not only have the sciences "produced irrational instruments of destruction, domination or manipulation," but there is "in the heart of the most accomplished sciences, a black hole of mystery surrounding truth." According to Morin, "we are at the beginnings of knowledge, not at the fulfillment of knowledge." The traditional philosophical problem of the knowledge of knowledge has become a scientific one. For example, neurological science has shown, much as Kant did, that perception results from a structuration process that produces constant identities, whatever the angle or movement of the perceiver. Physics also addresses the question of knowledge, with the development of artificial intelligence and information theory. So do the *sciences humaines* with cognitive psychology, linguistics, and the sociology of knowledge.

However, several problems confront the scientific investigation of knowledge. Morin pointed out that far too often there is little contact between the sciences, in part due to the organization of the universities. Although the last decade has seen the attempt to bring together diverse disciplines under the name of cognitive sciences, such attempts are few. Moreover, this progress itself can be dangerous, according to Morin, "for we are reaching the point where classic scientific knowledge can no longer consider knowledge as an object among others, because we know our selves with the instruments of knowledge that are, at the same time, the objects of knowledge." The philosophical crisis of epistemological foundations in the nineteenth century now applies to the sciences, as exemplified in the writings of Popper. According to Morin, Popper "destroys the idea that science is certain, and that all knowledge should model itself on scientific knowledge." For Popper, scientific theories are scientific only because they are falsifiable. Thus, said Morin, "the characteristic of science is uncertainty."

Now, the "problem of the knowledge of knowledge must encompass not only all the cognitive sciences, but also maintain the reflexive dimension: it is a philosophical problem." Scientific investigation forces us once again to reflect on the "subject," in the philosophical sense of the term. We must "re-introduce the subject, not the pure transcendental ego of Descartes, but an uncertain subject, limited in time and space." This new subjectivity is thus the acceptance of the fundamental uncertainty that is the concomitant condition of our "aleatory role as subject."

Stemming from the double crisis of philosophy and science, the knowledge of knowledge "is becoming the central problem of all contemporary knowledge." For Morin, it is now essential to include the conceiving subject in the process of conception. We must accept the existential nature of human knowledge: our separation from the world at once permits and limits knowledge. At the same time, man faces what Morin calls a double possession: in the desire for the union of being and truth, we are possessed by truth at the same time as we possess it. The "feeling of truth is, however, the principal source of error and folly." Morin asserts the necessity for human knowledge to proceed from uncertainty and not from truth. It is the dialogue with uncertainty, the dynamic "cohabitation" of science and philosophy, and the re-inclusion of the subject in knowledge, that "stimulates the adventure of knowledge."

The theme of uncertainty was implicit in Bernard Manin's discussion of the resurgence of political philosophy in France: "Libéralisme et conservatisme dans la culture politique française: 1965–1985." He examined the renewal of political philosophy in the last decade, exemplified by the rediscovery of early nineteenth-century liberal authors (in the French sense), such as Constant and Guizot, as well as by the recent work of such authors as Claude Lefort and Marcel Gauchet. Also, despite the recent success in France of the works of Hayek, he called into question the *idée reçue* that the renewal of French political philosophy represents a simple resurgence of conservative thought. Instead, Manin portrayed this renewal as the result of a complex intellectual *parcours,* constituting a break with a failed intellectual and political paradigm.

Manin discerned several reasons for the weakness of French political philosophy in the 1960s. First, French philosophy was dominated by German metaphysics. The thought of Hegel, Nietzsche, Marx, and Heidegger all put forth the idea of an "end of philosophy." In the sixties, according to Manin, "young minds believed there were no longer new subjects for thought," and were attracted to the "practical" fields of sociology and history. Marxism, as a dominant political and intellectual force, had the effect of discouraging the study of philosophy and encouraging the "scientific study of history and politics." Manin asserted that Aron, by his "preoccupation with current events and industrial society," played an analogous role for the Right. Second, at an "institutional" level, intellectual history and political philosophy became increasingly sclerotic due to a Sciences-Po tradition of writing *manuels de doctrines.*

Why then the renewal of French political philosophy? Manin puts forth three principal reasons. First, the debate over totalitarianism in the 1970s, the success of Solzhenitsyn, and the discovery of Arendt and Popper helped to erode the ideological hegemony of the P. C. F. Second, works outside political philosophy, such as Louis Dumont's *Homo Hierarchicus* and *Homo Aequalis*, put forth "new ideas on the emergence of modernity and individualism." Third, new interpetations of the French Revolution played an important role. Up until the 1970s, a Marxist interpretation of the Revolution prevailed, that ignored the political theories developed during the Revolution, stressing instead social and economic analyses. However, by the early seventies, the works of François Furet, especially his *La Revolution française*, written with Denis Richet, saw in the Revolution "an intellectually coherent political project at work." This spurred a new interest in the political philosophy of the revolutionary period.

These different *débats* informed the development of political philosophy. The problem of totalitarianism caused "the project of making society unified," to be put into question. The idea was put forth that "if one searched to produce a society that overcame its deep divisions, one ended up with a society that excluded otherness." The French Revolution, especially the Terror, is seen as a moment for the analysis of this totalitarian principle. The Revolution and the early postrevolutionary period provide for fruitful analyses of the way in which a society faces its conflicts.

Manin pointed out that French political philosophy considers the conflictual nature of society in a different light than American political philosophy. While in the American vision, societal conflicts result from a "dispersed multiplicity of groups coexisting inside a society," the French vision is one of a central conflict, "a *face à face* of two groups or classes trying to get hold of the central power, but accepting that the other may prevail by purely peaceful means." The first vision conforms to the model of the coexistence of religious sects, while the second, to that of workers' parties and right wing parties. Thus, according to

Manin, while democratic consensus is a fundamental value in Anglo-Saxon political philosophy, for the French, it is seen as limited, entailing the simple acceptance of the adversary in a nonviolent struggle for power.

However, this view has somewhat weakened in recent years, because it led to a certain "relativism or romanticism of conflict." The "search for a rationality," in the wake of the analysis of totalitarianism and the Revolution, has lead to a resurgence of the problem of human rights. The human rights question is attractive to French intellectuals because it provides the kind of "unshakable foundation" that they have sought since Descartes; one that allows them to "take a position of authority." In the case of Lefort, the question of human rights "provides a point of infinite criticism of any social organization whatsoever." For French political philosophy, the "critique of totalitarianism and the reflection on human rights are tied to the rediscovery of society's autonomy." Thus, authors such as Gauchet insist upon the fact that "societies have a consistency outside the political sphere." For Manin, this explains the recent French interest in Hayek, whose conservative aspects are ignored, in favor of his idea of an "unconscious collaboration through the market," by which society constitutes itself.

Thus, according to Manin, the renewal of French political philosophy is based on "an intellectual history that is not a simple inventory of ideas, but the search for today's answers in the works of the past." More than a break with progressive values, it is a break with Marxism and with the idea that "society could be studied in a purely scientific manner." French liberalism must be seen "in light of a critique of totalitarianism, rather than in the light of a simple return to conservatism." French political philosophy in the 1980s attempts then to find the foundation for the peaceful management of conflict, and the means for protecting the individual in society. As with the philosophical developments described by Edgar Morin, French political philosophy points to the necessity of addressing anew fundamental questions, of moving beyond the programmatic to the uncertain, and of opening up *un espace de cohabitation.*

The themes of liberalization and of the management of conflict were echoed in Henry Ehrmann's discussion of the evolution of the Constitutional Council, "The Constitutional Council: Judicial Review *à la française.*" Initially, the Constitutional Council was not meant to be a constitutional court: this would have gone against the traditional French theory that "law, as an expression of popular sovereignty, could not be subordinate to any other authority." Instead, Ehrmann said, it was conceived as an institutional "gatekeeper" enforcing "observance of constitutional provisions giving the executive preponderance in rule making, and thus in the legislative process." The political nature of the Council was "highlighted by the way of its composition and access to it." The President of the Republic and the presidents of the two houses each chose three members of the Council for nine year, nonrenewable terms, and only these three, plus the Prime Minister, could appeal to the Council. Moreover, there were no legal qualifications necessary to serve on the Council: two of its presidents, the Gaullist Roger Frey, and the socialist Daniel Mayer, have had no legal training. At its conception, it was expected that "all members of the Constitutional Council would belong to the same party." That the president of the Senate did not "play along," was, said Ehrmann, a misjudgment by Debré of the Senate.

For Ehrmann, the Constitutional Council's early activities were in line with its gatekeeping function, "dividing competence." Between 1958 and the 1974 reform that allowed either 60 senators or 60 deputies to appeal to the council, it rendered only nine decisions, almost all in favor of the executive. Its weakness was exemplified by the fact that while privately concluding that De Gaulle's 1962 referendum to reform the constitution was unconstitutional, the Council refused to rule on the case. In the words of Ehrmann, the Council argues that "if, under article 61, it had to examine the constitutionality of laws, this applied only to laws adopted by parliament, and not to ones adopted by *le peuple.*" In the fall of 1962, the Council described itself simply as an "organe régulateur de l'activité des pouvoirs publics."

However, in Ehrmann's view, the 1962 elections themselves laid the groundwork for evolution in the Council's activity. With a solid majority ensconced in parliament, the Constitutional Council's role of gatekeeper had less and less importance: with greater voting discipline in parliament, the "dividing line softened over the years." The Council had both to find new things to do, and ways of restoring its tattered prestige. According to Ehrmann, the Constitutional Council would "now turn from the defense of the executive against parliament, to the protection of the rights of citizens, and soon, of political minorities." This turn around became evident shortly after De Gaulle's resignation, in the Council's "references to general principles of *droit,* not simply *loi.*" The major change, however, came with the 1971 decision ruling unconstitutional the Minister of Interior's attempt to ammend the 1901 law on associations. In its decision, the Constitutional Council measured the new law not only against the 1958 constitution, but also against the "fundamental principles of the Republic" contained in the 1789 Rights of Man and in the 1946 constitution, both of which are referred to in preamble to the 1958 constitution. Thus, said Ehrmann, with four words—"et notamment son préambule"—the

Constitutional Council extended the 1958 constitution to include the "seventy rich articles of the 1789 Declaration of the Rights of Man, couched in noble and uncertain terms."

Despite this greatly enlarged field of judicial action the Constitutional Council was "hamstrung by the appeal procedure" until its amendment in 1974. With this amendment the Council took on a more active stance: 67 cases were brought before the Council between 1974 and 1981, mostly by the opposition. During this time the Council averaged 6.7 decisions a year, with 11 percent complete, and 13 percent partial annulments. In the period 1981–84, the number of decisions rose to 13.7 a year, with 4.2 percent complete and 40 percent partial annulments. With this quantitative shift came qualitative change. While before 1981, the Council's decisions "vindicated and clarified its values in broad areas," such as freedom of association and due process, after 1981's *alternance*, "all major pieces of legislation were submitted by the conservatives for examination." Moreover, the Council's decisions became more detailed and explicit. This, along with the large number of partial annulments, indicated for Ehrmann that the Council was "proceeding carefuly to elicit compromise solutions, dismantling Socialist reforms without destroying them."

For Ehrmann, the new role of the Constitutional Council has been important in "moderating change," and in legitimizing both the Council itself and the concept of *alternance*: the Council "gives a certificate of authenticity to the winners and guarantees the rights of the losers." Despite criticism that the Council's activism is too limiting on parliament and the government, the institution has become one of the most popular in public opinion, with an 80 percent approval rating. While Ehrmann did not see the Council having a direct role in the March elections, he did feel that it would continue to have a positive role in modulating change. In this respect it can be seen to incarnate, at an institutional level, the conflict management that allows for *alternance* and cohabitation.

Three lectures, two given before and one after the March elections, addressed more directly the elections and the political and social changes that have led to political cohabitation. Henri Madelin, in his talk, "Les Chrétiens et la politique: l'enjeu des élections de mars 1986," described the particular historic political position of the Christian electorate in France, and the changes that this electorate has undergone in recent years. He underlined the importance of the Catholic electorate which, with five to six million members regularly attending mass, constitutes a larger electorate than that of the P.C.F. In Madelin's view, the Christian vote has become more important in a time when the electorate is becoming atomized. Thus Christians have become a target group for many parties: the Socialists affirm that "socialism is the concrete application of the Gospel's precepts"; the social teachings of the Church are claimed to be in accord with a certain Gaullist idea of *participation*; liberalism portrays itself as a means of "Christian renewal"; the *Front National* appeals to a cultural heritage that "excludes division between traditional faith and national sentiment."

However, Christians are a difficult group to understand in political terms. In Madelin's words, "politicians see in their Christian being, a way of feeling and of understanding things that usually moves beyond the normal boundaries of politics. They are not always synchronous with the forms and resonances of traditional politics." Thus, although Christians form a political category "rich in heuristic values," Madelin sees in most analyses of their political role in France the persistence of the myth of clericalism. Too often, the Church is credited with a "great deal of influence over the political choices of the faithful, which is hardly true in the France of today." The theme of women as a captive electorate, caught between their husbands and their confessors, is also perpetuated. So too is the "perception of Catholicism as reactionary," and that of Protestants as always being on the left. Likewise, French Jews are seen as forming a monolithic group, when, in fact since the immigration of Jewish *Pieds Noirs* in the 1960s, they have undergone a great deal of social change and atomization.

Religious observance is, nevertheless, a very important factor in electoral behavior, "more important than either age, sex or socioprofessional category." Of Catholics who attend Mass at least twice a month, 75 to 80 percent vote for the Right, while 68 percent of the electorate "without religious beliefs" vote for the Left. Protestants, on the other hand, have been voting less and less for the Left since the Liberation. Madelin noted that the victory of the Left in 1981 would not have been possible without a slide to the left of the Catholic vote. Catholic and Protestant militants are, for the most part, situated on the Left. Moreover, the decrease in church attendance, the influx of women into the work force, urbanization, and the growth of wage earners have all worked to change stereotypical Christian voting patterns.

Although Madelin felt that the Catholic vote on the Left had reached its maximum level, and that the errors of the Socialists concerning the private school issue would shift Catholic votes back to the Right, he saw a "favorable long term chance for the Socialist Party" to attract Catholic voters. In the absence of a Christian Democrat party, "the P.S. can be the channel for a certain kind of Christian generosity." Moreover, continued rupture between the Socialists and the Communists would contribute to attracting Catholics to the P.S., perhaps providing a "transforming influence for the P.S." For the future, however,

Madelin sees Catholicism "exploded" as an electoral factor. The myth of two irreconcilable Frances no longer has much pertinence as Catholics become part of the political mainstream.

Like Madelin, Marc Ullmann saw a weakening of the traditional ideological influences that had informed French politics. In his presentation, "La France après les élections de 1986", he affirmed that "French society is experiencing a much greater degree of consensus than has ever been the case in contemporary history." This consensus will, in his view, force politicians to accept cohabitation. For Ullmann, the basis for the consensus was already at work in the 1981 elections, which were "un grand match entre les 'bofs' et les 'il y a qu'à'." Once the Socialists got over their *il y a qu'à* stage of belief in easy change, a reconciliation with the rest of the electorate was possible. After 1982, as Socialist policy adjusted to reality, and more slowly, their discourse changed, the groundwork for consensus was laid. In Ullmann's view, the failure of earlier Socialist experiments was a "pedagogy in reverse," forcing the French to accept the complexity of the problems faced by society. According to him, three-fourths of the French have "integrated the notion of complexity," while one-fourth refuse this notion, seeing either in capitalism (the P.C.F.) or in the immigrants (the F.N.), a scapegoat for the nation's problems.

Although he didn't think that the change in the Socialists' policies would help them in the March elections, their earlier period as *marchands de rêves* not being forgiven, Ullmann didn't believe that the French desired "the replacement of Socialist ideology by Liberal ideology." Rather, the French desire a nonideological liberalism. Ninety percent of public opinion is in favor of private enterprise, and 67% for less government regulation of business in order to stimulate economic development and success. The past few years have been marked by an optimistic climate: the volume of investment grew by 18% between 1984–85, the Bourse shot up 120% in three years, and the creation of new businesses jumped 20% in 1985. This climate "forces the Right to be prudent in fact, if not in discourse." To a large extent "the Right recognizes the usefulness of maintaining the Loi Auroux," and wishes to continue the policy of *flexibilité* begun by the Socialists. The only politically "hot" theme, in Ullmann's view, is the question of denationalization, and even here the Socialists have not been intransigent, allowing nationalized companies to sell their subsidiaries. The lack of deep discord between the Left and the Right has paved the way for cohabitation.

According to Ullmann, cohabitation itself "isn't a subject that deeply interests the public." In a poll of viewers asking which topics they would like Raymond Barre to address during his appearance on the television show "L'Heure de Vérité", 78% wanted him to speak about unemployment, while only 16%, cohabitation. Nevertheless, Ullmann perceives the process of cohabitation as important. It enforces a kind of *dissuasion réciproque* on the part of the President and the Prime Minister, both of whom would suffer in public opinion if they appeared to be sabotaging cohabitation. However, cohabitation "won't mean complete agreement on everything." Instead, it will be a way of "organizing compromise" and of laying the "groundwork for a democratic society." Moreover, in Ullmann's opinion, "unanimity would not be desirable, for a strong P.S. restrains the P.C., and a strong Right restrains the F.N."

The next few years will be telling for "the future of peaceful *alternance*." The basis for such *alternance* exists: an *Express* poll asking whether one might vote one day for either the P.S., the U.D.F., or the R.P.R., all three parties obtained a score of 54%. For Ullmann this positive situation also leads to *France banale* where governments, faced by the demands of the international situation, have a slim margin for maneuver, and "doivent piloter en prenant le vent."

Stanley Hoffmann also offered remarks on the Socialist experiment, as well as an analysis of the problems of cohabitation and a discussion of the present political scene. In his lecture, "France Between the Elections," he pointed out the disparity "between the fragility of the electoral base with which the Left came to power, and the original *triomphalisme* displayed by the Left." Both the Socialist presidential and parliamentary victories were due to a "desertion of voters on the Right," and thus should have encouraged the Socialists to broaden their electoral base toward the center—something they did not do for the first year and a half. Moreover, as changes were made the Socialist experiment seemed more and more incoherent. In economic policy, they first imposed reflation, and then austerity, in effect "taking back with their right hand what they had given out with the left." Likewise, in cultural policy, Jack Lang posed as the "French champion of cultural antiamericanism"; however, by the time of the *Congrès de la Sorbonne*, the tone was "pro-american and moderate." The same sort of turnaround was evident in education, where France went from the *progressisme* of Savary, to the backwards looking discourse of Chevènement.

These policy changes led to some peculiar paradoxes in Socialist rule. According to Hoffmann, "by the time they lost control of Parliament in March, the Socialists had shown themselves to be much more efficient managers of austerity than the Right had been." Likewise, "by the time the Socialists left power, they had become champions of competition and entrepreneurship." Nationalized industries, which had at first been regarded as a "tool for central government policy," were forced to become profitable and competitive. Yet, for Hoffmann, the paradoxical and incoherent Socialist experiment did not bring about a profound transformation of France. The Socialists' "really original contributions were the measures they took in respect to decentralization, income distribution, and the Loi Auroux for greater worker participation." None of this was revolutionary, and "from the beginning the Socialist experiment was disconnected from social movements and social forces in the country." However, Socialist rule did contribute to the normalization of French politics: "By the end, the Socialists were seen as part of the governing apparatus, and the Socialists came to accept, in practice, the constitution of the Fifth Republic."

Cohabitation posed a new set of problems, both for the new majority and for Mitterrand. While the Socialists' electoral base was fragile, the Right's parliamentary majority is itself divided, the U.D.F. and the R.P.R. having almost equal strength. For Hoffmann then, one must distinguish between three cohabitations: that between Mitterrand and Chirac, that between the Government and the Parliament, and that between the R.P.R. and the U.D.F. These cohabitations have different immediate, short term, and long term effects. For Hoffmann, "the immediate result is the spectacular decline of the President of the Republic." Since the constitution distinguishes no *domaine réservé* for the President, and unlike Matignon, the Elysée has no centralized bureaucracy, "effective executive power is in the hands of the Prime Minister." In Hoffmann's view, the President must "defend what powers he has left, and try to restore links to the public at large." This is difficult to do because in both cases Mitterrand can appear as the aggressor, disturbing the cohabitation that the French want to see work.

The middle range prospects for Mitterrand are better: "Mitterrand's interest is to let the Government stew in its own juice, not to appear as an aggressor, which would unify the opposition. His absence would allow elements of discord in the majority to work." Chirac's interest would be to be able to blame the President for his inability to carry out the Right's program. This, however, depends not on Chirac, but on Mitterrand. Moreover, Chirac must face problems in the National Assembly. In Hoffmann's view, if Chirac tries to be "democratic and submit his program to debate in the National Assembly," he would run the risk of "exposing the divisions in the majority." On the other hand, if Chirac uses *ordonnances* to implement his program, the Socialists could claim that "the Government muzzles the Parliament." Chirac must also attempt to strengthen the electoral base of the majority, which received between 42 percent and 43 percent of the popular vote in March, while at the same time trying to hold together a majority that is divided on some elements of his *idéologie libérale*. For Chirac to appeal to the far Right "would mean the polarization of French politics at a time when the public seems tired of polarization." An appeal to the salaried middle classes on the left, would require the majority "to soft peddle its ideology," which is unlikely.

In the long run Hoffmann sees the prospect of a Socialist victory in 1988 as difficult to foretell. The March elections showed a 55 percent Right, 45 percent Left voting split. However, according to Hoffmann, "in recent French elections there have been very wide swings," with votes meant to punish incumbents, not to signify ideological shifts. The real question is whether Chirac's bet that by favoring business he can restore the economic growth in the two years before the elections.

In general, Hoffmann felt that "French parties look more and more like their American counterparts, lacking deep roots in society itself." This sets France apart from other European countries, and is perhaps due to "the low organizational capacity of French society." However, there has developed a limited consensus in French society: France is recognized to be subordinate to the international economic situation, and thus "governments Left and Right must have similar economic policies." Yet, in other areas, "there are still large differences." Although the Socialists are moving toward the center, on issues of law and order, education, cultural policy, and attitudes toward workers and business, they still differ greatly from the Right.

Two final lectures addressed the question of cohabitation at the international level. Claude de Kemoularia, French Ambassador to the United Nations, analyzed the importance of the United Nations and the special role played there by France, in his talk "La France aux Nations Unies: Reflexions ambassadoriales." Because his talk was given a few weeks before the March elections, Kemoularia declined to discuss current U.N. negotiations; instead he described the great differences that separate the U.N. of the 1950s, when he was political councilor to Dag Hammarskjold, from the U.N. of the 1980s.

For Ambassador Kemoularia, the U.N. has undergone great strain as it evolved from an organization of about fifty countries in 1945, when the permanent members of the Security Council held a dominant position, to one of 159 countries, with the Third World dominating the General Assembly. Increasingly paralyzed by divisions between East and West, North and South, the U.N. has seen its prestige diminish. The Security Council now faces what the ambassador called an "automatic majority composed of anti-apartheid African countries, and Arab countries interested in the rights of the Palestiniens."

Kemoularia insisted that in the present situation, the U.N. is both stronger and weaker than forty years ago. Bringing together almost all the nations of the world, the U.N. has been able to pursue a positive course of action in economic, social, and human rights fields. Unfortunately, said Kemoularia, "the U.N. hasn't had the effective political action that one would like." Although "each country vows to respect the resolutions of the Security Council, this is far from being a reality." Moreover, according to the ambassador, opposition between the U.S. and the U.S.S.R. has paralyzed the Security Council. After Hammarskjold, "the U.S. and the U.S.S.R. found a modus vivendi where by the Secretary General would be *sans saveur*, and would not take any initiative." For Kemoularia, however, Secretary General Perez de Cuellar is different: Cuellar is trying to reassert the power of his office.

In the ambassador's view, the reaffirmation of the Secretary General's power, as well as the reenforcement of the power of the Security Council, are the keys to more effective action by the United Nations. Although this is the policy of France, the stalemate within the Security Council will not be broken "as long as the two super powers disagree on the direction to follow." Nevertheless, Kemoularia sees France's role in the U.N. as a unique one. Aided by the increased importance given to the U.N. by Mitterrand, who is particularly attached to questions of human rights and of North-South dialogue, as well as by its "independent position within the organization," France has become the third power within the U.N. France often casts the deciding vote within the Security Council, allowing for such action as the June 1985 French-sponsored resolution against apartheid. Thus, while the U.N. suffers from important troubles, "no one thinks that the organization should disappear." At the very least, said the ambassador, it provides "a forum for encounter, and a safety valve."

Edgar Pisani directly addressed the question of "cohabitation" between North and South in his lecture, "Quelle aide pour quelle Afrique." He presented an overview of the resources and problems of a continent comprising 23 percent of the world's land mass, 20-25 percent of its underground resources, and 12 percent of its population. According to Pisani, Africa will see its present population of 450 million increase to one billion by 2005, a development that will require the urbanization of 300 million people and an increase in the agricultural population of 200 million, in the next 25 years. While twenty years ago Africa was agriculturally self-sufficient, it now imports 20 percent of its food, and will import 40 percent by the end of the century. In his talk, Pisani tried to explain why this "continent that has received the most aid from the exterior . . . is the only *laissé pour compte* of development."

Pisani sketched several reasons for the lack of African development. Compared to other developing regions, such as Southeast Asia, Africa "lacks a long standing independence and ancient structured civilizations." For Pisani, African independence, when it came twenty to twenty-five years ago, "was built with sociopolitical non-realities: the colonial boundaries." The resulting lack of ethnic homogeneity has forced African leaders "to build at the same time the State and the Nation." This has often led to the attempt to create the nation from the state. Thus, "the political function prevails over all others, due to the ambition to create the Nation."

This development of bureaucratic states is part of a more general problem. In Africa, according to Pisani, "ways of thinking, ways of doing, and ways of developing, were imposed, with globally negative results." Nutrition relief is based on western habits of consumption, "forcing a system of consumption on a socioeconomic reality that is, for the moment, incapable of sustaining it." Pisani gave an example of the distance separating current methods of development and African realities: a poster in Dakar that portrayed a child running, had a caption that read, "give him some bread and he will go far"; however, the climate and soil of Senegal are unsuitable for growing wheat. In sum, he said, current African development is "a broken system without real roots in history or geography."

Despite the enormous complexity of African development, Pisani felt that there were several necessary directions that future development must take. The most important of these is to give African countries "the means to discover their own peasantry." This would be, in his words, "the great revolution: to rediscover agriculture, to develop interior markets which, in their turn, would bring about the creation of small industries and develop a system of exchange and growth." Without such an effort, he said, food would continue to arrive as aid, thus reinforcing centralization and destroying indigenous production.

Likewise, the West must help African countries to "rethink their State." As Pisani pointed out, African states were "built to the detriment of civil society," and therefore are afraid of it. Western assistance must address the question of how to help African centralized states to remove themselves from the different economic and social spheres they have invaded. Another problem to be confronted is that of developing indigenous human resources. Pisani expressed the belief that the imposition of "pedagogical hierarchies adapted to our culture is an error in Africa." He affirmed that the West had "confused our vision of education, combining culture and skills, with African needs." He wondered whether it had been correct to favor literacy over agricultural information.

This leads to a larger question, one which Pisani became aware of during his experience in New Caledonia: whether "in a continent such as Africa, our sin was to have ignored local realities." It is, in part, a question of the meaning we give to the concept of civilization. According to Pisani, Africa and New Caledonia are not civilized, "if civilization means instruments and productive capacities." If, however, "civilization means human relations, systems of exchange, equilibrium, social organization, relationships with the soil and with nature, these countries are more civilized than our own." We must allow Africa to express that "civilization is a socialization," and thus "invent a type of development that is their own," one that respects their different modes of consumption, production, and organization.

What then should aid to development be? Not a gift, perhaps a transfer of technical means, answers Pisani. For him, aid to development should be above all a maieutic process, helping the Africans to discover themselves. With the "maieutic approach, the apparent inequality between teacher and disciple is the very expression of their fundamental equality, since the foundation of the maieutic principle is that he who does not know is equal to he that does, but does not yet know that he knows." Thus Pisani affirmed that future African development depends in part on the ability of the North to aid Africa in discovering itself, and thus build a process of development that is grounded in African realities.

If these diverse lectures reveal anything as a group, it might be largely defined as a concern for cohabitation—be it political, economic, social, or ecological. They all show that the French have, and must, *composer avec la réalité*. As the universalist aims of different ideological paradigms are shown to miss their mark, when knowledge is uncertain and unable to totalize a changing reality, the French are forced to accept the complexity and limitations of their society. Cohabitation shows that conflict must be managed and change modulated. More importantly, it shows that *l'espace de la cohabitation* opens up room for dialogue.

MELISSA CLEGG

Clochards, Commercials, Cohabitation, Continuity, and Change

A SUMMARY OF COLLOQUIA HELD AT
THE INSTITUTE OF FRENCH STUDIES AT
NEW YORK UNIVERSITY, AUTUMN 1986

Since the founding of the Fifth Republic Paris has been rebuilt to an extent only the reconstructions of the Second Empire under Napoleon III could match. The story of its rebuilding—told by David Pinkney, Professor Emeritus of History at the University of Washington—could serve as a fable with a moral about the whole of French cultural and political life for the last twenty-five years. De Gaulle began the transformation of Paris by deregulating the building industry. The threats of that policy to the historical character of the city eventually provoked, under Giscard d'Estaing and Mitterrand, a return to the centrist practices of a state accustomed to regulation. As it has been with building codes and permits in Paris, so it is now with television. Bernard Faivre d'Arcier, former programming director of SEPT (Société d'Edition des Programmes de Télévision), spoke of the scope of the current deregulation of that industry. His conclusion was an implicit warning that private communication empires may develop whose products and practices will prove unpopular with the French people. His talk betrayed the kind of unease with laissez-faire policy that has already changed Parisian building codes. Michel Beaud, Professor at the University of Paris VIII, took as his theme the tension within the ranks of the present, conservative government and the business community itself, between the forces favoring deregulation of the entire economy and those pressing for retention of major central controls. That debate is mirrored in current disputes and recent commentaries on the political realities of French life. Jean-Marie Benoist, Professor at the College de France, argued that liberalism, with its demands for a more limited central government, is the position of choice for most voters and will certainly win its case at the ballot box in future elections. Maurice

341

Duverger, Professor Emeritus at the University of Paris, would presumably disagree. He argued that the French like the current political phenomenon of "cohabitation" precisely because it forces members of the right and the left to cooperate on policies that are intrinsically moderate. If he is right, one can expect to see in French political life a continuing display of ambivalent attitudes towards government which the rebuilding of Paris, in microcosm, so clearly documents.

During the reign of Napoleon III Paris was transformed by Haussmann, but between the Second Empire and the beginning of the Fifth Republic, the city changed remarkably little. It was not until a conjunction of events and personalities similar to those of the Second Empire repeated itself that Paris again underwent major reconstruction. According to Pinkney in his presentation, "The Fifth Republic and the Second Rebuilding of Paris: 1960–1985," another population explosion, another industrial and transportation revolution, and another powerful leader with his own ideas of grandeur all combined again to produce the reconstruction of Paris. When de Gaulle arrived in power in 1958, he was faced with many of the same issues that had confronted Napoleon III. The city's population had doubled in the half century before the emperor's reign, and the Paris region had nearly doubled in size during the fifty years preceeding de Gaulle. Likewise, both men governed over the early stages of an industrial revolution and were forced to cope with the demands of a rapidly expanding economy. More so than in the Second Empire, the Fifth Republic saw a huge expansion of the tertiary sector that brought great demands for office and retail space. Since little housing had been constructed in this century, there was also an immense demand for apartments. The second rebuilding of Paris, then, was the direct result of demands to relieve housing shortages, to supply office space, and to end traffic jams. De Gaulle's aspirations for French grandeur also were an important factor. "A museum piece city," Pinkney noted, did not fit de Gaulle's vision of Paris as a modern world capital.

The second rebuilding of Paris had three major fields of endeavor. Traffic problems have been addressed; parks have been expanded; office buildings and apartment complexes have been constructed. The grave dimension of the traffic problems facing Parisians can be appreciated by considering that in 1953 only one household in five in Paris owned a car, but that by 1973 one in two did. Expressways, underpasses, boulevards, parking garages, and pedestrian walkways have all been designed to reduce traffic snarls. The right bank expressway was completed in 1967. The projected left bank expressway was halted by Giscard d'Estaing, who bowed to those who wished to see the left bank of the Seine preserved as a haven for lovers, fishermen, and clochards. Still, underpasses were constructed at key points such as the Pont d'Alma and Place de la Concorde, and Paris now has forty underground parking garages. The most ambitious measure taken, however, was the creation of the Boulevard Périphérique—a belt route—to divert traffic away from the city entirely. This route follows the old nineteenth-century fortification lines of Paris and now separates the city from its suburbs. Jacques Chirac, when mayor of Paris, installed several pedestrian walkways in Paris. The largest, best-known ones are in the heart of the city at the Hotel de Ville and the Pompidou Center. Elsewhere many short stretches of streets have been closed off to cars and turned over to strollers.

Haussmann was able to create several parks in Paris during the Second Empire, but as Paris was far more densely populated in the Fifth Republic than it was in the mid-nineteenth century, the second rebuilders of Paris were hard pressed to find space for new recreational facilities. Two parks have, nonetheless, been built: the Forum in the center of Paris and La Villette in the northeast sector. The forced removal of Les Halles by de Gaulle opened up twenty acres in the heart of the city. After protracted debate and negotiations, the Forum was built there where its shops, cafes, cinemas, and hotels are now complemented by eleven acres of open park space and an underground sports center. The second park is that of La Villette built on the site of an old slaughter house. Its seventy-five acres include the new Museum of Science and Technology, billed as the largest museum in the world, and a hall for rock concerts. Still under construction is the conservatory of music, a sports complex, a day-care center, and a network of gardens.

It is in the building of living and working space, however, that the Fifth Republic has truly rivaled in scale the construction undertaken in the Second Empire. Private developers were at first given nearly free rein to build and, in the peripheries of the city, the zoning laws were often set aside for their convenience. The result was that by 1975, when the projects were scaled back, many areas, especially the old working class quarters of the thirteenth arrondissement had completely been transformed. The single most deplorable development for Pinkney, however, is the fifty-six story Montparnasse Tower. Unlike most of the other developments, it breaks jarringly the skyline of the city from any vantage point. After nearly two decades of demolition and rebuilding, new construction has now been vastly scaled back. Giscard d'Estaing chartered a new course with his emphasis on preservation of traditional architecture and the character of old sections of the city. An immediate moratorium was placed on new projects, and the late 1970s saw a more moderate pace of construction. With the recession of the 1980s private construction has further slowed.

All presidents of the Fifth Republic, except de Gaulle—who Pinkney noted was a monument in himself—have sought to leave their marks on

Paris. Pompidou is remembered by the Pompidou Center. Pinkney lauds it for, in spite of its controversial appearance, it does not mar the surrounding roof line. Giscard d'Estaing's monument, as befits a restorer and preserver of old Paris, is the newly opened Musée d'Orsay in one of the city's former railroad stations. Mitterrand will leave two monuments: that of the extension of the Louvre and the Opera House at the Bastille. The Louvre project is scheduled for completion in 1987. It will give the museum more office and exhibit space, a central entrance, and an underground parking garage. Unlike the Louvre extension, the Bastille Opera House, Pinkney observes, has strong ideological overtones. Both the site and the design are rich in political connotations. It is being built in a relatively depressed area of the city and on the square where the infamous Bastille once stood. Pinkney views its glass facade as symbolic of the socialists' desire to bring opera, the traditional preserve of the upper classes, to ordinary Parisians. With the new conservative government, the project has run into trouble. Chirac has ordered a reexamination of the need and cost for the 2,700-seat complex. Should the construction go ahead, it seems, as of now, it will be a concert and ballet hall. However, the former minister of culture, Jack Lang, has declared that should he return to office it will be an opera house.

In conclusion, Pinkney noted that the second rebuilding of Paris gave the city much needed new facilities though at the price of destroying some neighborhoods. A less concretely measurable change has been that the rebuilding has subtly shifted the center of gravity of the city eastward away from the Champs Elysées. What is most important, however, is not what has been built, but what has been preserved. Despite two and a half decades of rebuilding, the heart of the city remains the eternal Paris.

Bernard Faivre d'Arcier in his presentation, "La Situation de l'audiovisuel en France," noted that telecommunication policy in France is, as usual, in a state of flux. Changes enacted since 1981 by the socialist government indicate that telecommunications in France are undergoing a dramatic and far-reaching transformation as managements move from the public to the private sector. This trend is a reversal of traditional practice, since French television has always been a state monopoly. Long considered a "national good," television's mandate was to be "la voix de la France," and its mission was to provide amusement, news, and culture to the population. With no autonomous centers of production, all three channels (TF1, Antenne 2, and FR3) have been centrally directed from Paris. Since the director of telecommunication was appointed by and responsible to the Prime Minister, programs have been subject to governmental pressure. This policy has been the subject of sharp debate between the political parties. Dissatisfaction with television programming produced in the early 1970s the first wave of reform. This phase, Faivre d'Arcier noted, was characterized by the recognition of the problem of bureaucracy. Under Giscard d'Estaing, the centralized telecommunication agency RTF (Radiodiffusion Télévision Française) was divided into seven departments. Still, state control remained as firm as ever. France received not a more free and autonomous telecommunication system but rather seven bureaucratic organizations in place of the former one.

It was not until 1981, when the socialists came to power, that the root of the telecommunication problem was seriously addressed. The socialists' goals were threefold: liberation of the airwaves, an end to the state monopoly of television, and increased competition among the domestic stations. Since 1981 hundreds of new radio stations have sprung into existence with the paradoxical result that the government has had to intervene to regulate the frequencies used. An independent High Authority replaced the government commission on audiovisual affairs, and under its aegis, three independent television stations have come to life. Canal Plus is a coded, pay station with more than a million subscribers. Channels 5 and 6 are not coded, but like Canal Plus, are fully private and receive no government funds. All three stations have so far been commercial successes. Channel 6 in particular, with its musical and video format, has a large youth following. These new successful stations have, however, given rise to controversy. Cultural enthusiasts are concerned over Channel 5's programming, which includes many inexpensive American television imports. There is also unhappiness over the increased commercialization and competition in television. The increase in advertising time has disturbed the French. The private stations, out of financial necessity, show more ads than do the public ones, but even they are dependent on advertising for sixty percent of their operating revenue. Increased competition has also relegated cultural programs and documentaries to off–peak hours, to the annoyance of many.

According to Faivre d'Arcier, a new phase in the reformation of the French telecommunication system is now under way. The new conservative government will replace the independent High Authority in 1987 with a new commission. That commission will have to struggle to establish its credibility, for its claims to independence will be closely scrutinized, Faivre d'Arcier noted, by a skeptical public.

Private television will continue to expand though, if the past is any indication of the future, policy is likely to change. As the situation stands now, TF1 is to go private in 1987, and bids for ownership are going through labyrinthian negotiations. Antenne 2 is to remain public with a mandate to represent French taste and culture. FR3 is likewise to remain public, but its mission as a regional station is being questioned. Not only will potential future government decisions affect the future of telecommunications in France, but advances in technology will continually alter the situation. Satellite television in France is about to explode, and if events go as forecast, there will soon be inter-European cooperation in program production. A seventh "European" channel is planned for 1988.

Owing to the uncertainties of political and technological consider-ations, the exact future of French telecommunications cannot be pre-dicted. Yet, one general conclusion can be drawn. France is moving away from state-controlled public television. With the state monopoly broken, the way is now open for private broadcasters to establish their own communication empires.

Michel Beaud in his presentation "La politique economique en France depuis Mars 1986: Quel espace pour une politique libérale?" claimed that though it is too early to predict with certainty the future of economic policies of the French government, probabilities exist. Eco-nomic liberalism was at the heart of the right and center's parliamentary campaign. The RPR and UDF issued a joint statement entitled "Pour gouverner ensemble" that promised immediate decontrol of prices, free exchange rates, open competition amongst banks, deregulation of im-portant sectors of the economy, denationalization of banks, insurance groups and financial companies, and the simultaneous reduction of *prélèvements* and the public deficit. In sum, their message was simple: more liberty for business and less intervention by the state.

What changes has economic policy undergone since March 1986, when "liberalists" won the election? If one compares the present gov-ernment's agenda to that of the socialists in 1981, then France has moved very far. If, however, one compares the "liberalists" to the post-1983 socialist government, there has been much continuity. To demon-strate this continuity within change, Beaud examined six questions: those concerning nationalization, industrial policy, credit and price decontrol, social protection and work legislation, public finances, and, lastly, "conjunctural" politics.

Beaud sees the attitudes held towards nationalizations by the right and left as the most telling difference. The left favors nationalizations, the right does not. Since 1981 nationalizations have been widespread: twelve industrial companies, two financial groups, and thirty-six banks employing more than 700,000 employees have been nationalized. The right's program of denationalization comes as a reaction to this historic trend. If policies are executed as planned, denationalizations will affect banks, financial companies, audiovisual societies, and big industrial groups. A law authorizing denationalizations was quickly passed in July 1986, and by the end of the year three groups will have been privatized. The right, however, is gambling with denationalizations,

Beaud believes, for the French have never been large investors in the stock market. One person in a hundred in France owns stock as compared to one in nine in the United States, one in twelve in Japan, and one in fifteen in the Federal Republic of Germany. The right must convince the French to buy the companies the government wishes to sell. The current endeavors of the right to change French attitudes towards the stock market parallel those of the socialists after 1983, for they, too, encouraged public investment in industry and actually opened a second stock market.

The RPR/UDF platform on industrial policy is clear: to foment competition among businesses, to help, temporarily, sectors in difficulty, and to support European cooperation in high technology. All these points, Beaud remarks, are continuations of the second phase of the socialists' regime. One profound change, however, is in the choice of the Minister of Industry. Alain Madelin is an ardent "liberalist," committed to a reduction of the state's intervention in business. His attitude is not merely a break with that of the left. It is a profound departure from Gaullism as well and, indeed, from three hundred years of French policy since Colbert. Beaud predicts that the Colbertist model will carry the day due to both the state tradition which weighs heavily with many in the conservative majority and the present ambivalence of business to the prospect of an unadulterated dose of liberalism. Business leaders would like fewer *ennuis*, fewer constraints, and less regulatory rigidity, but if such welcome changes are to be combined with a fall in state aid and fewer subsidies the policy will not prove popular.

The proposed decontrol of credit and prices is, indeed, a break with the left, but the present government in practice continues to set national objectives, growth rates, and interest rates. Price controls have just been lifted with certain key exceptions: public tariffs, medical expenses, taxis, and books.The tendency of the right to simplify regulation is clear, Beaud remarks, especially in relation to the banking sector, but the question remains how far the right will go in practice. The future will depend on the economic environment.

On the topic of social protection, the tenets of liberalism are also clear: a true liberal regime would supress social protection or marginalize its coverage so as to aid only the most disadvantaged. It would also endorse familial self-reliance and responsibility. A pure version of liberalism is, however, not about to be seen by the French, for they are strongly attached to their social spending programs—a fact of which the RPR and UDF are fully aware. Philippe Seguin, Minister of Social Affairs, has already raised social security taxes as of 1987. The government is trying to reduce its health programs, but there will not be an effort to dismantle them completely. These practices, Beaud notes, show an enormous continuity with the socialists' second phase of *rigueur*. In the realm of work legislation, there has been more of a departure from the socialists, for here the right's goal is to revoke the layoff law that prevents companies with over fifty employees from laying off personnel without government approval. Beaud, however, doubts that deregulation will be fully implemented even here, for businesses are beginning to realize that there are certain advantages to be had by the layoff law. Under that law, workers laid off with state approval have few legal rights. Thus companies are protected against lawsuits. Deregulation would also make it the company's individual responsibility to negotiate contracts and accords with unions.

In the domain of public finances, it is clear that the government wishes to reduce both *prélèvements* and the public deficit. A rigorous management of public expenses has been called for. This is far from the spirit of 1981 socialists, but it does show continuity with the position of the left after 1983. In Beaud's view, the government will have great difficulty in reducing *prélèvements* in a time of little or no growth. Such a policy would impose sacrifices on the public, with the likely result of producing discontent with the government. Moreover, the state is committed to certain public expenses. How the government will cope with these contradictory goals is still to be decided.

In the area of conjunctural politics, Beaud sees a remarkable unanimity between the left and the right on certain issues. Both groups are for the growth of the economy and for full employment, and both against inflation and unemployment. Both, too, have coped with the economic situation in France by imposing systems of *rigueur*. The socialists were forced to implement austerity programs, and the right is continuing in the same vein. As with the second phase of the socialists, sacrifices are to be demanded from the public, but since there is strong antagonism to austerity programs, just how far the right will be able to go in furthering its programs is unclear. Much will depend on the future economic and social environment.

Liberalism has, then, made a clear departure from the economic and political spirit of 1981, but in relation to the post-1983 socialist spirit, the differences are less pronounced. There has been, Beaud concludes, a large measure of continuity with the immediate past. The principle differences between the "liberalists" and socialists are the former's emphasis on the benefits of liberalism and attitude towards nationalizations. Beaud sees just as much a chance for a return to a socialist government as he sees for a strategy of the current "liberal" regime. Neither full-fledged liberalism nor socialism stands a good chance, at least in the foreseeable future. A strict implementation of liberalism would challenge three centuries of French history, union gains, and social protection, and it has no prospect of success unless there should be an immense world-scale transformation of economic systems. Should liberalism be implemented in a qualified way, however, then Beaud sees a place for it, just as there is also a place for a "prudent and reasonable" socialism.

In contrast to Beaud, who does not view the March 1986 elections as indicative of a transformation of French economic, social or political values, Jean-Marie Benoist sees the conservative majority as representing a new sociopolitical reality. The French public has, Benoist claims, rejected the socialist ideology of 1981. Contemporary liberalism in France expresses the deep wishes of a wide spectrum of the population. Benoist sees the elections of March 1986 as a clean, total break with the socialist past. March '86 could even be called May '68 in reverse. The election results clearly illustrate "the necessity of changing paradigms." They are a repudiation of the centralized state and the socialist ideology that naively called for a creation of "a new world and new men." They also demonstrate the common sense of the French people, impatient as they are with the doctrinaire ambitions of a left that views men only as abstractions.

In spite of this mandate from the public, Benoist does see some constraints on the conservatives in power. First, there is an institutional constraint. Mitterrand is still in office, and he has been using his power to thwart the will of the assembly. Second, there is the problem faced by the liberals who shun state action, of turning a Jacobin-Colbertist state into a decentralized, privatized one. Third, the present electoral system of proportional representation weighs against the conservatives. The left, together with the extreme right wing, has ignominiously refused to heed "national outcry" across the political spectrum. The obstructionism of the socialists is understandable, Benoist argues, for without the present proportional system they would have lost far more seats than they have.

On the related subject of "cohabitation," Benoist notes that the relationship has been "unduly glamorized." Cohabitation is not the will of the people. It is, rather, an accidental result of the constitution. Cohabitation proves the flexibility and stability of the constitution, but the power sharing relationship is ephemeral, and bipolarity is certain to reassert itself in the 1988 elections.

Before the next elections occur, a relatively weak Mitterrand could do three things. He could dissolve the assembly and call for new elections. He is unlikely to do that, according to Benoist, for the conservative mood of the French people would most likely sweep his party out of the assembly. Mitterrand might also call for a referendum in a pitched battle with the conservatives, but for that he would need the support of the assembly. Last, he might resign—a threat that Mitterrand, according to Benoist, knows well how to manipulate.

In conclusion, Benoist notes that the liberal values welcomed by the

French include that of concrete, not theoretical, freedom, the dignity of the individual, pluralism, private initiative, and individual responsibility. He acknowledges that leaders espousing these values are in need of greater audacity than they have yet shown, for there are a few remaining liberals who are still unprepared to join in battle against the totalitarian forces of the modern world.

Maurice Duverger described the delicate "cohabitation" relationship of Mitterrand and Chirac in his address "Le système politique Français: de la monarchie présidentielle à la dyarchie?" Since March 1986, he observed, the importance and influence of the prime minister has increased while there has been a weakening of the president's power, in spite of the theoretical provisions of the constitution. This change is not due to a different reading of the constitution of the Fifth Republic. Rather, it has been brought about by special circumstances and strong personalities. There is only one correct reading of the constitution, Duverger claims. The prime minister directs the government while the government determines the policies of the nation. The previous presidential dominance of the Fifth Republic had more to do with support from a parliamentary majority than with any sovereign powers invested in the office by the constitution. Even de Gaulle, whose term of office could be seen as epitomizing the monarchal presidency, wielded his power, according to Duverger, not so much as president, but rather as the head of the majority.

The rules of the Fifth Republic's constitution, Duverger notes, are at once both simple and complicated, for the executive branch of the French government is a two-headed organism. The prime minister is the true chief executive, and so the constitution is essentially a parliamentary one; yet, the president is also guaranteed important powers. First of all, the president has a great moral power; removed as he is from the fray of day to day governance, he can survey the Republic from a seemingly nonpolitical position. He also has considerable powers in defense and diplomacy. He alone can activate the nuclear arsenals and so is the supreme military leader of France. In the diplomatic realm, the president negotiates and ratifies treaties. Although the Prime Minister's signature is needed, the president is the true initiator in foreign affairs. The president also has expansive veto powers. He may refuse to sign parliamentary decrees, thereby keeping them from becoming law. He may refuse to accept the prime minister's nominations and dismissals. He may also demand a referendum when at loggerheads with the assembly. The prime minister has great power in other realms. Only he is the head of the government. He determines the agenda of debate in the assembly. Furthermore, his position has been vastly strengthened by innovations in what Duverger calls one of the most remarkable and ingenious inventions of this century: the censure motion. In the Third and Fourth Republics, when censure motions could be easily passed against the government, the prime minister occupied a vulnerable position. In the Fifth Republic abstentions or absences count as votes for the government on a censure motion. Thus the prime minister and his government are much harder to defeat. The prime minister also has the right to demand a vote of confidence on any bill he may wish, and Duverger notes that this maneuver has been used generously, even to a certain excess, in the Fifth Republic.

Since the Fifth Republic is a parliamentary regime, the question arises as to why presidents have been able to wield as much influence as they have. In the past, the president and prime minister were members of the same party. Thus, the president's moral and diplomatic powers allowed him to encroach upon the political powers of the prime minister, who was usually seen as the president's second-in-command. When the presidents of the Fifth Republic did not enjoy the support of an assembly majority, they were weakened. In 1960–62, for example, de Gaulle governed with no stable majority—but only because the assembly feared that a crisis would play into the hands of the military and also because of de Gaulle's personal mystique as a war hero. In 1967–68 de Gaulle's majority was small, and his power was definitely shaken. Giscard d'Estaing governed from 1976–81 with a restive majority, and Duverger sees the internal undermining of his support in the assembly as leading to his defeat in 1981.

Between 1962 and 1986 one could speak of a monarchal presidency within a democratic regime. The president's authority was not based on constitutional power but on more than twenty years of assembly support. Since March 1986 there has been a dramatic move away from the monarchal style of the president. This has occurred not from a different reading of the constitution but from a strict adherence to its terms. The prime minister has reclaimed all the duties and rights accorded to his office. In fact, Duverger sees Mitterrand's power weakened even more than one would suppose from reviewing the theoretical rules of cohabitation. The reasons for this reversal are basically twofold. Chirac is a vigorous prime minister who is successfully poaching on the president's turf, especially in the area of foreign affairs. The looming elections in 1988 also play a role. Mitterrand's old, weakened mandate runs out in two years, while Chirac, with his newer mandate, is preparing himself for the presidential elections.

The downgrading of the presidential role is now over, Duverger believes, owing to the remarkable fact that the French actually agree on the virtues of cohabitation. The latest polls show two out of three citizens approve of that political arrangement. The French see cohabitation as forcing the left and right to modify each other's more extreme positions. The attitude of the public has had a strong effect on both

Chirac and Mitterrand, for neither can risk being seen as the one to break the cohabitation relationship. Given this approval by the public, both Mitterrand and Chirac have had to modify their plans. Mitterrand has withdrawn some of his socialist proposals. Chirac, in turn, though promising sweeping denationalizations, is moving very slowly. His denationalizations are turning out to be *denationalisations à la française*. Three of sixty-five proposed denationalizations are all that he has tried to implement this year.

In conclusion, Duverger cautioned that one should not view cohabitation as a relationship between a couple: the president and the prime minister. It is, he suggested, actually a *ménage à trois*, for the Assembly's role must be considered. Chirac receives his backing and power from his position as head of the assembly, but that majority is restive and contains potential rivals who, like Chirac and Mitterrand, cannot afford to be seen as working to undermine the delicate balance of cohabitation.

Book Reviews

RICHARD KUISEL

*L'Amérique dans les têtes : un siècle de fascinations
et d'aversions*, ed. Denis Lacorne, Jacques Rupnik,
Marie-France Toinet, Paris: Hachette, 1986, 300 pp.

The cover of a new collection of essays entitled *L'Amérique dans les
têtes* depicts the Statue of Liberty against an orange sunrise swarm-
ing with helicopters reminiscent of *Apocalypse Now*. The contrasting
images evoke French ambivalence toward America. "Modèle ou re-
poussoir," the editors begin, "l'Amérique n'a cessé de fasciner et d'ex-
aspérer nos contemporains qui ne se privent pas, à l'occasion d'en faire
l'objet de leurs fantasmes" (p. 11). What prompted this study of French
ambivalence is the nation's apparent conversion in the last few years
from anti-Americanism to *américanomanie*.

In late 1984 the Foundation Nationale des Sciences Politiques spon-
sored the colloquim which led to this selection of essays. Although most
of the experts were French, some social scientists from the United
States also contributed to the seventeen brief papers published here.
The papers, whose quality is uneven, range from informal reflections
on grand trends, e.g., Alfred Grosser on "La France rebelle," to more
narrow empirical studies, e.g., Marie-Christine Granjon on "Sartre,
Beauvoir, Aron." The three editors (Denis Lacorne, Jacques Rupnik,
and Marie-France Toinet, along with André Kaspi) add succinct and
incisive introductory and concluding essays. Many of the papers have
a preliminary, suggestive character as if the colloquium set out to survey
a new research field. Thus definitional issues loom large; hypotheses
are offered; lacunae are identified; warnings are issued about analytical pitfalls; and suggestions are made for future research. *L'Amérique
dans les têtes* advances the state of the question beyond its common,
often crude, conceptualization as an intriguing contrast of national
images and points toward a rich new field of inquiry: behind the flow
of words about America lay the most serious issues confronting contemporary France.

The easy question raised by the colloquium is explaining the current
appreciation of America. There seem to be so many plausible causes
that the outcome is overdetermined. Yet what the mania of the mid-
1980s means is more problematic.

The 1970s, in retrospect, sowed what Ronald Reagan reaped. America became less menacing after Vietnam while the Soviet Union became more so. A careful study of trends in public opinion polls (by Jacques Rupnik and Muriel Humbertjean) indicates a close interaction between American and Soviet reputations. The "discovery" of the Gulag and the invasion of Afghanistan tipped the balance against Moscow. And as French self-perception evolved from inferiority (the 1950s), to grandeur (the 1960s), to realism (today half the French believe the country is a medium-size power), it became easier to accept a position within the American camp. Perceptions of NATO's weakness heightened enthusiasm for strong leadership in the White House. Yet Ronald Reagan initially received poor notices because the new "cowboy" president seemed to fit Gallic stereotypes. But then economic recovery arrived and enthusiasm for Reaganomics mounted. The more so as the Socialist experiment faltered and Mitterrand seemed to embrace "liberal" economic policies. At this juncture one of the pillars of postwar anti-Americanism collapsed. The unnatural alliance of Gaullists and Communists that had tilted French policy against the United States lost its political weight. The Communists languished and the Gaullists became less irascible. Then the intellectuals spoke up for America. In Diana Pinto's phrase the "intellectuels médiatiques," that is the gurus who worship everything American, the more pragmatic enthusiasts of American business, and the liberal ideologues who formed a Reagan fan club made America the promised land. France was now possibly the most friendly of West European nations. By summer 1986 even the chic set at St. Tropez sported American fashions featuring T-shirts bearing such fractured phrases as "International Best Country Club"!

But, one should ask, has there really been a national "conversion" since 1982? Who have changed their minds? Perhaps it was just the trendsetters and the Parisian intellectuals who traded in Sartre for Aron? It is possible that the French en masse have always been comfortable with what the United States exports. And is the new enthusiasm for America merely an expression of a temporary *conjoncture*? If so, as the circumstances of foreign policy and economics change, we might expect Gallic antipathy to reemerge. A closer look at the alleged conversion also raises the question of what is meant by the "anti-Americanism" that supposedly preceded the 1980s. At this point a far more knotty and significant set of questions about the phenomenon of perceptions and their evaluation emerges.

The potency of Gallic anti-Americanism depends on its definition. Marie-France Toinet points out that if criticism of Americans qualifies then the net is so wide that some unexpected fish might be caught. Who for example wrote: "Je ne connais pas de pays où il règne, en général, moins d'indépendance d'esprit et de véritable liberté de discussion qu'en Amérique" (p. 297)? Answer: Alexis de Tocqueville. Perhaps then one should be more restrictive in applying the label. Thus Michael Harrison argues Charles de Gaulle should not be classified as anti-American because he did not base his policy toward the United States on a rejection of American values. De Gaulle was merely a realist in international affairs. And what are we to make of Jean-Paul Sartre writing in 1946: "Je ne suis pas du tout antiaméricain et je ne comprends pas ce qu'antiaméricain veut dire"? (p. 149). Evidently classification in this instance is not an exercise in the scientific method. Pascal Ory believes most discourse about America is difficult to classify as "for" or "against" and that extreme stances are extremely rare. Affirmative and critical postures, Toinet reminds us, are not rigid categories and often overlap or melt into one another. And the same person may express conflicting attitudes or alter his/her views—this shift is invariably from negative to positive rather than vice versa. Perhaps most perplexing is that adversaries and admirers often use the same images but attribute opposing values to them. But where does such cautionary advice leave us? If Sartre and De Gaulle don't fit the category, then perhaps French anti-Americanism has always been grossly exaggerated.

André Kaspi is certain it exists—even if the definition is problematic. "Nous tenons . . . le coupable," he confesses (p. 292); "L'antiaméricanisme existe, puisqu'il est si souvent évoqué" (p. 291). This simple assertion warns us that in refining definitions we may lose sight of the target. There is, nevertheless, something to be learned from the colloquium's concern about conceptual precision. First, "anti-" and "pro-American" are not rigorous, "scientific" categories but descriptive ones labeling sets of attitudes which are either predominantly admiring or critical. These descriptive categories, whatever their lack of precision, are useful devices to identify and comprehend trends, moods, and issues. No matter how irrational, emotional, narcissistic, or "false" the images may be, they offer valuable insights to the historian and the social scientist. Second, as Toinet and others point out, the phenomenon under review is anti- *and* pro-Americanism. Most discourse about America is mixed in a normative sense. Contradictory attitudes, which individuals frequently express, are the rule when the sample is a social group such as the business community. The mix of perceptions must be conceived as a duality (pro/anti) and dealt with as an analytical unit.

Such conceptual matters aside what else can be gleaned from these essays about the phenomenon of anti-Americanism and Americanophilia? First, can we discern any patterns and second any causes for Gallic fascination and aversion?

French perceptions of America have been and continue to be highly patterned. There is a certain repetition associated with stereotypes even if the same images are evaluated in contradictory ways. The list of themes is familiar: Americans are dynamic, open, materialistic, naive, egalitarian, pragmatic, moralistic, uncivilized, and so forth. Such perceptions date back at least to the nineteenth century and seem unchanged today as contemporary *sondages* verify a consistent sociocultural image. There is a second pattern. Although there are several dimensions to the American challenge, they evoke a common set of issues. America makes its presence felt through foreign policy, economics, and culture. Since, at various times, e.g., the 1950s, the three interacted, they cannot, however, always be separated analytically. What these three manifestations of America all denote to the French are power and modernity. Most simply stated America raises two questions for the French. How can we avoid American hegemony? How can we be modern and yet remain French? Such questions lead to reflection on causation.

The oscillations in French perceptions of America from Tocqueville on suggest the *conjonctural* quality of the phenomenon. Foreign relations and economic policy are both in constant flux. In the past, gratitude for military and economic aid has alternated with disputes over war debts, colonial policy, and much else to continuously shape perceptions. Even today French admiration for the performance of its friendly Superpower is fickle. As Rupnik and Humbertjean point out in defense matters the French want a firm, decisive ally yet fear American adventurism. In economic affairs they hesitate between looking to the United States as the locomotive of the industrialized West and denouncing it for its economic "imperialism."

Over the *longue durée* it seems evident that America was of only marginal interest to the French until some point in the twentieth century. Just when America became important gives us a clue to understanding causes. The 1930s saw the publication of a host of disparaging works led by George Duhamel's notorious bestseller. Then during the Second World War, as Robert Paxton shows in his paper, Vichy became the first French government to struggle actively against American cultural penetration. The Resistance also displayed a strong anti-American strain fueled by our Vichy policy and our rejection of De Gaulle's claims for equal status. Michel Winock confirms the common view that the early postwar years marked the apogee of anti-Americanism. It is possible, however, that the 1960s under De Gaulle featured more overt opposition than the 1950s. That can be debated. But what is important is that the controversy over America first assumed serious proportions between 1930 and the 1950s. Why? Because these were the decades when the American challenge to French independence and modernity emerged. America assumed the character of a model and a menace.

And what was the nature of this menace? What is the "ultimate" cause of this international rivalry which in France became the phenomenon of "anti-Americanism" by midcentury? The papers in this collection seem to concur with a hypothesis advanced by Pierre Nora in an essay written in 1978 that France and the United States are two nations with universalist vocations.[1] They seem unique among Western nations in promoting themselves as societies with universal values. This may, of course, merely be a form of narcissism. But it makes them both arrogant and vulnerable to criticism. The competition, according to one formulation, is between French and American definitions of democracy and human rights each framed by a different revolutionary experience. The celebrations this summer honoring the Statue of Liberty in New York harbor visibly joined the rivalry as Presidents Reagan and Mitterrand, each in his own way, professed their mutual commitment to global freedom. In another formulation Franco-American competition is between freedom (American-style emphasizing free enterprise) and *civilisation*. Whatever the ideal each nation tries to export its superior values to the rest of the world. Inevitably the two misunderstand and mistrust one another. Marie-France Toinet sharpens this discussion by arguing that the only true anti-American (or anti-French stance) is "le sentiment d'avoir quelque chose d'unique à apporter au monde qui est remis en cause par l'autre" (p. 287). Those who then qualify as real anti-Americans are those who recognize this competition over universal missions meaning, for example, those French who see the Americanization of France as destructive of basic values. (The reverse proposition seems less convincing when Toinet suggests, as an example of *anti-Gallicisme*, those Americans who saw French attacks on our policy in Vietnam as destructive of America's democratic mission.) Toinet's definition is clearly far too restrictive, but it does point up the ideological stakes of the rivalry.

Even though international politics are so fundamental in accounting for the rise and fall of sympathy for America there is no simple correlation with internal political alignments. The Gaullist-Communist tandem, which contributed so heavily to the acrimony of the early postwar period, suggests that America's adversaries are political extremists. More recently the attacks of the New Right and the left-wing of the Socialist party seem to confirm this pattern. Logically then it was the moderates who were pro-American and in the formative days of the Marshall Plan and NATO indeed it was the Monnets and Queuilles who helped create the Atlantic community. The diagram is neat but misleading. As Pascal Ory points out the most celebrated diatribe of the interwar period, Duhamel's *Scènes de la vie future*, was the work of an archetypal moderate. And the centrists who built the European Community saw integration as a way to independence as much as they did to framing a partnership with Washington. The distinction between extremists and moderates as a guide to French perceptions of America must be used with caution.

Of all the caveats about the causes of anti- and pro-Americanism issued in this study the most telling centers on the role of the intellectuals. Aren't these conflicting images largely a creation of the excitable and hermetic imaginations of the Parisian intelligentsia? Doesn't the search for causes end with an elite social group who pretend to speak for what the French believe about America, but in reality speak only for themselves? Given Ezra Suleiman's argument that the *milieux dirigeants* have never been anti-American; given Richard Armand's contention that the managerial elite shares these positive attitudes; given the data from the *sondages* showing the French people (including the Communists' electorate) ever since the 1950s have been receptive to Americanization, i.e., material comforts and mass culture (films, music, clothes, language, but not television), then there may well have been, and continues to be, an enormous discrepancy between the French and the intelligentsia. To wit we have been misled by the countless denunciations of America fabricated by the literati and political commentators.

It is obvious one should not assume that intellectuals have ever spoken for the French. Yet, given their central role, it may be the changing place of intellectuals which best accounts for the rise and fall of much of postwar anti-Americanism. Especially revealing in this respect are the papers of Diana Pinto and Michel Winock. The former, in particular, explains how postwar anti-Americanism was linked to the historic role of leftist, *engagé* intellectuals. Pinto sees this group losing its bearings as the promised land of the revolution, the Soviet Union, looked more like the Gulag and as a once arrogant America became more appealing after Vietnam and Watergate. While these intellectuals did not necessarily become Americanophiles during the 1970s they did discover democratic, pluralistic values and became open to America. Some became academic specialists; others discovered a shared community of values with all of Europe; and still others fell silent. But the "crisis of the intelligentsia" or the disaggregation of a traditional role meant that the social base of anti–Americanism disappeared. In their place stepped the "intellectuels médiatiques" who began to preach the American way in the 1980s. Parallel to Pinto's thesis Michel Winock suggests it was mass culture, associated with Americanization, which undermined the intellectuals' elite position and caused their enmity. The complex and evolving relationship between the intelligentsia and image making sketched in these papers indicates how little we know about how such attitudes were/are formed. The editors of this collection emphasize that we do not know the principal sources of American images, be they the media, education (pace Laurence Wylie), politics, contacts between peoples (or their absence), or simply the *air du temps*.

Should then the current mania for America lead us to conclude that anti-Americanism is over? To the degree the grand Parisian intellectuals created it then their passing, to follow Diana Pinto's logic, means an end. (Pinto, however, grants that the current worship of all things American by the media gurus will likely fade.) Michael Harrison strengthens this optimistic position by arguing General de Gaulle paradoxically "cured" France of its hyper-Americanophobia. De Gaulle's years acted as an antidote to the mood of decline and humiliation which had peaked in the 1950s. Gaullist *grandeur* righted the balance between Washington and Paris and prepared the way for the resumption of normal relations in the 1970s and 1980s. Add to these arguments about intellectuals and foreign policy the collapse of the internal Gaullist-Communist opposition and the findings based on polls of the receptivity of the common man to Americanization, then there is every reason to be optimistic. Yet André Kaspi, Ezra Suleiman, and others warn that the conjonctural nature of the problem indicates that economics and politics are likely to upset the current era of good feelings. And if, as I would argue, attitudes toward the United States are intimately linked to French hopes and fears about modernity and national identity (not to speak of each society's universalist ambitions) then anti-Americanism may well reemerge. It is likely to recur, but surely not in the same way and with the same intensity as in the past, for much of what aroused aversion toward America has indeed expired.

In the end the French debate about America should not be taken at face value for one might mistake the shadow for the substance. Raymond Aron once disputed Jean-Paul Sartre's contention that Europe faced cultural Americanization. At the cultural level, Aron wrote, Americanization is only the progress of industrial civilization among the developed nations. This progress is "cauchemardesque dans la version soviétique, imparfaite et vulgaire dans la version américaine" (p. 157). But it was wrong for Sartre to make the United States responsible for what all Western societies were facing. Similarly Lacorne and Rupnik remind us that: "révélateur de nos humeurs, de nos passions et de nos phantasmes, l'Amérique, telle que l'échafaude notre imaginaire collectif est l'un des baromètres de notre vie politique et sociale" (p. 38). The debate about America has been, and continues to be, a shadow play where the real issues are debates among the French about their independence and their future. The stakes are high—their national identity. The French versus French debates are projected on to America. And the controversy about the latter obscures the former. For example, the debates in the 1970s over economic policy, as Denis Lacorne shows, in which the protectionists charged the Giscardiens with allowing the annexation of French industry by American multinationals, disguised the real issues about economic modernity. These issues were: how was France to solve the economic crisis and meet the new technological challenges without upsetting its alliances and suffering a loss of cultural identity. In other terms, how could France find another road to modernity than the one offered by America. Similarly the current vogue for America, by its excess, obscures the real nature of the debate about modernity. Just how modernity, or America, threatens a traditional French cultural identity is, of course, subtle and complex. But this is a question that, once mastered, would take us to the heart of the matter.

Only careful empirical and comparative studies are likely to reveal the substance behind the sound and fury about America. André Kaspi urges comparative studies of other European nations, for example, the West Germans or the Spanish who have recently expressed their misgivings about America, in order to show us more about the origins, evolution, and the specific content of French anti-Americanism. And comparisons with traditional French phobias, about the British or the Germans for example, would be equally useful. More important it is time to take the analysis beyond the writings of intellectuals, foreign policy, and opinion polls and look historically at how the two societies actually interacted and confronted one another. This scholarly frontier was not breached by the 1984 colloquium. The postwar period in particular contains numerous episodes or instances of intersection from the Marshall Plan to the penetration of American investments in the 1960s. The "invasion" of Hollywood films and American television offer parallel cultural intersections whose study would help us fathom the true nature of the controversy. At issue then are French versus French debates about their independence and their national identity as they grope for their way, not the American way necessarily, toward the goal of modernity. That is why America will continue to fascinate and repel the French.

Note

1. Pierre Nora, "America and the French Intellectuals," *Daedalus* 107 (Winter 1978), 325–37.

DIANA PINTO

Jean Baudrillard: *Amérique*, Paris, Grasset, 1986, 250 pp.;
Serge Halimi: *A l'Américaine : faire un président*, Paris,
Aubier, 1986, 380 pp.

French interest in America, whether positive or negative, has always come in cycles. Since the early 1980s, French society, opinion leaders, economic actors, and cultural figures, not to mention the wider French public, have fallen prey to an unprecedented wave of "americanophilia," a wave which was in stark contrast to France's traditional post-war anti-Americanism, and perhaps more important to the recent trends in other European countries such as Germany and Great Britain. The high point of this americanophilia was reached in the fall of 1984, when the French media of the right followed the American presidential campaign as though it were a French national event, and acclaimed President Reagan as a near-mythical figure for having restored American confidence and reestablished the American economy. Even the press of the left indulged in this trendy fascination, preferring however, to concentrate on America itself rather than on Reagan. Since then, this essentially political tide of pro-Americanism has receded somewhat in light of S.D.I., the budgetary deficits of the American economy, trade wars between the United States and the EEC, and above all the fact that the conservative opposition of 1984, which used Reagan's America as a countermodel to Mitterrand's France, has now come to power and must look after France's concrete national interests. Cultural fascination with America on the other hand still continues, and the plethora of imminent bicentennial twinnings (of the American Constitution and of the French Revolution) as well as the centennial of the Statue of Liberty have considerably strengthened the symbolic aspect of the Franco-American connection, while providing food for thought on the intellectual and conceptual ties between the two countries.

Three books on America have recently been published in France which shed greater light on the current americanophilia while placing it in perspective. The first is *L'Amérique dans les têtes: un siècle de fascinations et d'aversions* which is a reworking of the proceedings of a conference held in Paris in 1984 precisely on the topic of "de l'anti-américanisme à l'américanophilie" and which is reviewed in this issue by Richard Kuisel. The second is Jean Baudrillard's *Amérique*, a lyrical, subjective account of the "meaning" of America for a Frenchman who spent several months in California. The third is Serge Halimi's *A l'Américaine: faire un Président*, a detailed account of the 1984 Presidential campaign, from both the Republican and the Democratic angles. Each of these books, in its academic, literary, or political way stresses to what an extent America has become an integral part of the internal French landscape as a reference and metaphor.

Jean Baudrillard's essay, *Amérique*, offers the best proof of "L'Amérique dans les têtes." Philosopher, literary critic, polemicist, left-wing intellectual, Baudrillard has always incarnated a certain French aesthetic brio. His essay is the best proof of the extent to which America is a figment of the French imagination light years away from any concrete national reality. Americans reading his book can only wonder what society he is describing. The answer: a mythical anti-Europe. Baudrillard characterizes America above all as the world's last primitive society, devoid of any stylized culture, or of any historical or political conscience. A Utopia come true, America radiates a primal force and energy whose religious transcendence knows no limits, in the name of its own self-sufficiency. For Baudrillard, Europe can never be on the same level as America, because it lacks America's fluid and historically unhindered modernity. Bogged down in its old claims of universality, Europe can neither diversify at the base nor federalize at the top; the result is the lack of a creative crucible based on the dynamic interaction of different but equal groups, each vying for their piece of happiness.

Baudrillard's America is a fictionalized critique of Europe itself, a near extraterrestrial entity, where human beings are light years away from the preoccupations of all other mortals. It is no accident that the America he describes is the America on the border of California deserts. His literary metaphors and analyses could not apply to the vast majority of the continent with its cities, industries, and social realities, certainly not to the East Coast. No longer contested in the world (not even by China, the long hoped for revolutionary land of promise), America can only serve as an inaccessible beacon for a paradoxical modernity.

Only a long quote can give an impression of the style of the book:

> Pourtant il y a contraste violent ici, dans ce pays, entre l'abstraction grandissante d'un univers nucléaire et une virilité primaire, viscérale, incoercible, venue non de l'enracinement, mais du déracinement, une vitalité métabolique, aussi bien dans le sexe que dans le travail que dans le corps ou dans le trafic. Au fond les Etats-Unis, avec leur espace, leur raffinement technologique, leur

bonne conscience brutale, y compris dans les espaces qu'ils ou-vrent à la simulation, sont la seule *société primitive actuelle*. Et la fascination est de les parcourir comme la société primitive de l'avenir, celle de la complexité, de la mixité et de la promiscuité la plus grande, celle d'un rituel féroce, mais beau dans sa diversité superficielle, celle d'un fait métasocial total aux conséquences imprévisibles, dont l'immanence nous ravit, mais sans passé pour réfléchir, donc fondamentalement primitive . . . La primitivité est passée dans ce caractère hyperbolique et inhumain d'un univers qui nous échappe, et qui dépasse de loin sa propre raison morale, sociale ou écologique (pp. 21–22).

Yuppies, joggers, walkmen, suburbia, freeways, television, all prod-ucts which have invaded the daily lives of industrialized countries and even beyond, take on, for Baudrillard, a highly symbolic significance in America which they lack elsewhere. Europe can only imitate but can never catch up with America, because it is of another essence. Real America fades in Baudrillard's essay to leave space to a mental creation, rooted in the California desert but floating in the eternal realm of the imagination. Never has America been more in the "tête" of a French-man than here.

Serge Halimi's book, *A l'Américaine, faire un président*, after Baudril-lard's *Amérique*, is the equivalent of a crash landing into the most prosaic, bread-and-butter reality of an American political campaign. Having spent more than five years in America, Halimi has lost the French ability to turn America into a metaphor for French internal needs or cultural dreams. He has acquired on the other hand an in-sider's knowledge of American politics, a clear anti-Reagan bias and an ardent desire to see some Democratic identity emerge from the current party's ruins. As a result the book falls between two stools. It is far too detailed for a French reader, who will be unable to make sense of countless primary campaign events, and it lacks any significant interpretative structure with which to grasp the "making of a President." Halimi's book is a very pale French version of T. H. White's magisterial covering of presidential elections. For a knowledgeable American pub-lic, the book is quite prosaic, giving the impression of being little more than a collection of press snippets, and a routine rundown of all the interest groups the Democratic party contained and failed to control. Halimi's book does have the advantage of relativizing the Reagan "myth" as it flourished in France in 1984, by stressing to what extent Reagan is only in control of major directives, leaving others to take care of all the decision making and the technicalities, remaining often quite ignorant of most crucial dossiers. For Halimi, there is a definite dark side to the magic of the "Great Communicator." The book does convey, albeit without significant analysis, the fact that large chunks of American society have not been spellbound by the President's message.

Beyond a few sentences on the media aspect of the presidential election, Halimi never explains why French readers should be interested in the 1984 election, either as a model or as a watershed. One has the impression that he is giving his readers pages from a political travel journal with no argument in hand. Hart, Mondale, Jackson appear as so many characters whose struggles and symbolism are poorly defined, while Reagan is portrayed as little more than a symbolic monarch. Halimi tries to make the point that behind media images, Presidents get elected for ideological and substantive reasons, but he never explains them fully. We are thus left with a book which has lost its "identity" in a major Franco-American dialogue, being too "American" in its details for a French public, and too "obvious" for an American readership. Halimi's reportage could have been interesting on a day-by-day basis in 1984. In 1986 it seems irrelevant and uninspiring.

SOPHIE BODY-GENDROT

Jean Rivière, *Les Etats-Unis à l'horizon de la troisième révolution industrielle*, Presses universitaires de Nancy, 1986.

Axé sur un triple point de vue économique, politique et sociologique, l'ouvrage de Jean Rivière s'efforce de dresser pour le public français un bilan des Etats-Unis aujourd'hui. Il examine d'abord les conditions particulières dans lesquelles ce pays est entré dans l'ère industrielle. L'étape de la production et de la mobilisation (1860–1900) s'est accompagnée d'un développement urbain unique au monde ; puis, celle de la consommation et de la gestion industrielle (1900–29) a vu la modernisation — sous contrôle économique — de l'appareil public à l'échelon tant fédéral que municipal. Jusqu'à la guerre de sécession, en effet, les hommes d'affaires sont favorables à un Etat fort qui subventionne les infrastructures dont ils ont besoin ; après 1865 au contraire, ils s'en méfient en raison des contraintes qu'il introduit dans le libre jeu des échanges économiques. La troisième étape est celle de l'information et des communications. Les crises actuelles reflètent les problèmes afférant à ces modes successifs et cumulatifs de développement économique. Comme dans d'autres pays, des influences extérieures bouleversent également les structures du quotidien et les jeux de l'échange national pour les réinsérer dans une économie mondiale où tous les facteurs deviennent interdépendants.

Dans cet ouvrage, l'auteur cherche à montrer, d'une part, que les discontinuités de la politique économique dûes à des événements extérieurs imprévus — la crise de l'énergie ou la guerre irako-iranienne, par exemple — ont été sanctionnées par des ajustements coûteux. Chercher à repérer les points de rupture permet peut-être d'anticiper l'avenir. Il remarque d'autre part que la technologie, si avancée soit-elle, ne trouve sa dynamique que dans l'état des rapports sociaux d'une société donnée et ce, aux Etats-Unis plus qu'ailleurs. La mobilité des salariés, plus faible qu'on ne le croit généralement, les substitutions ou les changements de compétence sont affaire de longue haleine et plus complexes à opérer que des transferts de capitaux. L'intervention étatique dont ici encore on sous-estime l'importance en France, joue là un rôle essentiel tant dans l'adaptation de l'offre économique à la demande sociale que dans le recyclage, la formation ou l'indemnisation de la main d'oeuvre.

L'auteur tente de dégager les causes structurelles de la situation présente à partir d'une analyse des politiques économiques qui ont été lancées depuis la seconde guerre mondiale. Il s'interroge ensuite sur la multinationalisation et la post-industrialisation : permettront-elles à l'économie américaine de sortir de la crise ? Cette partie de l'ouvrage est sans aucun doute la plus ambitieuse et celle qui atteint le mieux ses objectifs. L'étude des deux types de réponses par lesquelles les grandes entreprises cherchent à se prémunir contre la crise structurelle de l'économie mondiale en montre les avantages et les limites. Certes, celles-ci ont trouvé dans cette approche une dynamique productive nouvelle — le chiffre d'affaires des multinationales américaines et de leurs filiales à l'étranger avoisinne 2000 milliards de dollars (en 1983) grâce à de judicieuses politiques de fusion, de diversification et de placements financiers. On a pu parler à juste titre d'une Amérique bis en évoquant les cas spectaculaires d'IBM et d'ATT.

Toutefois deux problèmes restent posés : l'articulation entre le secteur manufacturier et celui des services et, plus important, la prise de décision au sein des multinationales. Elle échappe fréquemment à toute autorité des gouvernants, mais les gouvernants, eux, n'échappent pas au choc en retour de telles décisions. La politique monétaire menée par des multinationales n'est pas toujours, en effet, celle que souhaiterait le gouvernement américain. Les achats massifs de yens ou de marks nuisent à la bonne tenue du dollar. Par ailleurs, les investissements des multinationales dans les zones territoriales dont la législation fiscale est favorable, représentent des menaces directes, tant pour les entreprises nationales américaines, que pour la main d'oeuvre dont les protestations ne peuvent qu'embarrasser le gouvernement. Il est inutile de souligner que l'existence de ces zones franches, moyen commode de se soustraire aux impôts, ne contribue pas au redressement du déficit budgétaire américain.

La seconde partie de l'ouvrage, moins originale, présente un visage à la Janus d'une société à deux vitesses où la plus extrême richesse côtoie la plus sordide pauvreté dans un contexte pluriracial accusé. Elle s'interroge également sur la réalité du pouvoir aux Etats-Unis.

Après avoir évoqué l'éternel débat qui oppose les élitistes aux pluralistes, l'auteur souligne la faiblesse actuelle des partis politiques, coalitions hétéroclites dont les moyens traditionnels d'influence paraissent faibles à l'égard de la puissance médiatique. Pourtant il serait faux de faire des media les nouveaux kingmakers du système. Ils ne constituent, en fait, qu'un des rouages dans les réseaux de décision et d'expertise. La grande évolution moderne, c'est, en effet, l'avènement des experts. On les trouve dans un certain nombre d'organismes essentiels, de nature politico-économique dans les réseaux desquels agissent hommes d'affaires et groupes économiques. Jean Rivière analyse le schéma qu'au cours des dernières années ont proposé des auteurs aussi différents que Bertram Gross, un progressiste, *Friendly Fascism*, G. William Domhoff, un élitiste dans *The Powers That Be* et Thomas Dye, un polyarchist, dans *Who's Running America* ? Ce schéma fait ressortir un itinéraire principal : de l'économique vers le politique avec une possible rétroaction. Cette route est alimentée par trois circuits : celui des ressources et des moyens (grandes sociétés, riches familles, etc.), celui des hommes appartenant (par ordre d'importance décroissante) au secteur des grandes affaires, au secteur d'intérêt public et au secteur gouvernemental. Le dernier circuit est celui des idées. Il inclut les présidents et administrateurs des média, des universités, des Fondations, des groupes d'études et de planification, en particulier le « Council on Foreign Relations », le « Committee for Economic Development » et la « Brookings Institution » (au sein de laquelle siègent les grands leaders de la télématique).

Toutefois ce schéma peut paraître incomplet. Ne faudrait-il pas y incorporer la Trilatérale qui exerce certainement une influence sur les orientations à long terme des politiques occidentales ? Ensuite, dans un pays de type fédéral, peut-on négliger les élites des échelons locaux ? N'ont-elles pas au moins le mérite de préparer le terrain à l'installation des grandes entreprises ? Enfin, les associés des plus grands cabinets juridiques ne constituent-ils pas la plaque tournante des réseaux de pouvoir, maillons multiples d'une chaîne qui lie entre elles les entreprises, les élus politiques et le gouvernement fédéral ?

Il semble que l'auteur ait choisi de conjuguer plusieurs approches : tout en privilégiant l'univers économique, il tend à le tirer vers le politique et le sociologique. Certains trouveront à redire à cet ecclectisme. On peut y voir un souci d'exhaustivité. Je regrette personnellement quelques amalgames dont le but est de clarifier mais qui trahissent une réalité plus complexe.

Ce livre, bien écrit, comporte de nombreuses informations et des statistiques récentes, présentées dans un esprit non partisan. Il servira de guide à un vaste public et, pour les étudiants et les chercheurs, il constitue un utile ouvrage de référence.

Announcements

ALAIN PEYREFITTE

Louis Dumont, Prix Tocqueville 1986

Le 16 décembre dernier, dans les salons de l'Académie Française, M. Alain Peyrefitte, président du jury, annonçait que le prix Tocqueville, récompensant tous les deux ans une oeuvre s'inscrivant dans la lignée de la pensée du grand écrivain libéral, était attribué pour cette année à Louis Dumont. Il présente, ici, à nos lecteurs, ce nouveau lauréat.

Après Raymond Aron, David Riesman, Alexandre Zinoviev et Sir Karl Popper, Louis Dumont est le cinquième lauréat. Comme ses prédécesseurs, il se verra remettre solennellement son prix, d'une valeur de 200.000 F, au château de Tocqueville, berceau de la famille, au printemps prochain.

Les familiers de l'oeuvre de Louis Dumont ne seront pas surpris que ce spécialiste de la société indienne puisse être situé dans la lignée de Tocqueville. Au-delà de l'espace et du temp ces deux auteurs ont encommun d'avoir commencé par s'intéresser à une société étrangère, d'avoir une réputation qui a fait le tour du monde avant de s'établir dans leur propre pays, et d'avoir mis au centre de leur réflexion la question de la liberté individuelle et de l'égalité.

La connaissance que possède Louis Dumont du modèle des castes, hiérarchique et holiste — c'est-à-dire où le groupe perçu comme un tout prime sur l'individu — lui permet de jeter un regard original sur l'Occident, qui s'est efforcé au contraire de donner la primauté à l'individu et à l'égalité. Mais celle-ci risque d'aboutir à la négation des différences et à l'atomisation de la société. Pour éviter ce que redoutait Tocqueville : une collection d'individus semblables et sans initiatives qui sont une proie facile pour l'Etat totalitaire, Louis Dumont voit dans la hiérarchie, la transcendance, l'interdépendance, des repères nécessaires aux hommes, pour que se tissent entre eux des solidarités qui ne les laissent pas démunis.

Tirant la leçon des horreurs qui traversent notre siècle individualiste et matérialiste, il affirme hautement une modestie exemplaire chez un savant de sa qualité : « Tout ordre humain se fonde sur un au-delà, sur un principe qui lui est transcendant et qui est quelque chose comme de l'impensable ».

Association for the Study of Modern and Contemporary France

The Association and its quarterly Review, *Modern and Contemporary France*, have from the beginning aimed to bring together higher education teachers and others based in any discipline with an interest in contemporary France since about 1789. Annual conferences have been held on inter-disciplinary themes such as Elites, Town and Country, Inequalities in France, France in the World, and Modernization, with many distinguished speakers from France. The Review offers short scholarly articles, topical items and as comprehensive and fast a reviewing service as we can provide for books in French and English on all aspects of contemporary France. The inter-disciplinary nature of the Review is reflected throughout its content and in the membership of its Editorial Board, which spans the areas of history and politics, economics, sociology and geography, womens' studies, literature, cinema, the arts and culture. We are constantly striving to extend and strengthen our inter-disciplinary spread. The bulk of the material in the Review is contributed by the members themselves, and so the Review, like the Association, is basically a co-operative venture in which a large group of active academics have organized themselves to exchange information and news for the benefit of all concerned. It has been published non-commercially by the Association from the beginning, and has been built up on the basis of voluntary effort plus generous assistance from the cultural services of the French government. The Review, now in its seventh year, reaches over 500 academics, mainly in Britain, but also in the United States, Australia, and France itself.

The foreign subscription to the Review, which includes all advantages of membership of the Association, is now only $25 per year for four issues (we have unfortunately had to raise this to cover exchange surcharges on the cashing of US cheques). The address for subscriptions is Dr D. Hanley, Membership Secretary ASMCF, Department of French Studies, Reading University, Reading RG6 2AA, England. I and my co-editors always welcome articles, reviews and news items. You may also wish to note that the next ASMCF conference, on the theme of May 1968, will be held at Reading University on 11th-13th September 1987. US colleagues are invited not only to subscribe, but also to make contact with the Association and the Review when planning to come to England.

ERIC CAHM, Professor of French Studies, Co-editor, *Modern and Contemporary France* . . . School of Languages and Area Studies, Portsmouth Polytechnic, Hampshire Terrace, Portsmouth PO1 2BU.

BELA BALASSA

A Primer in Culinary Economics

OR

HOW TO MAXIMIZE THE CULINARY UTILITY OF THE DOLLAR IN PARIS

EIGHTH EDITION

We are pleased to provide our readers with a new edition of the *Primer in Culinary Economics*, which is essentially an American professor's guide to affordable restaurants in Paris. We would appreciate comments that confirm, challenge, or extend the content of the primer.

The author is Professor of Culinary Appreciation at the Johns Edwards University and Adviser on Wine Selection at the Intercontinental Bank. He is indebted to the Escoffier Foundation, the Culinary Science Research Council, and other organizations who have made the research underlying this essay possible. They should, however, be absolved from any responsibility for the opinions expressed herein.

Table of Contents

10.	Le Bistrot de la Grille St. Germain	6.0
11.	Dodin Bouffant	8.5
12.	Duquesnoy	8.5
13.	Chez Toutoune	6.5
14.	Au Quai des Ormes	8.0
15.	Benoit	8.5
16.	Daniel Tuboeuf	7.0
17.	Pierre Traiteur	8.5
18.	Chez Pauline	8.0
19.	L'Ami Louis	8.0
20.	Au Cochon d'Or	7.5
21.	Michel Rostang	9.0
22.	La Coquille	8.0
23.	Faugeron	9.5
24.	Jenny Jacquet	7.5
25.	Le Camélia	9.0

Appendix: Glossary of Culinary Terms

PREFACE, OR LET THE READER BEWARE

This essay provides an appraisal of 25 restaurants in Paris, carefully selected among over 250 the author has visited since 1959.[1] It has been written for the benefit of those who wish to maximize the (culinary) utility derived from eating, suitably accompanied by wine, and subject to a budget constraint.

All the restaurants included are of the bistrot type where *la table prime le cadre* as the Guide Michelin would say. They occupy a position in between the large—and impersonal—classical restaurants and the *restaurant du quartier*. The owner may come to your table to inquire how you liked the food and may even offer you an *eau de vie* if he finds that you are a *connaisseur*.

One should not be misled by appearances, however, as the prices reflect the quality of the food rather than that of the *mobilier*. And, *hélas, les prix ont beaucoup grimpé*. In the 1968 edition, a maximum of 80 French francs had been allowed for a meal of two persons, including an hors d'oeuvre, a main dish from the specialties of the house, dessert, and a bottle of good but inexpensive wine. The corresponding amount was 125 francs in late 1971; it rose to 200 francs by early 1976; it reached to 300 francs in mid-1979; it was 380 francs in mid-1981; 500 francs in mid-1983, 600 francs in mid-1985, and 660 francs in December 1986.[2]

And, at five of the restaurants, staying within our self-imposed limit presupposes that you take the fixed price menu that may only be available at certain times. There is a *déjeuner d'affaires* at Duquesnoy, Michel Rostang, Faugeron, and Le Camélia and a menu at both lunch and dinner at Le Divellec.

The fixed-price menus offer perhaps the best quality/price ratio in this guide. All five restaurants are small in size but grand in terms of their food, having two stars in the Guide Michelin, three stars in Le Bottin Gourmand, and three toques in the Gault Millau, except that—undeservedly—Le Camélia gets a lower rating in the Guide Michelin and Duquesnoy in Le Bottin Gourmand.

While the general objective of this guide is to maximize the culinary utility of the dollar, there are no étoiles à la Michelin and Le Bottin Gourmand or toques à la Gault Millau. Nevertheless, at the request of several readers, a numerical system of rating was introduced in the fourth edition. The ratings go from 9.5 at Faugeron to 6.0 at La Bistrot de la Grille; the highest possible "grade" is 10 while the lowest acceptable level is 5.

For each restaurant, its rating in the three guidebooks is shown in parenthesis, ranging up to three stars in the Guide Michelin, four stars in Le Bottin Gourmand, and four toques in the Gault Millau, in this order. Also, in addition to the address, telephone number, and closing days at the restaurants, the acceptance of major credit cards is shown (AE = American Express, CB = Carte Bleu or Visa; DC = Diners Club).

The author has spared no effort in selecting, checking and rechecking the restaurants on the list,[3] without regard to his caloric (and cholesterol)[4] intake. The *cuisine minceur* is missing from this essay, but readers should watch their weight when they are *not* in Paris.

In the process of revision, the essay has also become longer. The first edition had a double-spaced page for each restaurant, the second was printed one-and-a-half spaces, and since the third there have been two pages per restaurant. The choice of the restaurants has also widened, as in the fourth edition, their number was increased to twenty-five from twenty in the previous editions.

Some familarity with French cuisine and wine is assumed on the part of the reader. The Appendix provides a glossary of culinary terms, which are not explained in the text.

A disclaimer: the author takes no responsibility—legal or otherwise—for any aftereffects suffered following an evening of overindulgence in food and wine. Nor is he responsible for the sudden deterioration of the cuisine in any of these restaurants; for the absence of the chef on the day of the reader's visit; for changes in closing time; or for increases in prices that occur with some regularity, notwithstanding the reduction in the rate of inflation in recent years.[5] He would appreciate, however, receiving comments and suggestions from readers.

Notes

1. In the selection process, he has utilized the literary efforts of the Michelin and Le Bottin Gourmand, as well as those of the Gault and Millau team; he has further perused the columns of La Reynière in *Le Monde*. However, he finds the Michelin lagging about two years behind the times; Le Bottin Gourmand rather colorless; Gault Millau too idiosyncratic; and La Reynière often unconvincing. Also, the three guide books provide information on the individual restaurants in a capsule form, which limits the possibilities for choosing among available selections from the menu.

2. For anyone who is paid in U.S. dollars, there was for a while a silver lining as, until early 1985, the value of the dollar increased more than prices in francs. While our maximum limit in 1979 was equivalent to $70, it fell to $68 in mid-1981, and declined to $66 in mid-1983. However, it again reached $70 in mid-1985 and rose to $100 in December 1986, following the decline in the value of the dollar. Thus, staff members of international organizations will have their travel expense account returned for "clarification" if they eat two meals a day at these prices. To avoid such an eventuality, they should limit themselves to a daily meal at one of the restaurants, a spartan breakfast, and a quiche lorraine or a croque monsieur for lunch (sandwiches, hamburgers, and hot dogs are strictly *décommandés*, both for esthetic and for culinary reasons).

3. Some good restaurants recently tried but not yet revisited (two visits are needed for inclusion in the guide) are Apicius, La Flamberge, Gérard Bresson, Gérard et Nicole, La Petite Auberge, Pantagruel, and Sarava. The latter, a Brazilian restaurant, is of particular interest to the author and his family as one of the owners cooked for them in the early seventies.

4. The red light, reflecting high cholesterol content of the blood, flashed some ten years ago after a week's intense culinary research but subsequently subsided. The amber light, reflecting high fat content of the blood, flashed in the summer of 1978, but was disregarded for the sake of culinary science and has not since reappeared.

5. This was the principal achievement of the socialist government in its later years, whose record is subjected to a critical appraisal by the author in the last volume of the *Tocqueville Review*. The article originally appeared in the Spring 1986 issue of *Commentaire* in French.

INTRODUCTION, OR A BIT OF NOSTALGIA

Faithful readers will recall that eleven of the twenty restaurants that received honorable mention in the first edition were not retained in the second. The third edition retained twelve restaurants from the second, only six of which (Chez Maitre Paul, Allard, Lory, Chez

Pauline, Au Cochon d'Or, and Chez Pointaire) were included in the first.

Eleven restaurants were added in the fourth edition, including Chez les Anges that figured in the first two editions but was dropped from the third. At the same time, six restaurants were deleted, including Au Cochon d'Or, while Chez Allard, a longtime favorite was retained on "sufferance" only.

The quality/price ratio deteriorated further at Chez Allard, so it was dropped from the fifth edition. For identical reasons, Lory met the same fate while Chez Pointaire was deleted as M. Pointaire retired and the new owners, although obviously trying, could not fill his shoes.[1]

Le Récamier, which made its appearance in the third edition, and was dropped from the fourth, was reinstated in the fifth. Five new entries in the fifth edition (La Bûcherie, Atelier Maitre Albert, Chez Toutoune, Daniel Tuboeuf, and Pharamond) responded to persistent demands on the part of readers to include restaurants in a lower price range. Two of these, Atelier Maitre Albert and Pharamond, were deleted in the sixth edition because of the deterioration of the quality/price ratio. Among the higher priced restaurants added in the fifth edition, the same fate befell Au Comte de Gascogne because of excessive price increases.

Le Petit Zinc was deleted in the sixth edition as its quality rating dropped below 5 points—the minimum acceptable grade for this guide. And, to my great regret, I dropped from the sixth edition a longtime favorite, Chez Maitre Paul. Following a visit there with friends in 1967 I wrote in the first edition of this guide: "The dinner was beyond reproach. There were four of us which made it possible to order—and to taste—a variety of dishes, all of which were excellent." It is with the same friends that fifteen years later we observed a considerable decline in the quality of the cuisine. While I sent back the rognons twice, they were not much better the third time and my friends were also dissatisfied with their selections. The meal added to earlier disappointments and confirmed the loss of a star in the Guide Michelin a few years earlier. This means that only one restaurant, Chez Pauline, was retained from the first edition.

New entries in the sixth edition included Chez Pierre, an excellent restaurant *du quartier*; Au Trou Gascon, one of the high-priced restaurants on the list; Au Quai des Ormes, a fine and elegant restaurant; Le Louis XIV, a restaurant evoking the turn of the century, with a selection of game dishes; Le New Port, a fish restaurant; Jenny Jacquet, one of the most promising new entries; and Faugeron that shared with Le Camélia the honor of having been awarded a rating of 9.5.

Faugeron had figured on the list several editions ago under its earlier name, Les Belles Gourmandes, but was deleted owing to substantially higher prices as its name, and location, changed. It was reinstated in the sixth edition, following the introduction of a luncheon menu that permits eating there under our self-imposed limit. There has been no such saving grace in the case of Les Semailles and Beauvilliers which, like Faugeron, were awarded three toques in the Gault Millau and raised their prices accordingly.[2]

Among the restaurants that figured in earlier editions of this guide, L'Archestrate now has four toques, as well as three stars in the Guide Michelin and Le Bottin Gourmand, and charges about 1200 francs for a dinner for two having acquired the *locaux* of the famous Lucas Carton. Le Vivarois also assumed three-star status, but lost one star in the Michelin while retaining its three toques in the Gault Millau and three stars in Le Bottin.

And, I mourn the loss of the Pot au Feu, the star of the second edition, that was written up—several months following its demise—in *The New Yorker, Esquire,* and other American periodicals. After allegedly having made an unsuccessful bid for La Tour d'Argent, the owner, M. Guérard, left for Eugénie-Les-Bains where he has since joined the hallowed ranks of restaurants with four toques in the Gault Millau, three stars in the Michelin, and four stars in Le Bottin.

These examples indicate that our guide has been a proving ground for restaurants that have subsequently come to assume an exalted status. Other old-time favorites have been deleted over the years because quality has deteriorated. While the serveuses in Aux Lyonnais have tried to copy M. Violet's style, which some of his customers found heavy-handed, M. Violet was a genius in the kitchen and he could be taken, and handled, with good humor.

Nor can the new owner of Le Petit Coin de la Bourse carry the mantle of M. Girard who relocated there several years ago from the Galant Verre, and hence the restaurant has been dropped from the seventh edition. The same fate befell La Bûcherie, where the quality/price ratio deteriorated; Le Louis XIV, where the cuisine suffered after the murder of the owner; and Le New Port, where new ownership meant higher prices and lower quality. Among my longtime favorites, a decline in quality led to the deletion of La Chaumière des Gourmets and Chez les Anges, the latter for the second time.

Among the restaurants added in the seventh edition, Jamin has been deleted in the eighth because of several disappointments. Also, the quality of food has declined at Le Trou Gascon following M. Dutournier's departure for Le Carré Feuillant, and the quality/price ratio has deteriorated at Olympe and Le Clodénis. These restaurants have been replaced by La Maison Blanche and L'Assiette and by two low-priced entries, Chez Yvette and Le Bistrot de la Grille.

In recent years, La Coquille has lost its second star in the Michelin. There is no sign of a deterioration in the quality of food, however. Rather, the change reflects the fact that the Michelin has belatedly espoused the cause of *la nouvelle cuisine* and has penalized a number of restaurants that do not practice it. Yet, the tide is turning and old–fashioned virtues have their place again under the sun while there is an increasing *méfiance* towards many of the practitioners of *la nouvelle cuisine*. In this connection, one may quote an article in the *International Herald Tribune* concerning M. Guérard, one of the high priests of the movement:

> Michel Guérard regrets nothing. Nevertheless, one of the fathers of *nouvelle cuisine* is horrified today at the monster he helped to create. The high priest is experiencing a minor loss of faith. The cuisine that was intended to be a breath of fresh air has become claustrophobic.
>
> Guérard has developed a new menu that equilibrates the old and the *nouvelle*. Les Frères Troigros, recipients of four toques and three stars, are also moving towards classical preparations, exclaiming that "right now, *nouvelle* is at a dead end."

These developments were foreshadowed in the fourth edition of this guide as indicated by the following quotation: "The relative proportion of restaurants featuring the *nouvelle cuisine* has been reduced in this edition. While it has some outstanding practitioners, including the three referred to above that have acquired three-star status, there are also frauds who put a few raw vegetables on a big plate in the guise of the *nouvelle cuisine*. At the same time, its prophets—Gault and Millau— are far from careful in separating the chaff from the wheat as evidenced by a disastrous meal at Le Bistrot de Paris that has received great ac- colades, and two toques, by the two authors."

In fact, a new style is being developed that combines old-fashioned virtues with increased individuality in the choice of dishes and their preparation. This style, represented by a number of the restaurants in this guide, eschews heavy sauces while preserving the flavors that have characterized French cooking. In fact, there are signs that a new equi- librium is evolving between the traditional and the nouvelle cuisine.

In the first two editions, there was geographical balance, with ten restaurants each from the Rive Gauche and from the Rive Droite. Geographical balance was abandoned in the third and fourth editions, but was approximately reestablished in the fifth, with eleven entries from the Rive Gauche, twelve from the Rive Droite and two from the banlieue. The number of restaurants from the Rive Gauche was reduced to nine in the sixth edition, increased to ten in the seventh. In the present edition, there are thirteen entries from the Rive Gauche, ten from the Rive Droite, and two from the banlieue.

Reservations should be made ahead of time. As of this writing, you should reserve several weeks in advance at L'Ami Louis, and several days in advance at all other restaurants in this guide, except for the ones with lower ratings.

Closing days are indicated in parenthesis but, beware, they frequently change. Also, several of the restaurants close on major holidays. Finally, remember that some of the foods, like venison and foie gras, have their—rather short—season and also raise the cost of the meal.

Notes

1. An embarrassing moment occurred when I took good friends there with the promise of an excellent meal. We were alone in the restaurant, and while the meal had its high points, the average quality was considerably below that enjoyed in M. Pointaire's time.

2. To my chagrin, the Finance Minister of a developing country was charged one-half more at Les Semailles than indicated in the 1979 edition.

1. *L'Assiette*
181, rue du Château, 14e

7.5 (–,0,0)
43.22.64.86; AE,CB,DC

Our gastronomic tour begins in a small restaurant located just off avenue du Maine, where one may enter Paris on the way from Orly Airport. It is near the place Denfert-Rochereau where I had gone for many years to La Chaumière des Gourmets, before its quality/price ratio deteriorated.

I first visited L'Assiette in June 1986, when it had only six tables. I went there with a French friend who lived for twenty-five years in the United States and tried to convince our reluctant neighbors (close proximity of the tables encouraged conversation) that they should go to the U.S. While she made little headway, as a by-product we learned from the neighbors their love for the restaurant and were encouraged by them to return there at the time of the hunting season.

In fact, I needed little encouragement as the meal was exceptionally good. It began with a fine foie gras de canard des Landes, from where Mme. Lucette originates, and a very good saumon cru aux fines herbes. I continued with an excellent turbot braisé à l'ivresse, prepared with a sauce d'échalote et de vin rouge that was reduced to form a gelée and served with potatoes, carrots, and zucchini, while my friend had a saumon à l'huile de basilic et aux fines herbes. Both of us had a large and tasty feuilleté aux fraises and we drank a Quincy that well-accompanied the meal.

I paid my second visit to L'Assiette in the company of two friends, following its transformation into a restaurant with twelve tables. The owner remembered the conversation we had on the previous occasion and in welcoming me suggested that she would prepare for us a râble de lièvre that was not on the menu.

The lièvre was extraordinary, served *saignant* as it should be and accompanied by three purées. It deserved 10 points. The hors d'oeuvres were also of high quality; the three of us shared a foie gras de canard and an order of cèpes, cooked to perfection. The desserts, however, were less memorable.

L'Assiette is not an elegant restaurant, and its furniture could find place in a cafeteria. But the food is excellent and I like the personality of the owner whom some others considered rather gruff. While on the first visit I asked her how she would be able to handle twelve tables, she is doing fine with two male helpers but the cuisine continues to be basically her handiwork.

On the second occasion the meal came to 839 francs with two bottles of wine. But two people can eat for about 450 francs if they do not order foie gras and venison. L'Assiette can be highly recommended; it is a best buy.

2. *La Maison Blanche*   7.0 (0,0,2)
82, bd. Lefèbvre, 15e   48.28.38.83; AE
(September 1–15, Christmas to New Year's Day,
Saturday noon, Sundays and Mondays)

Opinions differ greatly about La Maison Blanche. The Michelin and Le Bottin Gourmand list the restaurant without giving it any honor while it has two stars in the Gault Millau. Also, I have been warned about its small portions, artistically arranged in the middle of a large plate as it is often done in restaurants featuring the nouvelle cuisine, and a friend of mine was incensed about a "modernized" version of the pot au feu. Others, however, praised the quality of the cuisine.

My experiences have been, on the whole, favorable. While the gâteau landais (pommes de terre, foie gras, jus de truffes) contained little potato, it was an excellent mélange. The same can be said about the farcis d'oursins et pieds de porc and about the choux farci aux huîtres—rather surprising combinations but they "work."

Among the main dishes the langoustines received 9.5 points. The turbot braisé, purée de pommes de terre à l'huile d'olive was good but not exceptional and one could hardly taste the lotte as this delicate fish was overwhelmed by a sauce aux aubergines et poivrons rouges à l'huile.

The brebis de Pyrénées, a sheep cheese I frequently buy could hardly have been better. Among the desserts, the confit de poire au gingembre deserves particular praise. On the other hand, the mille feuilles aux mangues was not very successful (mangoes, together with kiwis, are often featured by the nouvelle cuisine).

M. Lamproie is an inventive cuisinier who often creates new dishes, not all of which find favor. Experimenting with new combinations of flavors is always interesting, but one wishes that the clientèle got only those dishes that have been successfully tested.

There is a menu for 160 francs, service included, at La Maison Blanche that recently featured the gâteau landais, a tendron de veau aux épices, a selection of cheese, and a fondant chocolat, rhum, raisin. This makes the restaurant a best buy. A la carte you will pay about 450 francs for two with a reasonably priced wine.

La Maison Blanche is located on the boulevard extérieur, near to the Parc des Expositions at the Porte de Versailles. It has modern décor, with white walls and Danish-style furniture. There are also tastefully arranged large bouquets of white flowers in each of the several rooms. Since the tables are well-separated from each other, the restaurant is conducive to quiet conversation at an unhurried meal.

3. *Pierre Vedel*   8.5 (1,2,2)
19, rue Duranton, 15e   45.58.43.17

(July 6–August 3, Christmas to New Year,
Saturdays and Sundays)

To cite the 1979 edition: "This is the find of the year. I dined Chez Pierre Vedel three times within a six-month period in the company of three different sets of friends and have only the highest praise for his cuisine. The cooking is inventive and varied; it reflects an uncanny ability to marry different tastes.

"Four of us ordered different dishes on the first occasion and Pierre Vedel immediately came to our table since he saw that we wanted to try out his cooking. He came back twice the same evening and, in response to my suggestion that he would deserve two stars, said that two stars represent a rather awkward stage as one may easily slip back to one star. I predicted that he will rather go forward and will eventually have three stars, provided that the desserts improve. Vedel confided that the desserts are not à la hauteur of the other dishes because he himself does not like desserts, but promised to remedy the *défaillance*."

The desserts have had their ups and downs since, but there has been a definite improvement. I lately had an excellent bavarois au cassis and a delicious oeufs à la neige caramel crême anglaise. Pierre Vedel also serves a fine tarte chaude aux pommes in the winter.

But the restaurant particularly excels in the hors d'oeuvres and the entrées. Among the former, the fricassée d'escargots à l'oseille, served with croûtons à l'ail is a very fine choice in the summer months as is the assiette de saumon cru et melon mariné. From the winter menu, the salade tiède de choux vert et rognon de veau au porto and the salade tiède de morue et pois chiche can be highly recommended, and the foie de canard frais maison is always excellent.

Among the main dishes, over the years my favorite has been the bourride de lotte comme à Bouziques à l'ailloli, which is served in the summer as well as in the winter as is the tête de veau vaugirard en vinaigrette et câpres. The Pouilly sur Loire will go well with these dishes, just as with the blanquette d'huîtres aux champignons, courgettes confites which is served between October and March. I regret, however, the deletion of the tasty porcelet from the menu.

Pierre Vedel continues to be one of my favored restaurants and, if there is justice, will get his second star in the Michelin. In the meantime, enjoy the high quality/price ratio; a meal for two will not cost more than 400 francs. For privacy and comfort, reserve in the small salon where there are only four tables.

4. *Chez Pierre*   6.5 (–,–,0)
117, rue de Vaugirard, 15e   47.34.96.12; AE,CB
(August 1 to 25, Saturday noon, and Sundays)

Chez Pierre is a find. Having heard my friends sing its praises for years, I was very much interested in trying it. On the first occasion, we all tasted three hors d'oeuvres as well as three main dishes, and everything was of high quality. I especially liked the pâté en croûte chaud maison (a feuilleté filled with meat and served warm) and the terrine de maison au lapin among the hors d'oeuvres, and the magret de canard au poivre and the aiguillettes de canard aux raisins et vinaigre de champagne among the main dishes.

Among the desserts, the tarte au citron was overly sweet (a complaint I have often made in French restaurants) but the clafoutis aux pommes was unexceptional. We drank a mediocre Beaujolais Villages and a very good Brouilly with the meal; the difference in quality was substantial while the price difference was small.

On other occasions, I enjoyed the frisée au lardon, the salade tiède aux foies de volailles and, particularly, the lentilles vinaigrette, prepared just like at home. Among the main dishes, the sauté de boeuf Bourgignon aux pâtes fraiches and the côte de veau Jurassienne, prepared with bacon, ham, and mushrooms, deserve high marks, while I was less taken by the râble de lapin.

Also, despite its high-sounding name, the foie de veau au vinaigre de miel et mousse de cresson was a rather thin piece of liver with little taste. And while M. Charbois told me of having the same *fournisseur* as Le Récamier, there is little resemblance between the liver served in the two restaurants. In view of the many other good selections, however, this should not be held against the restaurant, especially considering the excellent charlotte aux framboises, and good oeufs à la neige it offers; however, the tarte aux reines claudes was not up to par.

There are two menus, at 102 and 139 francs, Chez Pierre, both including service and wine; with the higher-priced menu you are served a very good Coulanges la Vineuse from the Burgundy region. But M. Chartois offers several other good, inexpensive wines and it is worth choosing among his many specialties as eating à la carte should not cost more than 380 francs for two.

Three generations have followed each other Chez Pierre, maintaining high standards throughout. I wish that they had also retained more than the copper railing from the old restaurant and have forgone installing the modern bar in refurbishing the place. But these are considered the signs of progress. . . .

5. *Chez Yvette*
1 rue d'Alençon, 15e

7.0 (–,–,0)
42.22.45.54;
(August and Sundays)

Chez Yvette looks as if it has been transported to our time from the turn of the century, with its red walls and curious statuettes holding the lamps. Its name comes from a former owner, since deceased, but the present owner and chef, who are brothers, have shown their mettle. They are also very pleasant and eager to please.

Chez Yvette is an address you treasure—and try to keep for yourself. One of my friends who recommended it to me, set the condition that I would not include it in this guide. By that time, however, I heard about Chez Yvette from another friend and it was included in the last edition of Gault Millau, so that there is no reason to withhold it from my readers.

To start your meal, I highly recommend the hareng en pôt, served à discrétion, which is the best of its kind. I was less taken by the foies de volailles suggested by the Gault Millau, but the foie gras de canard frais maison was excellent and the sardine en escabèche was also very good.

Among the main dishes, the andouillette délice, served with a mustard sauce, is truly delicious; you have to go to Lyon to have something comparable. If you do not like andouillette, I highly recommend the magret de canard au poivre vert, served with spinach and baked potatoes, while the lapin aux herbes was not out of the ordinary.

In a small restaurant, the desserts are often not on par with the other dishes. This is not the case Chez Yvette. The gâteau de noix glacé, prepared with butter, received 9.5 points. The île flottante and the tarte aux quetsches also deserved accolades.

Be careful with the choice of the wines though. On the second visit I appreciated the Château Busquet 1983, a Lussac St. Emilion; I had less luck with the Beaujolais on the first visit. Also, the Côte du Rhône, featured in the Gault Millau, was not available.

Chez Yvette is truly a best buy. I paid 340 francs for two in October 1986. You can eat for even less in ordering the andouillette délice that was priced at 28.88 francs, but combining it with the foie gras de canard—my favored meal Chez Yvette—will bring the bill back to the earlier figure.

28.88 francs appears to be a regulated price, that applied to a limited number of dishes in each restaurant, with prescribed percentage changes added at regular intervals. Price control has been abolished as of January 1987. This is not likely to make Chez Yvette much more expensive, however, as long as it remains the unpretentious neighborhood restaurant it is.

6. *Morot-Gaudry* 8.5 (1,1,2)
8, rue de la Cavalerie, 15e   45.67.06.85; CB
(Saturdays and Sundays)

> To cite the 1983 edition: Morot-Gaudry has risen in my esti-
> mation while, following their precipitous ascent between 1979
> and 1981, its prices have increased less than in comparable res-
> taurants. The regular menu, service compris mais sans vin, went
> from 150 to 170 francs and there is a newly-introduced luncheon
> menu (sans service et sans vin) for 100 francs, making Morot-
> Gaudry a best buy."
> But even the menu dégustation, offering a "harmonie des mets
> et des vins" *tout compris*, only went from 230 to 240 francs; it
> thus fits within our self-imposed limit that was not the case two
> years ago. At the same time, ordering the menu dégustation pro-
> vides an opportunity to sample the excellent dishes M. Morot-
> Gaudry has to offer, complemented by six different wines.

The prices have again increased vertiginously since, with the regular
menu raised from 170 to 240 francs, the luncheon menu from 100 to
200 francs (although wine is now included) and the menu dégustation,
now called menu gastronomique, from 240 to 330 francs in the last
four years. Nonetheless, the menu gastronomique offers an outstanding
meal chez Morot-Gaudry that does not exceed our self-imposed limit.

On my last visit to Morot-Gaudry in November 1985, the menu
gastronomique featured a salade de homard, saumon frais, mousseline
de lotte aux huîtres, salmis de faisan et grouse, plateau de fromage,
and an assortiment de desserts, with an excellent selection of wines that
accompanied the different dishes. I particularly appreciated the combination of monkfish and oysters and much enjoyed the gibier; you can
get grouse, imported from Scotland between September and February
chez Morot-Gaudry. In the summer, try the excellent cervelas de langoustines et crevettes.

The restaurant excels in desserts that are provided in great pro-
fusion. But, if you do not like to mix tastes, you may order the soufflé
froid aux fruits, the charlotte Grand Marnier, or the excellent marquise
au chocolate.

The restaurant has an American-style modern décor. The tables are
well-spaced and the service is good but unobtrusive; it permits undisturbed conversation and unhurried dining overlooking the Tower Eiffel
from the eighth floor of an *immeuble* constructed shortly after World
War I. In the summer, try to reserve on the small terrace that is decorated with plants and flowers. There is also a sports club in the same
building where you can work up an appetite or get back into form after
a copious meal.

7. *Le Bourdonnais*
113 av. de La Bourdonnais, 7e

9.0 (1,2,3)
47.05.47.96;
AE,CB,DC
(Sundays and Mondays)

Following earlier tries, Le Bourdonnais (earlier called La Cantine des Gourmets that now appears as subtitle on the menu) was added several years ago after Régis Mahé took over as cuisinier. Mahé, who had been chief assistant to Jacques Maximin at the Negresco in Nice, soon showed his mettle. His is a fine, inventive cuisine that brings out the natural flavors of the food.

There is a menu du jour for 200 francs, including service and wine, which is offered only at lunch and a menu dégustation including service but not wine, for 280 francs. The former includes an hors d'oeuvre, an entrée, and a plat principal, followed by dessert, while the latter combines altogether four dishes (not large portions, though) and three desserts. (There is also a menu dégustation for 340 francs, containing the same number of dishes as the other one, but featuring higher-priced selections.)

La Cantine des Gourmets has been awarded a third toque in the Gault Millau and a second star in Le Bottin Gourmand since our last edition and I have also raised its rating to 9.0. With higher ratings, hélas, came higher prices.

In November 1986, I had a very fine meal at Le Bourdonnais for 696 francs for two, including a matelote d'anguille en gelée, and rosace de saumon aux choux, both of which deserved the highest honors, followed by a grillade de sole avec cassolette de coquillettes au jus de viande that was judged superieur to the marinière de Saint-Pierre aux courgettes et aux coques, and ending with an arlequin aux deux chocolats and mille-feuille aux poires caramelisés which were much appreciated.

One can stay within our self-imposed limit, however, by ordering one of the following main dishes: the filet de dorade aux poivrons avec sauce curry, the minestrone d'agneau au basilic avec pâtes fraîches, or the minutes de canard florentine, avec galette de pommes. One may also take a Rully for 95 francs in the place of the Sancerre for 120 francs, although this would be a pity given the exceptionally fine quality of the Sancerre.

Ordering the lower-priced menu dégustation with a lower-priced wine will also permit staying within our limit. But the menu has to be taken by everyone at the table and it offers no choices. I rather recommend the menu du jour that offers a choice among five hors d'oeuvres, five main dishes, and three desserts. It does not provide much of a choice of wines, though; you may take either a Sauvignon blanc or a Bordeaux rouge supérieur.

8. *Le Divellec* 9.0 (2,2,3)
107, rue de l'Université 7e 45.51.91.96; AE,CB,DC
(August 3, Christmas to New Year, Sundays and
Mondays)

Jacques Le Divellec moved from La Rochelle to the Esplanade des Invalides in October 1983, exchanging a seasonal existence for having a full house throughout the year. The restaurant has a pleasant décor. Quite fittingly, it gives the impression of a yacht club as seafood proffered in great variety reigns in the menu. It is invariably fresh and prepared with great finesse.

Oysters are featured at Le Divellec and the huîtres frémies à la laitue de mer are truly delicious. The non-aficionados of oysters may begin the meal with the bisque de langoustine aux croûtons or the feuilleté au coulis de tourteau. You may also wish to try some of the curious combinations the restaurant offers, such as the poëlée de langoustines au foie gras de canard, jardin d'hiver, or the terrine de foie gras de canard aux langoustines, tomate fraîche concassée. I should add, however, that they would immediately take you over our self-imposed limit.

Among the main dishes, any of the preparations of coquilles St. Jacques (there may be two or three offered in season) may be highly recommended. But nothing can match the court bouillon de la Rochelle, composed of raie, merlan, rouget, and coquillages. There are also diverse preparations of bar, daurade, morue, sole, Saint Pierre, and turbot, depending on arrival. One may cite, in particular, the sole braisée aux endives, the escalope de saumon lie de vin and the rougets poëlées en laitue; the effeuillé de morue is less interesting.

All this does not come cheap and you can easily pay 800 francs for two à la carte. But there is a menu for 236 francs service et vin compris, served at both lunch and dinner. The menu recently included the oyster and the salmon dishes cited above, a chabichou tiède (a goat cheese from Poitou served warm), and the table de pâtissier that offers an excellent selection. It was accompanied by a Muscadet.

If you order à la carte, I recommend among the desserts the feuilleté aux fruits de saison, especially in the summer when raspberries are available. Others swear by the soufflé chaud au chocolat amer, and there is also a soufflé glacé au cognac for those who like to take cognac in this form.

White wine is de rigueur with seafood and fish, and Jacques Le Divellec offers a wide selection. I have appreciated the fine and low-priced muscadet, which elsewhere is often *trafiqué*. The other wines, too, offer excellent choices but are rather pricey.

9. *Le Récamier* 8.0 (1,2,2)
4, rue Récamier, 7e 45.48.86.58; CB, DC
(Sundays)

Coming nearer to the Quartier Latin, in a small cul-de-sac off the rue de Sèvres, is a very pleasant small restaurant that bears the name of the street. You may combine a meal there with a play at the theatre on the opposite side of the street where Madeleine Renaud and Jean-Louis Barrault used to appear. In the summer, I suggest that you ask for a table on the terrace that intrudes into the quiet all-pedestrian street.

My favored dish at Le Récamier is the foie de veau à l'Auvergnate, gratin dauphinois; the liver has the right thickness and pink color and it is covered by a thin layer of shallots that give it an exquisite taste. It would seem, however, that the portions have become smaller over the years.

The Chateaubriand Récamier, with sauce poivrade au vin de Bourgogne, can also be highly recommended while the rognons de veau au Santenay aux tagliatelles fraîches is a fine but unexceptional dish. And try the cassolette de ris de veau aux champignons that received 10 points on an earlier occasion but I have not had it recently.

Among the hors d'oeuvres, the oeufs en meurette and the jambon persillé—specialties of the cuisine bourguignonne M. Cantegrit features—are good choices. But, I would rather recommend the fricassée d'escargots aux champignons sauvages or, if you do not order sweetbreads as the main dish, the terrine de ris de veau.

You can also eat light at Le Récamier. While the regular menu features only the mousse de brochet sauce Nantua, another Burgundy specialty, the daily addition to the menu includes several fish dishes, depending on what M. Cantegrit can find in Rungis where he gets first-quality products every day. I much enjoyed the fricassée de calmar, followed by an excellent escalope de saumon sauvage à l'oseille.

Apart from beef and fish, Le Récamier offers a very good caneton au poivre vert, served with mashed potatoes, spinach, and tomato purée. But the desserts vary in quality. While there is a fine tarte aux pommes Récamier, on a recent visit the rather heavy clafoutis aux cerises served cold was not up to snuff. Nor did I find the desserts d'Henri, composed of mousse au chocolat, mousse au caramel, and oeufs à la neige, much to my liking.

All in all, Le Récamier has several outstanding dishes but watch out for the desserts. The meal does not come cheap and you are easily up to our self-imposed limit if you take one of M. Cantegril's excellent Burgundies. Only by ordering the Aligoté with the fish or the Bourgogne Chevalier with the meat will you keep the cost to 600 francs for two.

10. *Le Bistrot de la Grille St. Germain*   6.0 (–,–,–)
6, rue Guisarde, 6e   43.54.16.87
                                              (Sundays)

Le Bistrot de la Grille St. Germain is a new entry in this edition. It is not listed in any of the major guidebooks. However, there is a line of people waiting for tables even at 11 o'clock in the evening. The food is inexpensive and the restaurant seems to make its money from cocktails and digestifs that cost 40 francs each and from champagne that is sold for 150 francs a bottle and 30 francs a glass, with service added.

The wines are, however, reasonably priced. You can get a good bottle of Cahors or Quincy for 60 francs and half a liter of Chinon or Savignon costs only 30 francs. And, the menus are 47 francs at lunch and 75 francs at dinner. They offer a large selection, even though the quality is not quite up to that of the other restaurants in this guide. Seven hors d'oeuvres and fifteen main dishes (two of them for an additional charge of 20 francs) are regularly available in the evening, with a few additions daily. There are fewer selections at lunch, but they still provide a wide choice.

Among the hors d'oeuvres, I greatly appreciated the os à moëlle au pain poilâne, a tasty bread that has attracted a considerable following in Paris. There is fine asparagus in season and good assortments of charcuterie and smoked fish are offered, the latter, however, involving a surcharge of 10 francs.

The jambonneau aux choux et lentilles is an old favorite of mine. I much liked it at Le Bistrot de la Grille, but complained to the owner on the second occasion for there not being enough jambon and lentilles, a deficiency that was immediately remedied. I am told that the tête de veau sauce gribiche is also very good. And while the rougets did not come off well, one of my friends exclaimed over the fresh salmon that was served in the luncheon menu.

The menus further include cheese (brie, camembert, crottin de chavignol, and chèvre) or dessert. While I have not tasted the former, I much enjoyed the oeufs à la neige among the latter. The tarte maison, with fruits in season, is less praiseworthy.

This is a real bistro, with tables very near to each other; one does not go there to enjoy a quiet and relaxing evening. But you may enjoy the local color and atmosphere. Le Bistrot de la Grille is in the Quartier Latin and the median age of its clients hardly exceeds twenty, although it has some regular clients who are over retirement age.

If you seek more privacy, ask for a table at the window. Reservations may be made at the discretion of the patron, but he will warn you that your table will be given away if you are even one minute late.

11. *Dodin-Bouffant*   8.5 (1,2,2)
25, rue Frédéric-Sauton, 5e   43.25.25.14; CB,DC
(August, December 21–January 5,
Saturdays, and Sundays)

In the 1983 edition I noted about Dodin-Bouffant that after cold-shouldering it for a while, even the Guide Michelin relented, awarding the restaurant one star. It has three toques in the Gault Millau, who had been Jacques Manière's staunch supporters over the years and have maintained this rating after M. Manière's long-time trusted collaborators, Maurice and Danièle Cartier, took over the restaurant. This may be slightly exaggerated, however, and I have slightly reduced its rating from 9.0 to 8.5 points following a recent meal there.

This is not to say that the food would not be very good chez Dodin-Bouffant; indeed 8.5 is a very high rating in my book. On my last visit, I enjoyed the fricassée de morue à la provencale as well as the ragoût de canard. But, the meal was not quite up to the one I had there two years ago; perhaps the restaurant feels M. Manière's absence.

My evaluation has proved correct as Dodin–Bouffant now has two rather than three toques in the Gault Millau. I have maintained its rating at 8.5, however, after having had two meals there in rapid succession. Among the hors d'oeuvres, I particularly enjoyed the ragoût de moules de bouchot et coquillettes aux trois parfums and the poisson cru de ma façon (an excellent fresh salmon). But, the "salade folle," which originally featured foie de canard, green beans, and chicory and subsequently contained foie gras, pétoncles, and coquille St. Jacques, now consists of a green salad and a small portion of foie gras and it is far overpriced for that.

Among the fish dishes, I gave high marks to the blanquette de coquilles St. Jacques. The timbale pêcheur aux pâtes fraiches, with two or three kinds of fish and coquillages, selon le marché, and the lotte au poivrons were also tasty but the escalopines de turbot were rather dry.

With the Doisy Daene, an excellent and rather inexpensive Barsac Sec, a meal will come to about 520 francs for two. Among the desserts, the meal may include an excellent soufflé aux fruits that has just the right sweetness. On a recent visit, I particularly enjoyed the zabayon.

In the winter, you may start the meal with the plateau de fruits de mer frais (belons, huîtres, moules, et palourdes). There are also some good meat dishes chez Dodin-Bouffant, such as the fricassée de tête de veau au romarin, the ragoût de canard et de ris de veau, and the estoufade d'agneau aux fétuchines fraîches. And friends of mine much enjoyed the daube d'huîtres et pieds de porc that I find rather heavy.

12. *Duquesnoy*   8.5 (2,1,2)
30, rue des Bernardins, 5e   43.54.21.13; AE,CB
                            (August, Saturdays and Sundays)

Jean-Paul and Françoise Duquesnoy left their Hostellerie du Pont-Sainte Marie, near Troyes, three years ago to establish themselves in the former quarters of Les Bernardins, an outstanding and expensive fish restaurant, which has moved to the 17th arondissement. In the previous edition, I noted that "the restaurant has soon received two toques in the Gault Millau and two stars in the Guide Michelin. I wonder, however, if these honors have not come somewhat too soon. For the time being, I have awarded the restaurant 8.0 points, which corresponds roughly to the one star it has in the Le Bottin Gourmand."

My view has changed following an exceptional meal I had with a friend chez Duquesnoy recently. It included huîtres chaudes et Saint-Jacques au beurre battu et brunoise de légumes and fond d'artichaut caprice among the hors d'oeuvres, the fondant de pied de porc en feuilleté and the magret de caneton among the main dishes, and the mille feuille léger au citron et coulis de framboises and the tarte fine aux pommes acidulées among the desserts.

All this was served in a déjeuner d'affaires for 175 francs, service et vin non-compris. However, the wines are quite expensive and, with a good but not exceptional Bordeaux, the total bill came to 635 francs in March 1986.

This is already near to our self-imposed limit and there is no way to stay within this limit if you order à la carte at lunch or go to the restaurant for dinner. Yet M. Duquesnoy has some interesting dishes to offer.

The choux vert farci aux langoustines au beurre de fenouil, a very tasty combination, and the delicious navarin de lotte aux légumes are among the lower-priced dishes, while the escalope de saumon sauvage d'Ecosse au coulis de poivrons doux and the raviolis de homard et tourteau au basilic will take you much higher. Alternatively, you may order le menu dégustation for 280 francs per person plus wine and service. But, this has to be taken by everyone at the table, and I wonder if it is worthwhile to have four dishes *servies en petites portions*, when you can share the dishes you like.

All in all, while I recommend Duquesnoy for lunch, you may go there for a special evening if you are prepared to spend more. The restaurant is located close to the major universities and, with its well-spaced tables, gives opportunity for quiet conversation. And, if you are three or four, ask for a table on the platform overlooking the principal dining room.

13. *Chez Toutoune*   6.5 (–,0,0)
5, rue de Pontoise, 5e   43.26.56.81; CB
(August 10–September 10, Sundays and Mondays)

In reporting on his gastronomical tour of Paris, one of my friends wrote several years ago: "At the lower end of the price spectrum there was one bistrot that probably ranked as the 'best buy'—Toutoune in the Quartier Latin." This judgment has been confirmed on successive visits.

Indeed, the menu for 110 francs (one does not eat à la carte Chez Toutoune) plus service and wine is an excellent buy. There are several inexpensive wines Chez Toutoune,—I enjoyed a Clos Haut Troquart 1981, a small Bordeaux, on a recent visit—so that one does not have to spend much more than 300 francs for two. For this price, you get honest traditional cooking served with a smile from the blonde patronne who is genuinely interested in finding out how you have liked the food.

There is a soup to start with and a number of hors d'oeuvres to choose from. The soups have improved recently, and there are some very good hors d'oeuvres. In the winter, I much appreciated the flan de courgettes à la crème d'ail doux, a dish of the Provence from which Mme. Dejean originates; however, the mousse de foies contained more foie de porc than the promised foie de canard. In the summer, I especially liked the salade de pâtes fraîches aux moules; the flavor of the mussels permeates the pâtes prepared with tomatoes and spinach. More recently, the mussels were served with haricots verts that proved to be an excellent combination. However, the éminc é de boeuf aux poivrons left much to be desired.

Selections for the main course include the pièce du boucher à l'échalotte, the gigot d'agneau gratin Dauphinois, a fish that varies according to what Mme. Dejean finds on the market, and a plat du jour that was confit de canard on my last visit and rognons d'agneau poêlés aux pommes persillés on an earlier occasion.

The meal continues with a salad or cheese or dessert (previously a dessert could be had in addition to salad or cheese but foregoing the cheese does not represent a great loss). For dessert, I have repeatedly ordered my childhood favorite, oeufs à la neige, that is prepared just as in old times. The mousse au chocolat is also outstanding. But, the soufflé au chocolat and the charlotte aux poires will add to the cost of the menu.

Chez Toutoune is a pleasant restaurant, with red-checkered tablecloth, a fireplace, and pots and pans one would expect to find in a country inn in the Provence. It is small and crowded on weekdays and, especially, on a Saturday night. In order to have more room and greater privacy, ask for a table in the alcove.

14. *Au Quai des Ormes*   8.0(1,0,2)
72, quai de l'Hotel de Ville, 4e   42.74.72.22; CB
                                        (August, Saturdays and Sundays)

Au Quai des Ormes was established five years ago, when M. and Mme. Masroff moved to Paris from their native Bretagne. The restaurant soon received its first star in the Michelin and two toques in the Gault Millau. Having been featured in *Gourmet* and *Town and Country*, it has become popular with Americans. But the service has also become hurried; we had a nearly interminable wait for dessert on a recent occasion.

There is a menu "au bonheur des Dames," that three years ago had 800 calories and cost 125 francs, plus 15 percent service and wine; it now has 900 calories and costs 160 francs, again without wine and service. Also, the menu for 110 francs has disappeared from the evening menu but there is now a menu bourgeois for 140 francs at lunch.

On a recent occasion, the low-calorie menu gave a choice between the salade tiède de cervelle de veau à l'aneth and the saumon de rivière mariné aux herbettes; between the filets de rougets de roches grillés au basilic and the aiguillettes de canard de Challans au poivre frais; and between the charlotte légère de poires aux épices and the nougat glacé aux griottes sauvages.

While the 900 calorie menu includes some fine dishes, we nevertheless preferred to order à la carte. Following the advice of Patricia Wells, the culinary expert of the Herald Tribune, on two occasions I had the raviolis de champignons sauvages and was not disappointed. One of my *convives* much enjoyed the feuilleté d'asperges vertes et oeuf mollet while another liked the fricassée d'artichauts frais et légumes au cerfeuil. Among the main dishes, the salmis de perdreau à l'embeurré de choux vert and the bar grillé anx herbes et citron vert were much appreciated. I can also recommend the poëlée de ris de veau à l'estragon while the canard sauvage "colvert" rôti au poivre frais was rather *fade* and the râble de lapereau aux morilles did not have much taste either.

Among the desserts, the chaud-froid de poires was not warm enough—perhaps because of the long wait. Finally, the Sancerre blanc as well as the Sancerre rouge are good choices among the wines, and will keep the à la carte dinner within our self-imposed limit.

Au Quai des Ormes is an elegant restaurant that is always full, so reservations are necessary. Try to reserve on the rez-de-chaussée, where there is more room among the tables and the décor is also more pleasing. And, on a summer evening, sitting on the terrace adds to the enjoyment of the meal.

15. *Benoit*   8.5 (1,1,1)
20, rue St.-Martin, 4e   42.72.25.76
(August, Saturdays, and Sundays)

Benoit may be grouped with Chez Pauline and Pierre Traiteur. All three provide traditional cooking of high quality at reasonable prices and they all have one star in the Guide Michelin; Benoit got back his in 1982 after having unjustly lost it the previous year. Gault Millau put Pierre Traiteur first, followed by Chez Pauline, with Benoit last, and Le Bottin Gourmand also prefers the former two over the third. I put Benoit on a par with Pierre Traiteur, with Chez Pauline slightly behind.

I had two meals in rapid succession chez Benoit in November 1984, both of which were outstanding. I began one of the meals with petit pâté chaud du gibier and continued with a canard sauvage en salmis that was much better than the similar dish Au Quai des Ormes.

On the second occasion, the parfait de foies de volailles, a usually uninteresting dish, was extraordinary; it was prepared as a mousse with raisins and served with a warm brioche. The compotiers de boeuf en salade, billed as "le plus vieux hors d'oeuvre de la maison" was only slightly behind. The salade de tourteaux frais was also good, but I still prefer the terrine de tourteaux frais au fumet d'étrilles I often had chez Benoit in the past.

Among the main dishes, the roulé de lièvre à la royale, served with a farce prepared from the less noble parts of the hare and with foie gras and whole chestnuts, was awarded 10 points. The coquilles Saint Jacques maison, prepared with écholates blondes au vin blanc, and the rognons de veau au chablis, also received high marks.

The wines, including a Lussac St. Emilion and a Chiroubles served in a pichet, are low-priced but not outstanding. The desserts vary in quality; while the charlotte aux framboises was delicious, the tarte aux pommes was not up to the standard of the other dishes.

Benoit is located in the 4ᵉ arrondissement just where Le Marais begins. This was a quiet area until the construction of the Centre Pompidou that attracted a lot of *badauds*. But the food and the cadre easily erase the memory of the Centre's modern structure which I do not happen to like. The restaurant could have been transplanted here from Lyon, the cuisine of which M. Petit features.

Reserve in advance chez Benoit and ask for a table in the first room of the restaurant, preferably at the window. (There is less space between the tables in the second room.) The meal will cost about 550 francs for two. The prices are *net*; i.e., they include service.

16. *Daniel Tuboeuf*   7.0 (–,–,1)
26, rue de Montmorency 3e   42.72.31.04; CB
                                   (August, Saturdays, and Sundays)

Daniel Tuboeuf has taken the place of Daniel Bouché's Petit Montmorency near the Centre Pompidou. It is a small, old-fashioned bistrot
with a pleasant atmosphere. I can highly recommend it even if you do
not plan a visit to one of the expositions of the Centre.

I first went to Tuboeuf following a favorable report in the monthly
Nouveau Guide of Gault Millau in August 1980. According to the
Nouveau Guide, the restaurant offered a menu for 44.50 francs, service compris, that included feuilleté à la moëlle, aiguillette de canard
au poivre vert, and soupe de pêche à la menthe fraîche avec les
mignardises.

The first impression was not favorable. We were entirely alone and
the menu had changed, now including a terrine du chef, côte de veau
aux cèpes, and marquise de chocolat. Our disappointment, however,
soon gave place to pleasure in tasting the simple but flavorful dishes
Daniel Tuboeuf has to offer. We also came to understand that *les
Parisiens d'août* had not yet discovered this new restaurant and tourists
had never heard of it at the time of our visit there.

On subsequent visits the restaurant was reasonably full but, hélas,
it is not any more open in August. The menu now costs 160 francs
(service compris), making it an excellent buy. It includes a fine foie
gras frais maison, an appetizing trois salades du marais (foie gras,
smoked salmon, and boeuf), the entrée du chef (salade de foie de
volaille on my recent visit), and the poisson du marché (a barbue à
l'oseille on the last occasion).

Among the main dishes, I can highly recommend the aiguillette de
canard au grains de cassis while, on my last visit, the noisettes d'agneau
au basilic was very good but this could not be said of the pintadeau au
choux; I ate better in the region of Lyon, whether in restaurants or in
private homes. Other choices were a filet de boeuf au pomerol and a
foie de veau au vinaigre de framboise.

The menu includes cheese as well as desserts. The brie de Meaux
was *trop fait* and the fromage frais was hardly better. However, both
the tarte tatin and the marquise au chocolat were greatly appreciated.

The greatest *défaillance* of the restaurant is the wine. Apart from the
Beaujolais nouveau, which requires a strong stomach, there is hardly
any wine available for less than 100 francs. Also, the Château Pierbone,
a Haut-Médoc, was not worth 180 francs; the Bourgogne Pinot Noir
I had the same day at lunch at Michel Rostang for 90 francs was much
better.

17. *Pierre Traiteur*   8.5 (1,2,2)
10, rue de Richelieu, ler   42.96.09.17; AE,CB,DC
(August, Saturdays, and Sundays)

We now take the rue de Rivoli in the direction of the Louvre. Turning right just before the passage leading to the museum, and passing the Comédie Française, we arrive at Pierre Traiteur. It seems to have been transposed here from the French countryside, more precisely from the Aveyron Region where its former owner, Pierre Nouyrigat, comes from.

Pierre Traiteur is one of my favored restaurants. I have dined there regularly over the years, always with great satisfaction. You should not expect to find la grande cuisine classique chez Pierre. But M. Nouyrigat's regional specialties are hardly surpassed elsewhere in Paris, or even in his native Aveyron and in the neighboring Auvergne, where most of them originate. They have been continued by the new owners who have made no changes in the menu—at least so far.

In the summer and fall of 1986, I had three meals in rapid succession at Pierre Traiteur, including one with my wife and children that permitted us to taste a number of dishes. We were highly satisfied with all of them.

Perhaps my favorite is the quenelle de brochet sauce civette that surpasses anything I had around Lyon, from where this dish originates. The petits maquereaux frais au cidre is a long-standing specialty of the restaurant while the émincés de saumon cru à l'huile de noix is a recent addition. The feuilleté à la moëlle is also superb as is Pierre Traiteur's foie gras, especially served warm.

Among the main dishes, the boeuf à la ficelle ménagère and the sauté de veau à la tomate fraîche are old standbys. Also, I frequently order the rognons de veau à l'échalote confite and, in season, the pheasant that does not come from an *élevage*. In fact, last time I found a *plomb* in it. Other good selections include the selle d'agneau farcie, au gratin Dauphinois, and in season the canard sauvage rôti au poivre vert. However, the pigeon rôti à l'ail is a simple preparation that does not compare to what you get at Le Camélia.

There are some excellent wines to accompany the meal. Depending on what you eat, the Chinon or the Château Bertineau are especially good choices. However, the desserts are not quite up to the rest of the meal. At recent meals, the bavarois au poires and the tarte aux fraises were good but far from exceptional.

Hélas, the prices have been steadily rising over the years, if anything at a more rapid rate than elsewhere. Still, at 550 francs for two a meal chez Pierre Traiteur is a best buy.

18. *Chez Pauline*   8.0 (1,2,1)
5, rue Villedo, ler   42.96.20.70; CB
(July, Christmas to New Year, Saturday evenings
and Sundays)

I have been visiting Chez Pauline about once a year for nearly a quarter of a century. Apart from the excellent cuisine of the Burgundy region, its proximity to the Banque de France and the Agence France Press, as well as to la place de la Victoire where my wife shops for clothes, are all in its favor. Waiting for my wife, I have taken my children there repeatedly over the years, watching their tastes to develop. The following appraisal of our last meal Chez Pauline has been done jointly with them.

Among the hors d'oeuvres, we all shared and liked M. Génin's regional specialties: le jambon persillé de Bourgogne and the terrine de lapereau en gelée de Pouilly, although the latter could have contained more meat. My daughter and I also much appreciated the soupe de moule froide et sa julienne de courgettes. On another occasion, I had an excellent bisque de homard breton.

My son enjoyed the boeuf bourgignon garni de pâtes frâches while my daughter and I shared an émincé de canard sauvage aux fruits rouges et ses cuisses grillées sur salade. Another traditional, and tasty, dish is the blanquette de veau à l'ancienne. While it is not served every day, I recommend that you order it when it is available.

The ris de veau en croûte à la façon du père Génin has been on the menu as far as I can remember and it can be very good but the *cuisson* is not always perfect. In turn, the assiette du pêcheur au pistil de safran, containing filet de brill, salmon, sole, mussels, monkfish, and scallops has been uniformly excellent and deserves 10 points.

Among the desserts, the charlotte aux framboises received 10 points and my children also much appreciated the millefeuille aux fraises. However, the service at a subsequent lunch was so slow that we did not get to desserts after having spent 90 minutes at the table.

The prices have risen more than the average in recent years and you will pay 550 francs with a Brouilly Georges Duboeuf. Bordeaux wines will take you higher as will M. Génin's famous foie gras which, however, is well worth trying. (By now, you will have guessed that I am partial to foie gras, écrevisses, and gibier, with framboises being my favored fruit.) For a leisurely dinner, I suggest that you reserve in the upstairs dining room where there is more room between the tables and less noise. If there are three or four of you, ask for a corner table that is especially pleasant.

19. *L'Ami Louis*
32, rue du Vertbois, 3e

8.0 (–,–,2)

48.87.77.48; AC,CB,DC

(July, August, September, Mondays and Tuesdays)

L'Ami Louis was added to the list eight years ago when M. Magnin was 78 years old. While he continues to be in fine form and in good spirits, the time may not be far when he decides to retire. Yet, his restaurant should not be missed by anyone who appreciates traditional French cooking in a vieillot bistrot atmosphere.

Indeed, there are few bistrots like L'Ami Louis left in Paris. M. Magnin serves hearty food in unpretentious surroundings. (Mimi Sheraton of The New York Times calls it "dilapidated.") One is seated on long and rather uncomfortable benches at a simple hand-hewn table. But you will agree that the food is worth the lack of comfort.

My last meal at L'Ami Louis was particularly memorable. Two of us shared a superb foie gras des Landes that could have sufficed for three, followed by an excellent canard sauvage, served with a compôte de pommes and pommes pailles (slivered deep-fried straw potatoes). We had fraises des bois, imported from South Africa, for dessert; there are no desserts, other than fresh fruit and store-bought ice cream. A Bourgogne Charmatel (an excellent wine, although not a millésime) brought the cost of the meal to 710 francs but one can stay within our self-imposed limit by ordering the Beaujolais Fleurie that costs 95 francs rather than the 160 francs for the Bourgogne.

There are several other excellent choices at L'Ami Louis. During the hunting season you may order the faisan rôti or the perdreau rôti, but the latter will much increase the cost of the meal. (L'Ami Louis complained that one cannot any more serve bécasse, ortolan, and other small birds, a fact that he attributed to the influence Brigitte Bardot allegedly exerted "par ses fesses.") I also much liked the confit de canard and the agneau de lait.

On another visit, we ordered the côte de boeuf rôti, served with pommes pailles. It was a huge piece of beef, cooked *rose* as requested, and it could have fed four or, at least, three people rather than two as is featured on the menu.

None of this is very original, and one does not find traces of the nouvelle cuisine chez L'Ami Louis. But M. Magnin serves genuine, tasty food as one imagines having in our grandfathers' or, rather, grandmothers' days.

P.S. one does not find L'Ami Louis in the Michelin or in Le Bottin Gourmand; M. Magnin has not-so-politely requested not to be included. Gault and Millau, however, have honored him with two toques, which he amply deserves.

20. *Michel Rostang*   9.0(2,3,3)
20, rue Rennequin, 17e   47.63.40.77; CB
(July 20 to August 20, Saturdays and Sundays)

Returning towards the center of Paris, we stop at a small but elegant restaurant near the Etoile. In fact, it is not so small any more as M. et Mme. Rostang added a second salle à manger and a petit salon. They have also raised the prices, with the cost of the *déjeuner d'affaires* going from 155 to 200 francs in two years; service and wine are additional.

If you take this menu, which I recommend since otherwise you would much exceed our self-imposed limit, be careful to order only dishes which are also on the regular menu. In November 1986, this was the case with raviolis de romans de fromage frais de chèvre, pochés au bouillon de poule, the brochette d'escargots à l'ail, petite galette de blé noir, and the fricassée d'anguille de rivière en vin rouge, pommes de terre rattes aux lardon, all of which were excellent. But, the hachis fin du gibier au gratin was a disappointment. While I asked the waiter if it contained the rest of yesterday's dishes, he assured me that this was not the case and recommended it highly. Despite his assurances, however, it simply did not have the flavor of gibier.

The meal begins with very fine amuses gueules, such as saumon mariné and a miniature quiche, and it ends with the assortiment of desserts without, however, a choice among the many interesting desserts Michel Rostang offers.

We had an excellent Bourgogne Pinot Noir with the meal for 90 francs and there are also two white wines from the Savoie region for less than 100 francs. Thus, if you make the appropriate choices from the midday menu, you can eat and drink well for less than 600 francs for two. In turn, the menus gastronomiques are priced at 335 francs (with five dishes) and at 380 francs (with seven dishes), vin et service non compris.

I should add that the midday menu changes often. On an earlier occasion, I much enjoyed the lapereau de Garonne en gelée de Chablis aux herbes and the gâteau de foies de volailles among the hors d'oeuvres and the lapereau au choux, en compôte d'oignons, and the canette de Bresse among the main dishes. Also, the tarte aux abricots and the charlotte aux poires make excellent desserts. But, I particularly liked the petits chévres et St. Marcellin affinés, which are supplied by Madame Richard, our favorite fromager in Lyon.

I suggest, therefore, that you go to Michel Rostang for lunch, when it offers a very favorable quality/price ratio. But, those who want to splurge may try it in the evening and will not be disappointed.

21. *Au Cochon d'Or*   7.5 (1,1,2)
192, avenue Jean-Jaurès, 19e   46.07.23.13; AE,CB,DC
                                       (no closing day)

This restaurant, open year around on every day of the week, is one of several at La Villette, but should not be confused with the others as it much surpasses them in quality. This was recognized by the Gault Millau which gave it two toques and the Guide Michelin which awarded Au Cochon d'Or two stars, although it now has only one star.

La Villette used to be the stockyard of Paris. Not surprisingly, therefore, Cochon d'Or is famous for its beef. Indeed, you cannot go wrong in ordering the coeur de filet poêlé avec ces trois légumes, the onglet grillé avec beurre et échalotes, the côte de boeuf grillé sauce moëlle, or the grillade de boeuf "spéciale Cochon d'Or," all served with excellent pommes soufflées. However, the rognons d'agneau sautés sauce au Roquefort, that used to be my favorite dish Au Cochon d'Or, has lost some of its earlier glory, which fact corroborates the loss of its second star in the Michelin. Also, the sanglier rôti Grand Veneur was tasty but not exceptional.

A traditional hors d'oeuvre Au Cochon d'Or is the assortiment de charcuterie. Other excellent choices are the foie gras frais de canard truffé parfumé au porto, and the escargots de Bourgogne. But if you wish to order something lighter, I highly recommend the haricots verts frais.

You may end the meal with an excellent soufflé glacé au Grand Marnier. On one occasion, I had to eat two portions because my children do not like alcohol in a dessert and asked for a mousse au chocolat instead. I also liked the feuilleté aux fruits frais, especially if prepared with raspberries and fraises des bois.

If you wish to forego the meat dishes, begin your meal with the turtle soup claire Xeres and continue with the darne de turbot grillée sauce béarnaise or the filet de barbue au Chablis et blancs de poireaux. The fish is very good but, in my view, it is not *à la hauteur* of the meat dishes.

There is a fine Sancerre to accompany the fish and I enjoyed a Beaujolais Villages with the meat. Ordering the Beaujolais, and sharing an hors d'oeuvre, will permit you to keep the cost of the meal below 600 francs for two. (There is also a menu for 175 francs plus service and wine, but it does not include the restaurant's main specialties.)

You should not expect an elegant restaurant or modern décor. The cadre is vieillot and can hardly be considered cheerful. But, it is what one calls *une maison sérieuse* that is worth the trip even though the stockyards have long since moved. By all means, reserve a table upstairs where you have more room and less noise.

22. *La Coquille*   8.0 (1,1,1)
6, rue du Débarcadère, 17e   45.74.25.95; CB
(August, Christmas to New Year,
Sundays and Mondays)

My favorite meal at La Coquille begins with a delicate and flavorful coquille St. Jacques au naturel, cooked in the oven in its shell with shallots, salt, and pepper. It is followed by a boudin grillé flamande aux deux purées, a blood sausage served with apple purée and mashed potatoes, which is the best in Paris. Finally, there is a delicious soufflé au praslin de noisettes parfumé au kirsch.

My appreciation of the cuisine is indicated by the fact that I have raised La Coquille's rating from 7.5 to 8.0 points in the previous edition. This view is shared by Patricia Wells, the food critic of the *Herald Tribune*, who includes the restaurant on a list of five she most favors. (As noted in the introduction, it is not shared by Le Guide Michelin which took away one of the restaurant's two stars some years ago.)

While the season of the coquille St. Jacques is short (from October to May), there are some other good hors d'oeuvres to choose from. I especially liked the bisque de homard and, in season, the terrine de lièvre au poivre vert; there is also a fine foie gras frais de canard.

La Coquille offers some excellent fish dishes. They recently included bar à la façon d'Escoffier, cuit dans une papillotte avec des petits légumes, and, my favorite, an escalope de loup that could hardly have been better.

I am a long-standing client at La Coquille, having known three generations of owners. They have included M. Ocquidant until 1972, M. Blache between 1972 and 1985, and M. Lausecker since 1985. Although I have not yet had the chance to visit the restaurant following the latest change, I am told that Lausecker has retained the chef, Jean-Claude Renault, as well as the specialties of the restaurant, while adding new ones.

Among the old standbys, one may recommend the ris de veau sauté au Sancerre, á la créme et aux morilles or the estouffade de canard, that is one of Patricia Wells' favorites. Among the new dishes, the foie gras au marc de Gewurztraminer, the sole aux nouilles fraîches, and the canard sauvage aux figues are reputed to be good. M. Lausecker has also added gibier, hopefully not *d'élevage*; M. Blache did not carry it, not being certain to get wild game.

La Coquille offers some good wines, including a Chablis and a Beaujolais Fleurie that will permit having my favorite menu for less than 550 francs for two. It will go higher with most of the other dishes as the boudin is particularly inexpensive.

23. *Faugeron* 9.5 (2,3,3)
52, rue de Longchamp, 16e 47.04.24.53

(August, Christmas to New Year,
Saturdays, and Sundays)

As noted in the introduction, this restaurant was regretfully dropped
from the third edition when it moved from the Left to the Right Bank,
nearly doubling its prices in the process. But, for the past several years,
it has been possible to sample M. Faugeron's excellent cuisine by taking the midday menu that now costs 200 francs. Although service is
added, and the wines are relatively expensive (but a good Cahors can
be had for 100 francs) it is possible for two to remain well within our
self-imposed limit.

And, unlike many other restaurants, which do not include their
specialties and serve three courses only, Faugeron offers several of its
specialties in a four course menu. On my last visit there, among four
hors d'oeuvres I chose the terrine de lapin en gelée au coulis de poivrons, followed by the fish of the day, a lotte, and the spécialité du jour,
a tasty pintadeau.

Other selections for the plat principal included the pavé de rumsteak
à la crème d'échalotes, la pièce de boeuf mode à l'ancienne, and the
suprème de volaille fourré de ris et pieds de veau while the terrine
chaude de tête de veau was an interesting choice among the hors
d'oeuvres. There were six desserts to choose from, including the crottin
de chavignol rôti, the soufflé froid aux fraises which received 10 points,
and the soufflé au chocolat.

It is even possible to eat chez Faugeron for 660 francs for two in
the evening if you follow my game plan. Start the meal with the crottin
de chavignol rôti instead of an hors d'oeuvre, any of which would cost
approximately the same as the main dishes. Apart from being less expensive, the cheese, served warm, provides an excellent beginning to
the meal. I used to order it at Les Belles Gourmandes, Faugeron's
earlier incarnation, and I eat it also at home, having purchased the
cheese at Charles de Gaulle airport where it happens to be of good
quality. (Apart from the Reblochon fermier, this is not the case for
most of the others.)

Next, take one of the main dishes listed above but resist the temptation of others, such as the excellent noisettes de chevreuil sauce poivrade or the perdreau à la goutte de sang, which are far more expensive.
However, you can take any of the desserts if you only avoid l'assortiment des desserts that combines several of them and costs more. Bon
Appétit!

Faugeron is an elegant restaurant and the service is impeccable. You
are served equally well whether you take the déjeuner d'affaires for 200
francs, or the grand menu dégustation for 420 francs.

24. *Jenny Jacquet*   8.0 (1,1,2)
2, rue Parmentier, Neuilly   46.24.94.14; AE,CB
(August, Saturdays and Sundays)

Several of my readers called, expressing their unhappiness about the disappearance of Jenny Jacquet. I shared this unhappiness as I rated the restaurant highly and welcomed its location near to the OECD where international economists congregate. I learned some time later that Jenny Jacquet has only relocated to a different place. Hélas, it is now in Neuilly, so that it does not have its former advantageous location. This explains why I have not been able to revisit Jenny Jacquet at its new place. I have thus reprinted my evaluation from the previous edition on the strength of information received over the telephone that the owner and the chef have remained the same.

> Following two meals there, I composed an "ideal menu," consisting of a delicious saupiquet de lapereau aux herbes, rémoulade de légumes, a flavorful légère mousseline de brochet au beurre blanc, and an extraordinary soufflé glacé a l'ànis, coulis à la pistache, to be accompanied by a red Saumur Champagny, Chateau de Targé, servi frais.
>
> Except for the brochet, the featured specialty of the restaurant, these selections were not on the menu on my last visit to Jenny Jacquet, indicating his creativity in introducing new dishes. Among these, I much appreciated the terrine de ris de veau and the lotte au beurre blanc. And while the pintadeau could have had a gamier taste, the aiguillettes de canette au miel et pamplemousses were excellent. Finally, between September and December, M. Jacquet serves a beuchelle tourangelle, consisting of kidney, sweetbreads, and mushrooms which I plan to try next time.
>
> A meal for two will not surpass 400 francs, much below our self-imposed limit, making Jenny Jacquet a best buy. The hope expressed in the previous edition, that its newly-acquired popularity will not lead M. Jacquet to raise its prices or debase quality has thus not been disappointed. In some respects Jenny Jacquet reminds me of my favored Pierre Vedel on the Rive Gauche, although it has not yet quite reached the quality of its cuisine.

Note that the citation, and the prices are from the last edition of this guide. Also, the hiatus between the closing of the former restaurant and the opening of the new one did not permit the various guidebooks to include Jenny Jacquet, so that the ratings cited here come from the previous edition of these guidebooks. The restaurant has made its appearance, however, in the monthly magazine published by Gault Millau, where I learned about its relocation.

25. Le Camélia   9.0 (1,3,3)
7, quai Georges Clemenceau, Bougival   39.69.03.02;
                                                          AE,CB,DC
                                          (Sunday evenings and Mondays)

Le Camélia is at a fair distance from Paris; it may easily take half an hour to get there by car. But, it has been known long before the automobile made its first appearance; Alexandre Dumas fils and Marie Duplessis, the heroine of La Dame Aux Camelias used to meet there around 1840.

I have often gone to Le Camélia for Sunday lunch, although it has meant stretching the limits of our budget; such will not be the case, however, if you have lunch there on a weekday when the menu for 160 francs, plus wine and service, is available. And some good wines can be had for about 100 francs the bottle. I report below on a recent meal I had with my children at Le Camélia.

We all enjoyed the terrine friande, sauce Cumberland, a marvellous duck pâté, served with aspic and jam. If anything, the langoustines in a crème sauce were even better and were awarded 10 points. However, the escargots received low marks; they were not juicy enough and tasted rather bitter.

Opinions differed about the pigeonneau préparé à l'ail aux pâtes fraîches. While my daughter gave it 10 points, in my estimation it did not quite reach the level of the similar dish I had a few days earlier chez Olympe. But, we all agreed that the carré d'agneau rôti was excellent. There was also a consensus on the high quality of the desserts, including the charlotte aux poires à la Chambourcienne, prepared with a coulis de framboises, and the entremets du Rond-Point au chocolat sauce moka, containing chocolate, meringue, and coffee.

On a previous visit, the pucelière de saumon frais de pêche, served on ice with dill sauce and crèpes, the foie gras frais de canard, and the turbot en terrine à l'étouffée et aux aromates, sauce moutarde, were all outstanding. However, the langoustines maltaises were much too dominated by tomato sauce and the tarte tatin was not up to the standards of the restaurant. Along with the less-than-satisfactory escargots, this explains my reducing its rating from 9.5 to 9.0 points. (Since that time, Le Camélia lost its second star in the Guide Michelin.)

These critiques notwithstanding, Le Camélia is a premier restaurant. And its owner-chef, M. Delavayne belongs to the old school where self-promotion was not in fashion and chefs were not flying off all around the globe but attended their fourneaux.

There are relatively few tables (but plenty of flowers) at Le Camélia. Reservations are well-advised, so that you do not make the trip to Bougival in vain. And plan also for a walk before or after dinner by the Seine.

APPENDIX

GLOSSARY OF CULINARY TERMS

agneau	lamb
aiguillette	long thin slice
ail	garlic
aileron	tip of wing
aioli or ailloli	garlic-spiced mayonnaise
algues	seaweed
amandes	almond
amuse gueules	cocktail snack
andouillette	small pork sausage
aneth	dill
anguille	eel
arrivage	arrival (availability)
assiette	plate
aubergines	eggplant
bar	sea bass
barbue	brill
basilic	basil
bécasse	woodcock
betteraves	beet
beurre	butter
boeuf à la ficelle	beef on a string, plunged briefly in boiling meat stock
boudin	blood sausage
bourride	fish soup cooked with herbs and white wine
brochet	pike
calamar	squid
canard	duck
caneton	duckling
canette	young female duck
carré d'agneau	rack of lamb
cassis	black currant
cassolette	small pan
cendre	ash
cèpes	type of mushroom
cerfeuil	chervil

cervelle	brain
champignons	mushroom
charolais	type of beef
chèvre	goat
chevreuil	venison
chipiron	squid
choux	cabbage
choux de Bruxelles	Brussels sprouts
ciboulette	chives
citron	lemon
civet	stew made with wine
cocotte	stew pan
col vert	wild duck
compotier	fruit dish
concombre	cucumber
confit	preserves
coq	rooster
coquille	shell
coquilles St. Jacques	scallops
côte de boeuf	roast ribs of beef
côtelette	chop
coulis	thick sauce
cresson	watercress
crête de coq	cockscomb
crevette	shrimp
crottin de chavignol	goat cheese specialty
croûte	crust or pastry
cru	raw
crustacés	shellfish
cuisse	thigh
cuisson	cooking, baking
cuit	cooked
daube	braised beef
daurade	sea bream
échalotte	shallot
écrevisses	crayfish
embeurré	prepared with butter
émincé	sliced
entremets	dessert
équilles	small fish
escabèche	marinade for fish
escargot	snail
estouffade	dish prepared in a closed container
étouffé	smothered
estragon	tarragon
étrilles	a crab variety
étuvée	steamed
faisan	pheasant

farci	stuffing
faux filet	strip steak
fenouil	fennel
feuilleté	puff pastry
fève	(lima) bean
flan	custard tart
foie	liver
foie gras d'oie	goose liver
foie de veau	calf's liver
fourneau	oven
fraise	strawberry
framboise	raspberry
fricassée	hash
frisée	curly
frit	fried
fromage	cheese
fruits de mer	seafood
fumet	scent
galette	round, flat cake
garenne	wild rabbit
gâteau	cake
genièvre	juniper berry
gibier	game
gigot d'agneau	roast leg of lamb
girolles	chanterelles mushroom
goujonnettes	small filets
grenouilles	frog
griottes	tart cherries
haricot	bean
homard	lobster
huile	oil
huîtres	oysters
jambon	ham
jarret	knuckle
julienne	vegetable soup
joue	cheek
laitue	lettuce
langoustines	prawn
langue	tongue
lapereau	small rabbit
lapin	rabbit
lard	bacon
légumes	vegetables
lièvre	hare
lotte	monkfish
loup	sea perch
magret	thin pieces

maquereau	mackerel
marcassin	young wild boar
marinière (sauce)	thin sauce with onions
marrons	chestnuts
merlan	whiting
merou	grouper
mesclun	salad with herbs
mets	dishes
miel	honey
moëlle	marrow
morille	morel
morue	cod
moules	mussels
moules de bouchet	kind of mussel
mousseline	thin sauce prepared with whipped cream
mousseron	type of mushroom
myrtille	blueberry
nantua	sauce made with crayfish
navarin	lamb stew
navet	turnip
noix	walnut
oeuf	egg
oeufs à la neige	floating island
oeufs en meurette	eggs prepared with bacon in red wine
oie	goose
oignon	onion
onglet	flank steak
oseille	sorrel
oursin	sea urchin
palourdes	clams
pamplemousse	grapefruit
patte	foot
pêche	peach
pêcheur	fisherman
perdreau	young partridge
persil	parsley
petit salé	smoked pork
petits pois	peas
pétoncles	small scallops
pieds de porc	pork feet
pichet	pitcher
pigeonneau	young pigeon
pintadeau	guinea chick
pissenlit	dandelion
poché	poached
poêle m.	stove
poêle f.	frying pan

poire	pear
poireau	leek
poisson	fish
poitrine	breast
poivrade	pepper sauce
poivre	pepper
pomme	apple
porcelet	young pork
potiron	pumpkin
poule	hen
poulet	chicken
prune	plum
quenelles de brochet	fishballs made of pike
queue	tail
râble de lièvre	saddle of hare
radis	radish
ragoût	stew
raie	skate
raisin	grapes
rascasse	sculpin
ris de veau	sweetbreads
rognons	kidneys
rouget	mullet
roulé	rolled
rouille	mayonnaise with spices
St. Pierre	John Dary
salle à manger	dining room
salmis	ragout
sandre	pike perch
sang	blood
sanguette	made with blood
saucisson	sausage
saumon	salmon
sauvage	wild
saupiquet	piquant sauce
selle	saddle
tagliatelles	fine noodles
tapenade	purée of olives, tuna, and capers
tendron	gristle
terrine	potted meat or paté
tiède	tepid, lukewarm
timbale	pie dish
tortue	tortoise
tourteau	large crab
tranche	cut
truffe	truffle
turbotin	young turbot

vapeur	steam
varech	seaweed
veau	veal
vin	wine
vinaigrette	oil and vinegar dressing
volaille	poultry

Contributors

BELA BALASSA is professor of political economy at the John Hopkins University and a consultant to the World Bank.

RICHARD BALME est attaché de recherche à la Fondation Nationale des Sciences Politiques.

JEANNE BECQUART-LECLERCQ est professeur de sociologie à l'Université de Lille II.

RENÉ BERTRAND est un ancien expert à l'O.C.D.E.

ROGER BOESCHE is associate professor of political science at Occidental College.

SOPHIE BODY-GENDROT est maître de conférences à l'Institut d'Etudes Politiques de Paris.

THEODORE CAPLOW is professor of sociology at the University of Virginia.

DAVID CARRELL is a graduate student in the department of political science at the University of Washington.

ROLAND CAYROL est directeur de Louis Harris-France et Maître de Recherches à la Fondation Nationale des Sciences Politiques.

TERRY N. CLARK is professor of sociology at the University of Chicago.

MELISSA CLEGG is a graduate student at the Institute of French Studies of New York University.

LOUIS DIRN est un pseudonyme sous lequel se cache un groupe d'experts du changement social.

JEAN-MARIE DOMENACH était le redacteur-en-chef de la Revue *Esprit*.

PIERRE FATTACCINI prépare une thèse à l'Universite de Paris V sur l'analyse des modes de vie aux U.S.A.

JEAN-MARIE GUÉHENNO, conseiller à la Cour des Comptes, était jusque récemment attaché culturel à l'Ambassade de France à Washington.

Vincent Hoffmann-Martinot est ingenieur C.N.R.S. au Centre d'Etudes et de Recherches sur la vie locale à l'Institut d'Etudes Politiques de Bordeaux.

Richard Kuisel is professor of political science at S.U.N.Y.-Stony Brook.

Jean-Claude Lamberti est professeur de sociologie à l'Université de Paris V.

Reiji Matsumoto is professor of education at Waseda University in Tokyo.

Henri Mendras est directeur de recherches au C.N.R.S.

Yves Mény est professeur de sciences politiques à l'Université de Paris II.

John Modell is Dean of the College of Humanities and Social Sciences at Carnegie-Mellon University.

Jean-Yves Nevers est chargé de recherche au C.N.R.S. à l'Université de Toulouse–Le Mirail.

Alain Peyrefitte, de l'Académie française, est le Président du jury du Prix Tocqueville.

Diana Pinto is a free-lance writer in Paris.

Richard C. Rockwell is Project Director at the Social Science Research Council.

David L. Schalk is professor of history at Vassar College.

John Westbrook is a graduate student at the Institute of French Studies at New York University.

THE TOCQUEVILLE SOCIETY — LA SOCIETE TOCQUEVILLE
is an association of scholars in anthropology, demography, economics,
history, literature, political science, sociology and related disciplines
who are interested in the systematic comparison of the social institutions of Europe and America, with a focus on France and the United
States. It was founded in 1976 by Theodore Caplow and an organizing
committee consisting of

Michael Aiken	Reuben Hill
Harry Alpert	François Houtart
Raymond Aron	Claude Lévi-Strauss
Georges Balandier	Pierre Maranda
Raymond Boudon	J. P. Mayer
Terry Nichols Clark	Henri Mendras
Remi Clignet	Robert K. Merton
J. Christopher Crocker	Wilbert E. Moore
Michel Crozier	Jesse R. Pitts
Eric de Dampierre	Jean Stoetzel
Louis Dumont	Edward A. Tiryakian
Georges Friedmann	Immanuel Wallerstein
	Laurence Wylie

David Riesman is the current President. Other officers are:

Theodore Caplow	Jacques Lautmann
Terry Nichols Clark	Henri Mendras
Laurence Duboys-Fresney	Jesse R. Pitts
Mary Douglas	Dominique Schnapper
Michel Forsé	Roland H. Simon
Serge Hurtig	Nicholas Wahl
Serge-Christophe Kolm	Olivier Zunz

The purpose of the Society is to encourage intellectual cooperation
between European and American scholars interested in the study of
each other's societies. The name of Alexis de Tocqueville was chosen
to symbolize the Franco-American tradition of reciprocal observation, and the Society has often served as a forum for the discussion of
Tocqueville's own contributions to that tradition.

Although the Society's membership is concentrated in France and in
the United States, other countries, including Belgium, Canada, Switzerland, the United Kingdom, West Germany, Scandinavia, and Eastern
Europe, are well represented.

The official journal of the Society is *The Tocqueville Review — La*

Revue Tocqueville, now published annually in a bound volume by the University Press of Virginia. The subscription price is $35.

Jesse R. Pitts is Editor. Edward Shils, Henri Mendras, James T. Schleifer, Jean-Claude Lamberti, and Olivier Zunz are Associate Editors.

Correspondence about manuscripts and articles should be addressed to: Editor, *The Tocqueville Review*, 542 Cabell Hall, University of Virginia, Charlottesville, Virginia 22903. Papers may be submitted and published either in English or in French. The two languages are used interchangeably in all of the Society's activities. Manuscripts submitted should be prepared in conformity with *The Chicago Manual of Style*, 13th ed.

Correspondence about subscriptions, advertising, and membership matters originating in North America should be addressed to: Roland H. Simon, Secretary-Treasurer, French Department, 302 Cabell Hall, University of Virginia, Charlottesville, Virginia 22903.

Correspondence about subscriptions, advertising, and membership matters originating in Europe should be addressed to: Secrétariat, La Société Tocqueville, 69 Quai d'Orsay, 75007 Paris.

This volume is published with the generous support of
    The University of Virginia
    The Florence Jay Gould Foundation
        (President, John Young)
    La Fondation Tocqueville (Président,
        Pierre Godefroy)